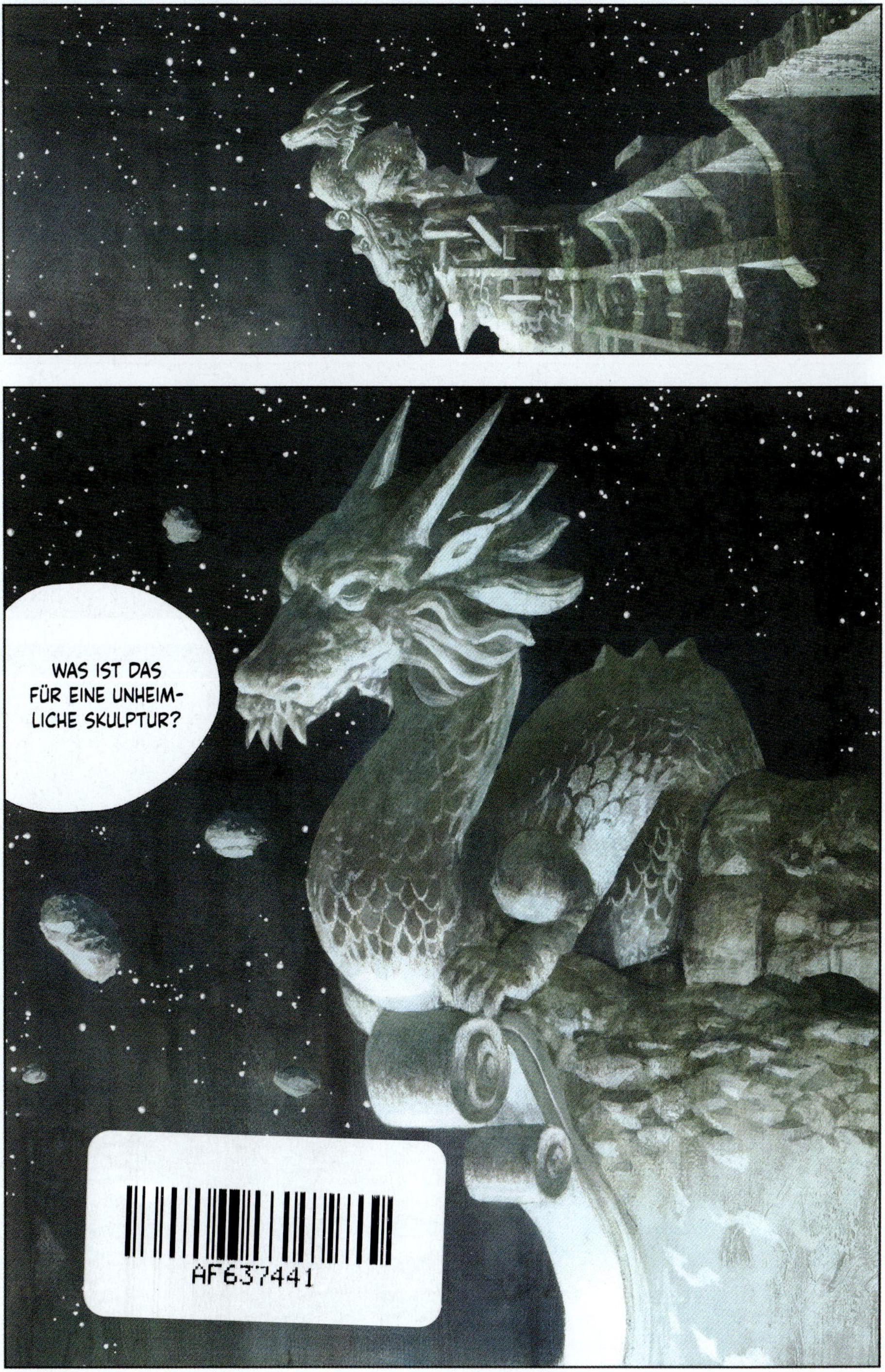
WAS IST DAS
FÜR EINE UNHEIM-
LICHE SKULPTUR?

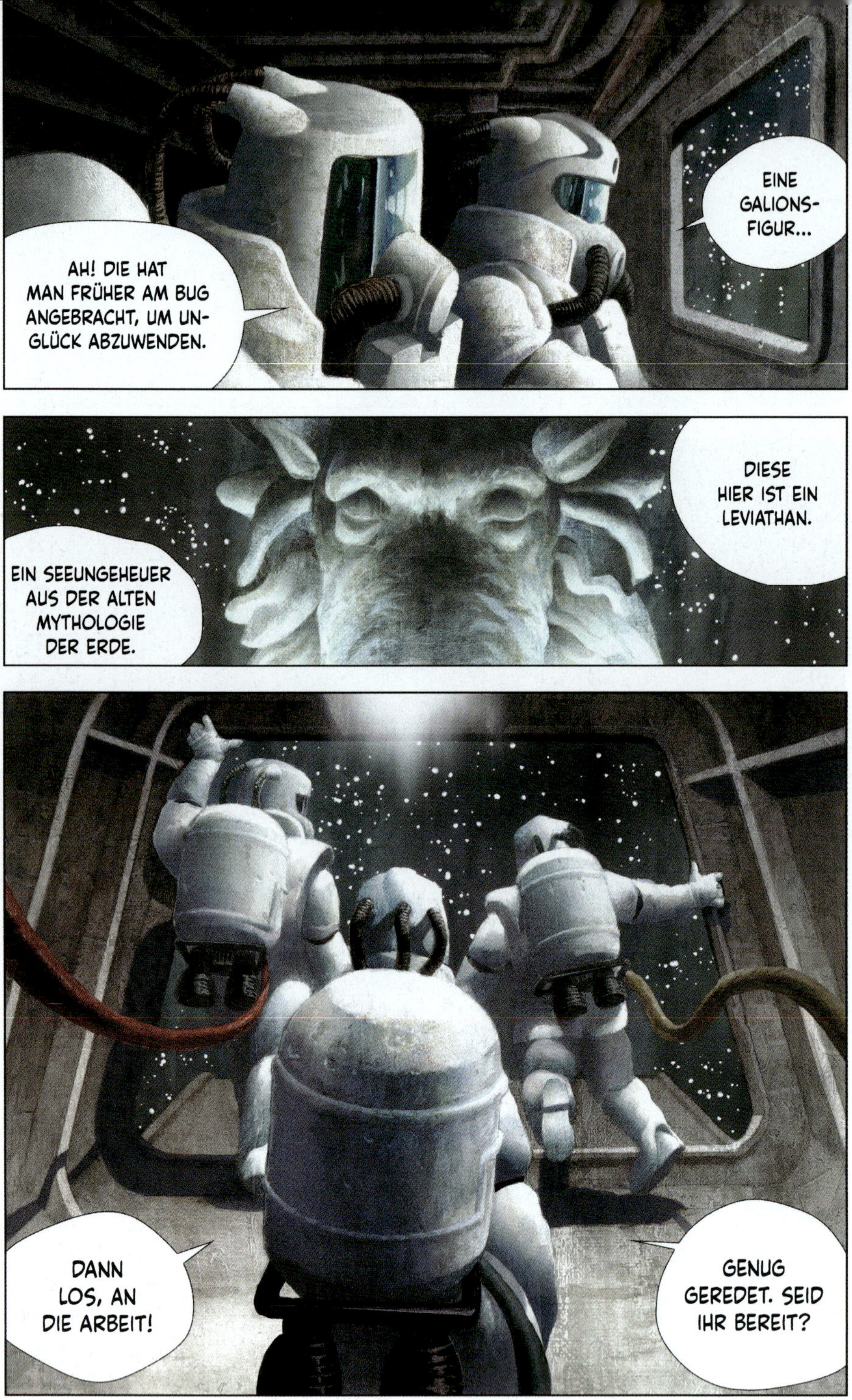
EINE GALIONS-FIGUR...
AH! DIE HAT MAN FRÜHER AM BUG ANGEBRACHT, UM UN-GLÜCK ABZUWENDEN.
DIESE HIER IST EIN LEVIATHAN.
EIN SEEUNGEHEUER AUS DER ALTEN MYTHOLOGIE DER ERDE.
GENUG GEREDET. SEID IHR BEREIT?
DANN LOS, AN DIE ARBEIT!

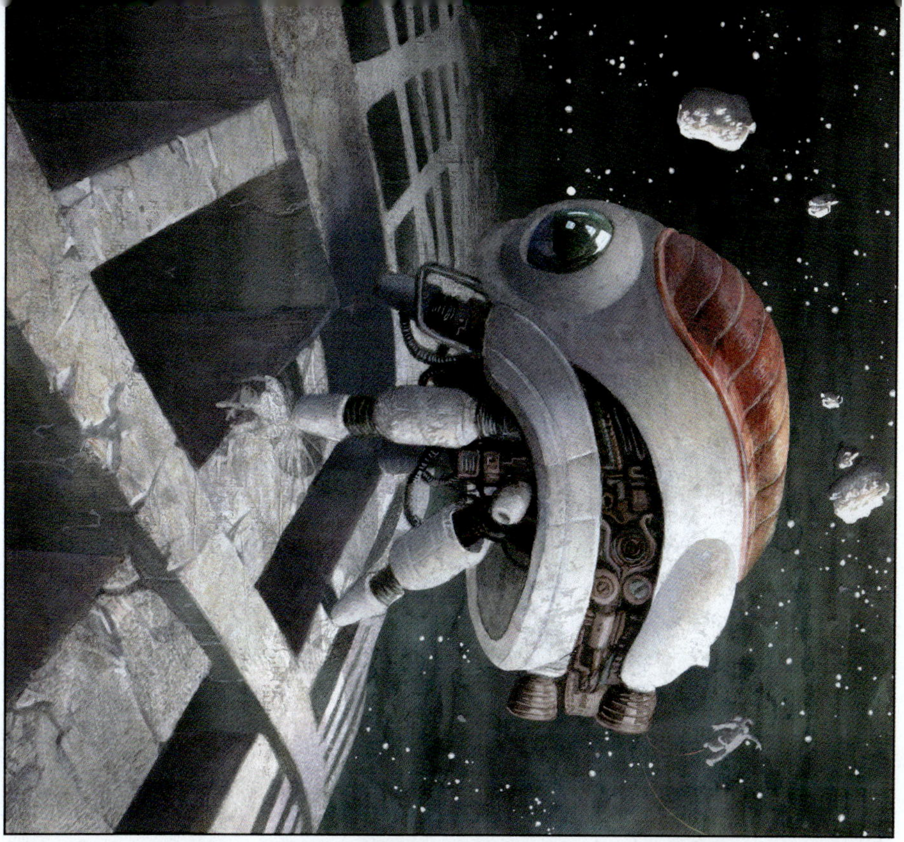

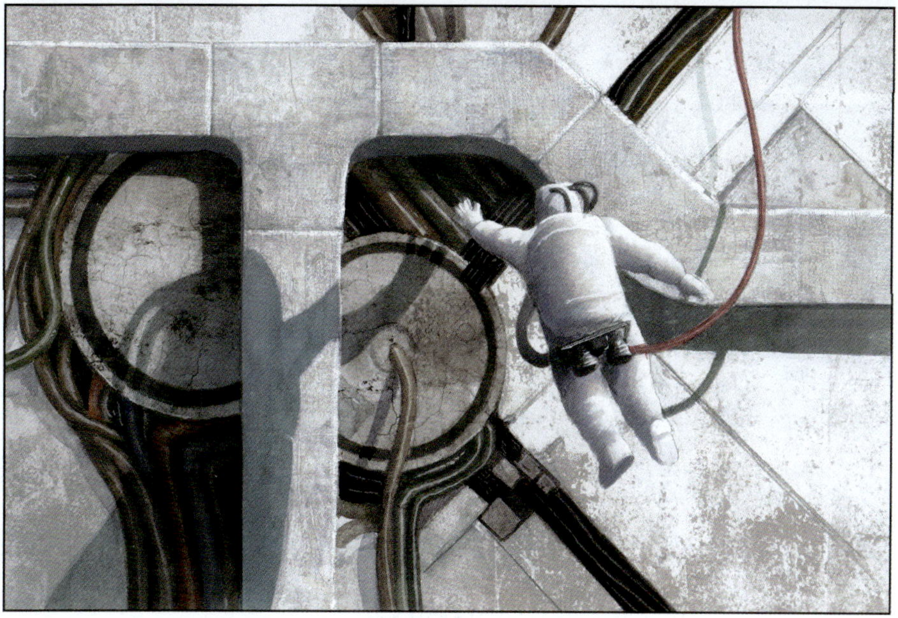

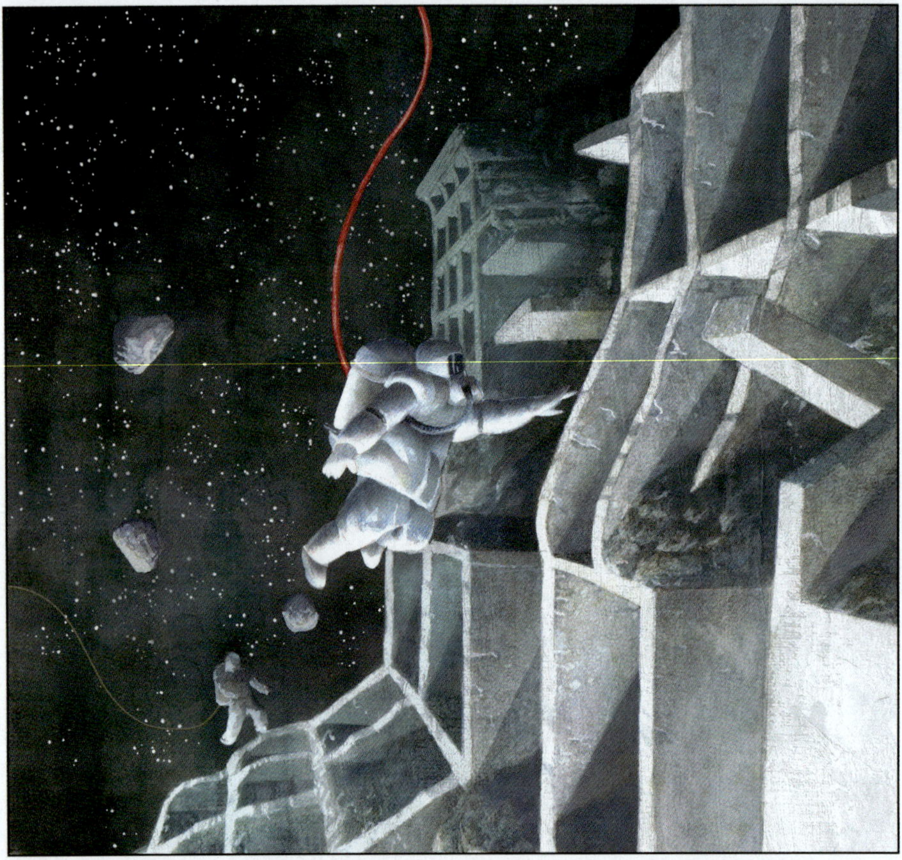

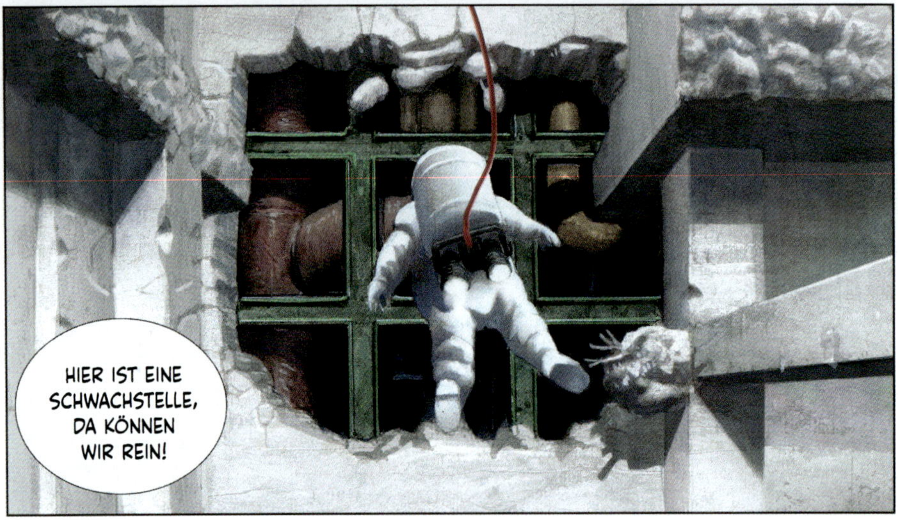
HIER IST EINE SCHWACHSTELLE, DA KÖNNEN WIR REIN!

# LEVIATHAN

1

SHIRO KUROI

# INHALT

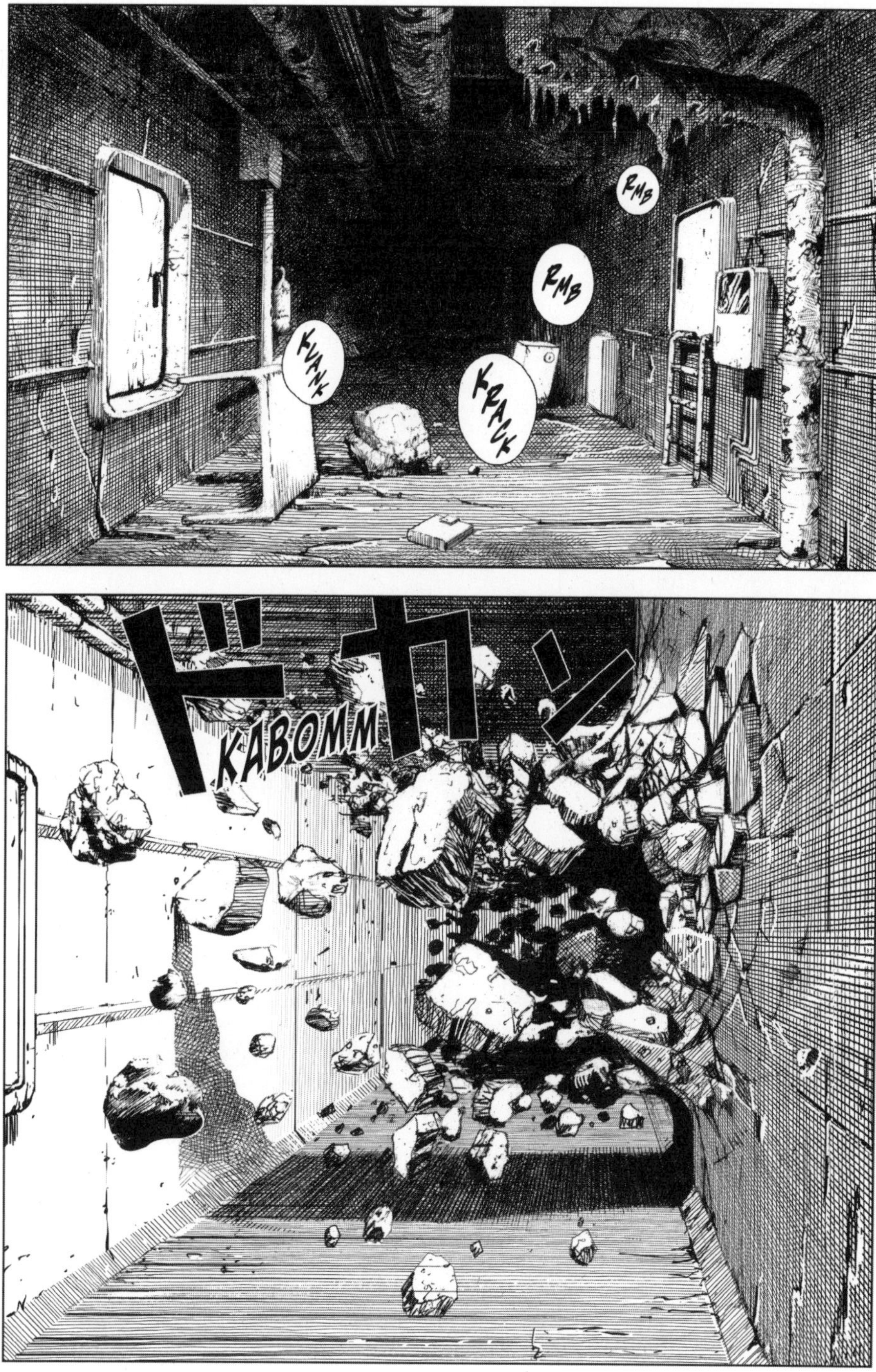
RMB
RMB
KRACK
KLANK
ドカン
KABOMM

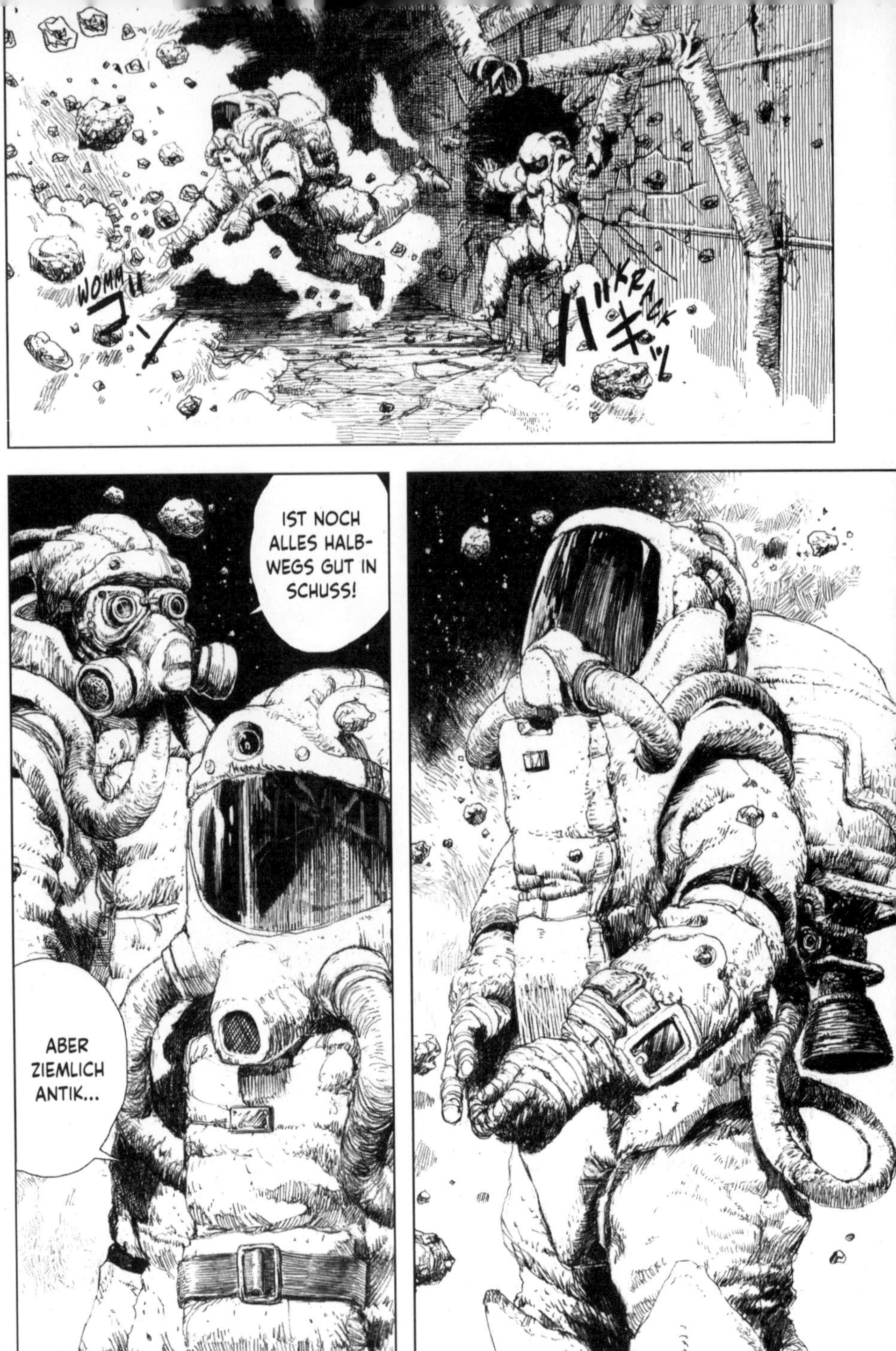
KRACK
WOMM
IST NOCH ALLES HALB-WEGS GUT IN SCHUSS!
ABER ZIEMLICH ANTIK...

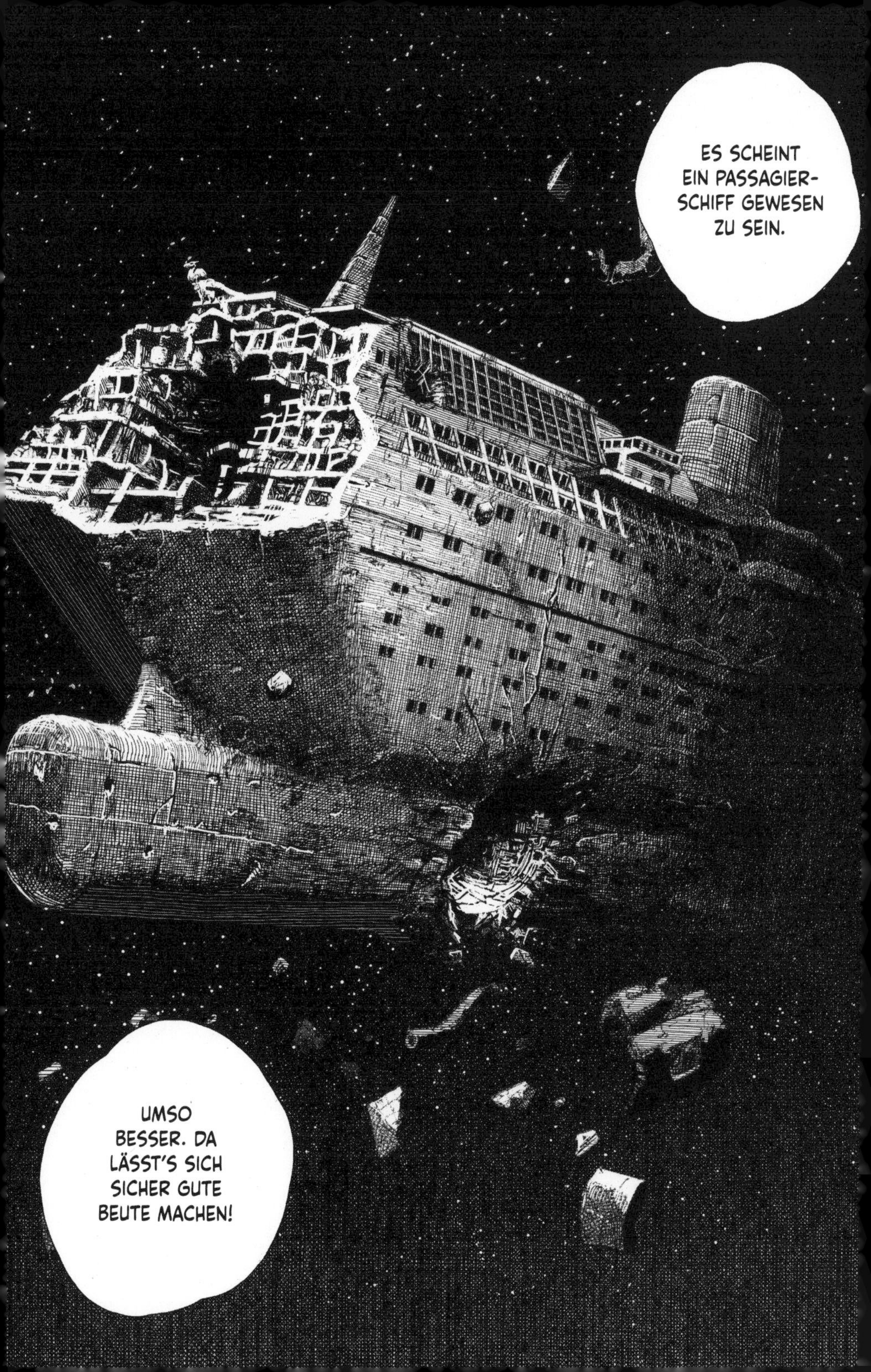
ES SCHEINT EIN PASSAGIER-SCHIFF GEWESEN ZU SEIN.
UMSO BESSER. DA LÄSST'S SICH SICHER GUTE BEUTE MACHEN!

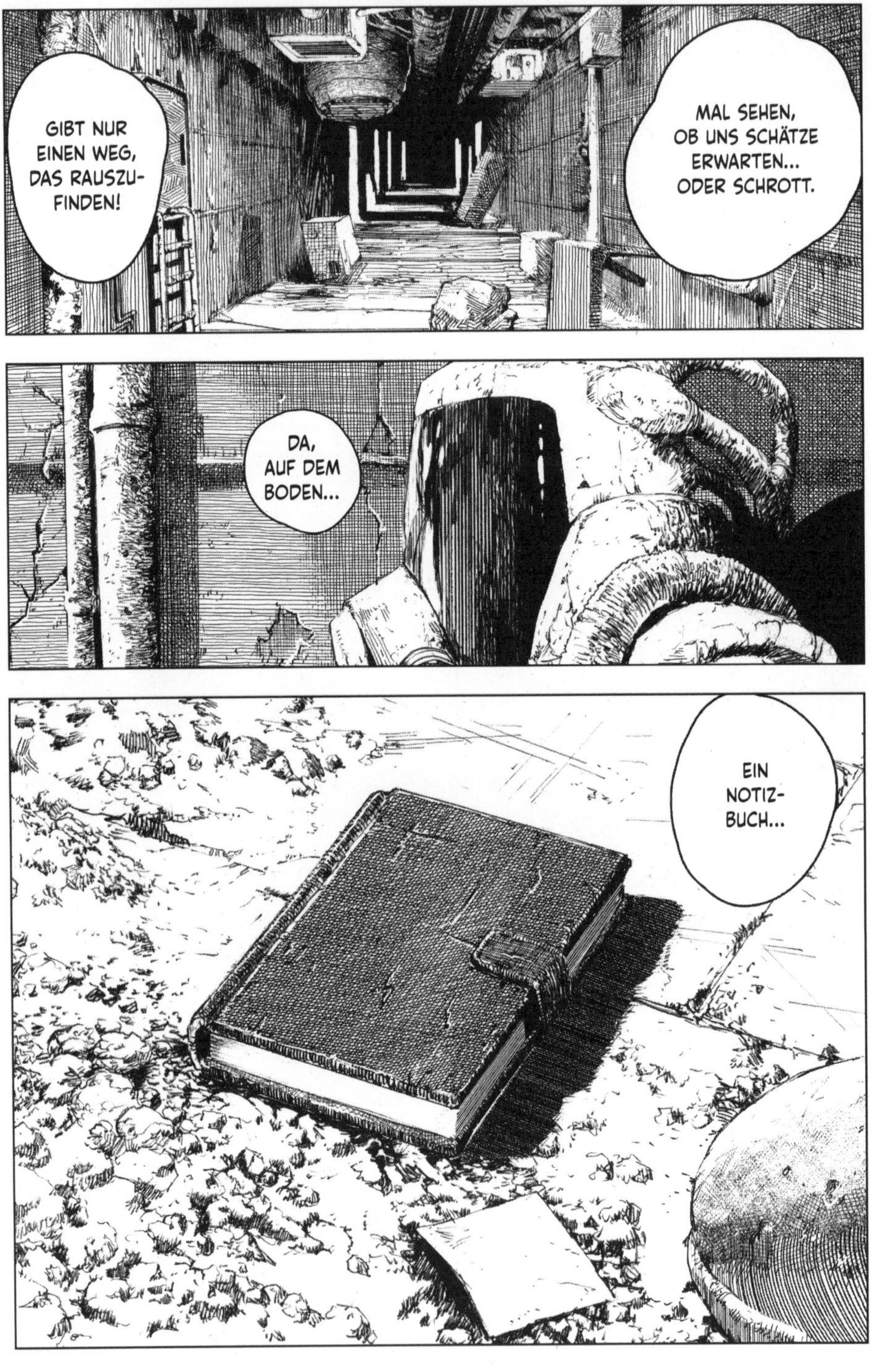
GIBT NUR EINEN WEG, DAS RAUSZU-FINDEN!
MAL SEHEN, OB UNS SCHÄTZE ERWARTEN... ODER SCHROTT.
DA, AUF DEM BODEN...
EIN NOTIZ-BUCH...

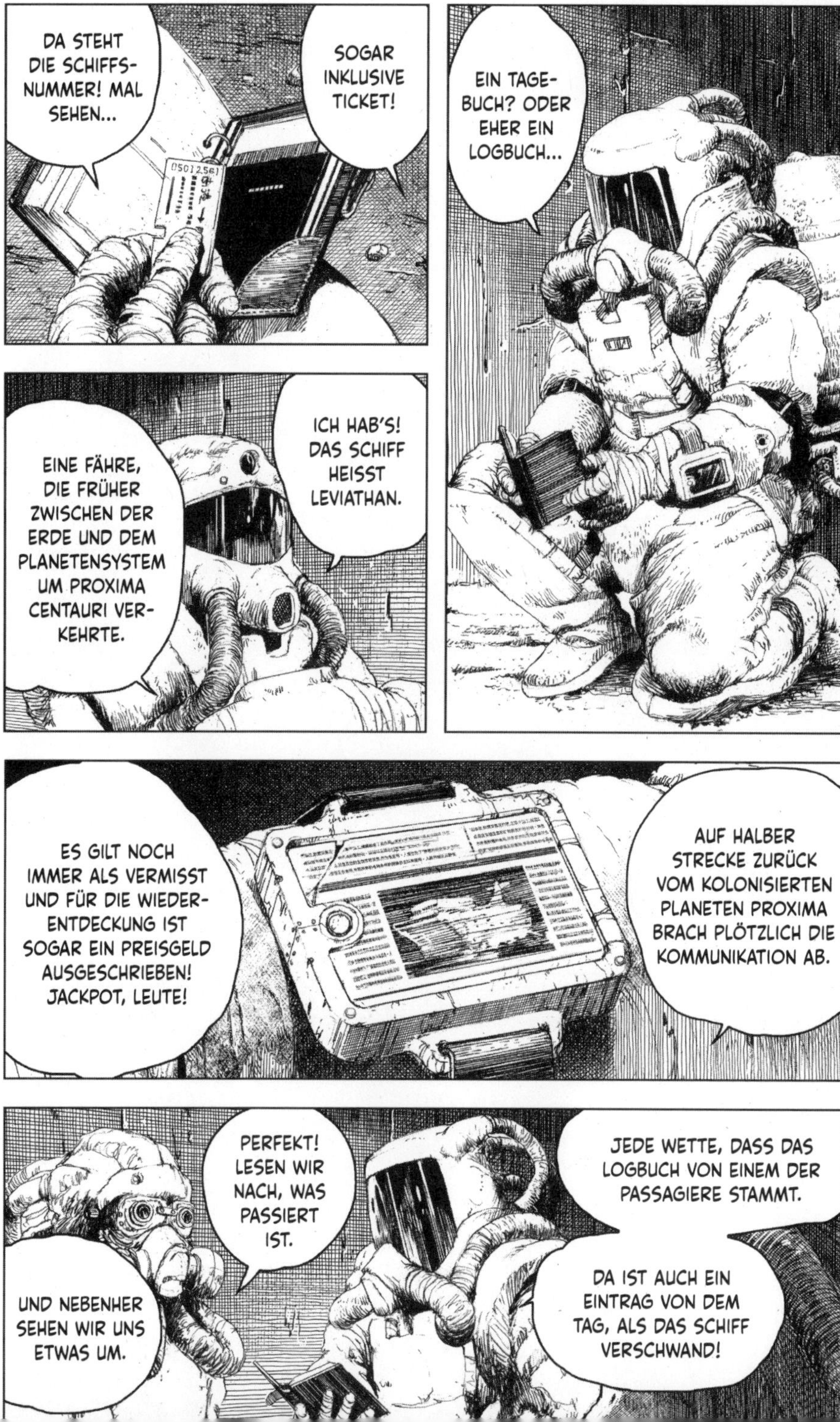
DA STEHT DIE SCHIFFS-NUMMER! MAL SEHEN...
SOGAR INKLUSIVE TICKET!
EIN TAGE-BUCH? ODER EHER EIN LOGBUCH...
ICH HAB'S! DAS SCHIFF HEISST LEVIATHAN.
EINE FÄHRE, DIE FRÜHER ZWISCHEN DER ERDE UND DEM PLANETENSYSTEM UM PROXIMA CENTAURI VER-KEHRTE.
AUF HALBER STRECKE ZURÜCK VOM KOLONISIERTEN PLANETEN PROXIMA BRACH PLÖTZLICH DIE KOMMUNIKATION AB.
ES GILT NOCH IMMER ALS VERMISST UND FÜR DIE WIEDER-ENTDECKUNG IST SOGAR EIN PREISGELD AUSGESCHRIEBEN! JACKPOT, LEUTE!
JEDE WETTE, DASS DAS LOGBUCH VON EINEM DER PASSAGIERE STAMMT.
DA IST AUCH EIN EINTRAG VON DEM TAG, ALS DAS SCHIFF VERSCHWAND!
PERFEKT! LESEN WIR NACH, WAS PASSIERT IST.
UND NEBENHER SEHEN WIR UNS ETWAS UM.

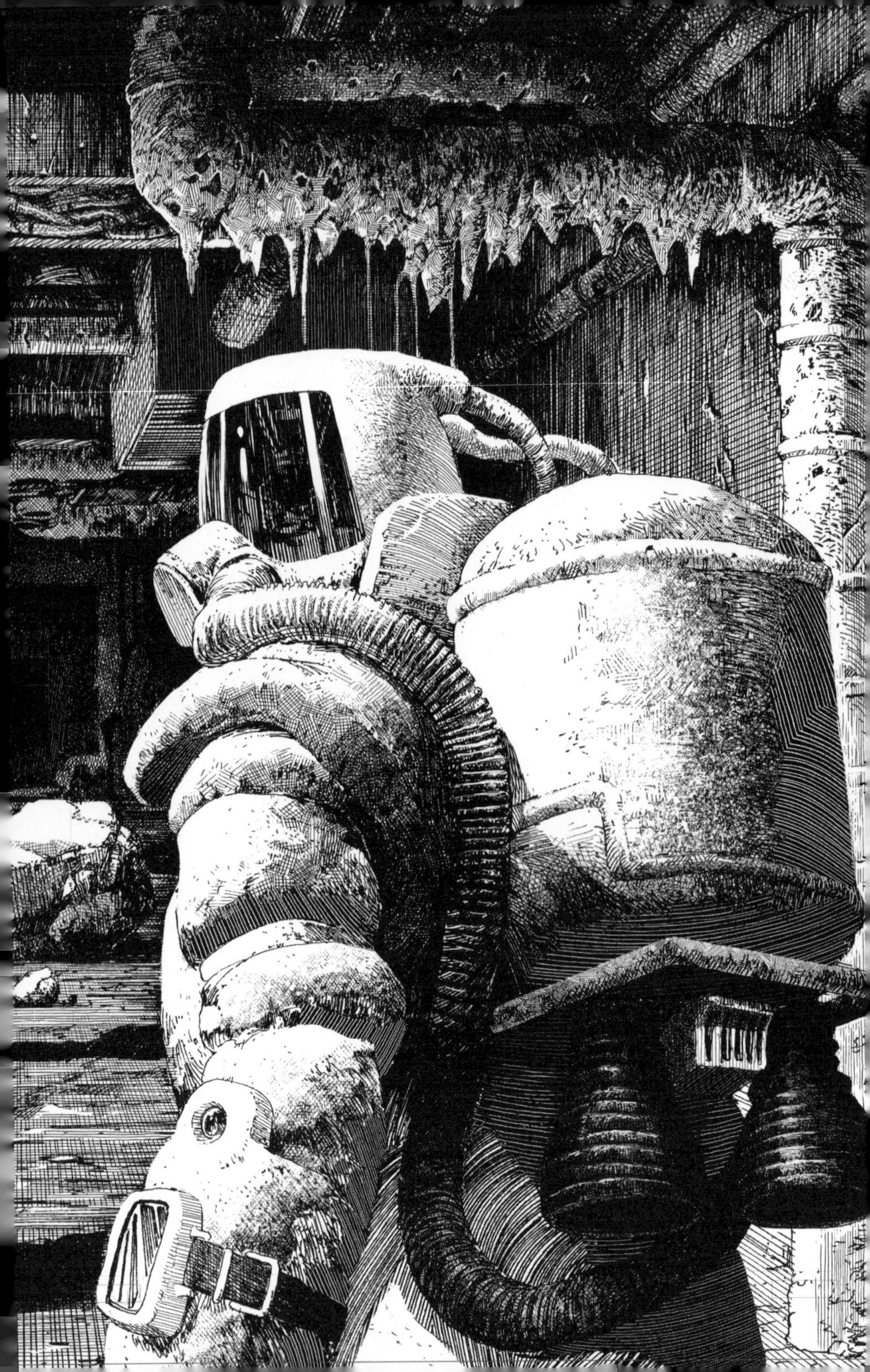

# KAPITEL 1 ▶ LOGBUCH

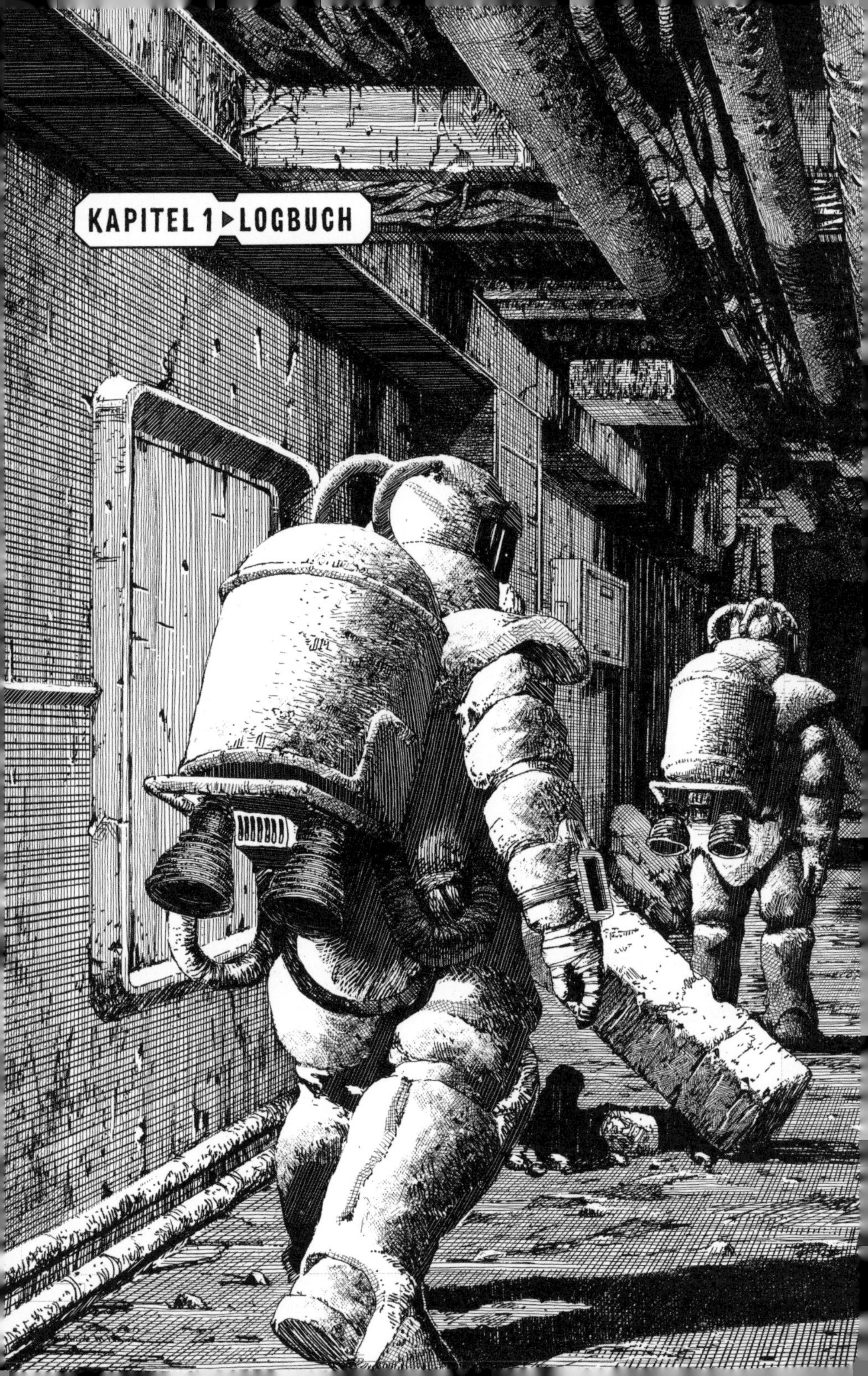

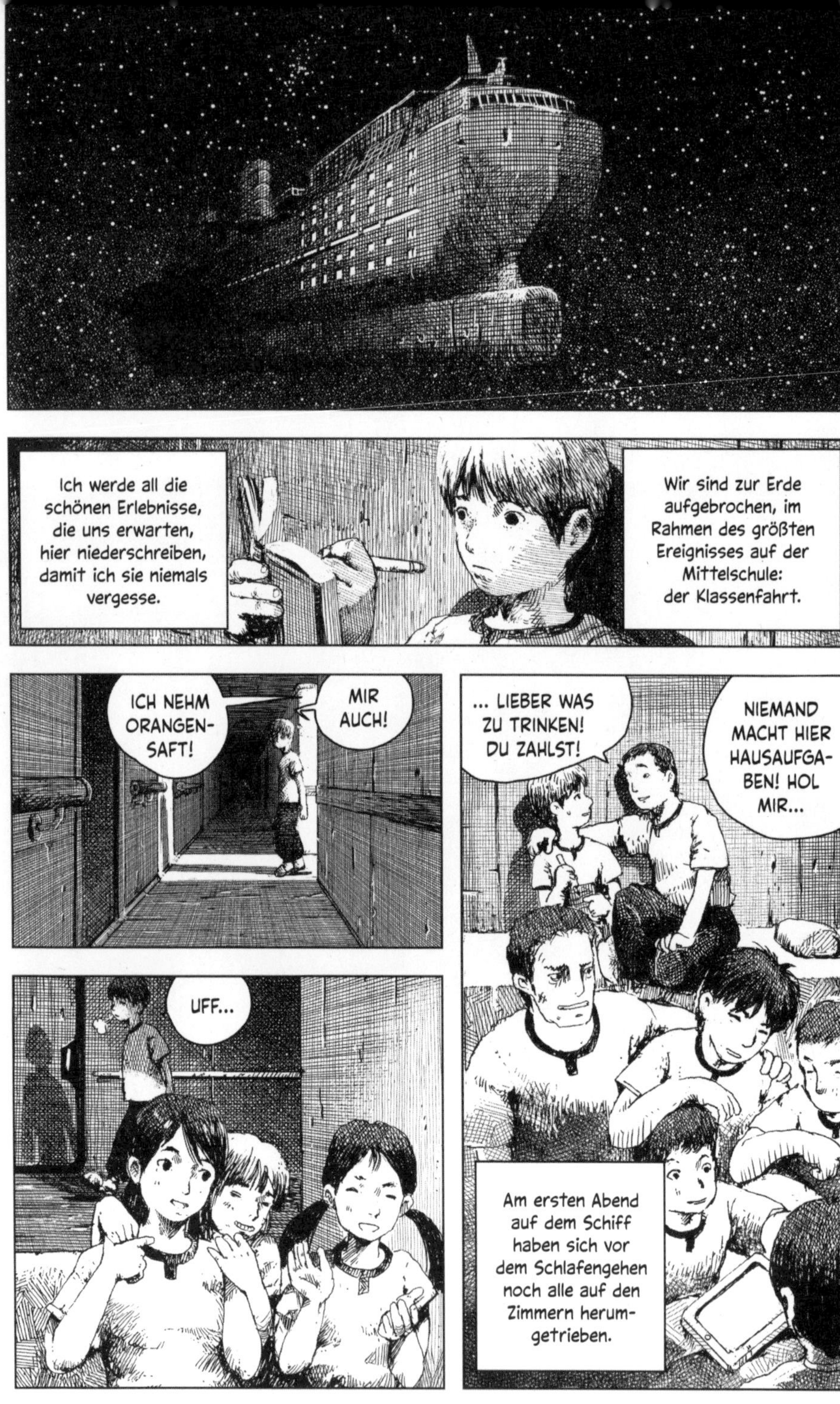

Wir sind zur Erde aufgebrochen, im Rahmen des größten Ereignisses auf der Mittelschule: der Klassenfahrt.
Ich werde all die schönen Erlebnisse, die uns erwarten, hier niederschreiben, damit ich sie niemals vergesse.
NIEMAND MACHT HIER HAUSAUFGABEN! HOL MIR...
... LIEBER WAS ZU TRINKEN! DU ZAHLST!
Am ersten Abend auf dem Schiff haben sich vor dem Schlafengehen noch alle auf den Zimmern herumgetrieben.
ICH NEHM ORANGENSAFT!
MIR AUCH!
UFF...

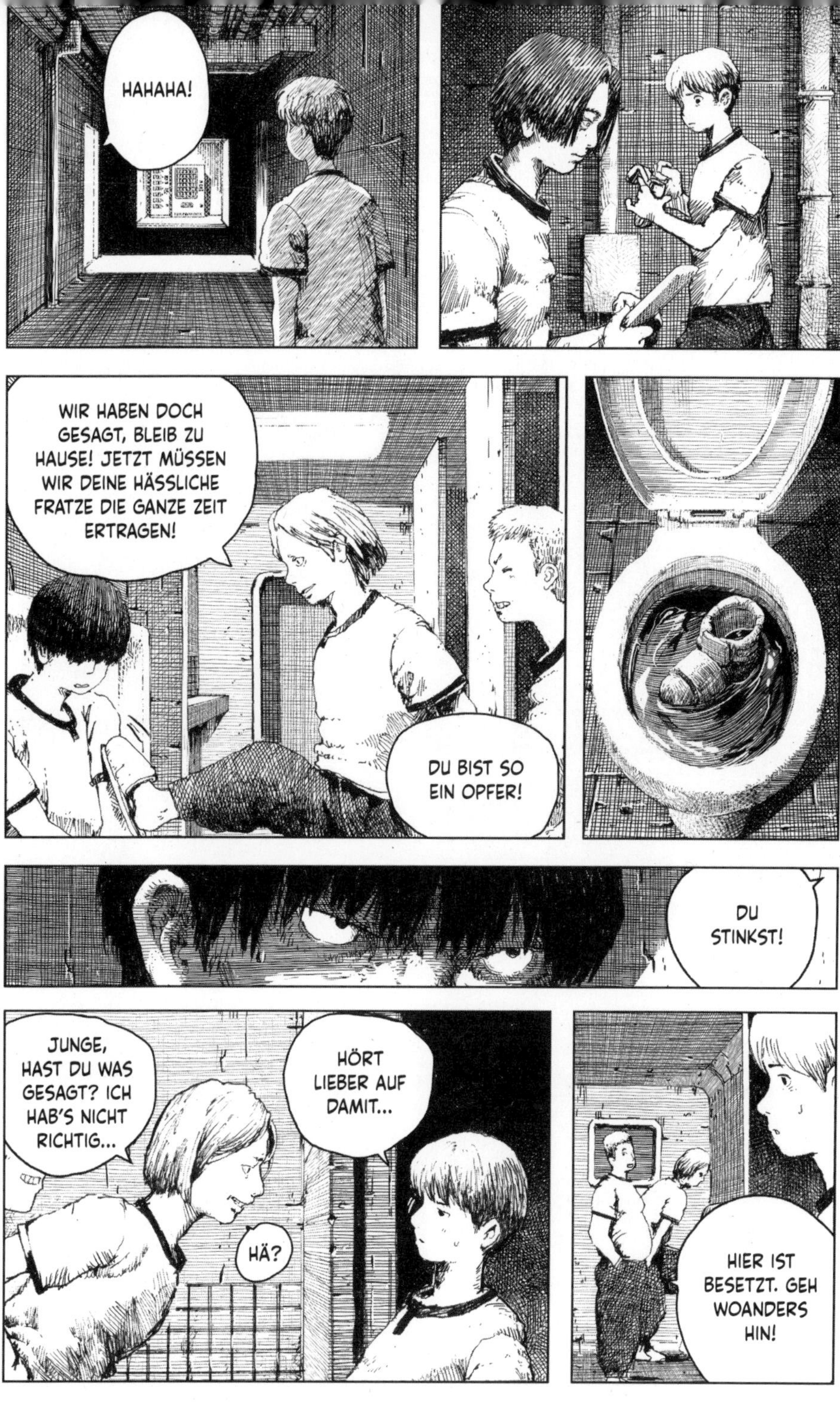
HAHAHA!
WIR HABEN DOCH GESAGT, BLEIB ZU HAUSE! JETZT MÜSSEN WIR DEINE HÄSSLICHE FRATZE DIE GANZE ZEIT ERTRAGEN!
DU BIST SO EIN OPFER!
DU STINKST!
JUNGE, HAST DU WAS GESAGT? ICH HAB'S NICHT RICHTIG...
HÖRT LIEBER AUF DAMIT...
HÄ?
HIER IST BESETZT. GEH WOANDERS HIN!

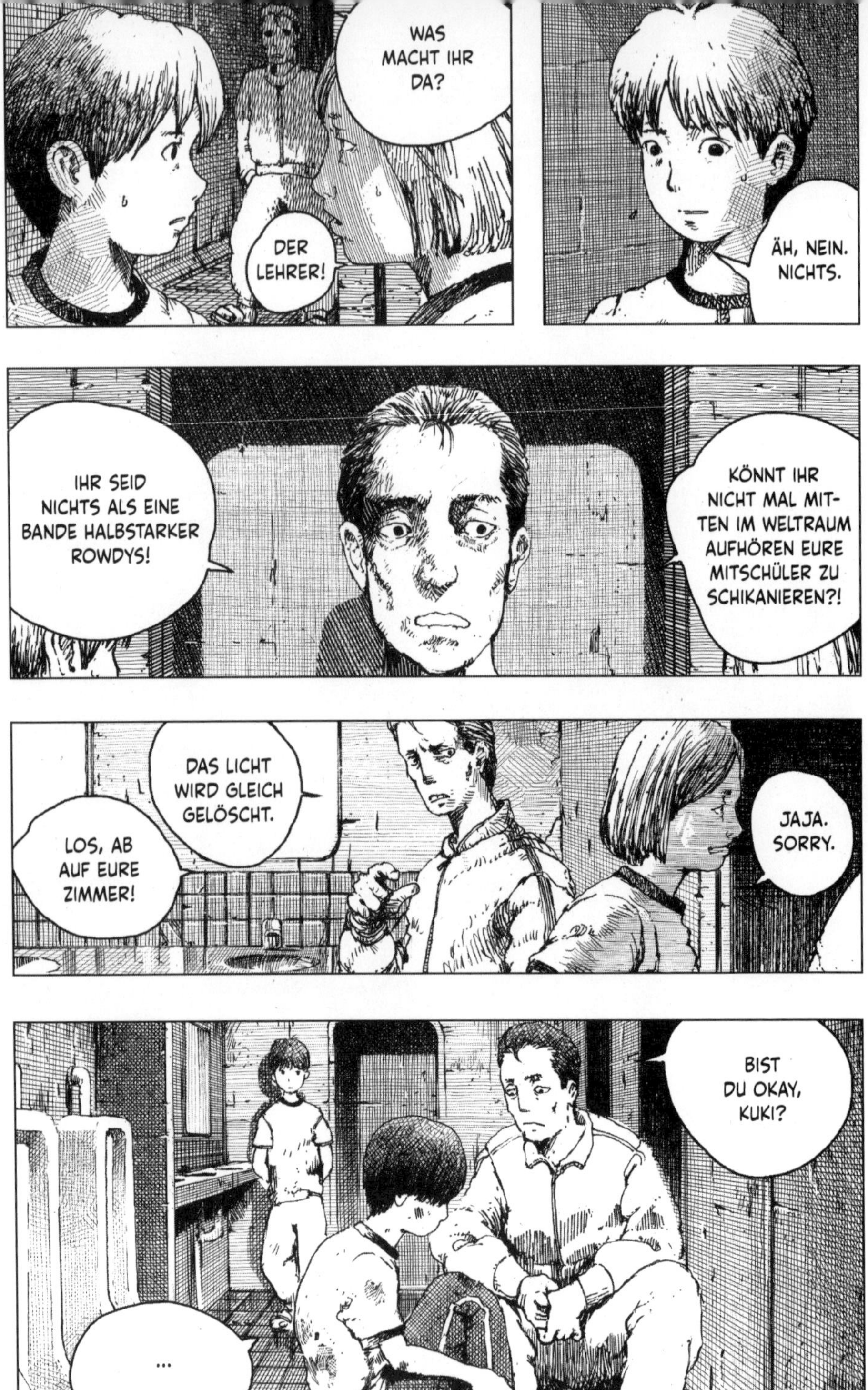
WAS MACHT IHR DA?
DER LEHRER!
ÄH, NEIN. NICHTS.
IHR SEID NICHTS ALS EINE BANDE HALBSTARKER ROWDYS!
KÖNNT IHR NICHT MAL MITTEN IM WELTRAUM AUFHÖREN EURE MITSCHÜLER ZU SCHIKANIEREN?!
DAS LICHT WIRD GLEICH GELÖSCHT.
LOS, AB AUF EURE ZIMMER!
JAJA. SORRY.
BIST DU OKAY, KUKI?
...

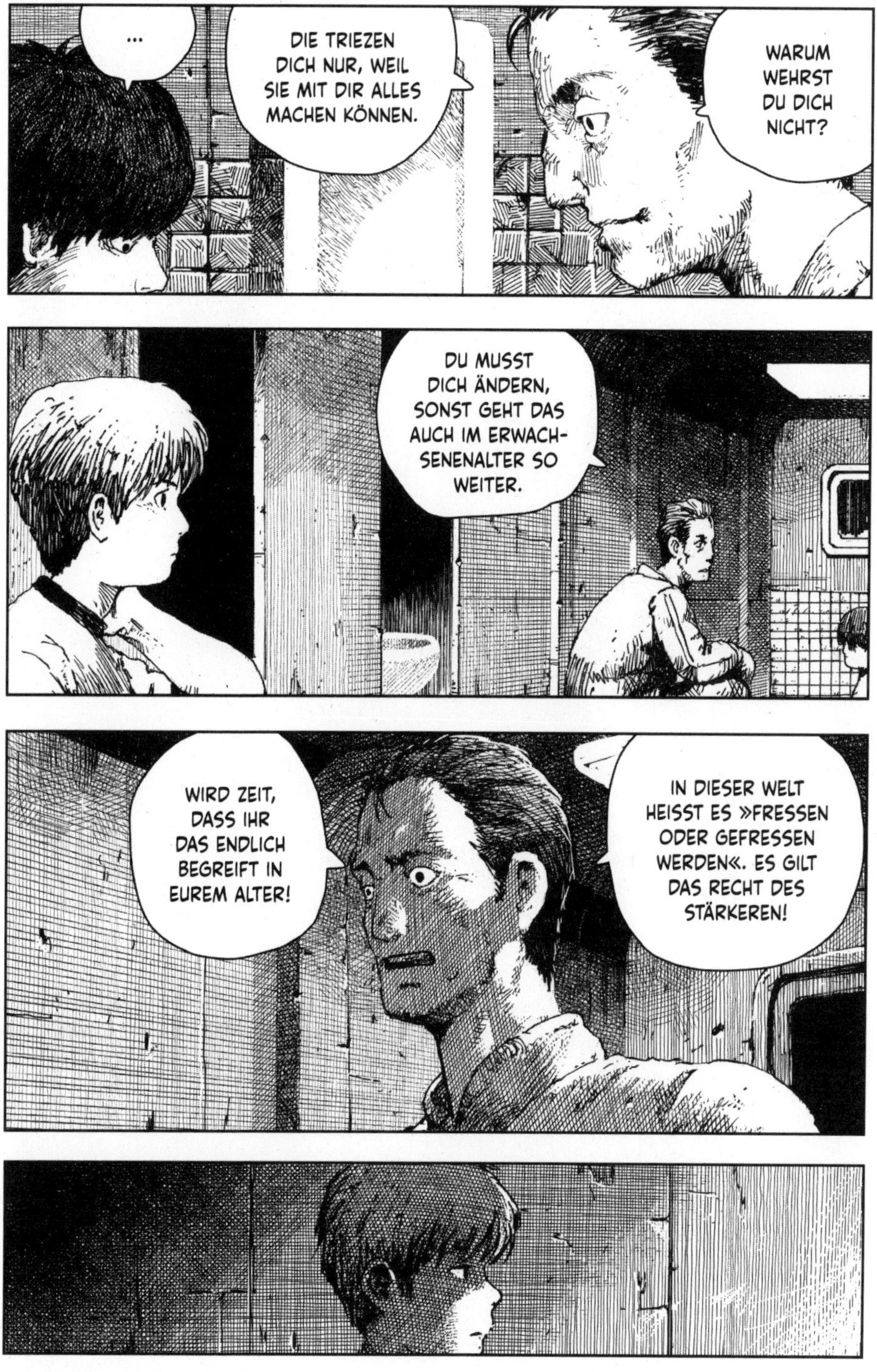
WARUM WEHRST DU DICH NICHT?
DIE TRIEZEN DICH NUR, WEIL SIE MIT DIR ALLES MACHEN KÖNNEN.
...
DU MUSST DICH ÄNDERN, SONST GEHT DAS AUCH IM ERWACHSENENALTER SO WEITER.
IN DIESER WELT HEISST ES »FRESSEN ODER GEFRESSEN WERDEN«. ES GILT DAS RECHT DES STÄRKEREN!
WIRD ZEIT, DASS IHR DAS ENDLICH BEGREIFT IN EUREM ALTER!

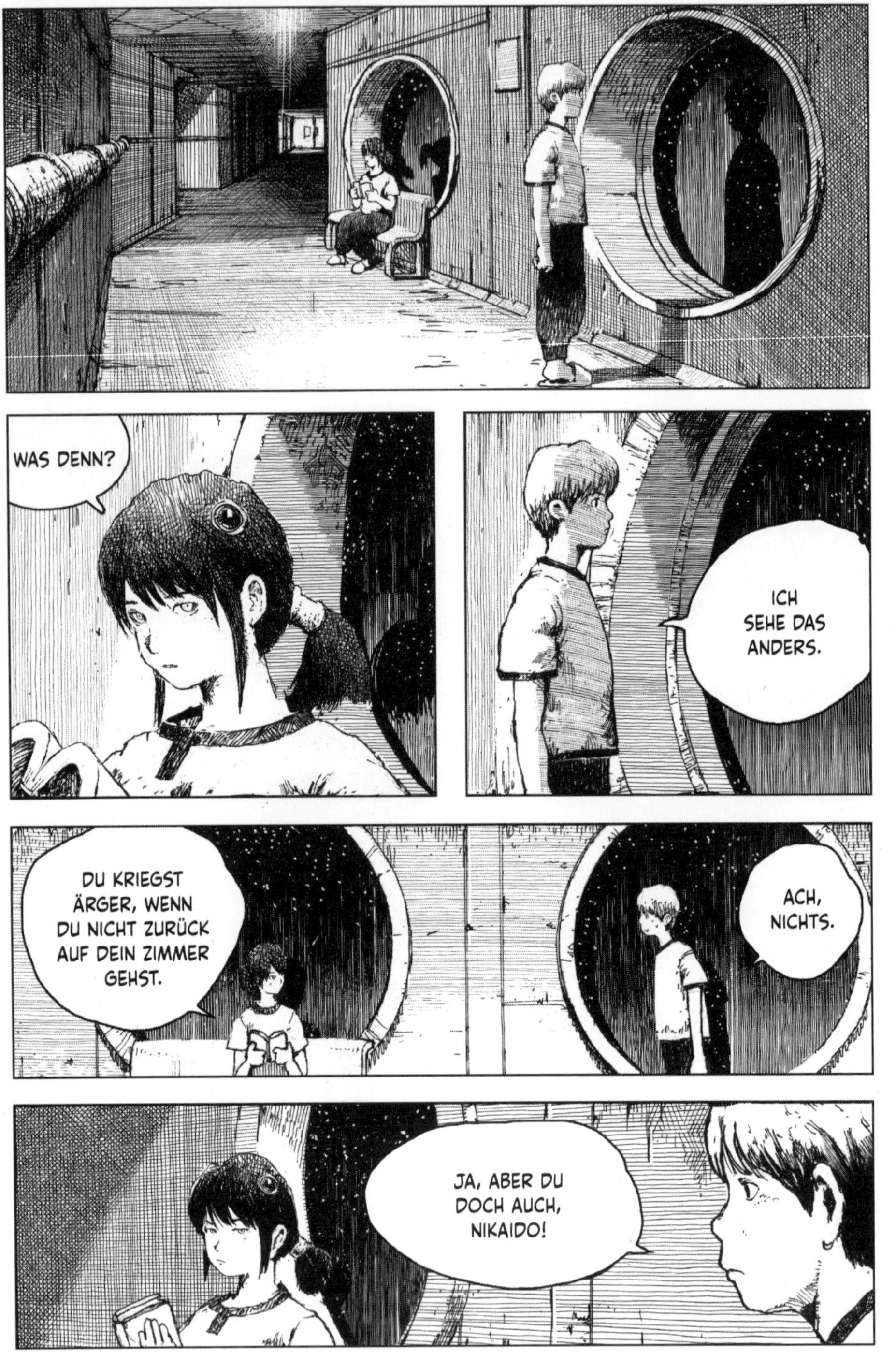
ICH SEHE DAS ANDERS.
WAS DENN?
ACH, NICHTS.
DU KRIEGST ÄRGER, WENN DU NICHT ZURÜCK AUF DEIN ZIMMER GEHST.
JA, ABER DU DOCH AUCH, NIKAIDO!

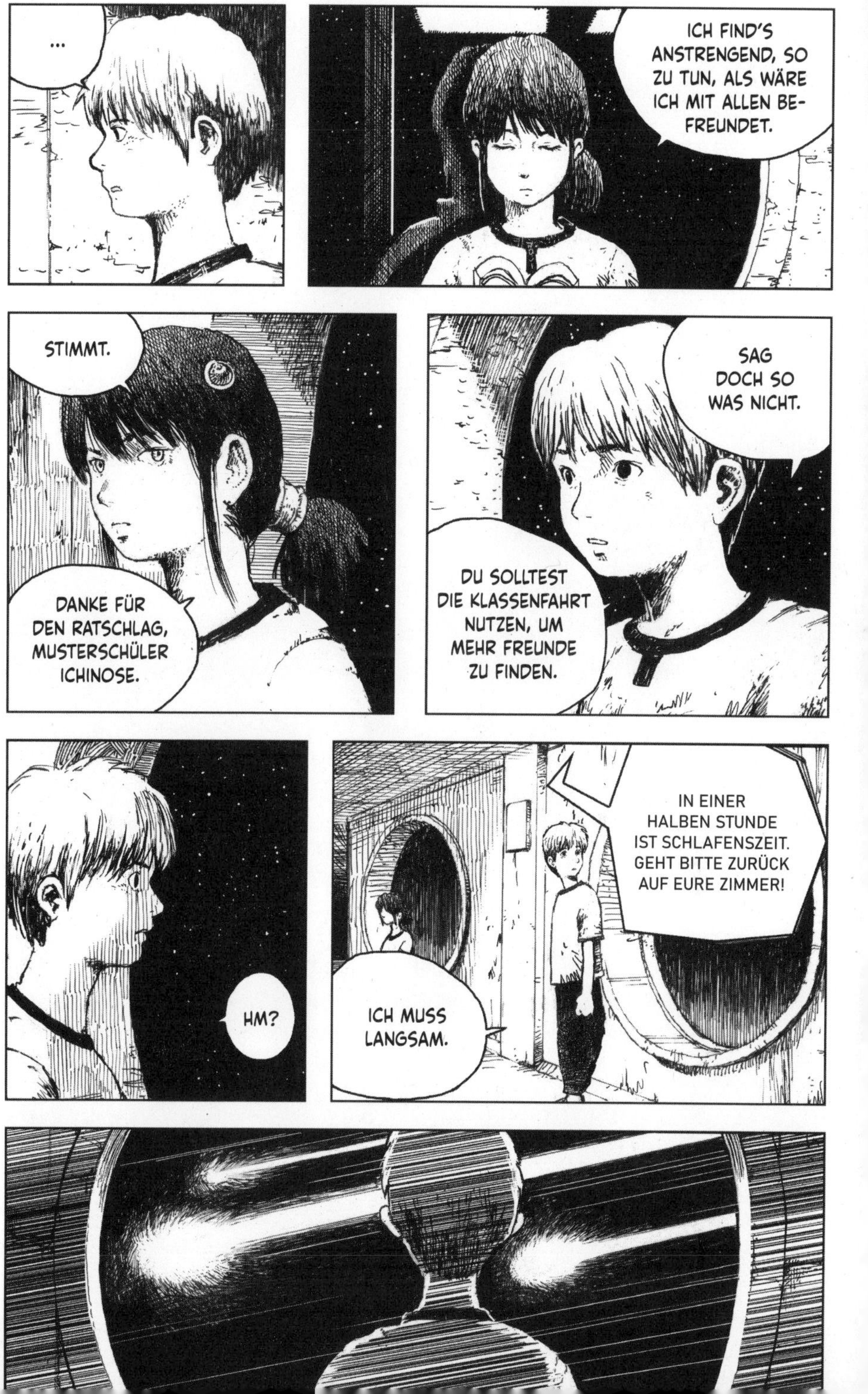
ICH FIND'S ANSTRENGEND, SO ZU TUN, ALS WÄRE ICH MIT ALLEN BE-FREUNDET.
...
SAG DOCH SO WAS NICHT.
DU SOLLTEST DIE KLASSENFAHRT NUTZEN, UM MEHR FREUNDE ZU FINDEN.
STIMMT.
DANKE FÜR DEN RATSCHLAG, MUSTERSCHÜLER ICHINOSE.
IN EINER HALBEN STUNDE IST SCHLAFENSZEIT. GEHT BITTE ZURÜCK AUF EURE ZIMMER!
ICH MUSS LANGSAM.
HM?

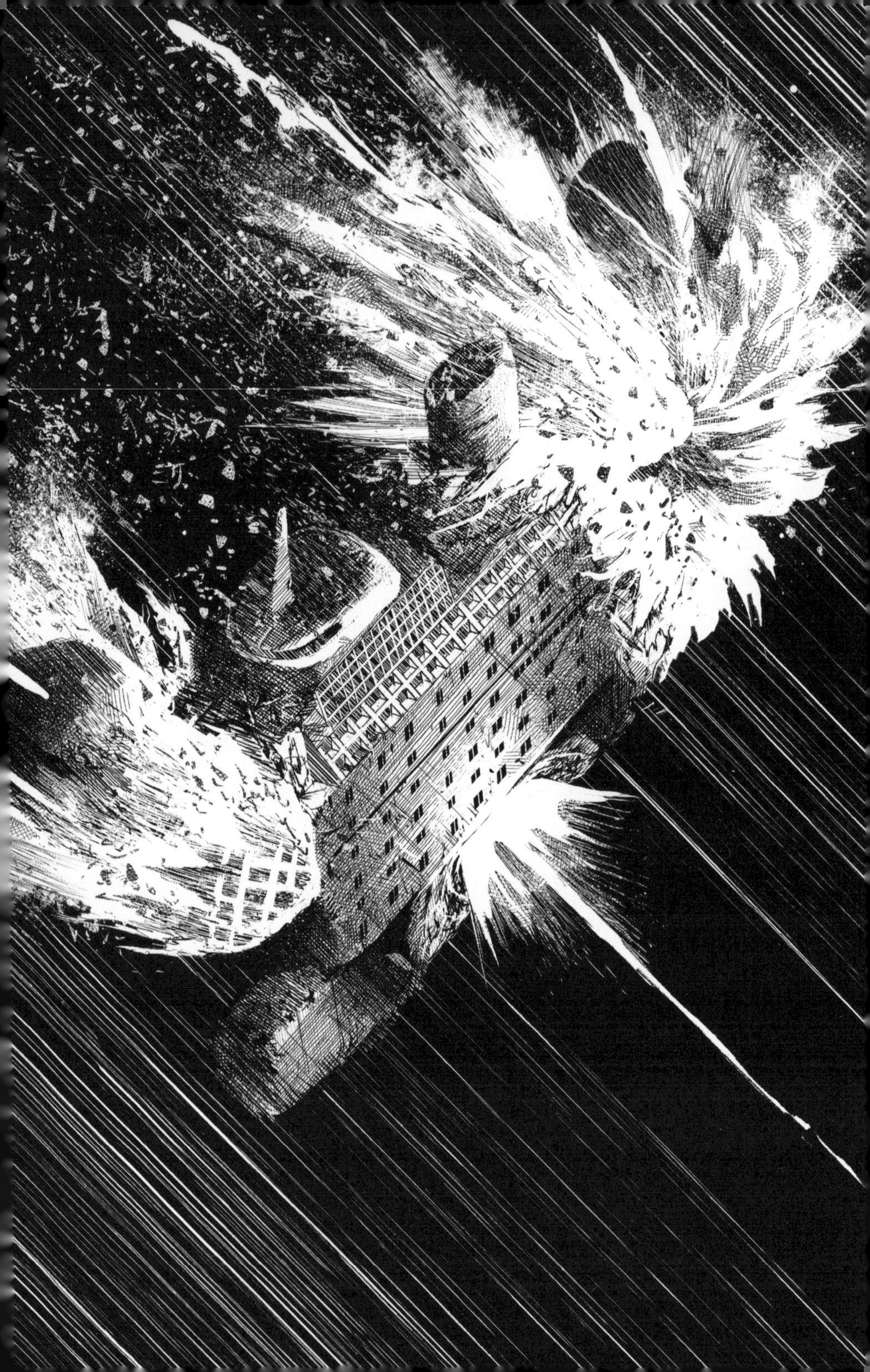

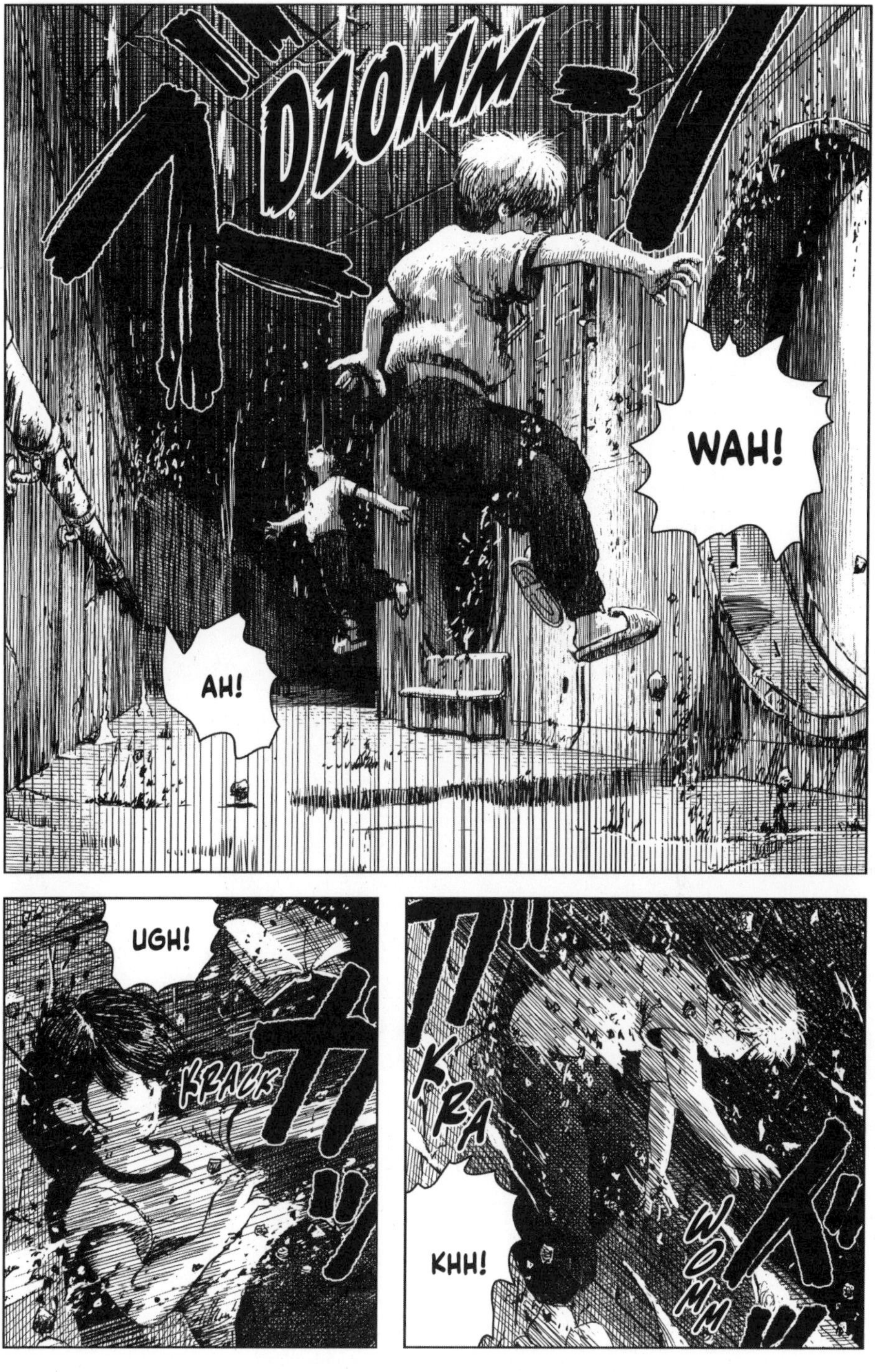
DZOMM
WAH!
AH!
UGH!
KRACK
KRA
KHH!
WOMM

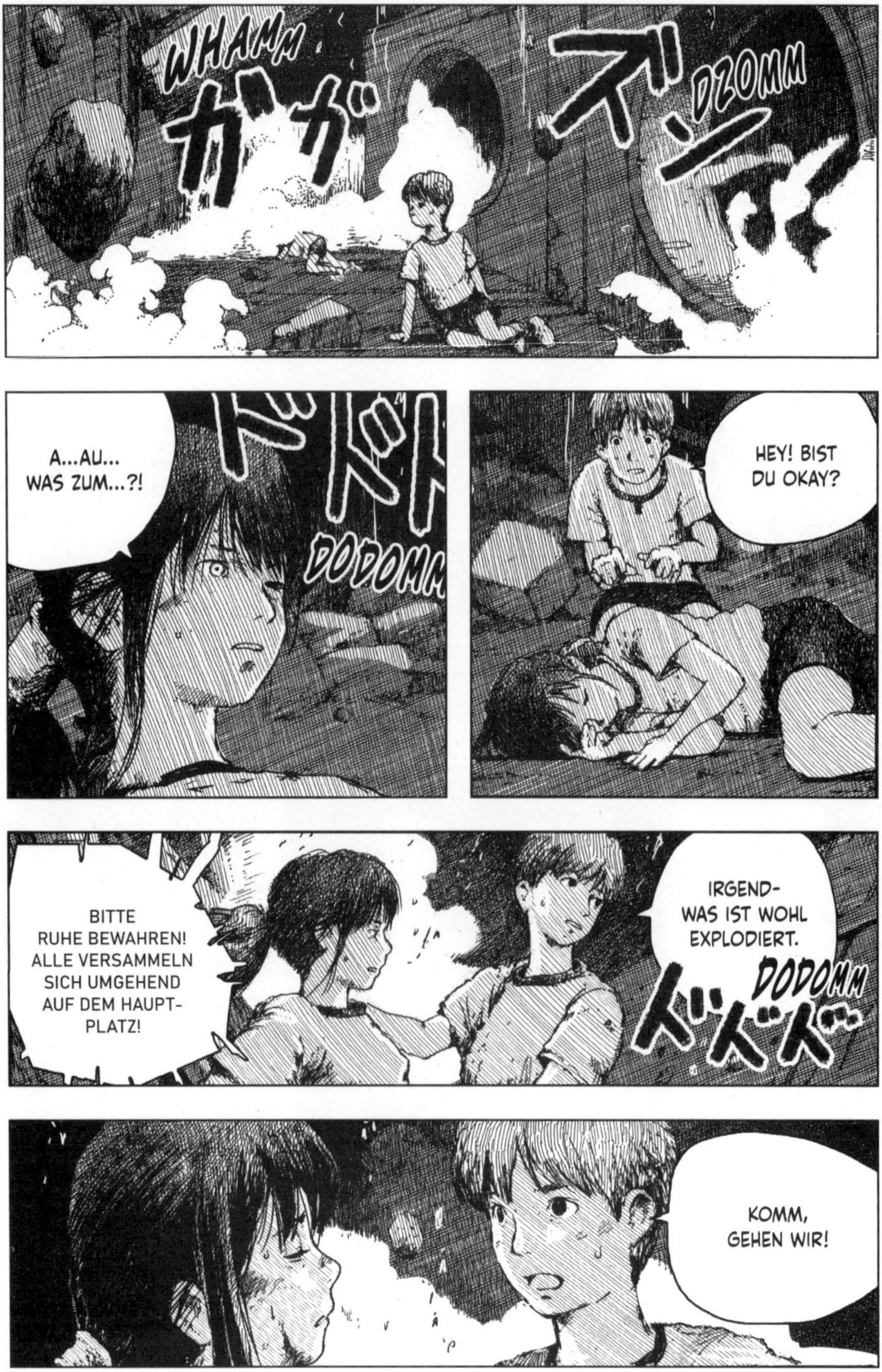
DZOMM
WHAMM
HEY! BIST DU OKAY?
DODOMM
A...AU... WAS ZUM...?!
IRGEND-WAS IST WOHL EXPLODIERT.
DODOMM
BITTE RUHE BEWAHREN! ALLE VERSAMMELN SICH UMGEHEND AUF DEM HAUPT-PLATZ!
KOMM, GEHEN WIR!

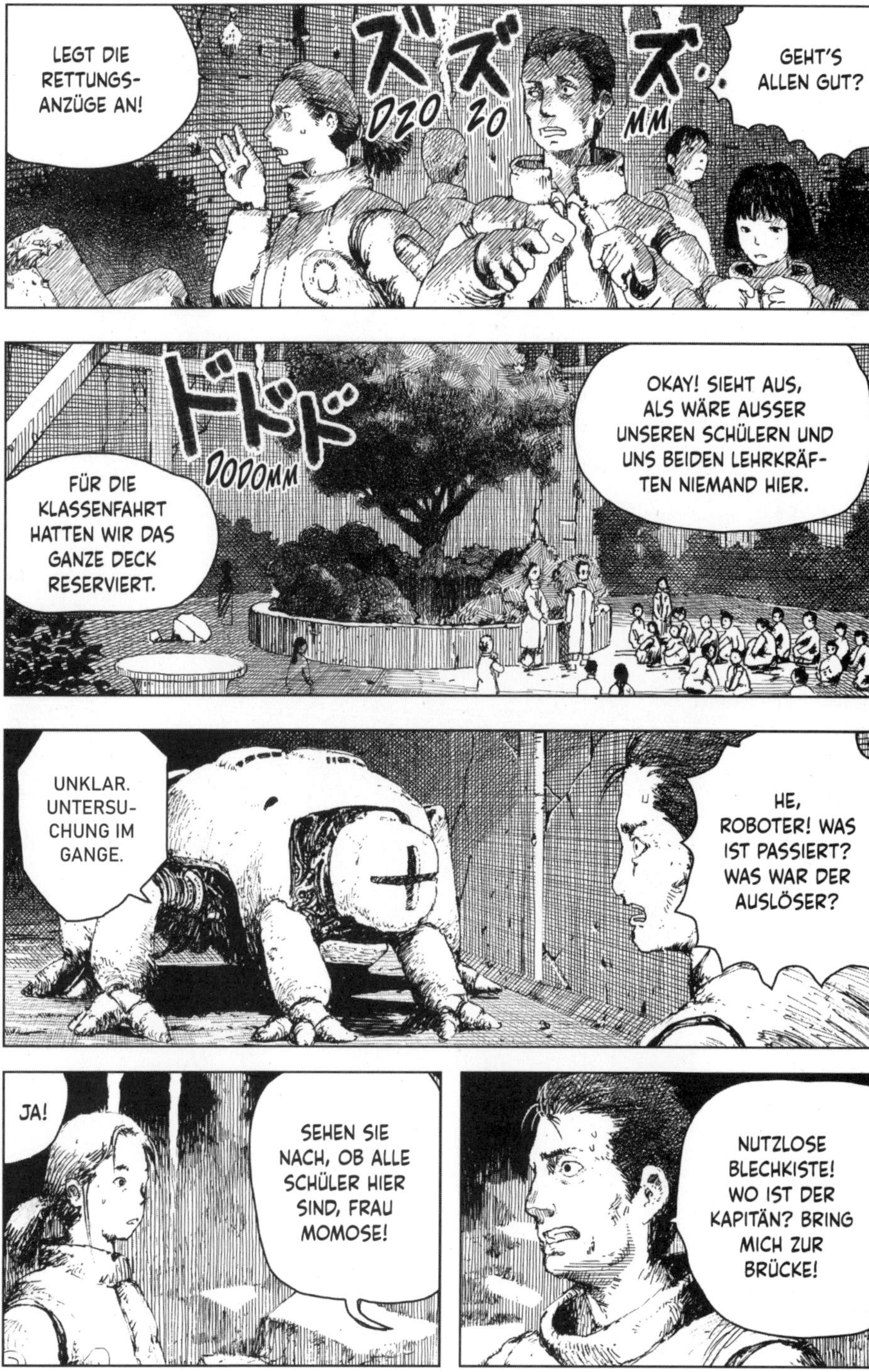
GEHT'S ALLEN GUT?
ズズズ
DZO ZO MM
LEGT DIE RETTUNGS- ANZÜGE AN!
OKAY! SIEHT AUS, ALS WÄRE AUSSER UNSEREN SCHÜLERN UND UNS BEIDEN LEHRKRÄF- TEN NIEMAND HIER.
ドドド
DODOMM
FÜR DIE KLASSENFAHRT HATTEN WIR DAS GANZE DECK RESERVIERT.
HE, ROBOTER! WAS IST PASSIERT? WAS WAR DER AUSLÖSER?
UNKLAR. UNTERSU- CHUNG IM GANGE.
NUTZLOSE BLECHKISTE! WO IST DER KAPITÄN? BRING MICH ZUR BRÜCKE!
SEHEN SIE NACH, OB ALLE SCHÜLER HIER SIND, FRAU MOMOSE!
JA!

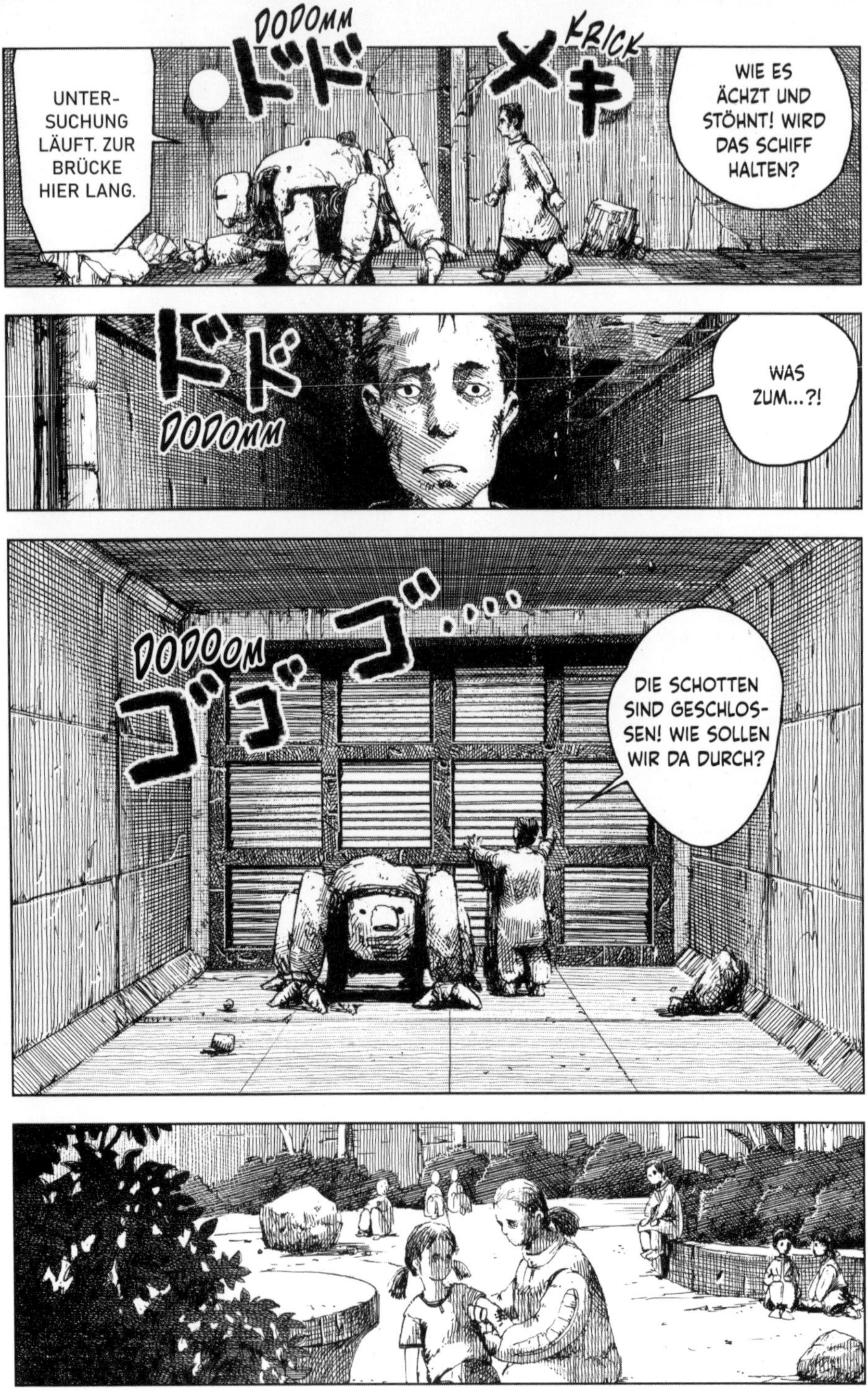
KRICK
WIE ES ÄCHZT UND STÖHNT! WIRD DAS SCHIFF HALTEN?
DODOMM
UNTER-SUCHUNG LÄUFT. ZUR BRÜCKE HIER LANG.
WAS ZUM...?!
DODOMM
DIE SCHOTTEN SIND GESCHLOS-SEN! WIE SOLLEN WIR DA DURCH?
DODOOM

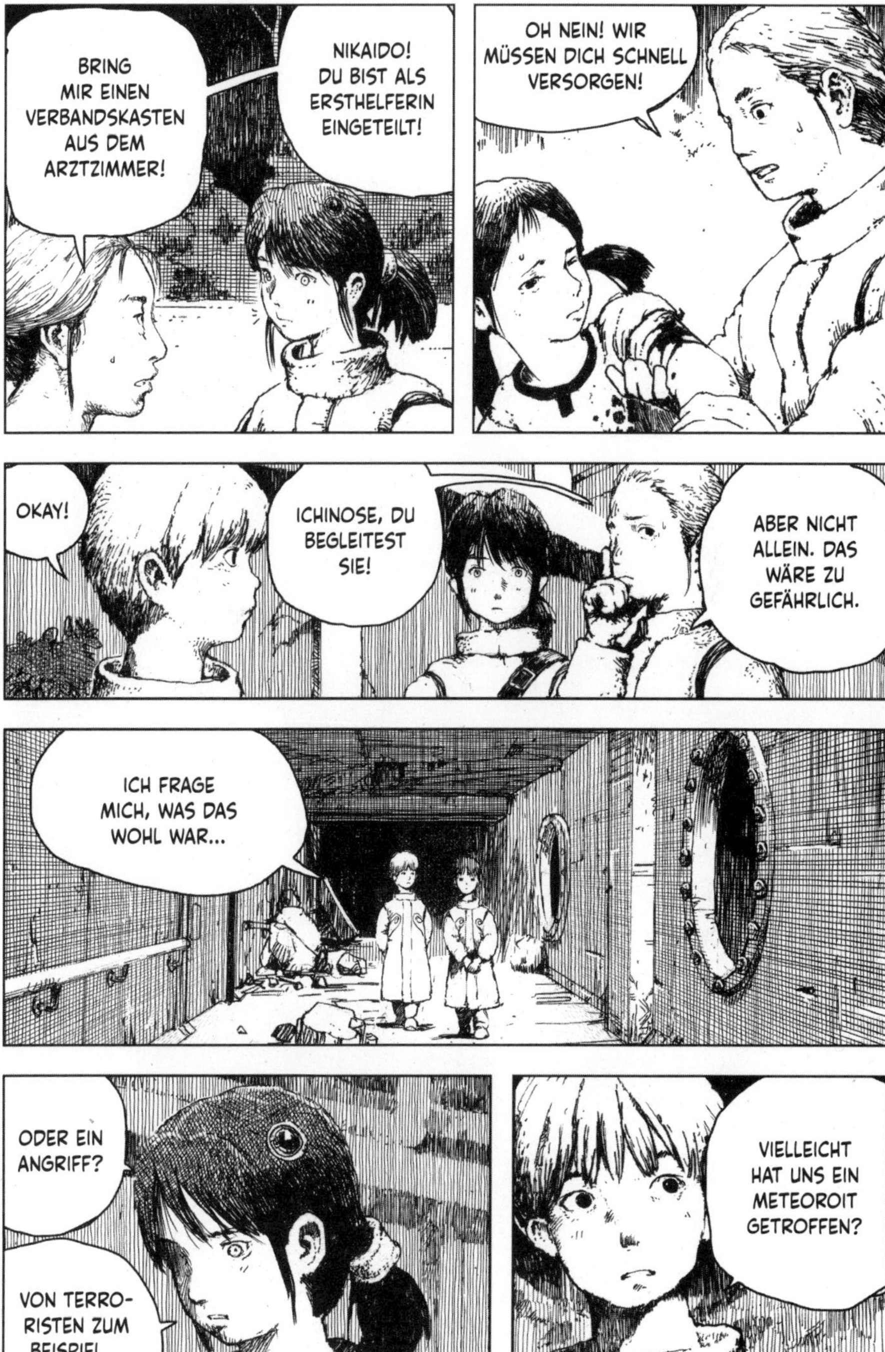
OH NEIN! WIR MÜSSEN DICH SCHNELL VERSORGEN!
NIKAIDO! DU BIST ALS ERSTHELFERIN EINGETEILT!
BRING MIR EINEN VERBANDSKASTEN AUS DEM ARZTZIMMER!
ABER NICHT ALLEIN. DAS WÄRE ZU GEFÄHRLICH.
ICHINOSE, DU BEGLEITEST SIE!
OKAY!
ICH FRAGE MICH, WAS DAS WOHL WAR...
VIELLEICHT HAT UNS EIN METEOROIT GETROFFEN?
ODER EIN ANGRIFF?
VON TERRO-RISTEN ZUM BEISPIEL...

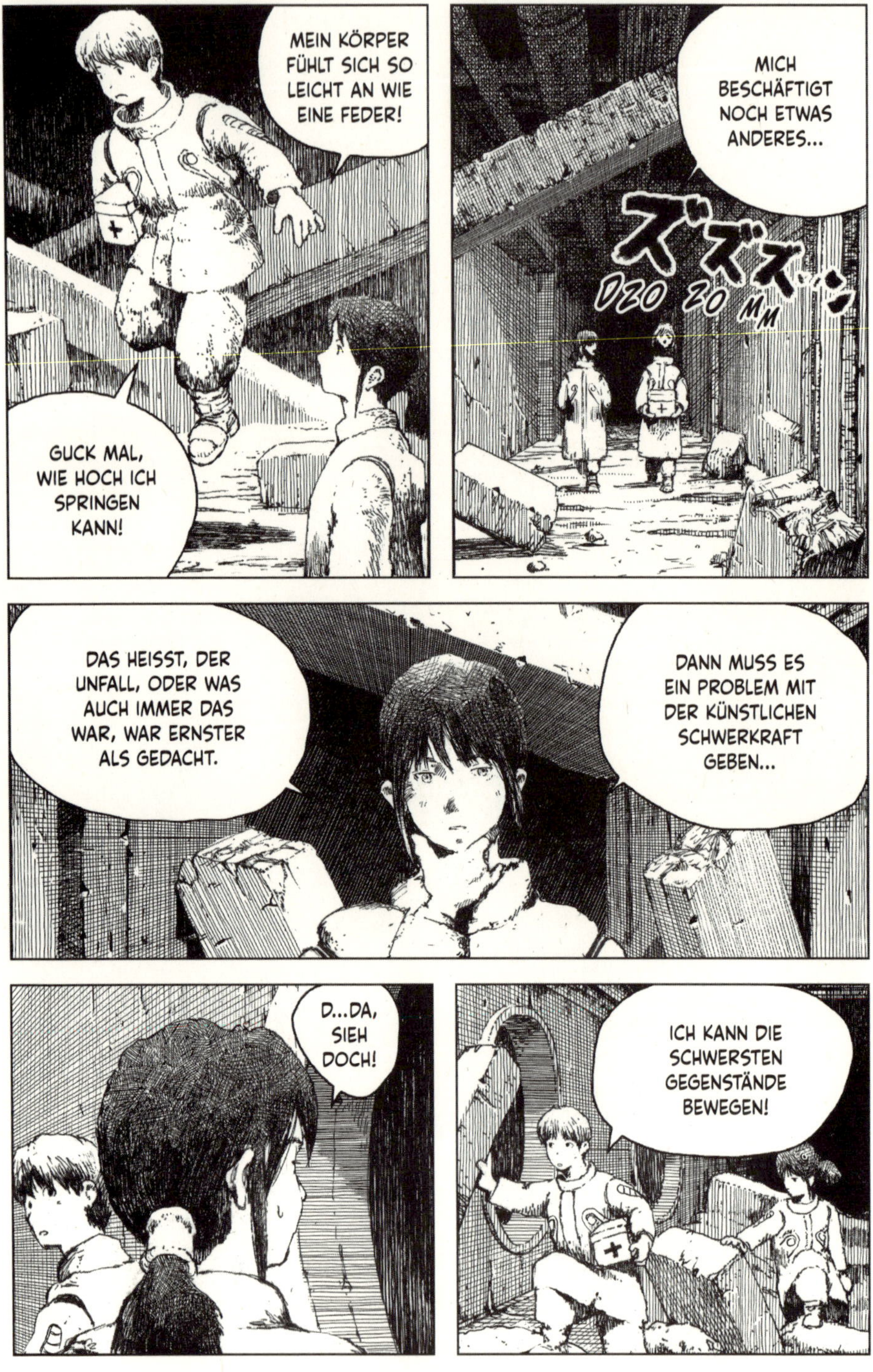
MEIN KÖRPER FÜHLT SICH SO LEICHT AN WIE EINE FEDER!
GUCK MAL, WIE HOCH ICH SPRINGEN KANN!
MICH BESCHÄFTIGT NOCH ETWAS ANDERES...
ズズズ…ン
DZO ZO MM
DAS HEISST, DER UNFALL, ODER WAS AUCH IMMER DAS WAR, WAR ERNSTER ALS GEDACHT.
DANN MUSS ES EIN PROBLEM MIT DER KÜNSTLICHEN SCHWERKRAFT GEBEN...
D...DA, SIEH DOCH!
ICH KANN DIE SCHWERSTEN GEGENSTÄNDE BEWEGEN!

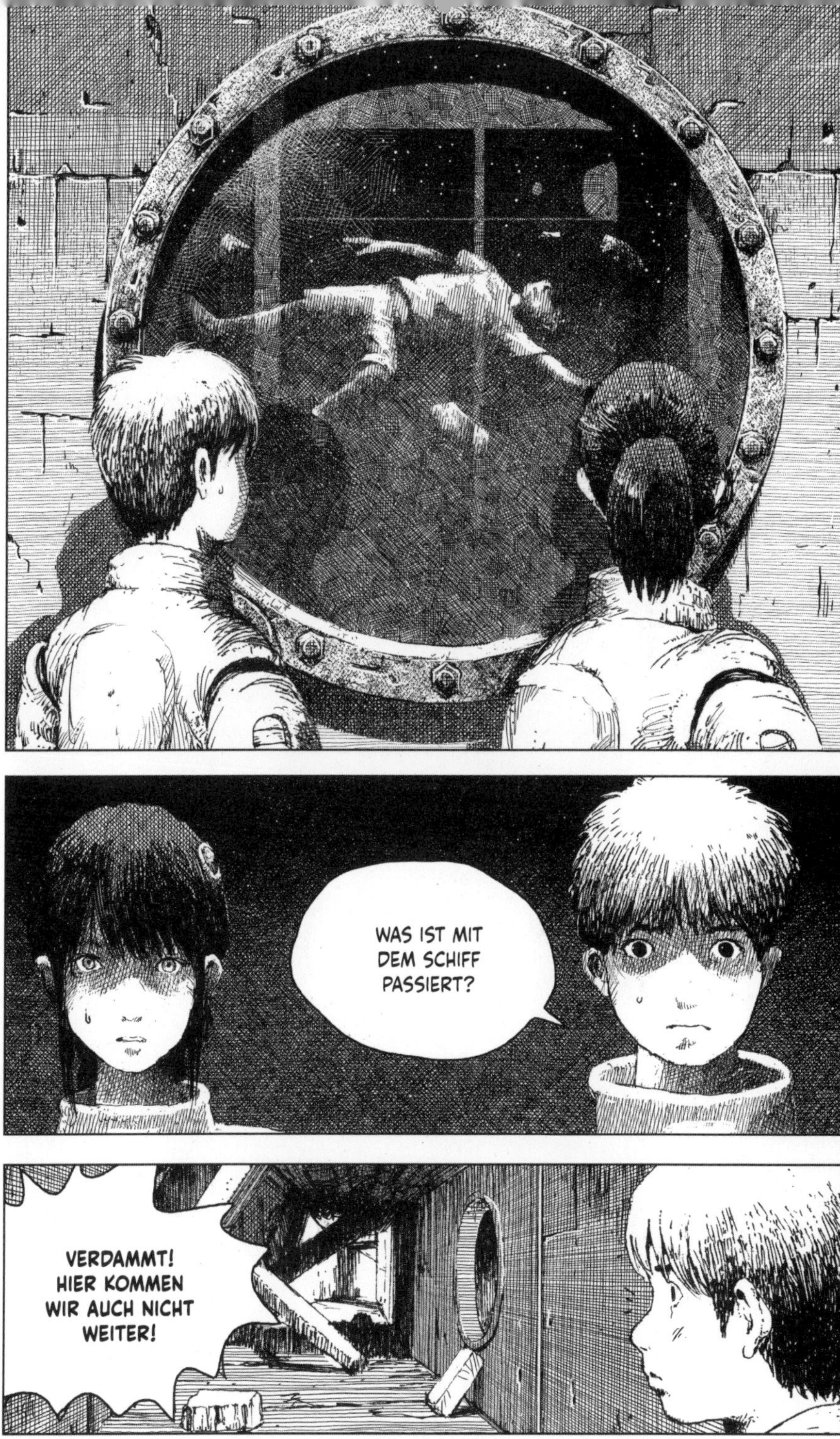
WAS IST MIT
DEM SCHIFF
PASSIERT?
VERDAMMT!
HIER KOMMEN
WIR AUCH NICHT
WEITER!

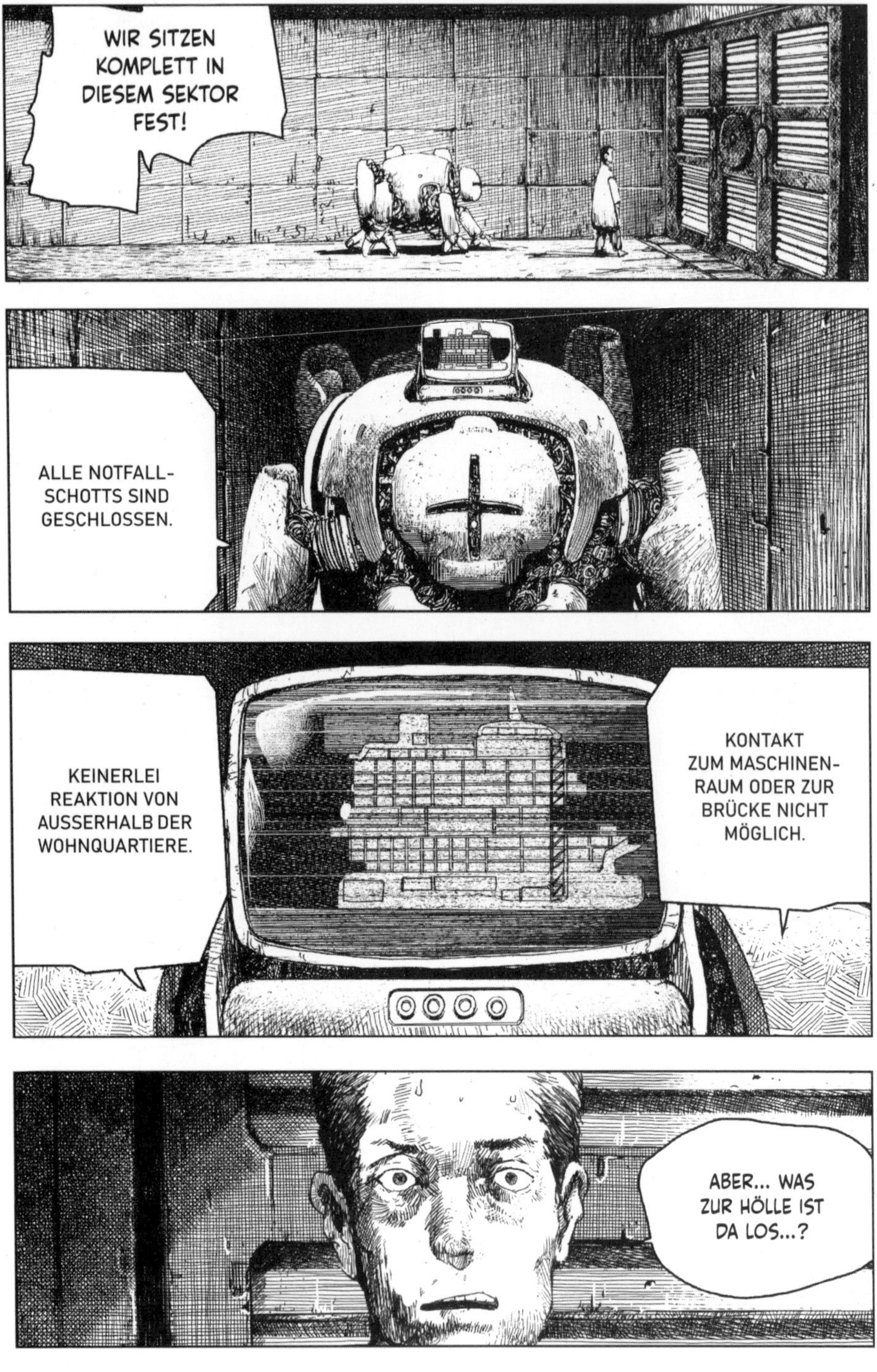
WIR SITZEN KOMPLETT IN DIESEM SEKTOR FEST!
ALLE NOTFALL-SCHOTTS SIND GESCHLOSSEN.
KEINERLEI REAKTION VON AUSSERHALB DER WOHNQUARTIERE.
KONTAKT ZUM MASCHINEN-RAUM ODER ZUR BRÜCKE NICHT MÖGLICH.
ABER... WAS ZUR HÖLLE IST DA LOS...?

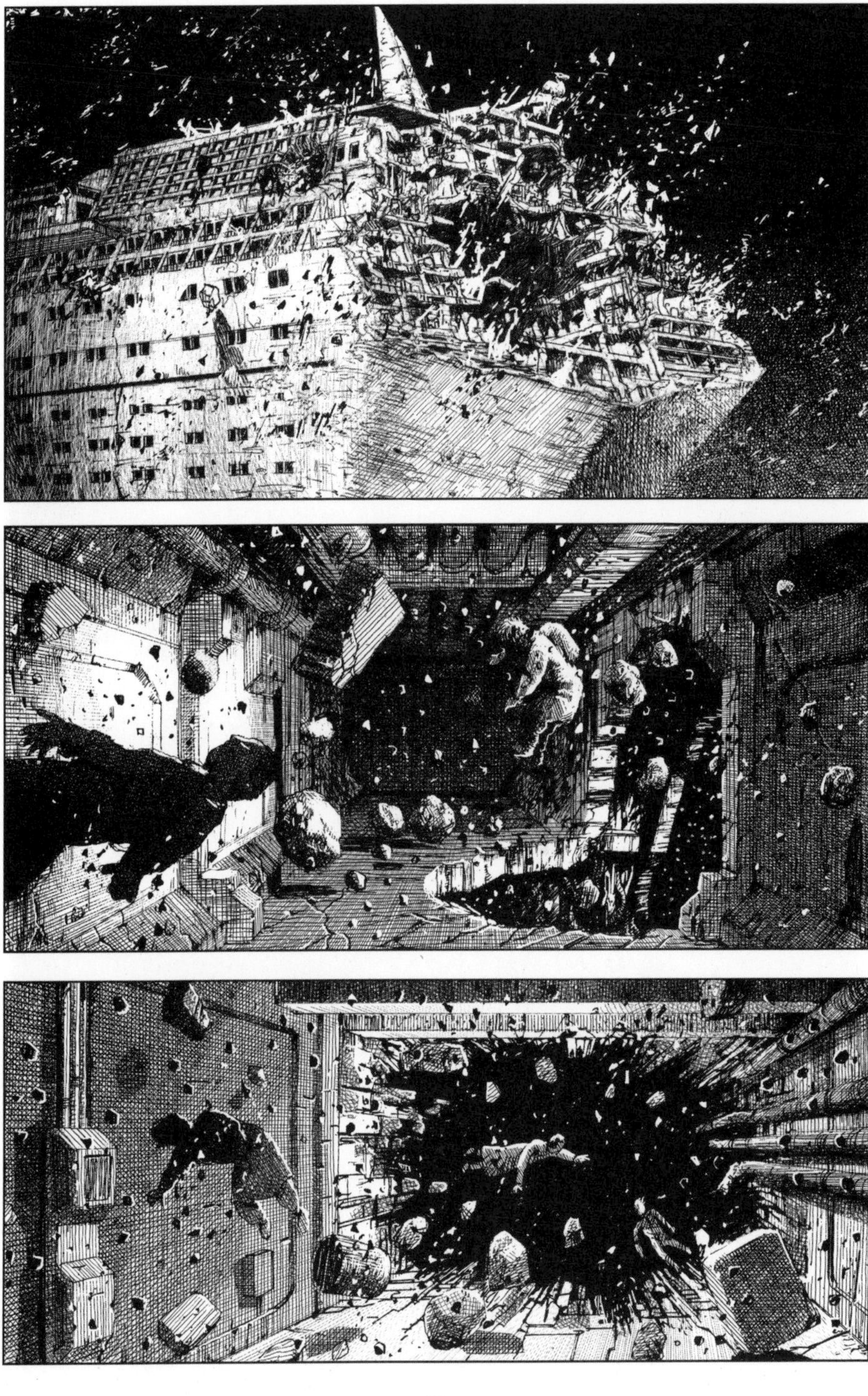

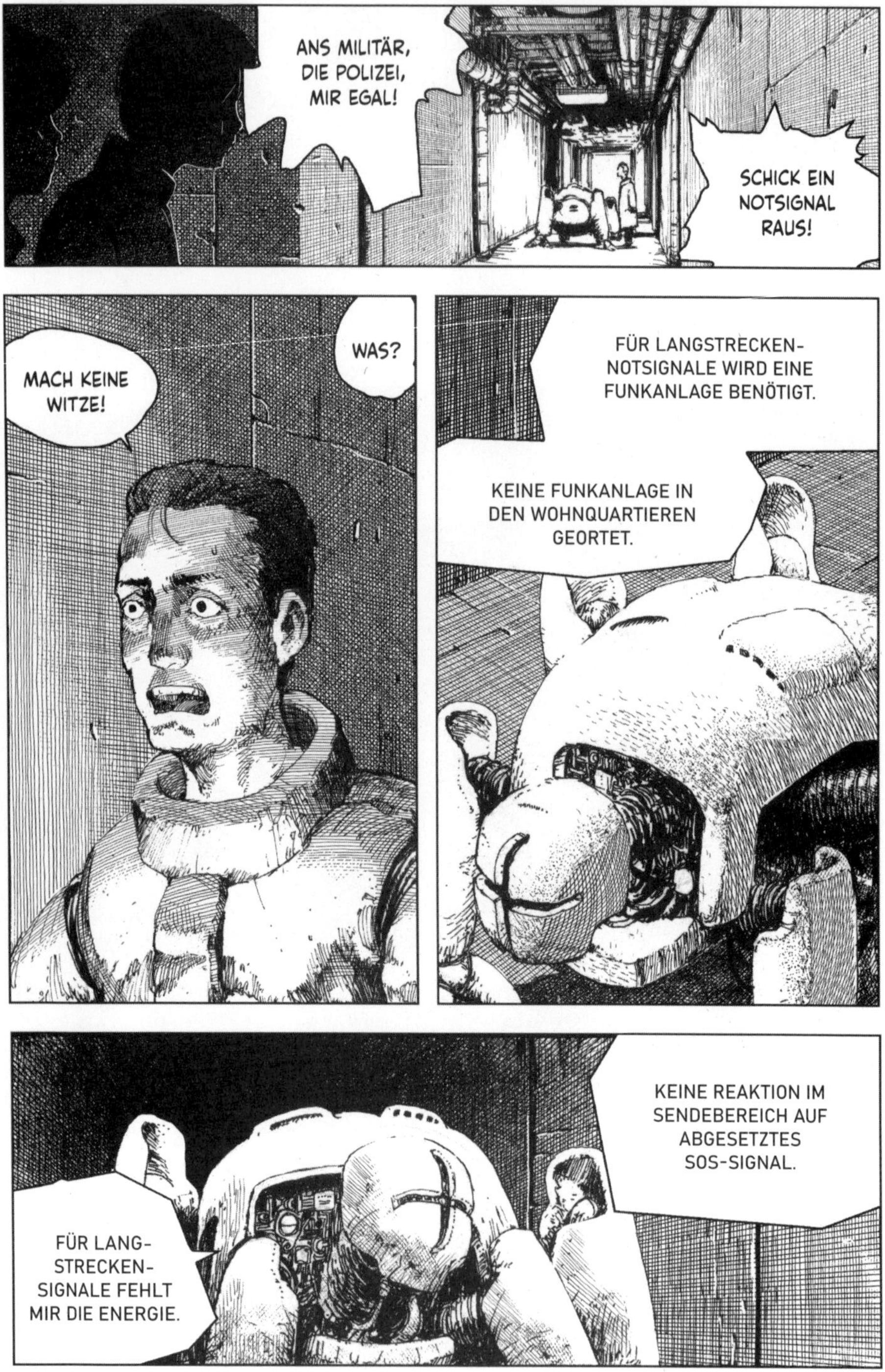
ANS MILITÄR, DIE POLIZEI, MIR EGAL!
SCHICK EIN NOTSIGNAL RAUS!
WAS?
MACH KEINE WITZE!
FÜR LANGSTRECKEN-NOTSIGNALE WIRD EINE FUNKANLAGE BENÖTIGT.
KEINE FUNKANLAGE IN DEN WOHNQUARTIEREN GEORTET.
KEINE REAKTION IM SENDEBEREICH AUF ABGESETZTES SOS-SIGNAL.
FÜR LANG-STRECKEN-SIGNALE FEHLT MIR DIE ENERGIE.

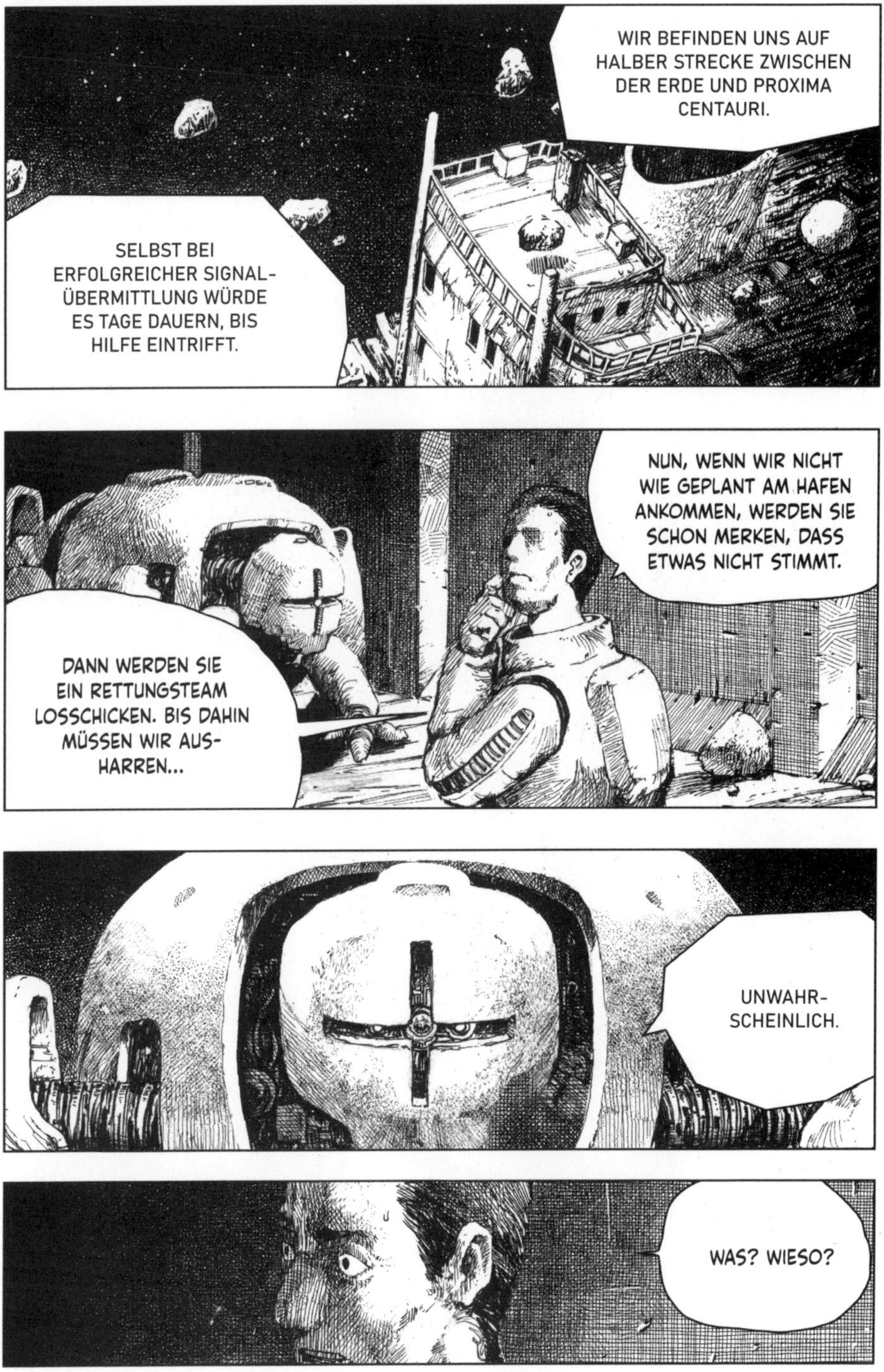
WIR BEFINDEN UNS AUF HALBER STRECKE ZWISCHEN DER ERDE UND PROXIMA CENTAURI.
SELBST BEI ERFOLGREICHER SIGNAL-ÜBERMITTLUNG WÜRDE ES TAGE DAUERN, BIS HILFE EINTRIFFT.
NUN, WENN WIR NICHT WIE GEPLANT AM HAFEN ANKOMMEN, WERDEN SIE SCHON MERKEN, DASS ETWAS NICHT STIMMT.
DANN WERDEN SIE EIN RETTUNGSTEAM LOSSCHICKEN. BIS DAHIN MÜSSEN WIR AUS-HARREN...
UNWAHR-SCHEINLICH.
WAS? WIESO?

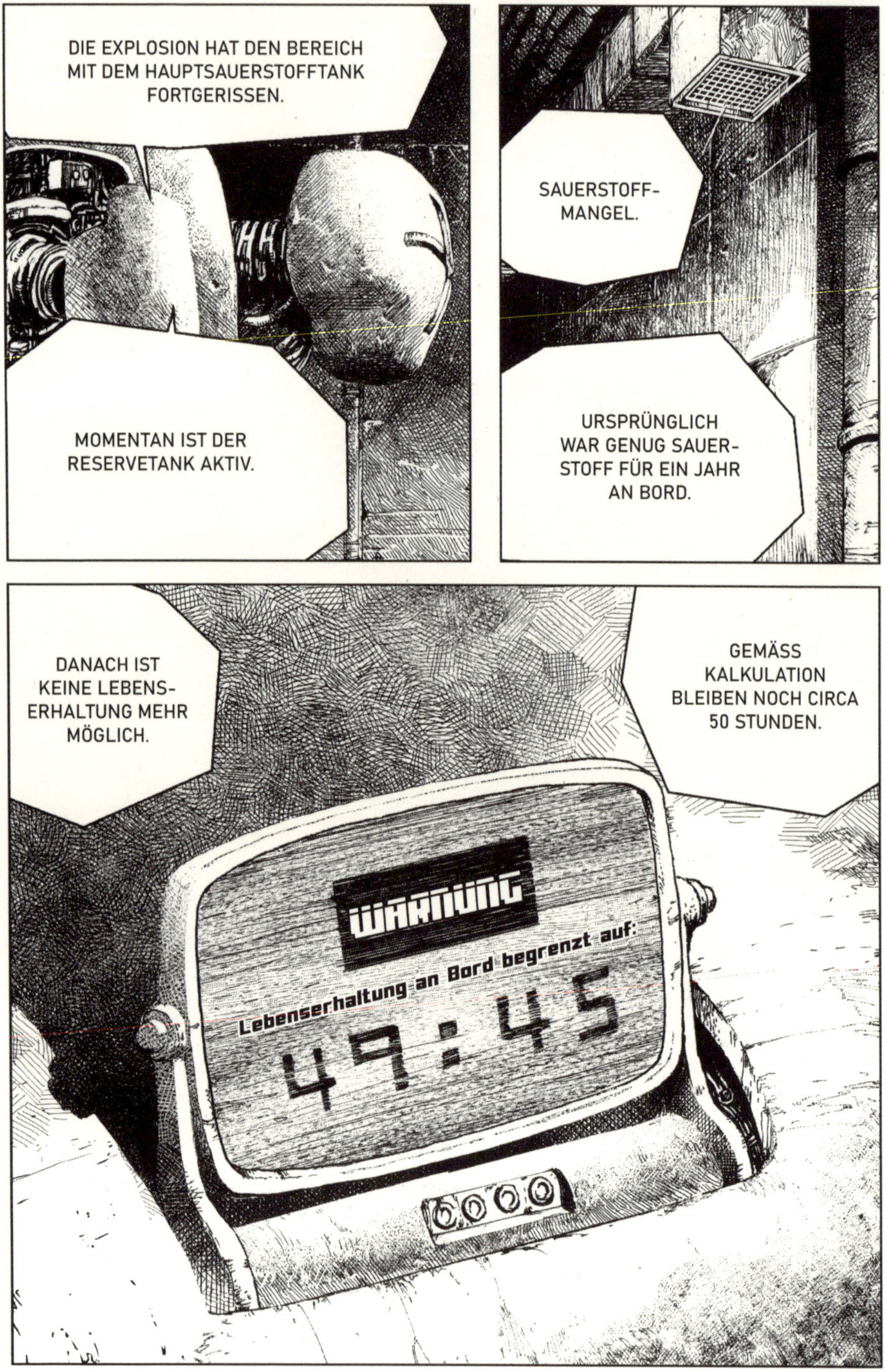
DIE EXPLOSION HAT DEN BEREICH MIT DEM HAUPTSAUERSTOFFTANK FORTGERISSEN.
MOMENTAN IST DER RESERVETANK AKTIV.
SAUERSTOFF-MANGEL.
URSPRÜNGLICH WAR GENUG SAUER-STOFF FÜR EIN JAHR AN BORD.
DANACH IST KEINE LEBENS-ERHALTUNG MEHR MÖGLICH.
GEMÄSS KALKULATION BLEIBEN NOCH CIRCA 50 STUNDEN.
WARNUNG
Lebenserhaltung an Bord begrenzt auf:
49:45

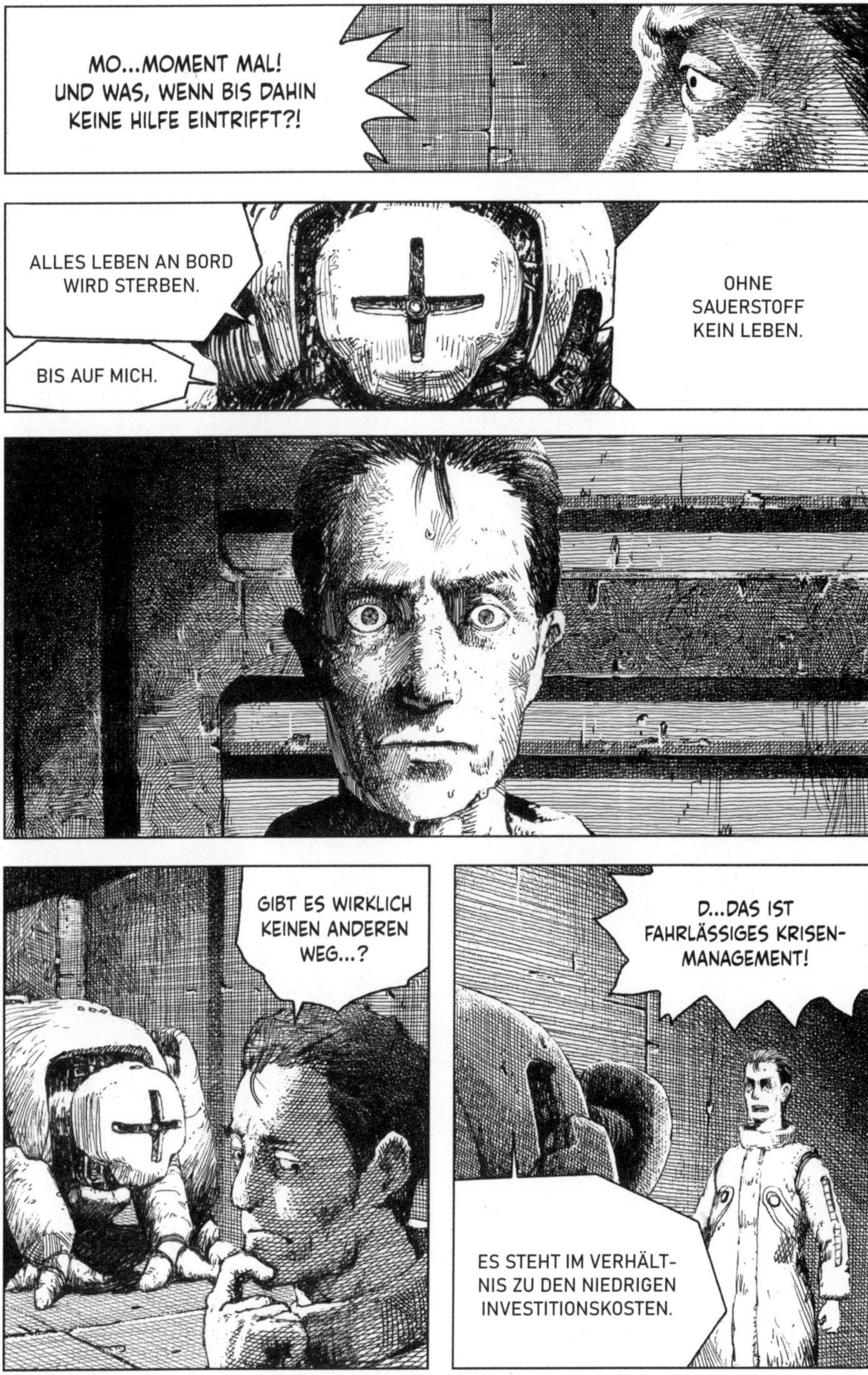
MO...MOMENT MAL! UND WAS, WENN BIS DAHIN KEINE HILFE EINTRIFFT?!
OHNE SAUERSTOFF KEIN LEBEN.
ALLES LEBEN AN BORD WIRD STERBEN.
BIS AUF MICH.
GIBT ES WIRKLICH KEINEN ANDEREN WEG...?
D...DAS IST FAHRLÄSSIGES KRISEN-MANAGEMENT!
ES STEHT IM VERHÄLT-NIS ZU DEN NIEDRIGEN INVESTITIONSKOSTEN.

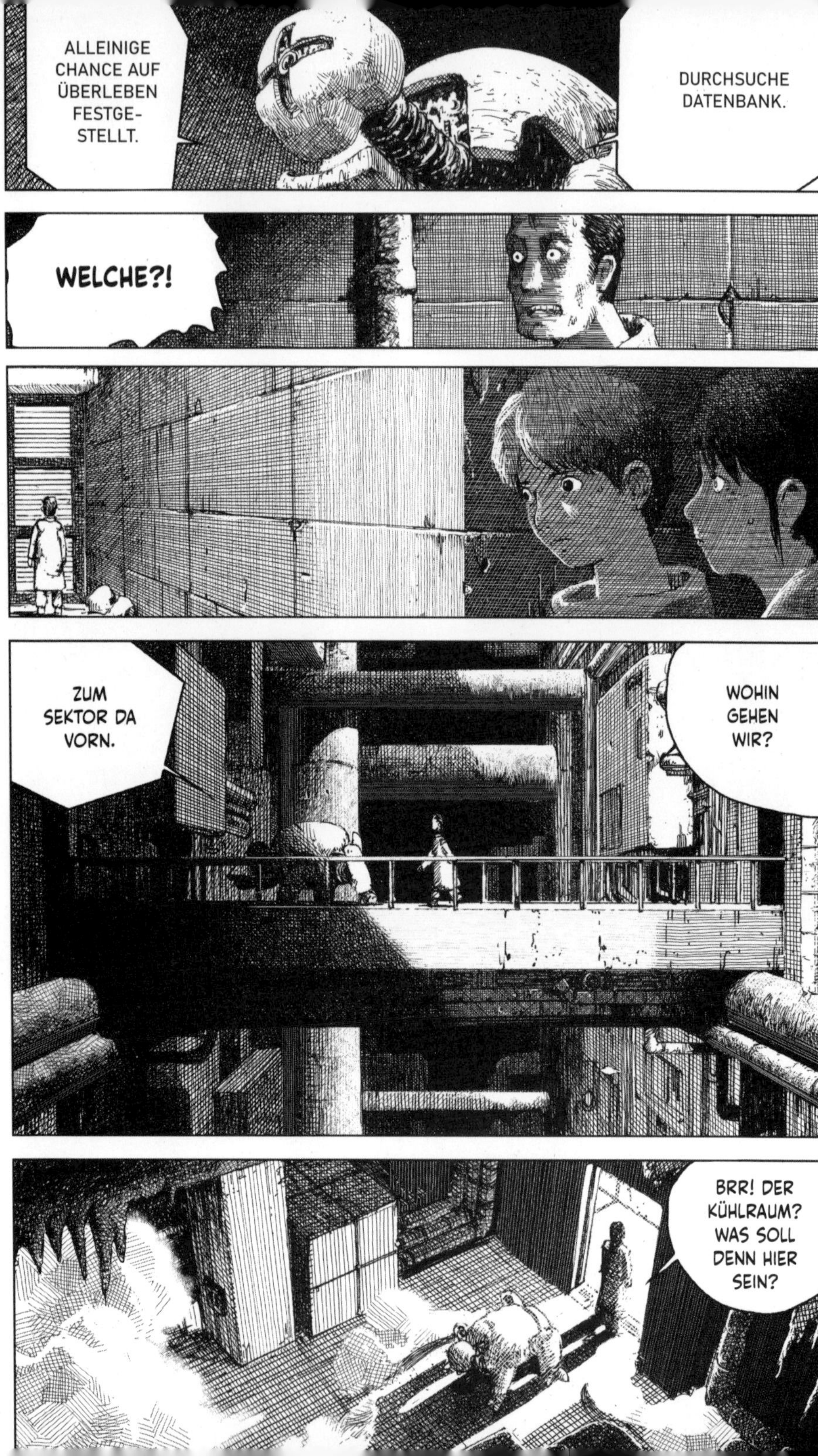
ALLEINIGE CHANCE AUF ÜBERLEBEN FESTGE-STELLT.
DURCHSUCHE DATENBANK.
WELCHE?!
WOHIN GEHEN WIR?
ZUM SEKTOR DA VORN.
BRR! DER KÜHLRAUM? WAS SOLL DENN HIER SEIN?

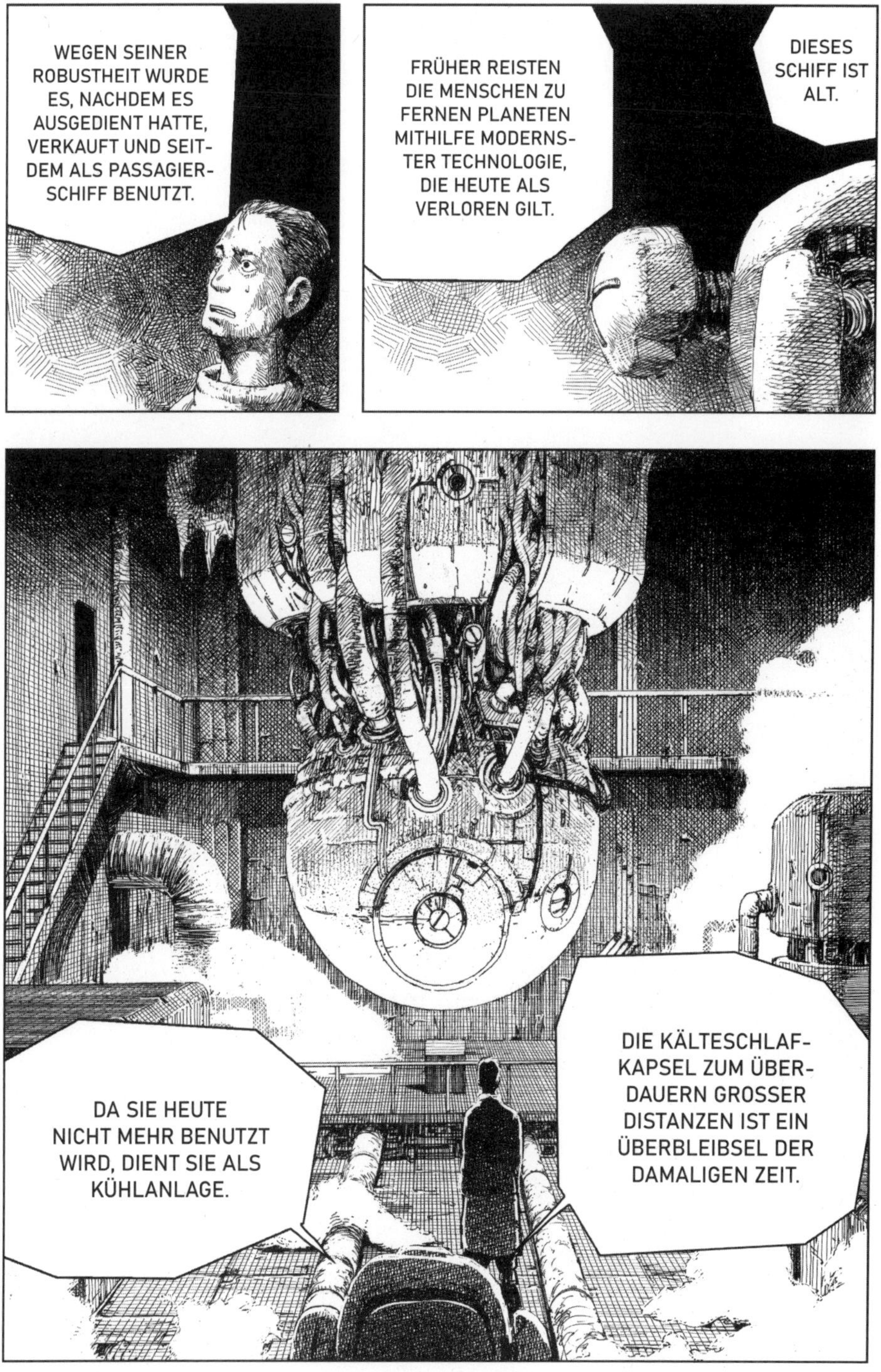
DIESES SCHIFF IST ALT.
FRÜHER REISTEN DIE MENSCHEN ZU FERNEN PLANETEN MITHILFE MODERNSTER TECHNOLOGIE, DIE HEUTE ALS VERLOREN GILT.
WEGEN SEINER ROBUSTHEIT WURDE ES, NACHDEM ES AUSGEDIENT HATTE, VERKAUFT UND SEITDEM ALS PASSAGIERSCHIFF BENUTZT.
DIE KÄLTESCHLAFKAPSEL ZUM ÜBERDAUERN GROSSER DISTANZEN IST EIN ÜBERBLEIBSEL DER DAMALIGEN ZEIT.
DA SIE HEUTE NICHT MEHR BENUTZT WIRD, DIENT SIE ALS KÜHLANLAGE.

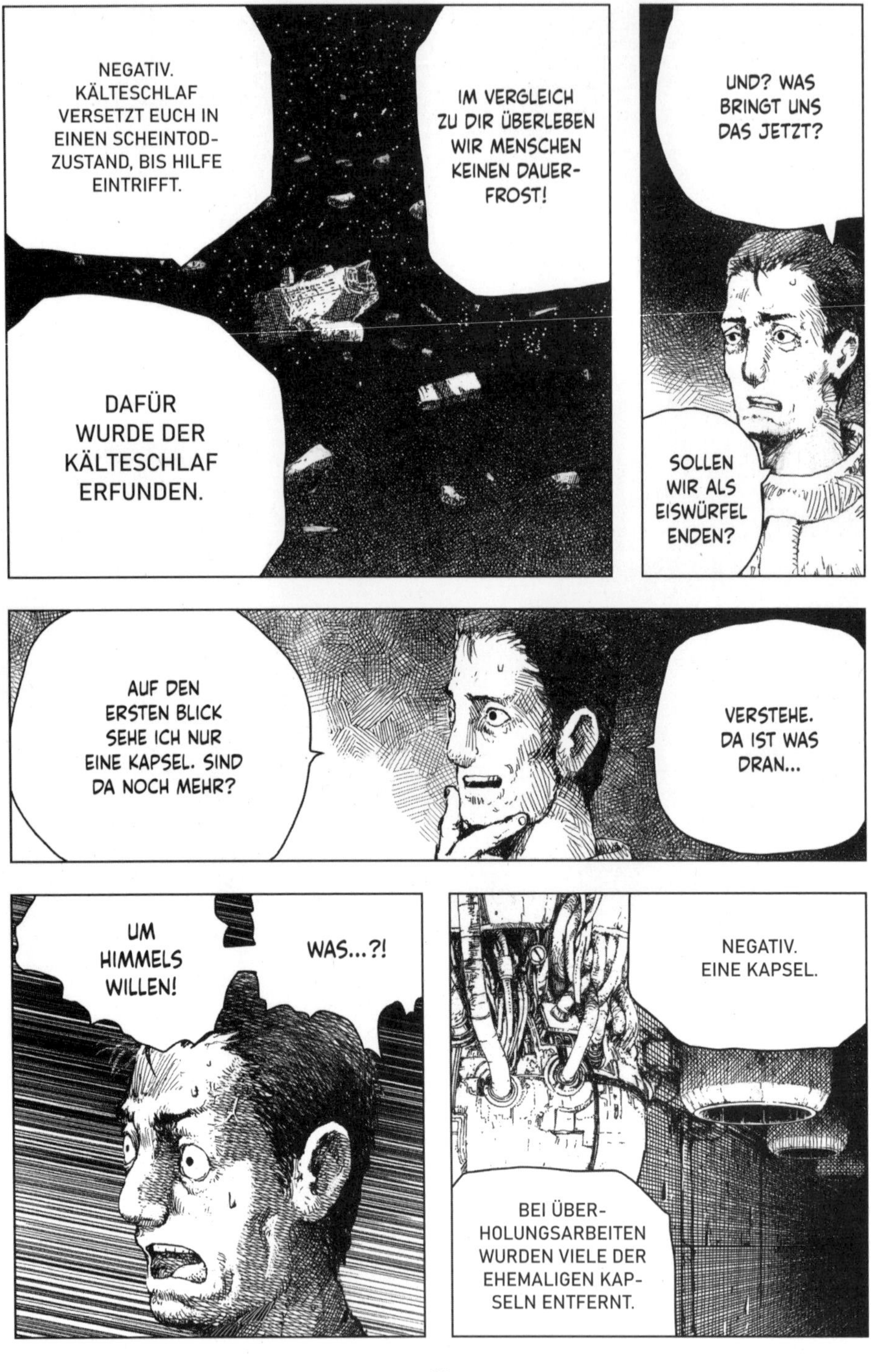
UND? WAS BRINGT UNS DAS JETZT?
SOLLEN WIR ALS EISWÜRFEL ENDEN?
IM VERGLEICH ZU DIR ÜBERLEBEN WIR MENSCHEN KEINEN DAUERFROST!
NEGATIV. KÄLTESCHLAF VERSETZT EUCH IN EINEN SCHEINTOD-ZUSTAND, BIS HILFE EINTRIFFT.
DAFÜR WURDE DER KÄLTESCHLAF ERFUNDEN.
VERSTEHE. DA IST WAS DRAN...
AUF DEN ERSTEN BLICK SEHE ICH NUR EINE KAPSEL. SIND DA NOCH MEHR?
NEGATIV. EINE KAPSEL.
BEI ÜBER-HOLUNGSARBEITEN WURDEN VIELE DER EHEMALIGEN KAP-SELN ENTFERNT.
WAS...?!
UM HIMMELS WILLEN!

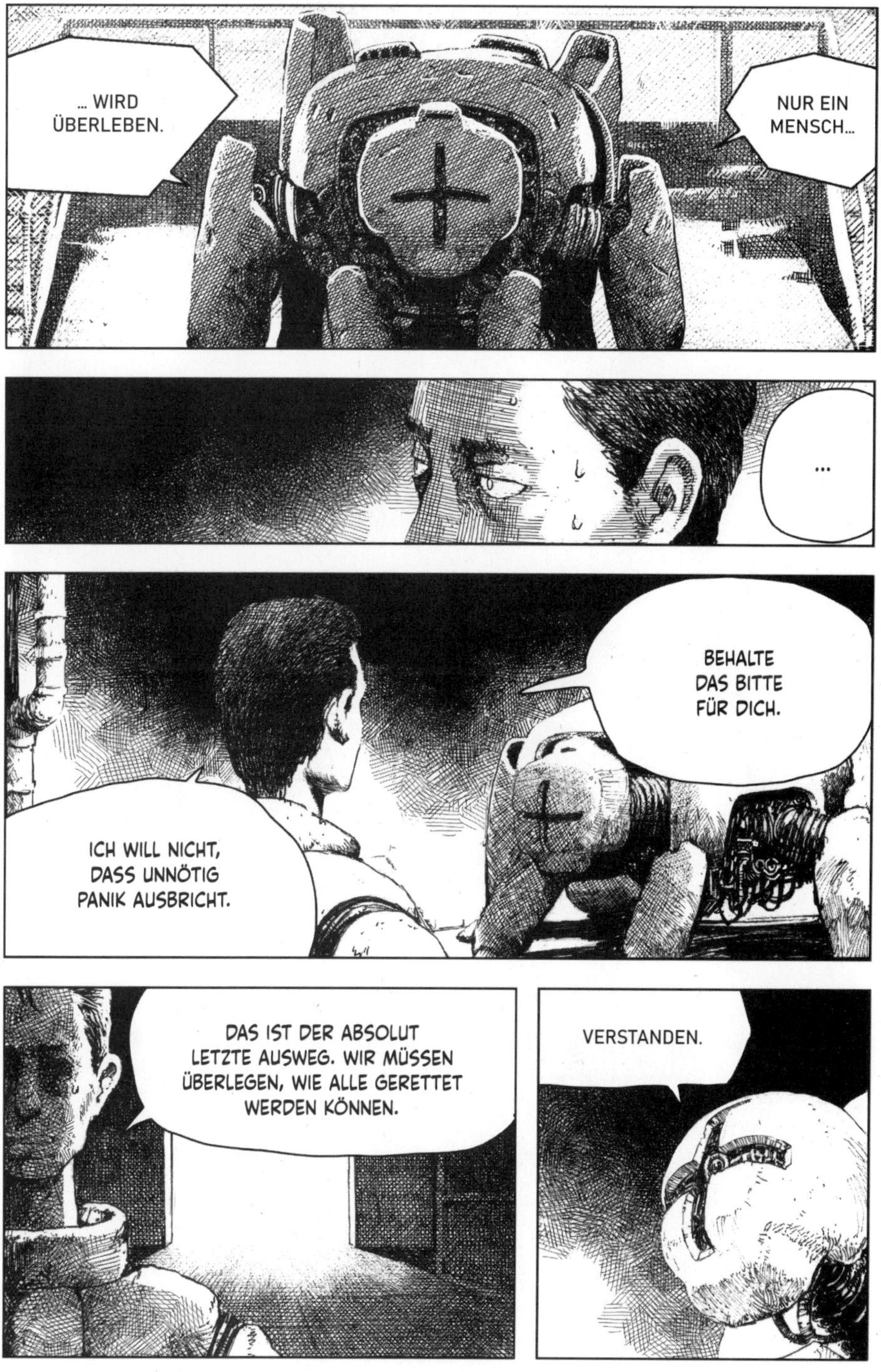
NUR EIN MENSCH...
... WIRD ÜBERLEBEN.
...
BEHALTE DAS BITTE FÜR DICH.
ICH WILL NICHT, DASS UNNÖTIG PANIK AUSBRICHT.
VERSTANDEN.
DAS IST DER ABSOLUT LETZTE AUSWEG. WIR MÜSSEN ÜBERLEGEN, WIE ALLE GERETTET WERDEN KÖNNEN.

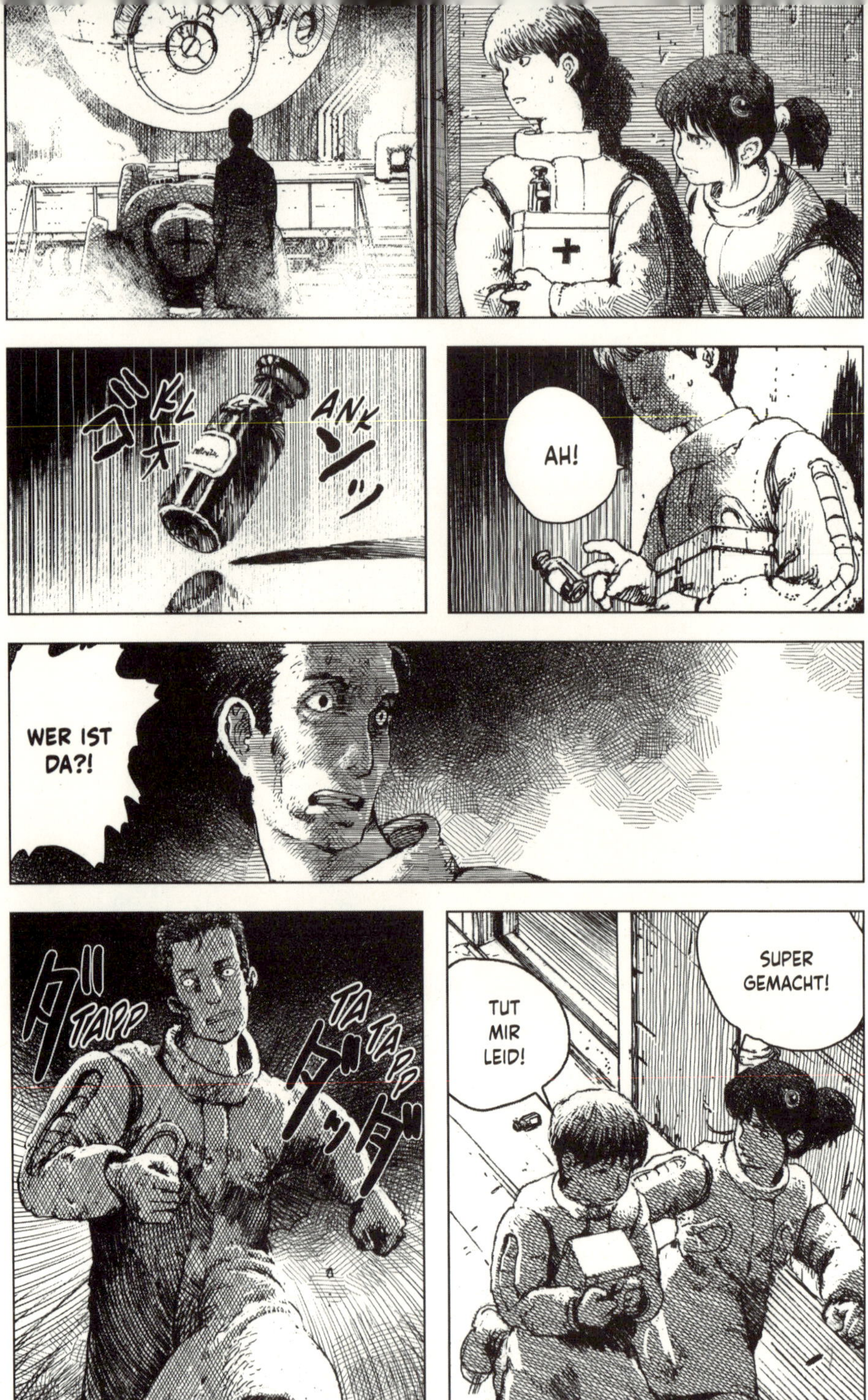
AH!
KL
ANK
WER IST DA?!
SUPER GEMACHT!
TUT MIR LEID!
TAPP
TA TAPP

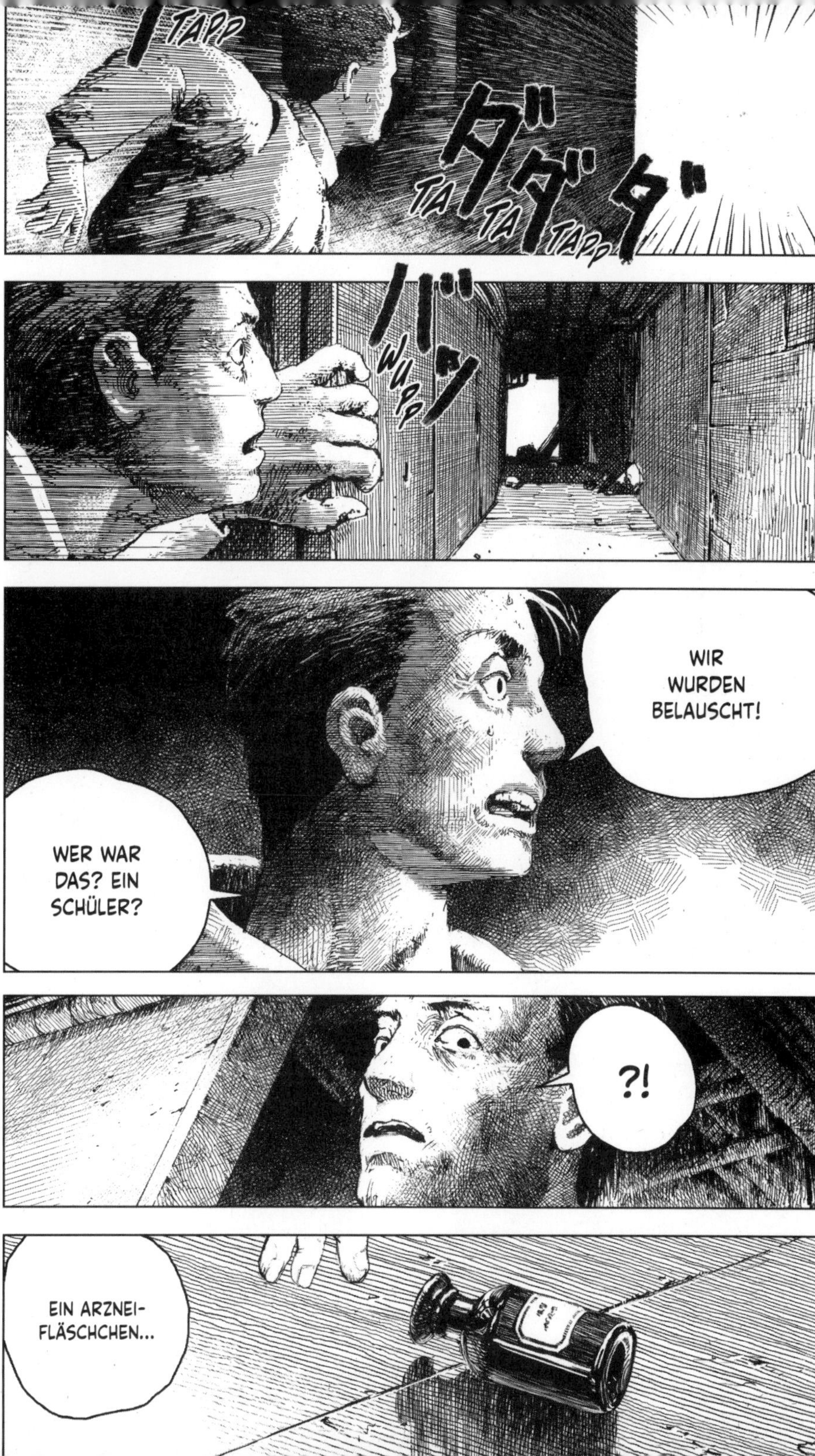
TAPP
TA
TA
TAPP
WUPP
WIR WURDEN BELAUSCHT!
WER WAR DAS? EIN SCHÜLER?
?!
EIN ARZNEI-FLÄSCHCHEN...

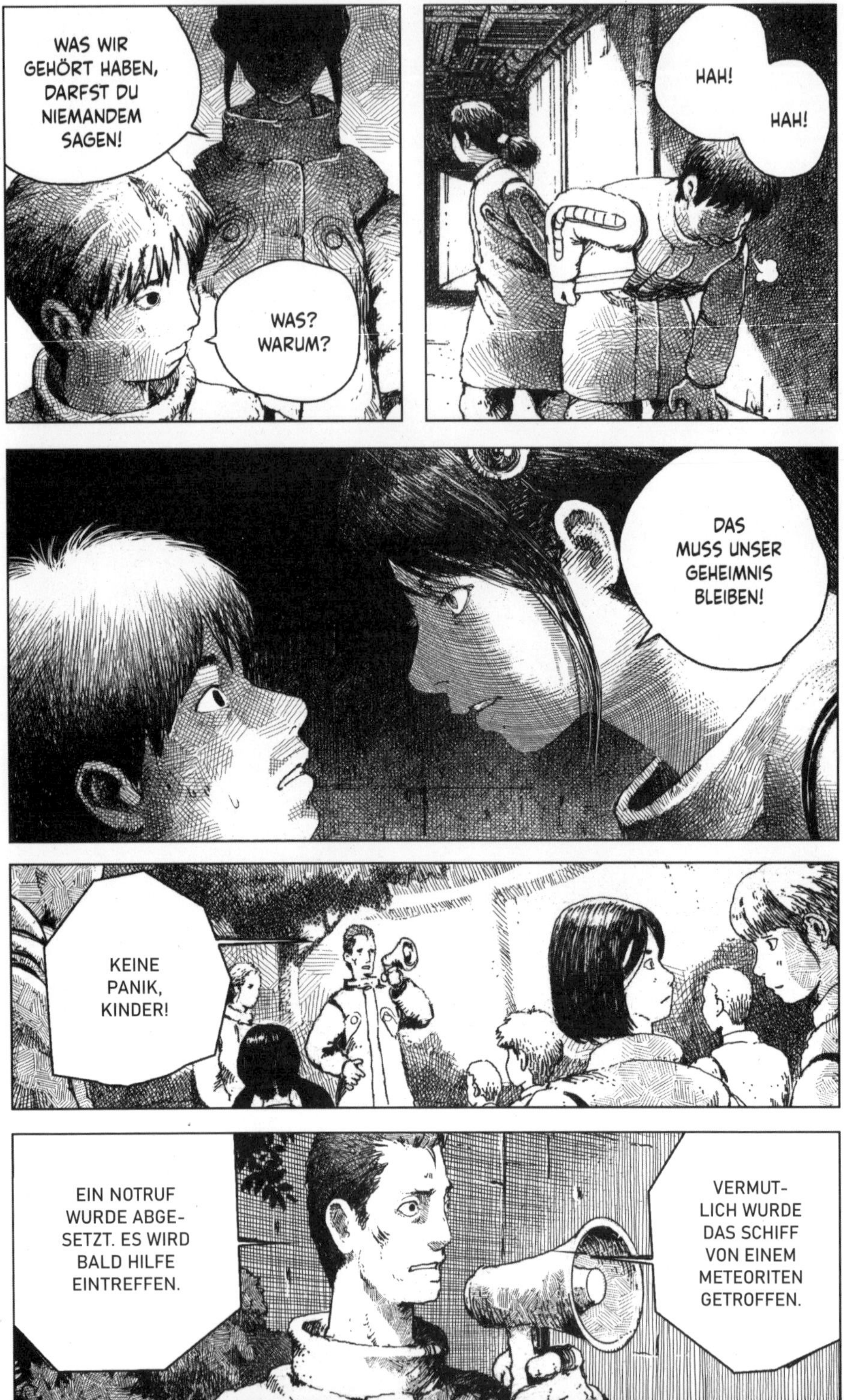
WAS WIR GEHÖRT HABEN, DARFST DU NIEMANDEM SAGEN!
WAS? WARUM?
HAH! HAH!
DAS MUSS UNSER GEHEIMNIS BLEIBEN!
KEINE PANIK, KINDER!
VERMUT-LICH WURDE DAS SCHIFF VON EINEM METEORITEN GETROFFEN.
EIN NOTRUF WURDE ABGE-SETZT. ES WIRD BALD HILFE EINTREFFEN.

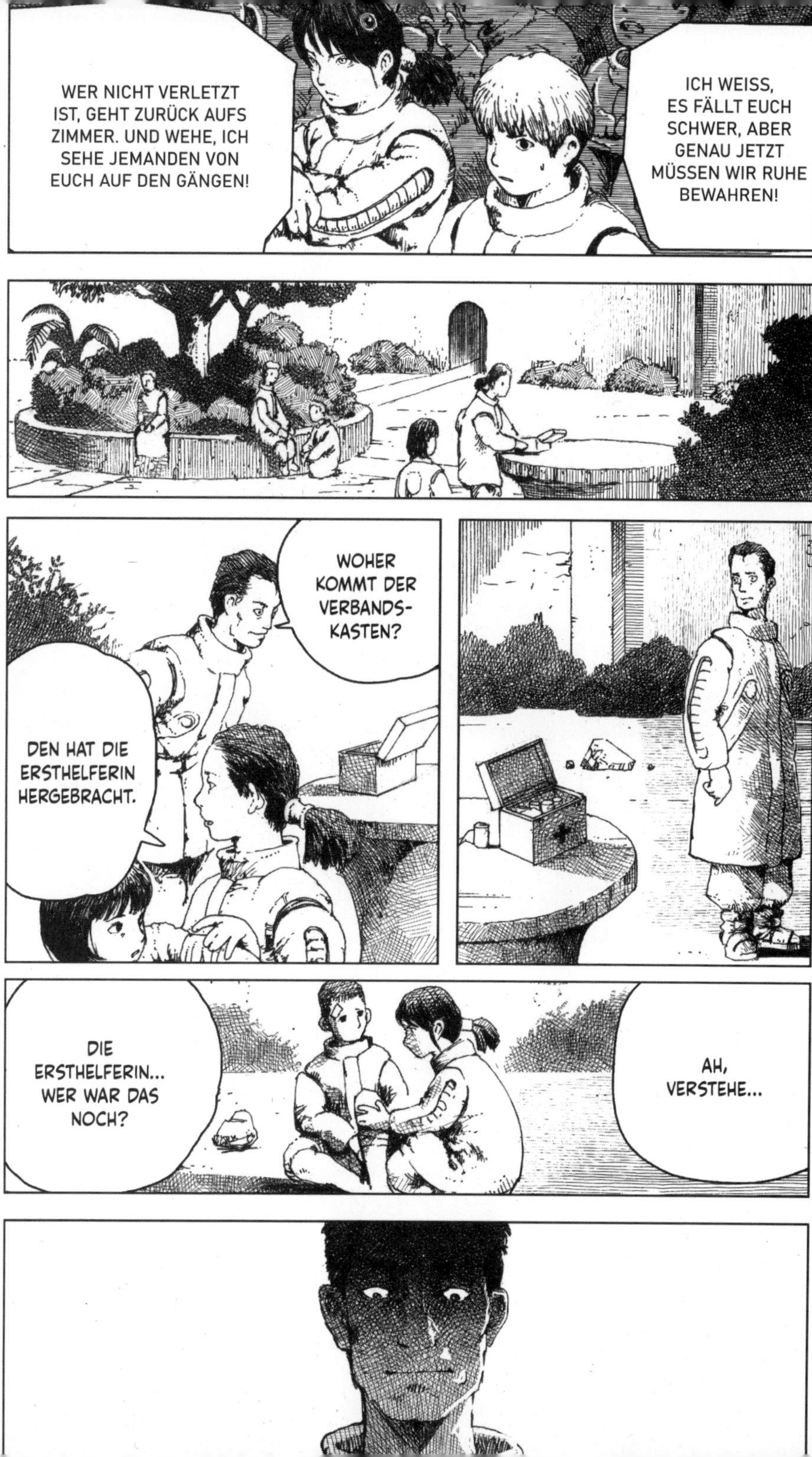
WER NICHT VERLETZT IST, GEHT ZURÜCK AUFS ZIMMER. UND WEHE, ICH SEHE JEMANDEN VON EUCH AUF DEN GÄNGEN!
ICH WEISS, ES FÄLLT EUCH SCHWER, ABER GENAU JETZT MÜSSEN WIR RUHE BEWAHREN!
WOHER KOMMT DER VERBANDS-KASTEN?
DEN HAT DIE ERSTHELFERIN HERGEBRACHT.
DIE ERSTHELFERIN... WER WAR DAS NOCH?
AH, VERSTEHE...

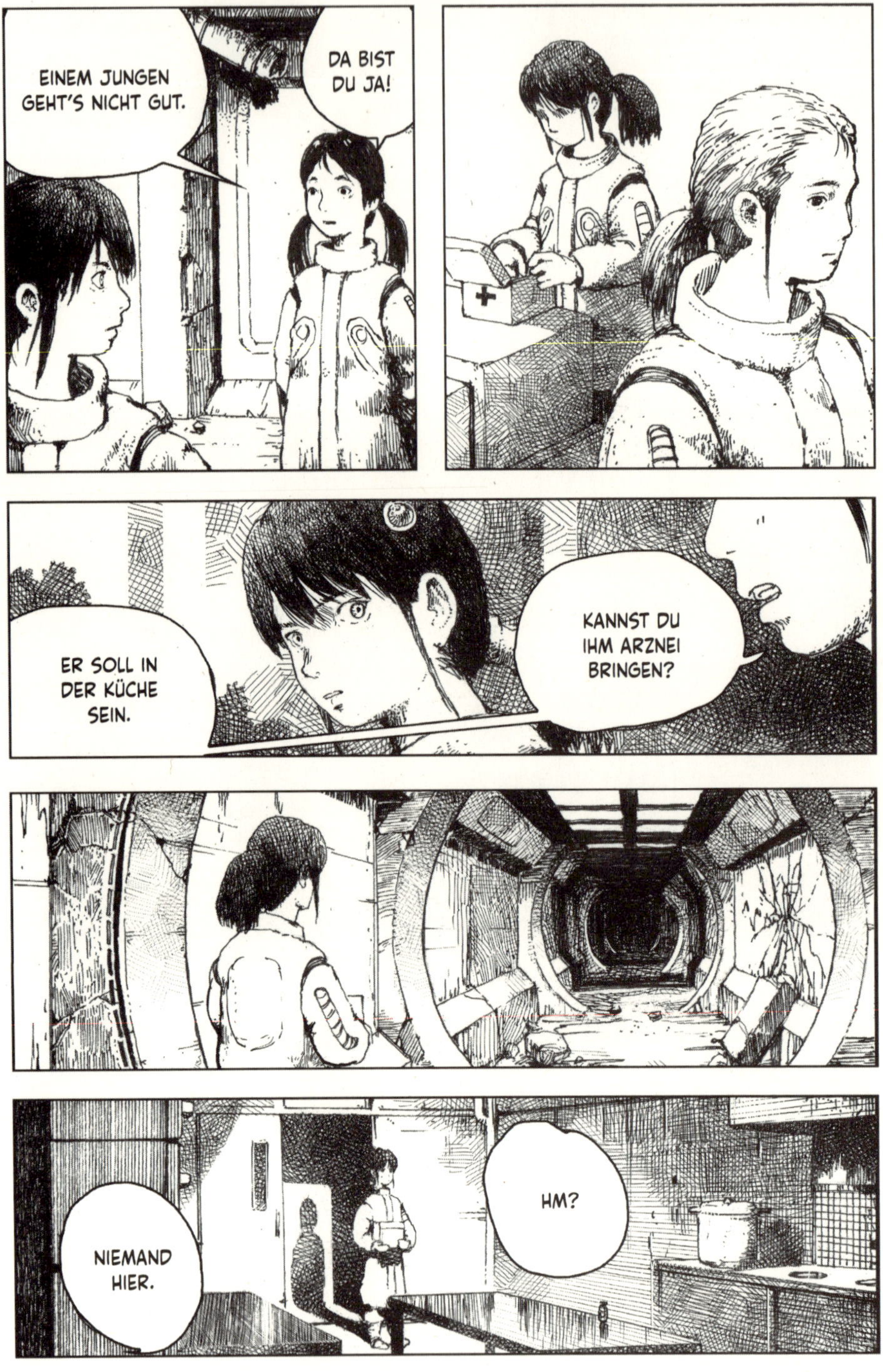

DA BIST DU JA!
EINEM JUNGEN GEHT'S NICHT GUT.
KANNST DU IHM ARZNEI BRINGEN?
ER SOLL IN DER KÜCHE SEIN.
HM?
NIEMAND HIER.

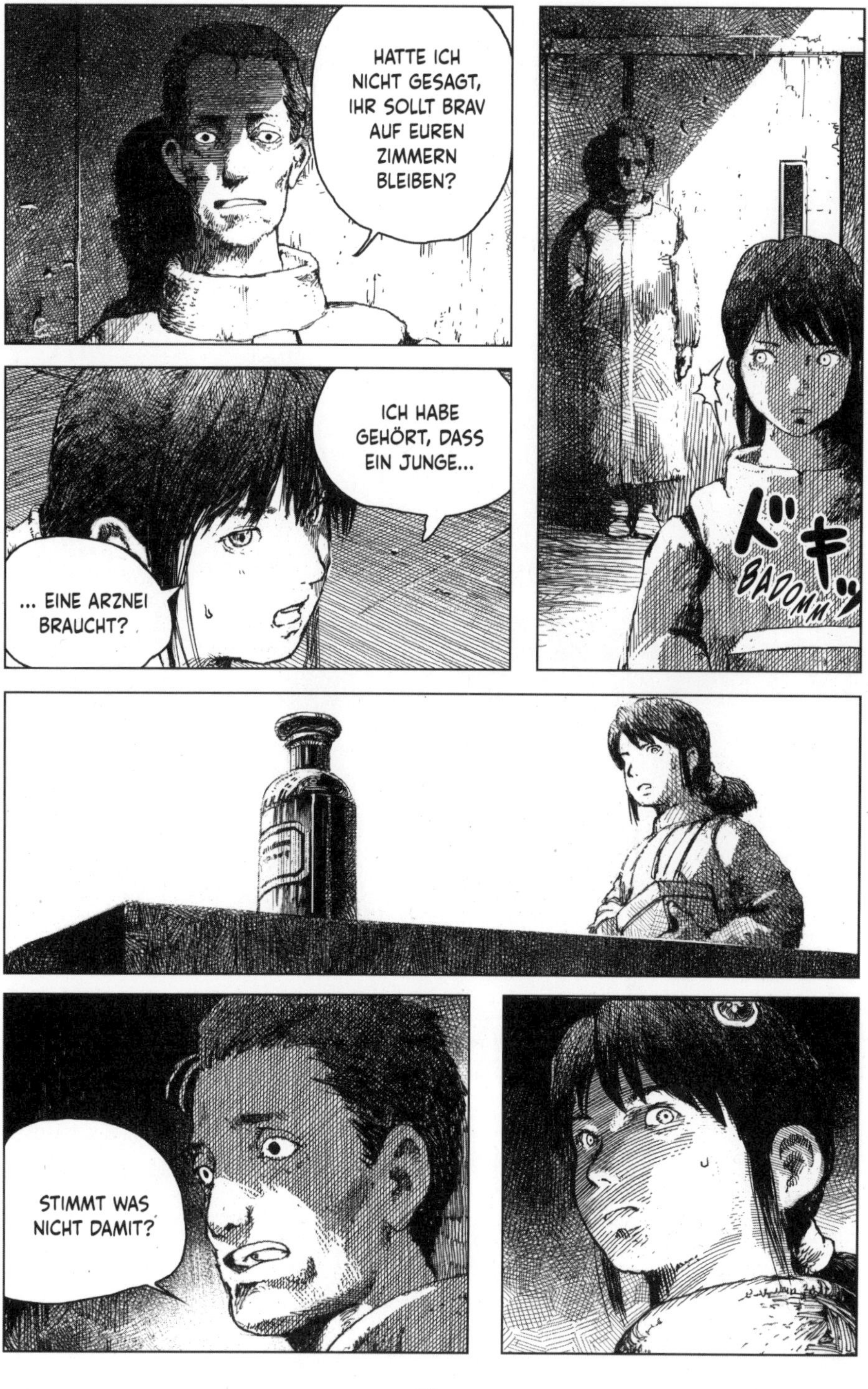
HATTE ICH NICHT GESAGT, IHR SOLLT BRAV AUF EUREN ZIMMERN BLEIBEN?
ドキッ
BADOMM
ICH HABE GEHÖRT, DASS EIN JUNGE...
... EINE ARZNEI BRAUCHT?
STIMMT WAS NICHT DAMIT?

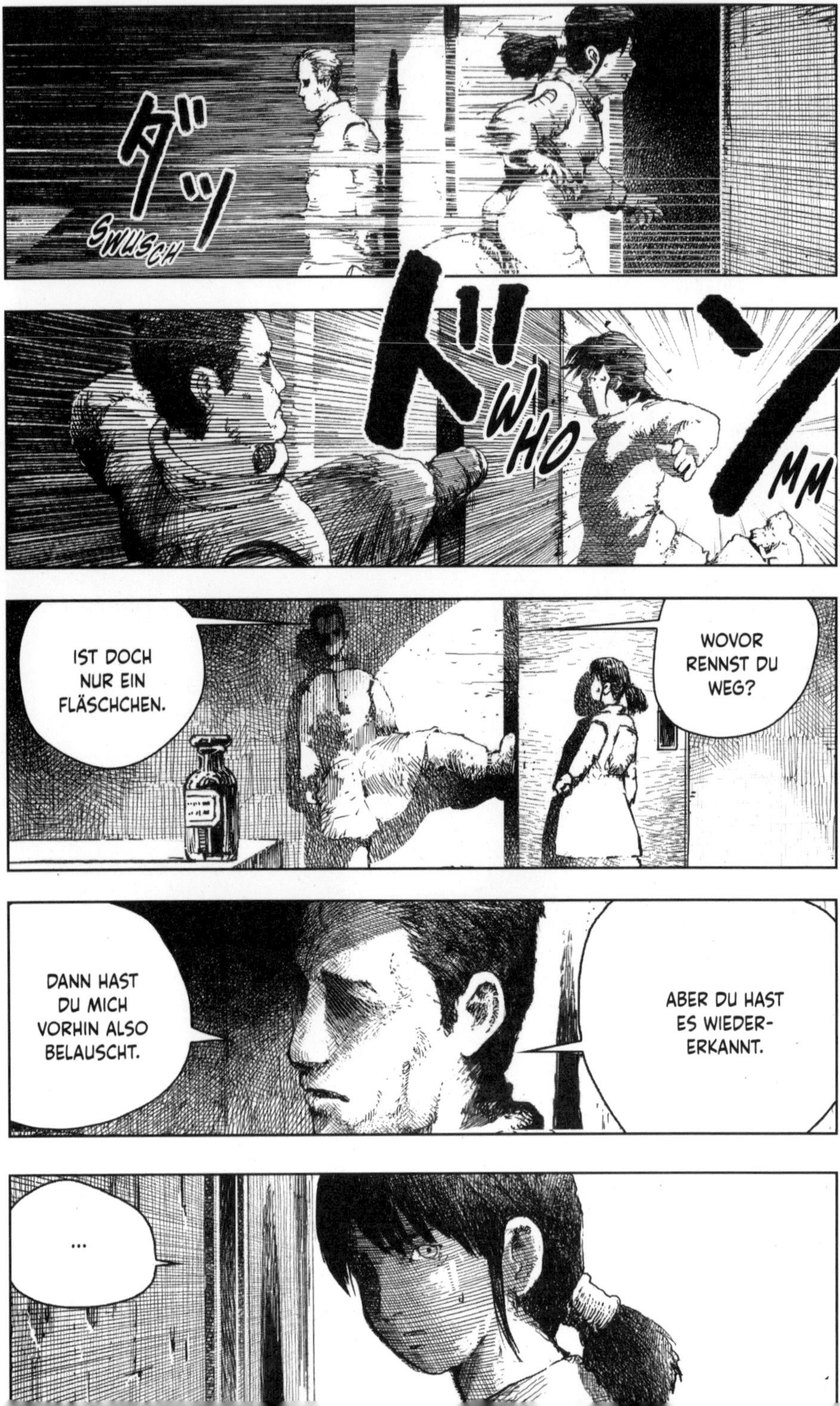

ダッ
SWUSCH
ドーン
WHOMM
WOVOR RENNST DU WEG?
IST DOCH NUR EIN FLÄSCHCHEN.
ABER DU HAST ES WIEDER-ERKANNT.
DANN HAST DU MICH VORHIN ALSO BELAUSCHT.
...

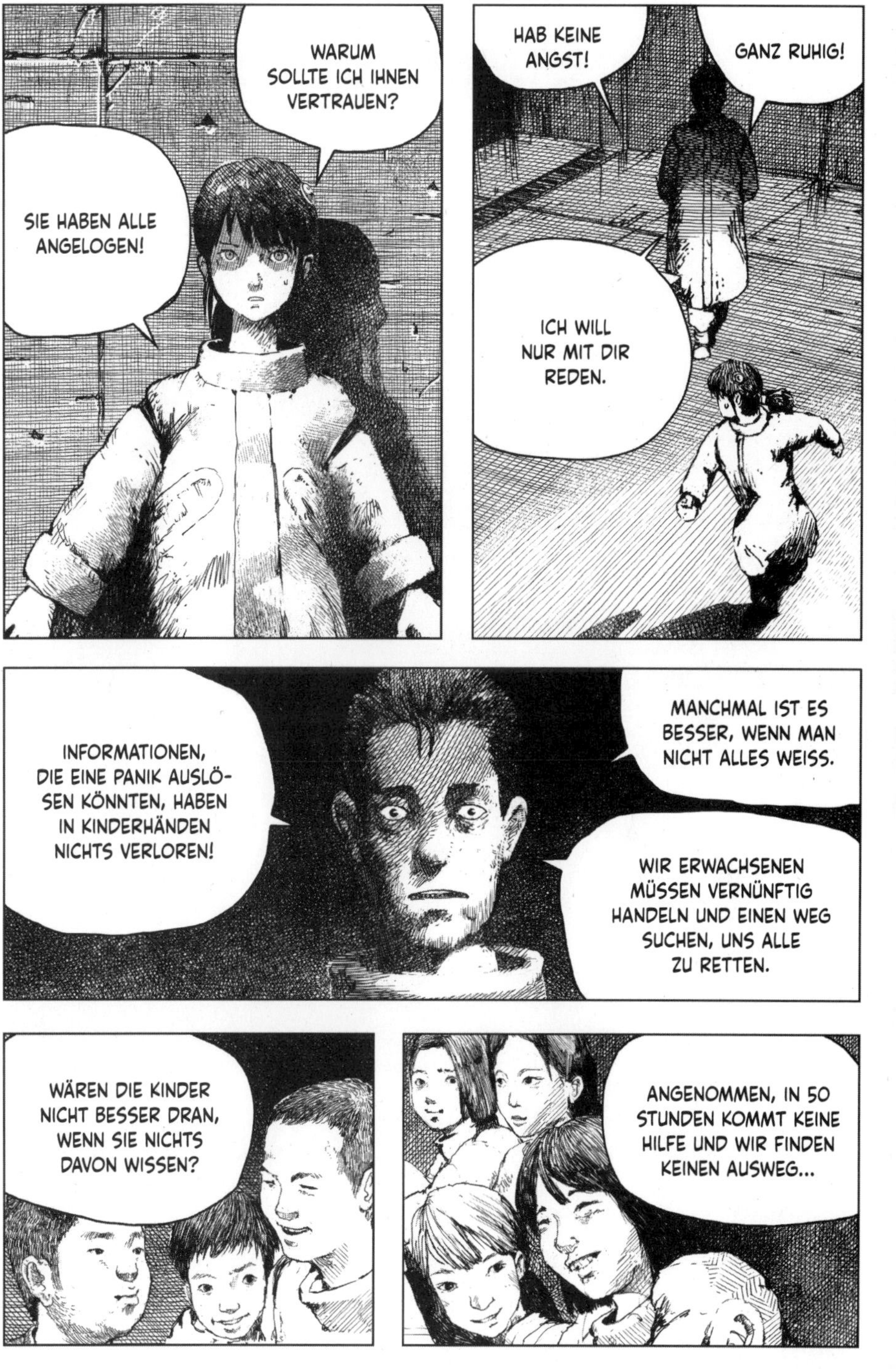
WARUM SOLLTE ICH IHNEN VERTRAUEN?
SIE HABEN ALLE ANGELOGEN!
HAB KEINE ANGST!
GANZ RUHIG!
ICH WILL NUR MIT DIR REDEN.
INFORMATIONEN, DIE EINE PANIK AUSLÖSEN KÖNNTEN, HABEN IN KINDERHÄNDEN NICHTS VERLOREN!
MANCHMAL IST ES BESSER, WENN MAN NICHT ALLES WEISS.
WIR ERWACHSENEN MÜSSEN VERNÜNFTIG HANDELN UND EINEN WEG SUCHEN, UNS ALLE ZU RETTEN.
WÄREN DIE KINDER NICHT BESSER DRAN, WENN SIE NICHTS DAVON WISSEN?
ANGENOMMEN, IN 50 STUNDEN KOMMT KEINE HILFE UND WIR FINDEN KEINEN AUSWEG...

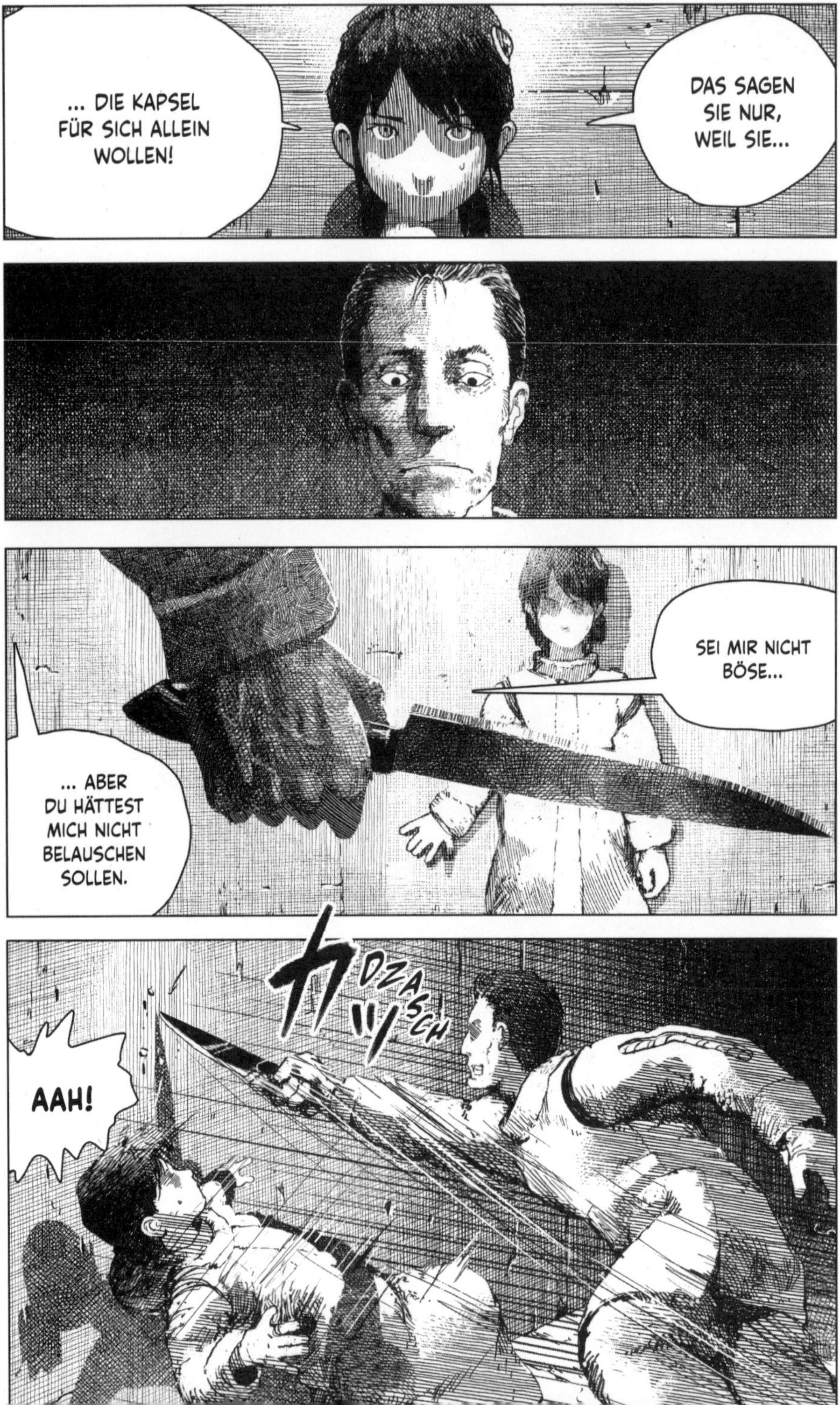
DAS SAGEN SIE NUR, WEIL SIE...
... DIE KAPSEL FÜR SICH ALLEIN WOLLEN!
SEI MIR NICHT BÖSE...
... ABER DU HÄTTEST MICH NICHT BELAUSCHEN SOLLEN.
DZASCH
AAH!

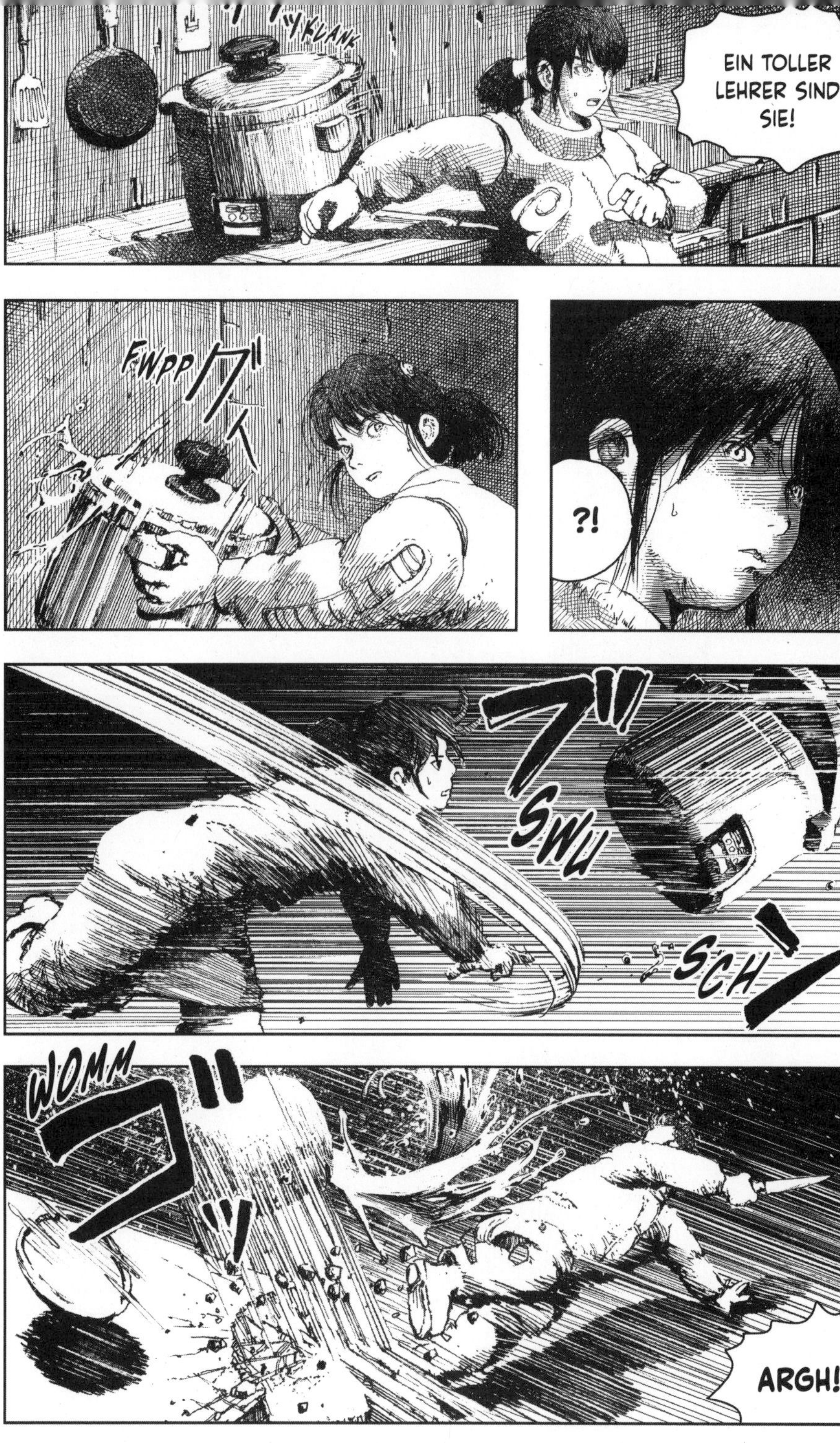
EIN TOLLER LEHRER SIND SIE!
KLANK
?!
FWPP
SWU
SCH
WOMM
ARGH!

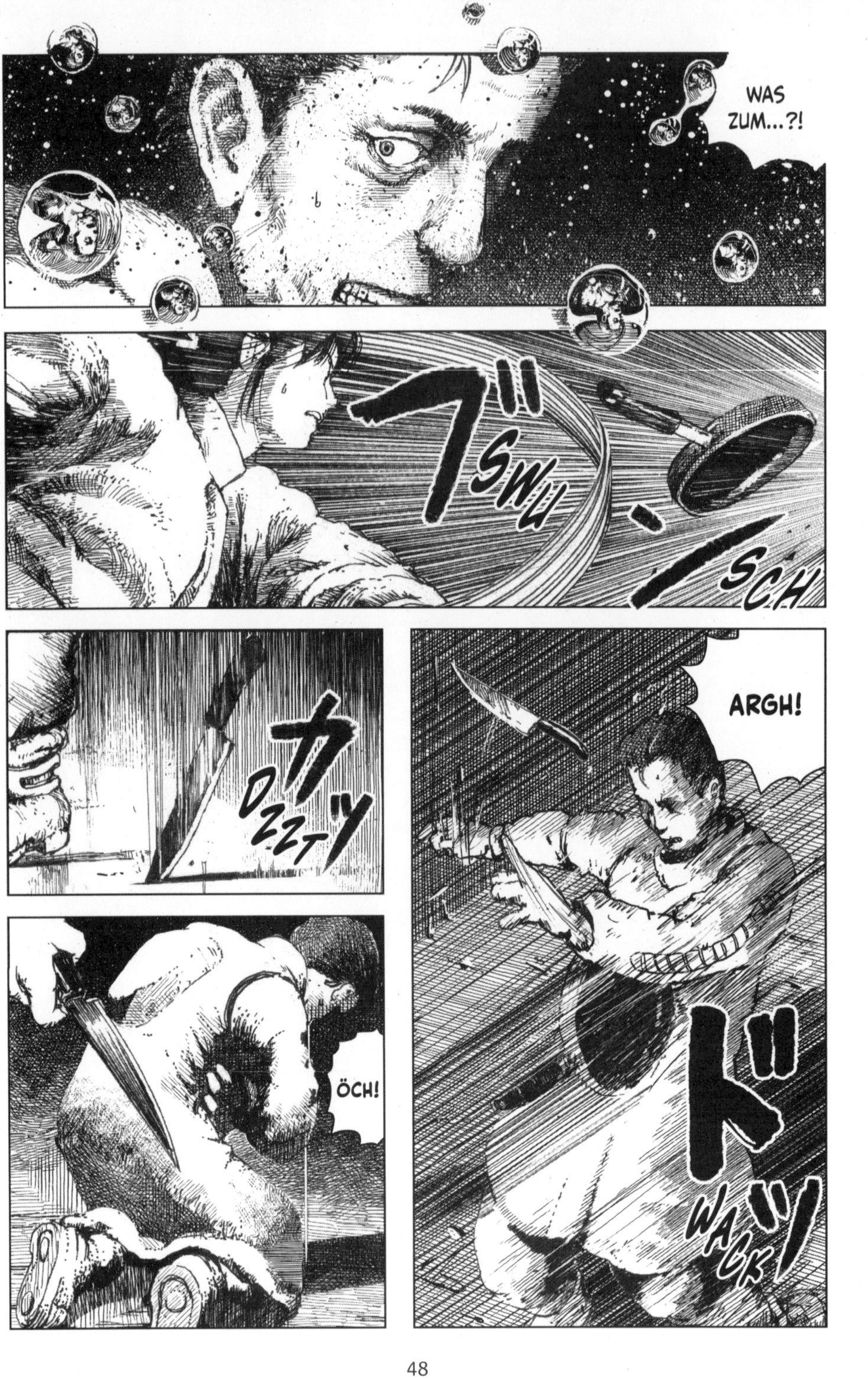
WAS ZUM...?!
ブ
SWU
ン
SCH
ARGH!
ドッ
WACK
カッ
DZZT
ÖCH!

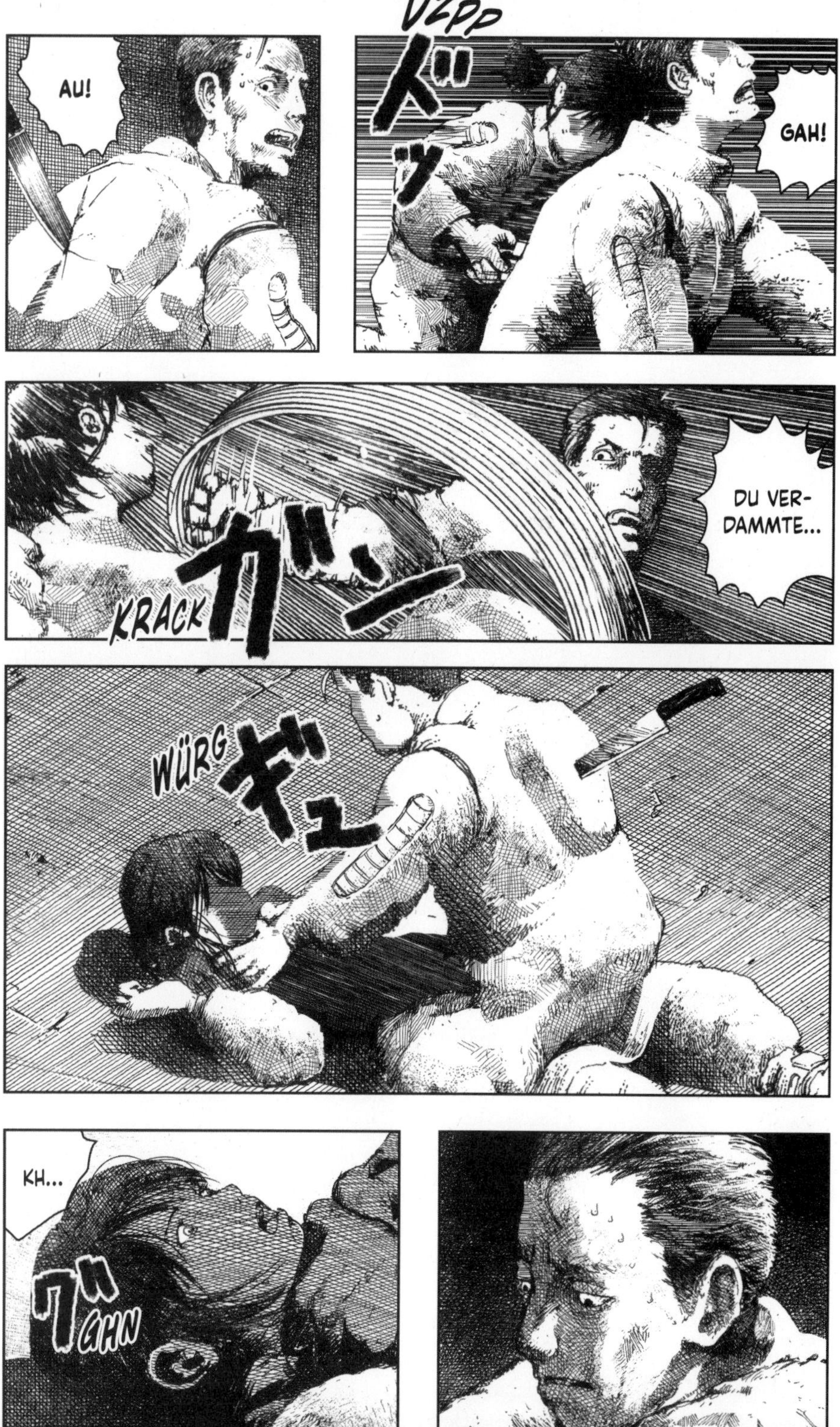
DZPP
GAH!
AU!
DU VERDAMMTE...
KRACK
WÜRG
KH...
GHN

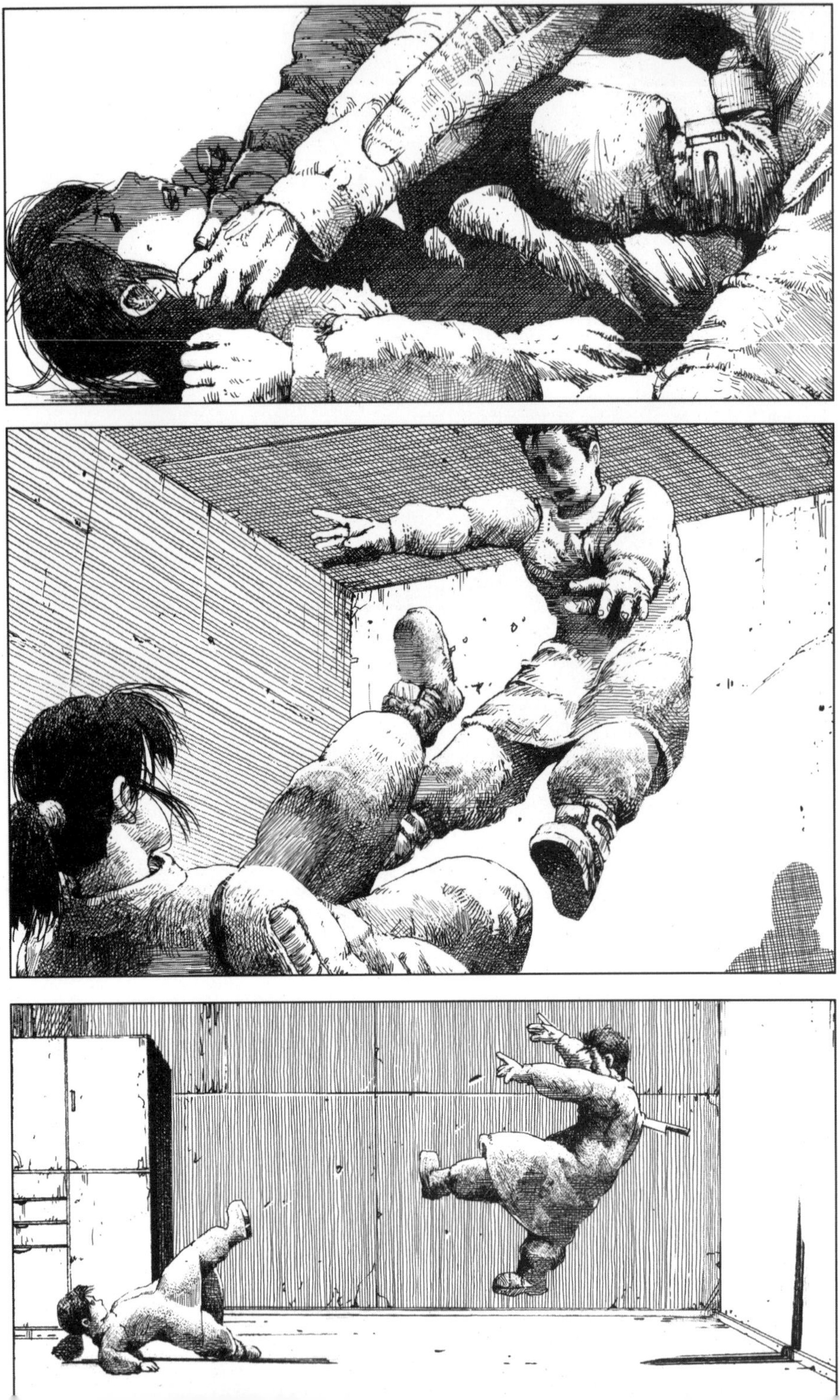

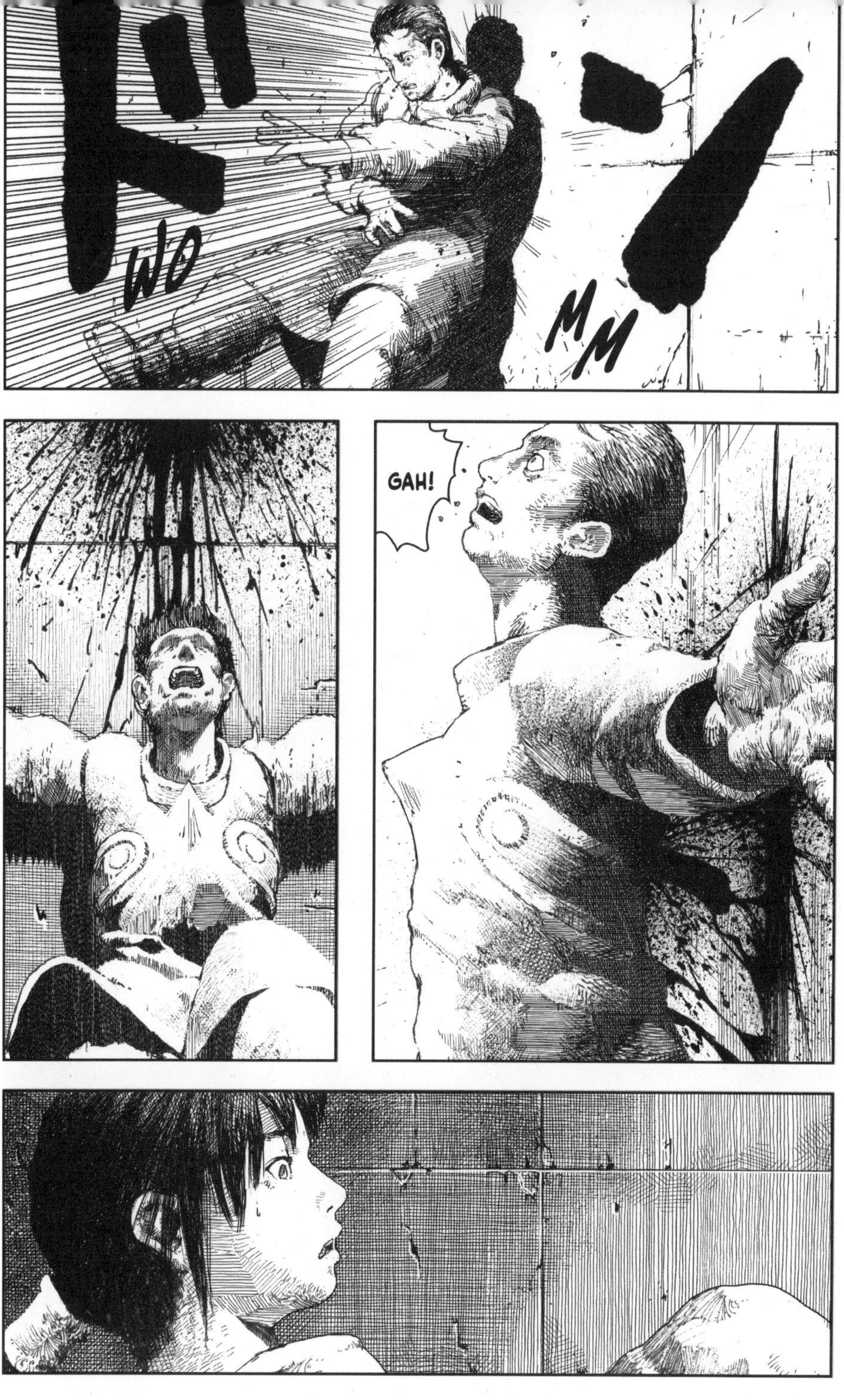
ドーン
WOMM
GAH!

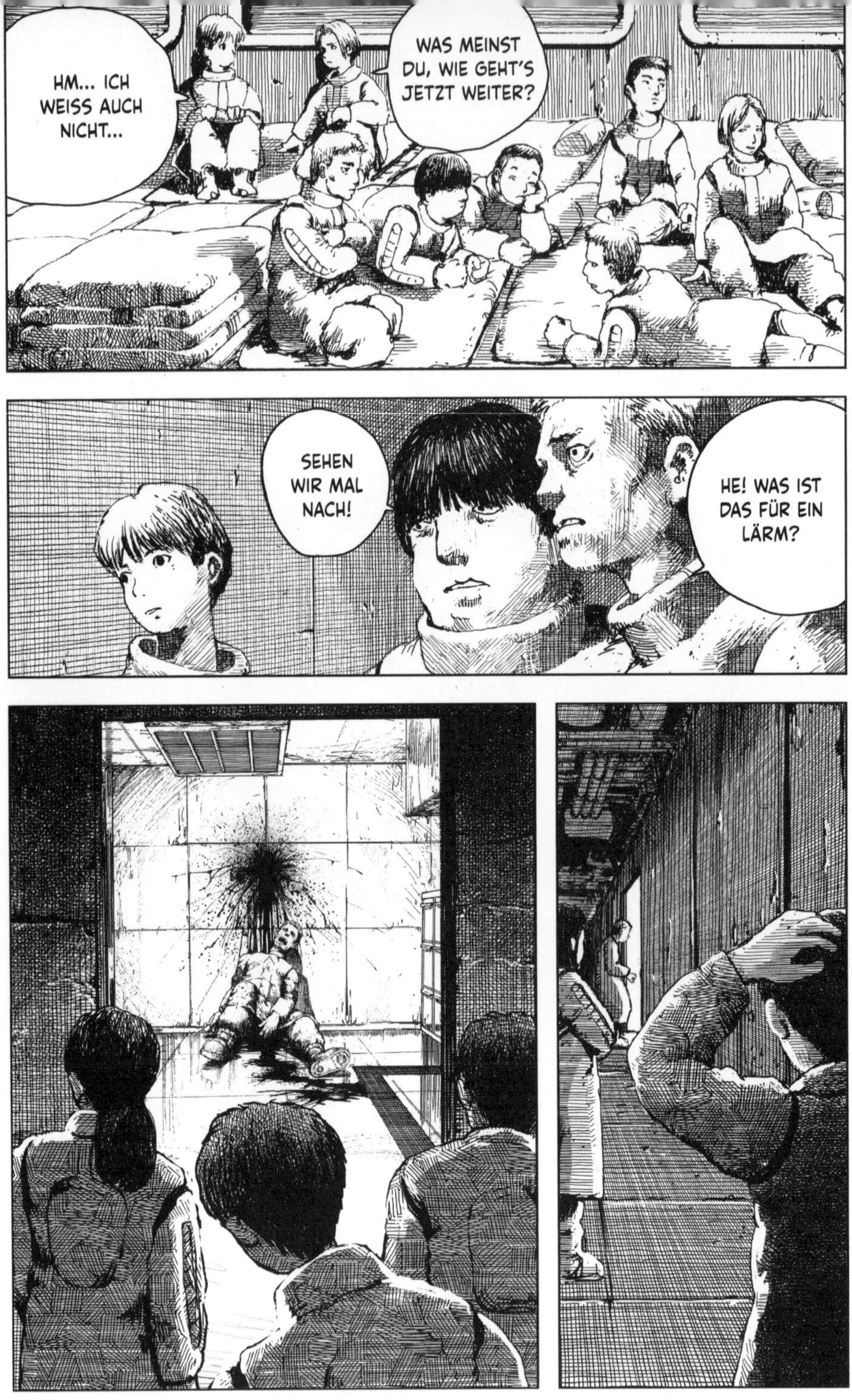
HM... ICH WEISS AUCH NICHT...
WAS MEINST DU, WIE GEHT'S JETZT WEITER?
HE! WAS IST DAS FÜR EIN LÄRM?
SEHEN WIR MAL NACH!

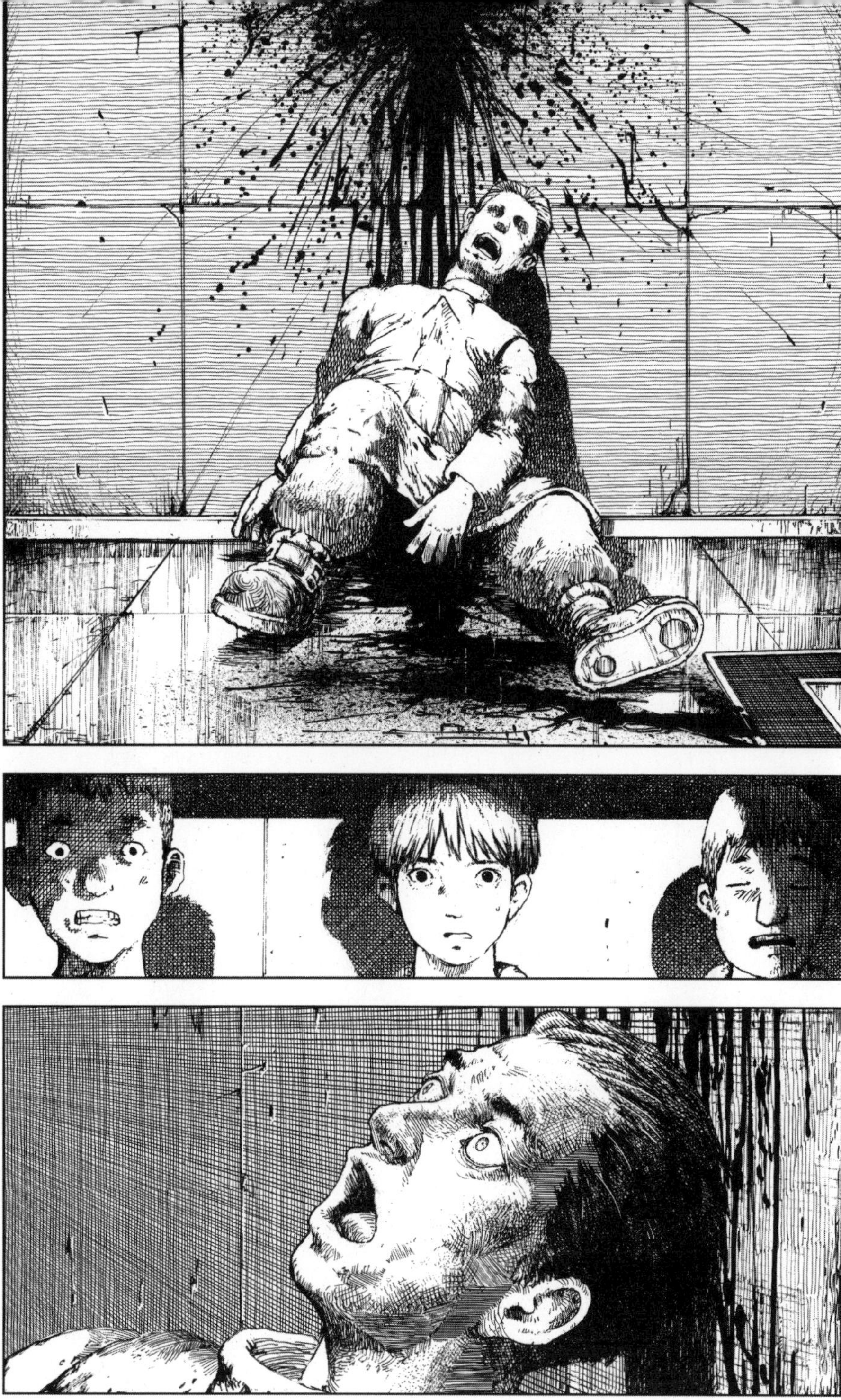

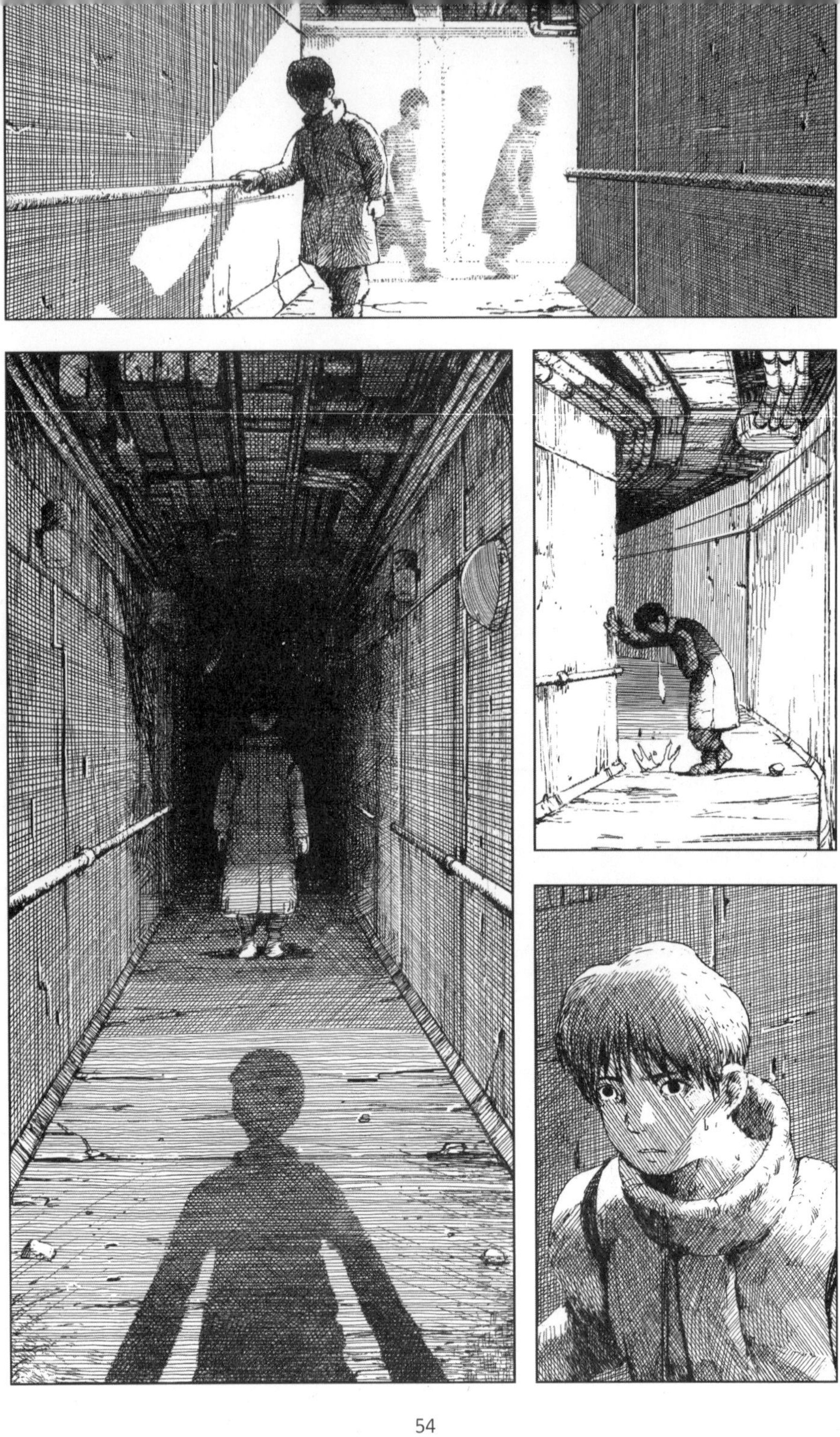

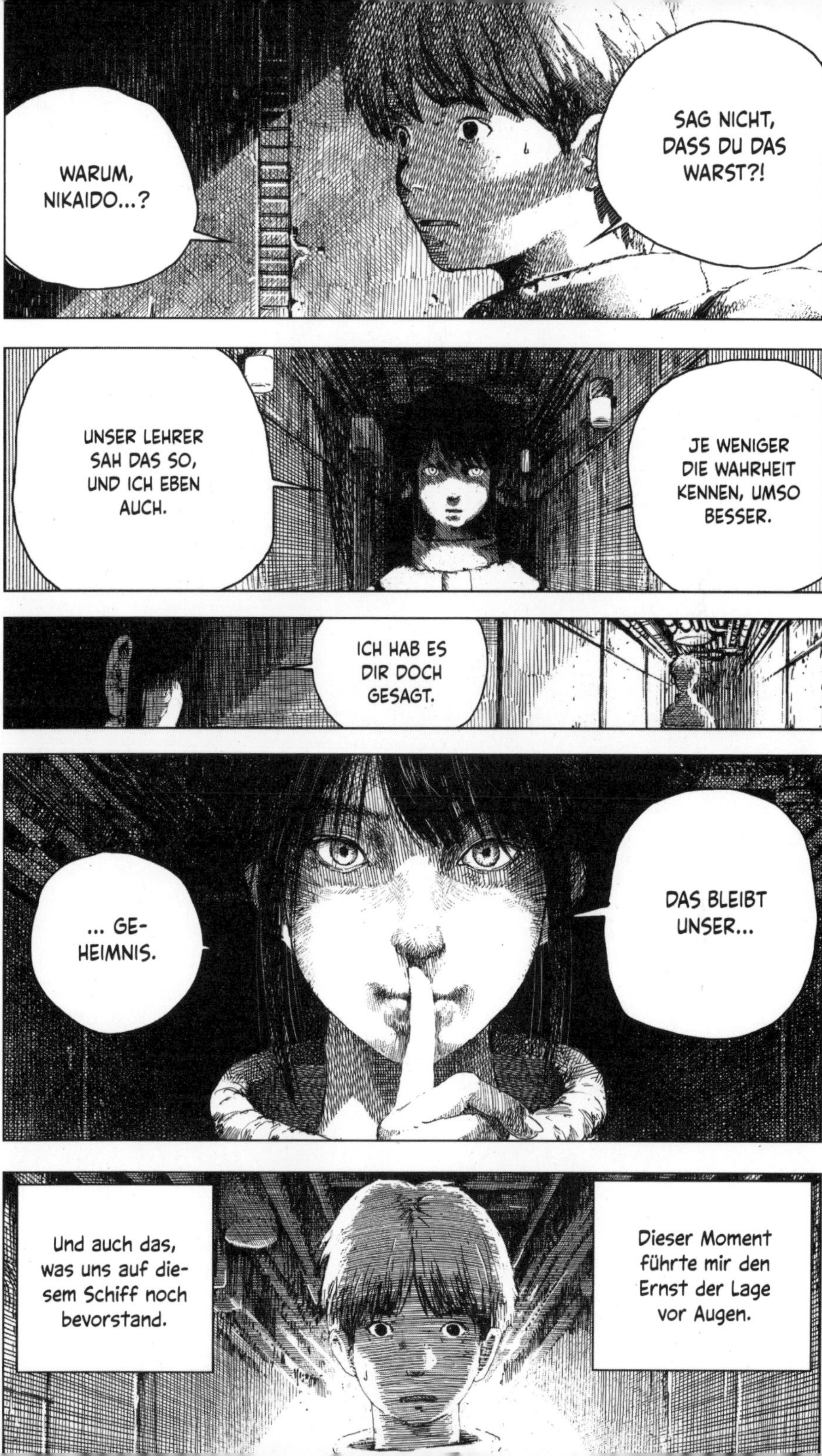
SAG NICHT, DASS DU DAS WARST?!
WARUM, NIKAIDO...?
JE WENIGER DIE WAHRHEIT KENNEN, UMSO BESSER.
UNSER LEHRER SAH DAS SO, UND ICH EBEN AUCH.
ICH HAB ES DIR DOCH GESAGT.
DAS BLEIBT UNSER...
... GE-HEIMNIS.
Dieser Moment führte mir den Ernst der Lage vor Augen.
Und auch das, was uns auf die-sem Schiff noch bevorstand.

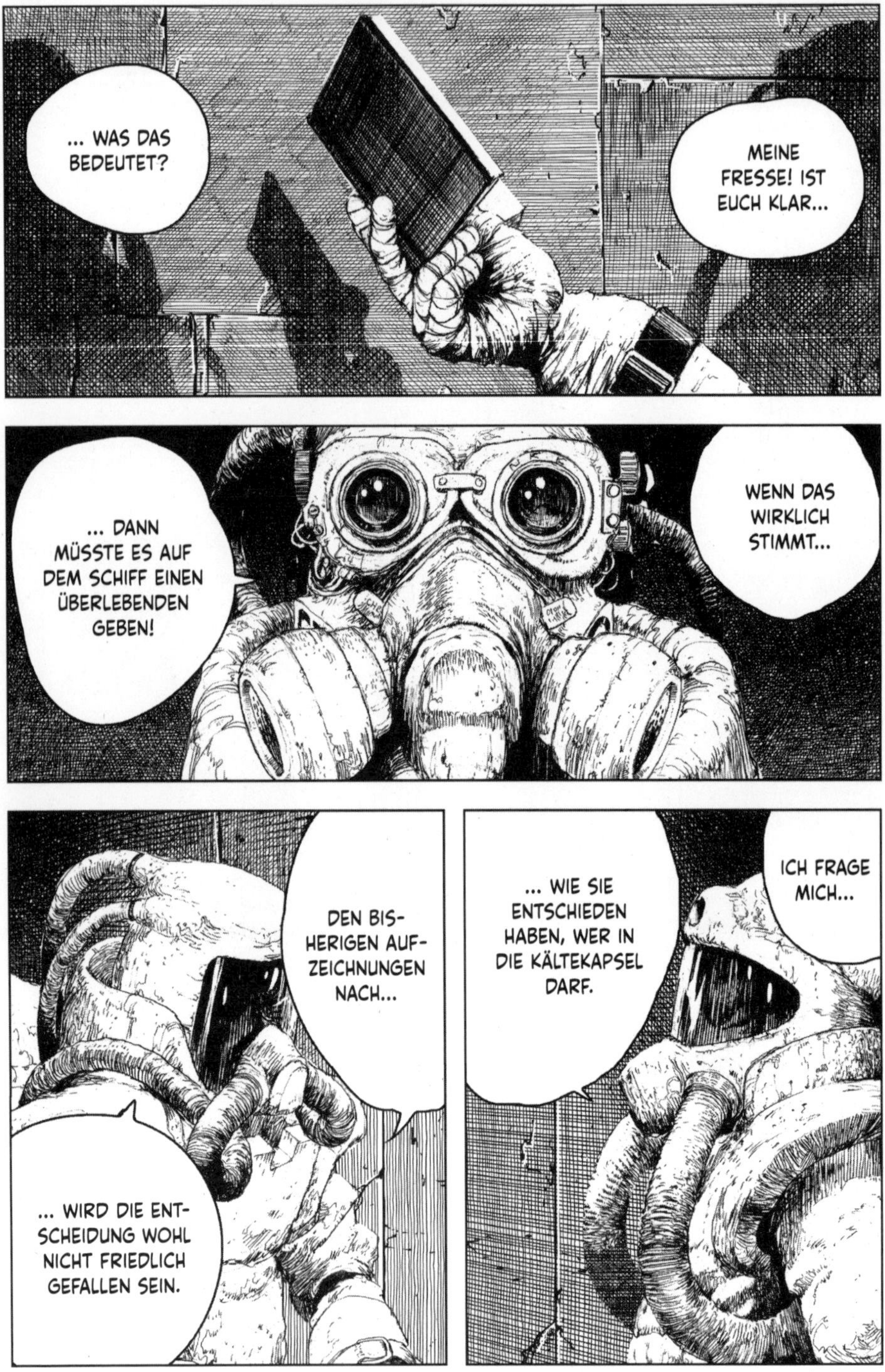
MEINE FRESSE! IST EUCH KLAR...
... WAS DAS BEDEUTET?
WENN DAS WIRKLICH STIMMT...
... DANN MÜSSTE ES AUF DEM SCHIFF EINEN ÜBERLEBENDEN GEBEN!
ICH FRAGE MICH...
... WIE SIE ENTSCHIEDEN HABEN, WER IN DIE KÄLTEKAPSEL DARF.
DEN BIS-HERIGEN AUF-ZEICHNUNGEN NACH...
... WIRD DIE ENT-SCHEIDUNG WOHL NICHT FRIEDLICH GEFALLEN SEIN.

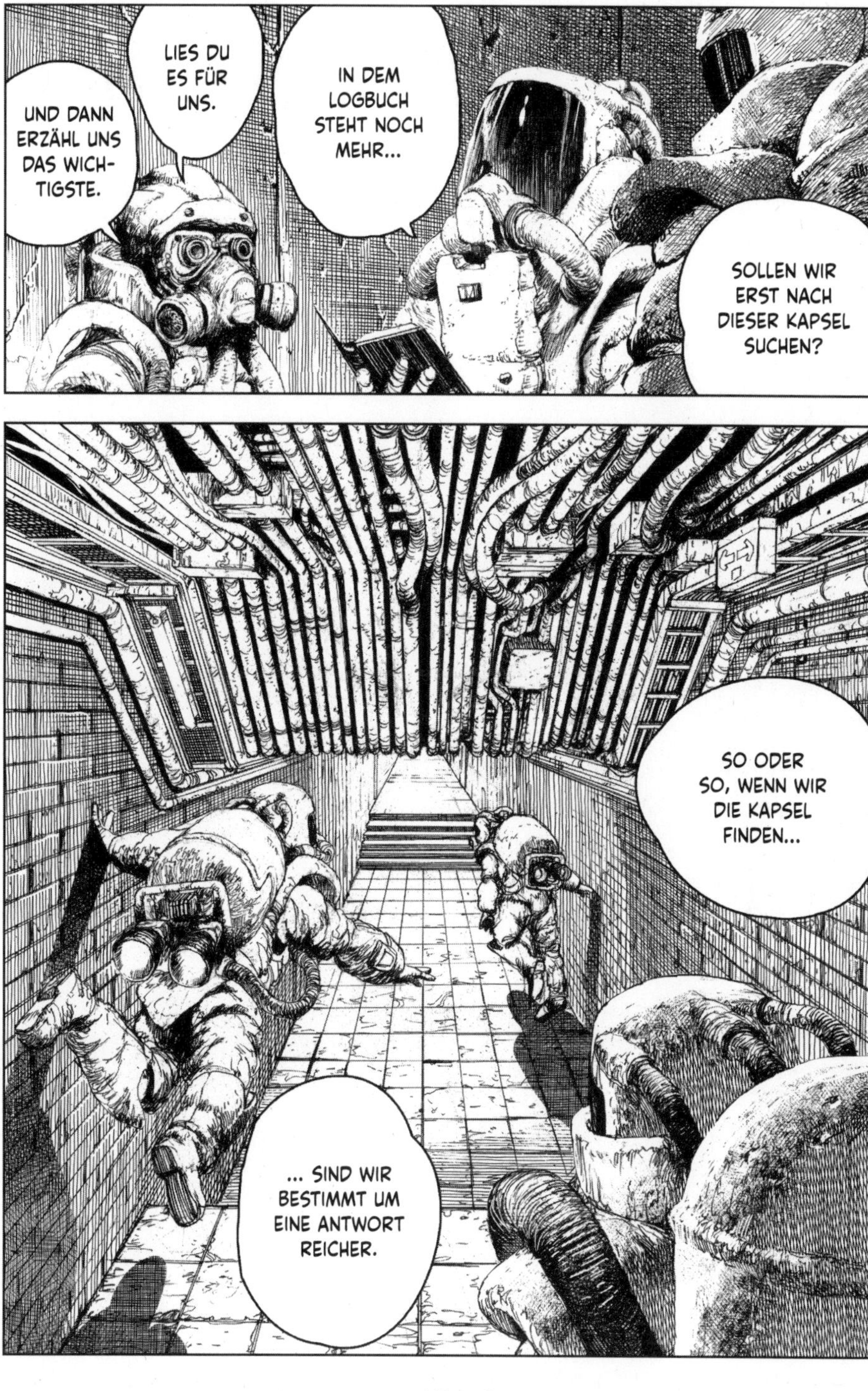
SOLLEN WIR ERST NACH DIESER KAPSEL SUCHEN?
IN DEM LOGBUCH STEHT NOCH MEHR...
LIES DU ES FÜR UNS.
UND DANN ERZÄHL UNS DAS WICH-TIGSTE.
SO ODER SO, WENN WIR DIE KAPSEL FINDEN...
... SIND WIR BESTIMMT UM EINE ANTWORT REICHER.

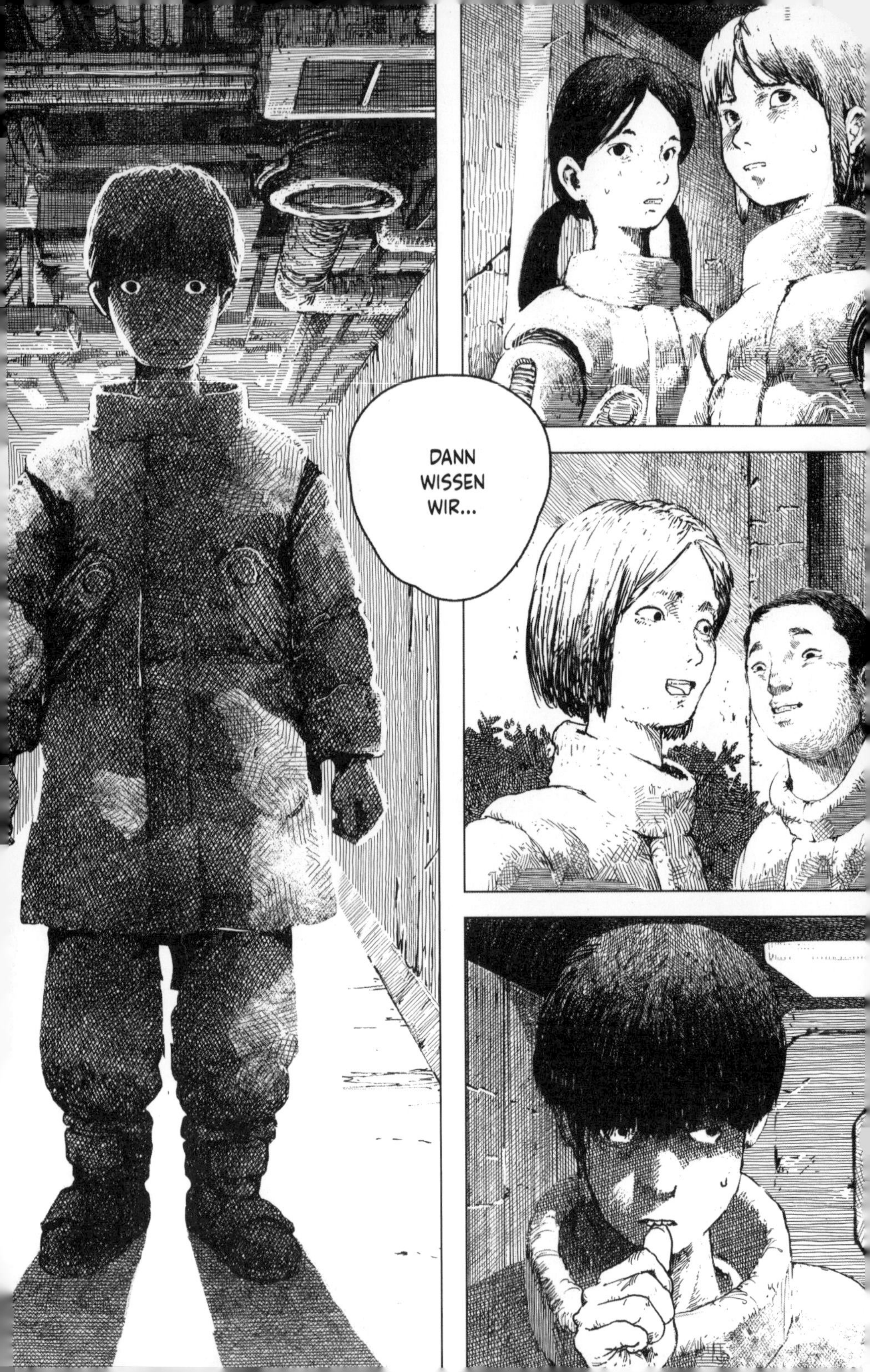
DANN WISSEN WIR...

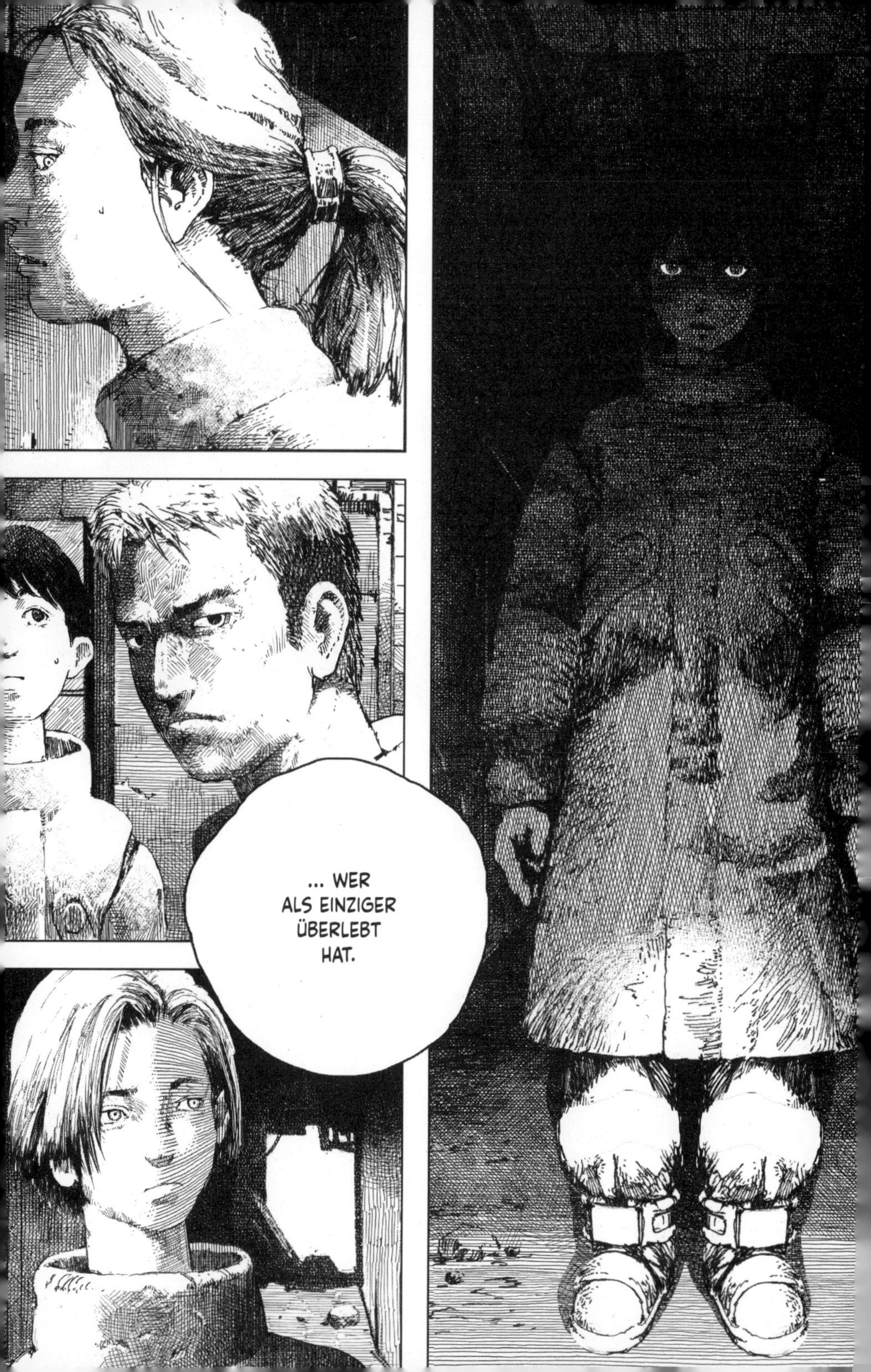
... WER ALS EINZIGER ÜBERLEBT HAT.

# LEVIATHAN

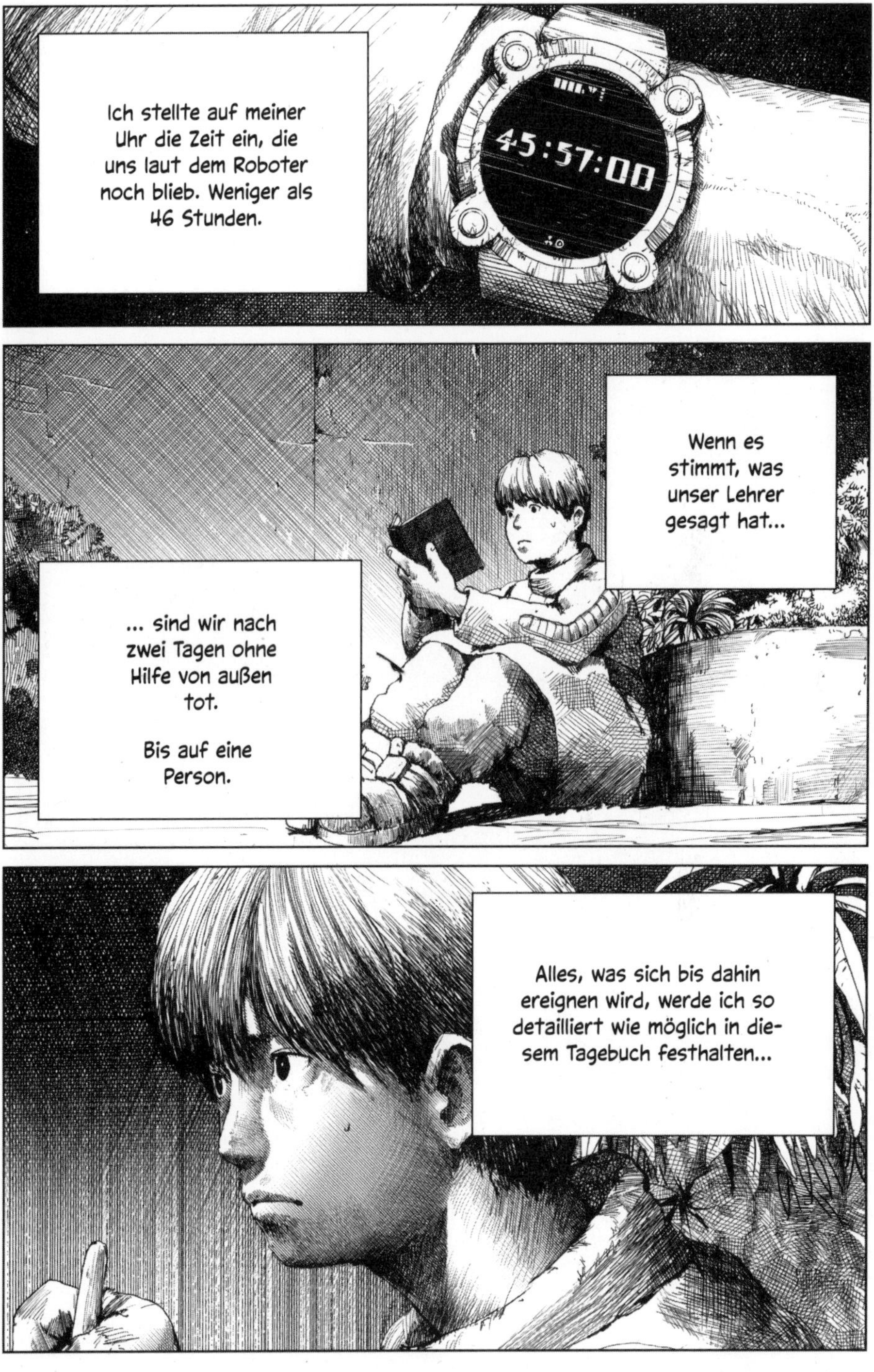
Ich stellte auf meiner Uhr die Zeit ein, die uns laut dem Roboter noch blieb. Weniger als 46 Stunden.
45:57:00
Wenn es stimmt, was unser Lehrer gesagt hat...
... sind wir nach zwei Tagen ohne Hilfe von außen tot.
Bis auf eine Person.
Alles, was sich bis dahin ereignen wird, werde ich so detailliert wie möglich in diesem Tagebuch festhalten...

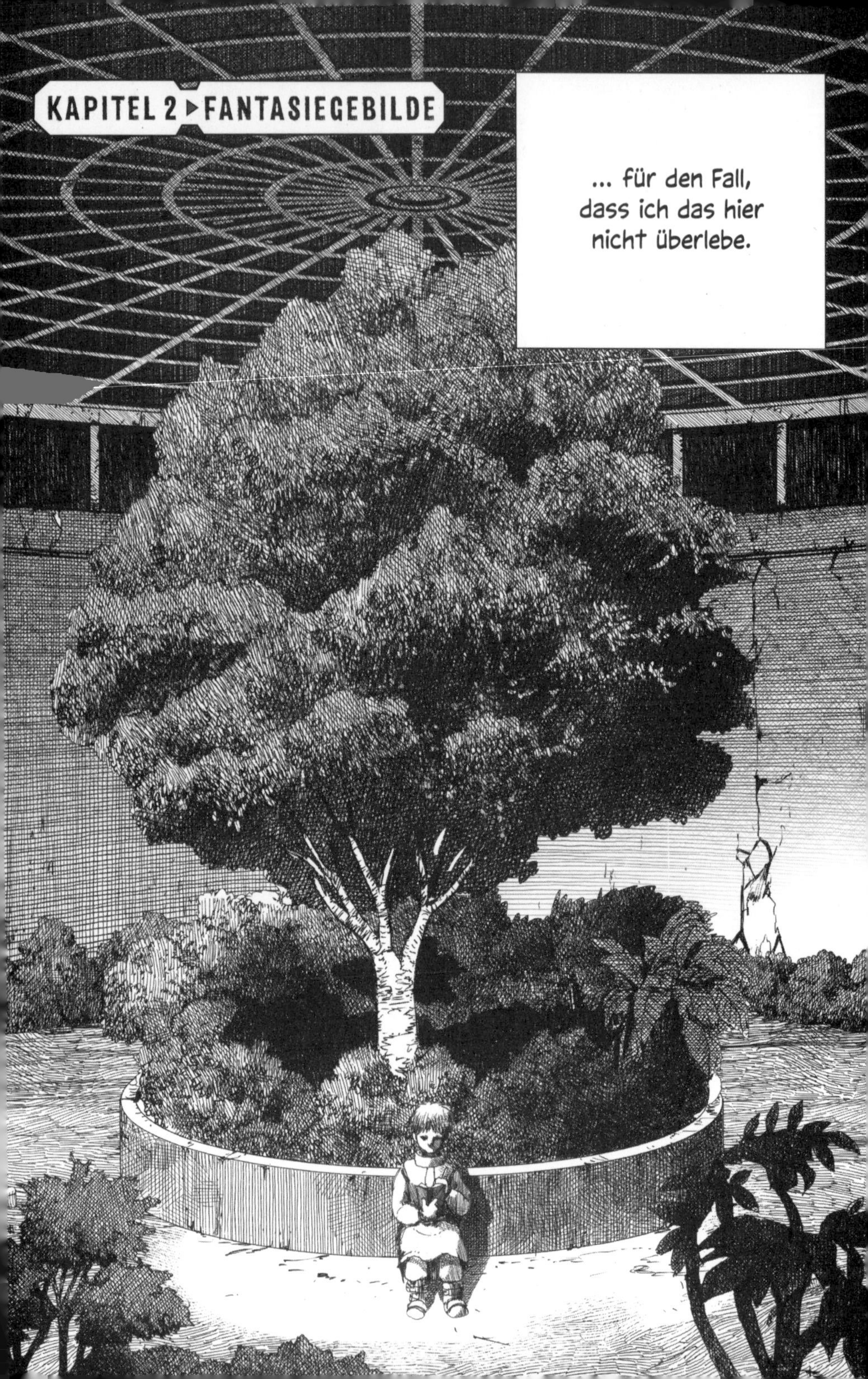
KAPITEL 2 ▸ FANTASIEGEBILDE
... für den Fall, dass ich das hier nicht überlebe.

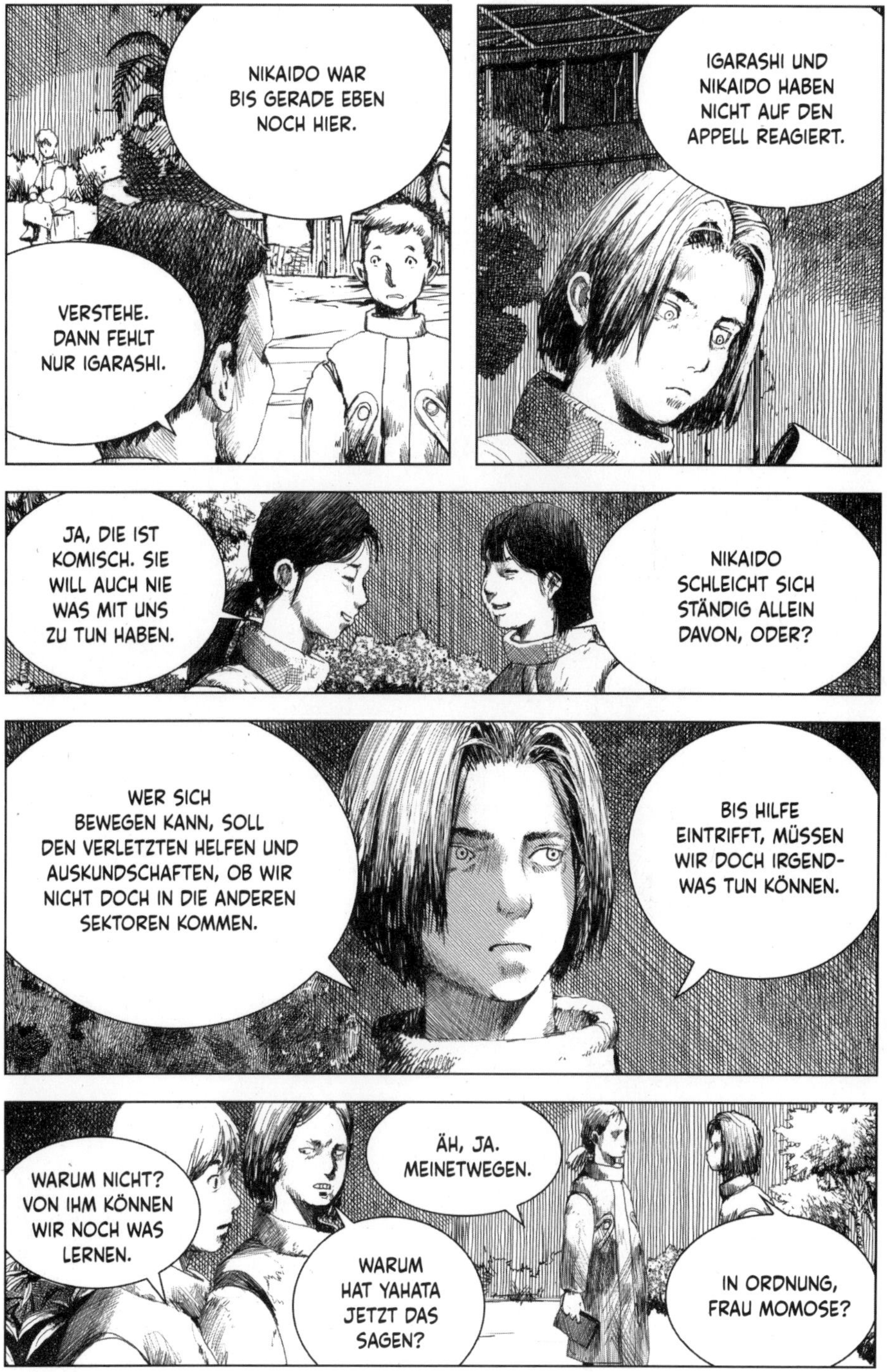
IGARASHI UND NIKAIDO HABEN NICHT AUF DEN APPELL REAGIERT.
NIKAIDO WAR BIS GERADE EBEN NOCH HIER.
VERSTEHE. DANN FEHLT NUR IGARASHI.
NIKAIDO SCHLEICHT SICH STÄNDIG ALLEIN DAVON, ODER?
JA, DIE IST KOMISCH. SIE WILL AUCH NIE WAS MIT UNS ZU TUN HABEN.
BIS HILFE EINTRIFFT, MÜSSEN WIR DOCH IRGENDWAS TUN KÖNNEN.
WER SICH BEWEGEN KANN, SOLL DEN VERLETZTEN HELFEN UND AUSKUNDSCHAFTEN, OB WIR NICHT DOCH IN DIE ANDEREN SEKTOREN KOMMEN.
IN ORDNUNG, FRAU MOMOSE?
ÄH, JA. MEINETWEGEN.
WARUM HAT YAHATA JETZT DAS SAGEN?
WARUM NICHT? VON IHM KÖNNEN WIR NOCH WAS LERNEN.

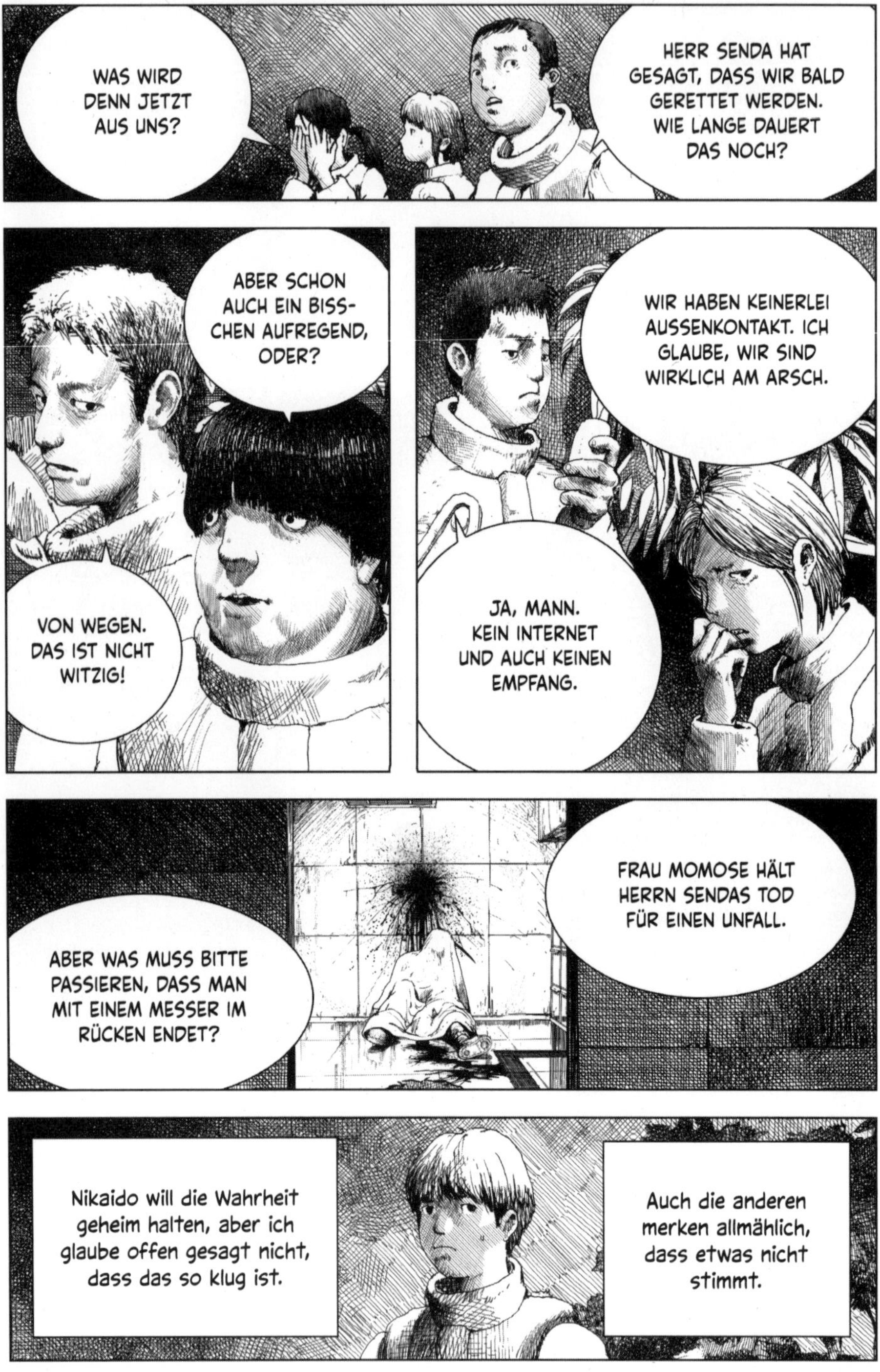

WAS WIRD DENN JETZT AUS UNS?
HERR SENDA HAT GESAGT, DASS WIR BALD GERETTET WERDEN. WIE LANGE DAUERT DAS NOCH?
ABER SCHON AUCH EIN BISS-CHEN AUFREGEND, ODER?
VON WEGEN. DAS IST NICHT WITZIG!
WIR HABEN KEINERLEI AUSSENKONTAKT. ICH GLAUBE, WIR SIND WIRKLICH AM ARSCH.
JA, MANN. KEIN INTERNET UND AUCH KEINEN EMPFANG.
ABER WAS MUSS BITTE PASSIEREN, DASS MAN MIT EINEM MESSER IM RÜCKEN ENDET?
FRAU MOMOSE HÄLT HERRN SENDAS TOD FÜR EINEN UNFALL.
Nikaido will die Wahrheit geheim halten, aber ich glaube offen gesagt nicht, dass das so klug ist.
Auch die anderen merken allmählich, dass etwas nicht stimmt.

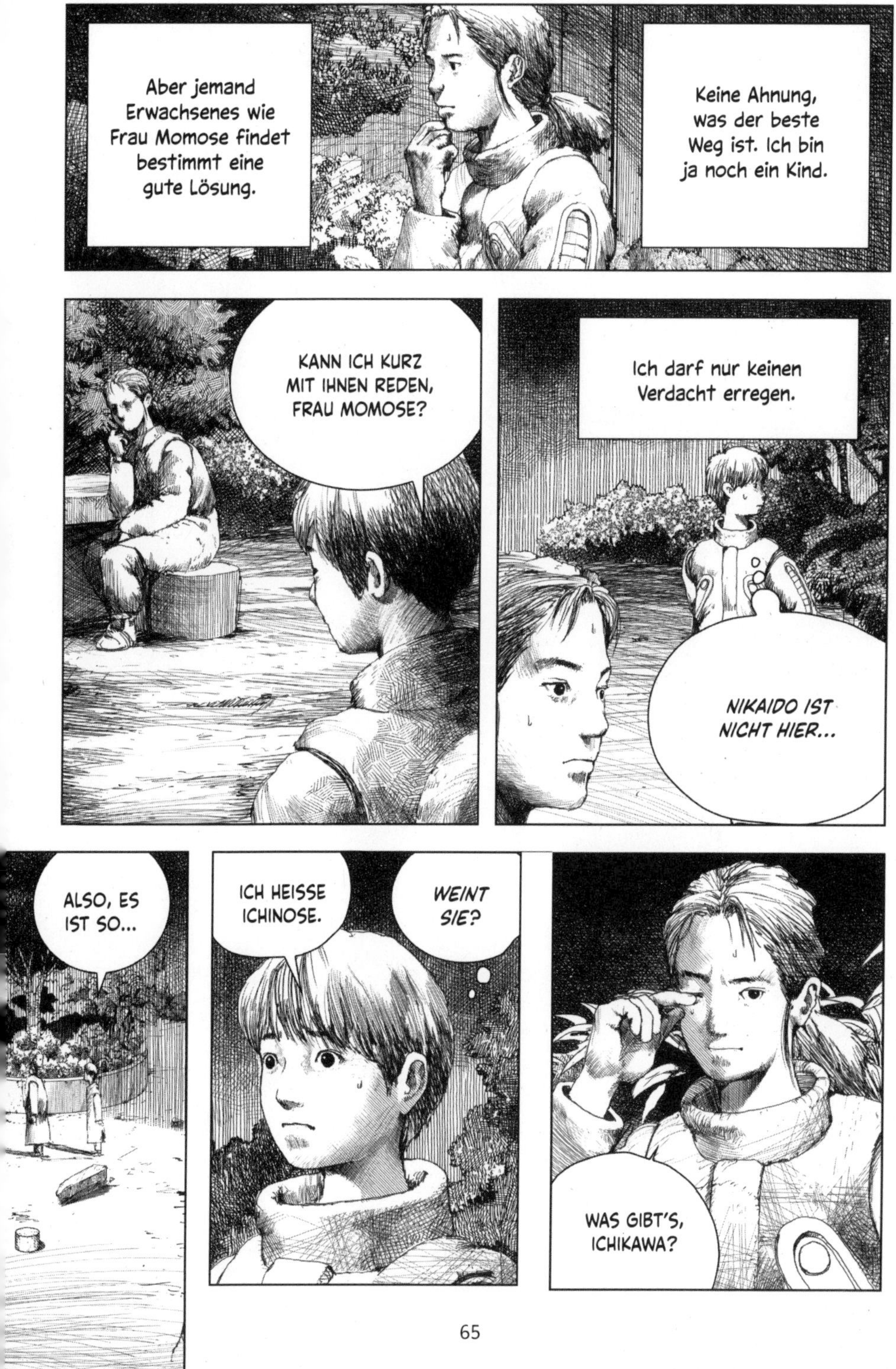
Aber jemand Erwachsenes wie Frau Momose findet bestimmt eine gute Lösung.
Keine Ahnung, was der beste Weg ist. Ich bin ja noch ein Kind.
KANN ICH KURZ MIT IHNEN REDEN, FRAU MOMOSE?
Ich darf nur keinen Verdacht erregen.
NIKAIDO IST NICHT HIER…
ALSO, ES IST SO…
ICH HEISSE ICHINOSE.
WEINT SIE?
WAS GIBT'S, ICHIKAWA?

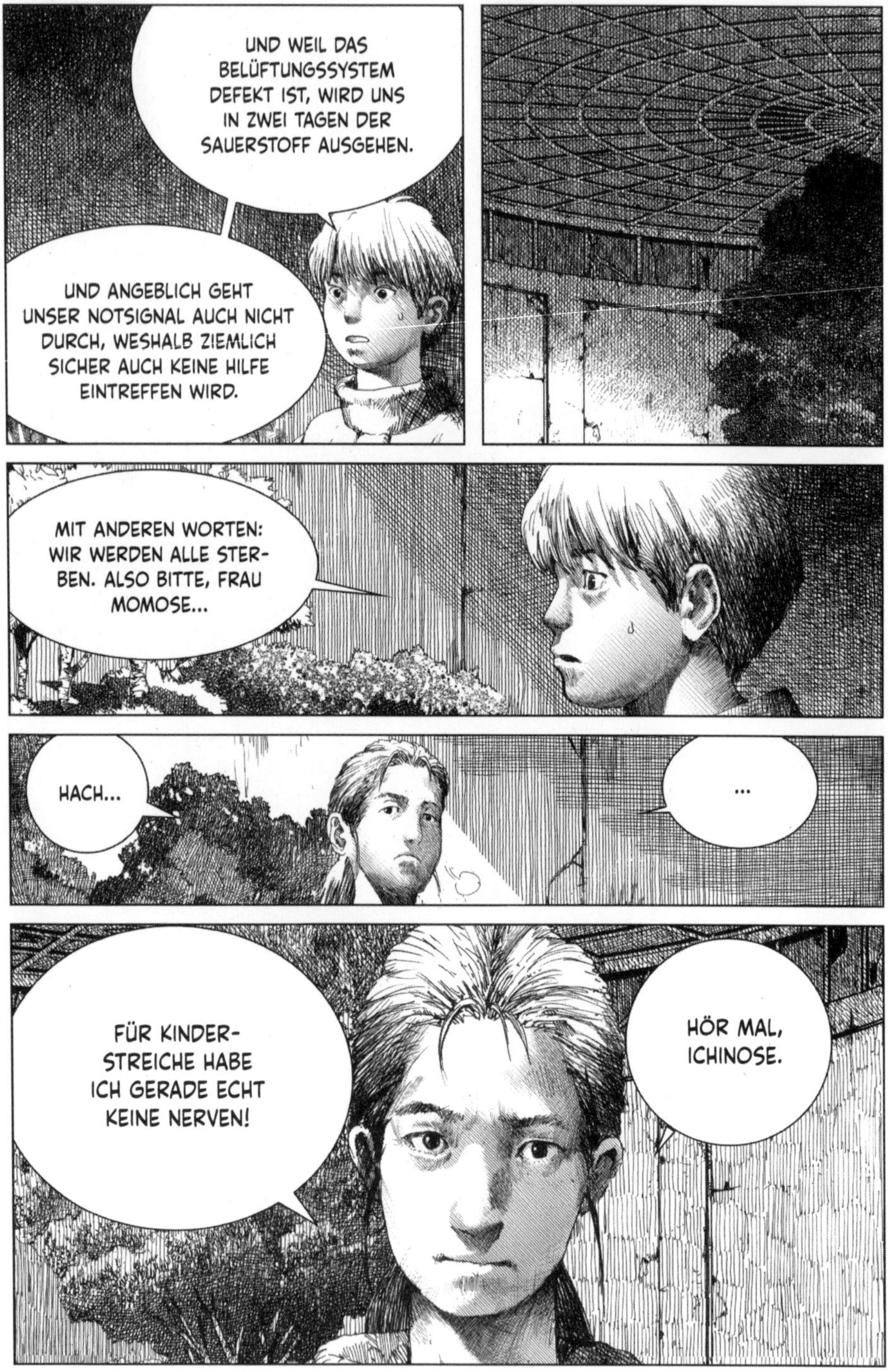
UND WEIL DAS BELÜFTUNGSSYSTEM DEFEKT IST, WIRD UNS IN ZWEI TAGEN DER SAUERSTOFF AUSGEHEN.
UND ANGEBLICH GEHT UNSER NOTSIGNAL AUCH NICHT DURCH, WESHALB ZIEMLICH SICHER AUCH KEINE HILFE EINTREFFEN WIRD.
MIT ANDEREN WORTEN: WIR WERDEN ALLE STER-BEN. ALSO BITTE, FRAU MOMOSE...
HACH...
...
HÖR MAL, ICHINOSE.
FÜR KINDER-STREICHE HABE ICH GERADE ECHT KEINE NERVEN!

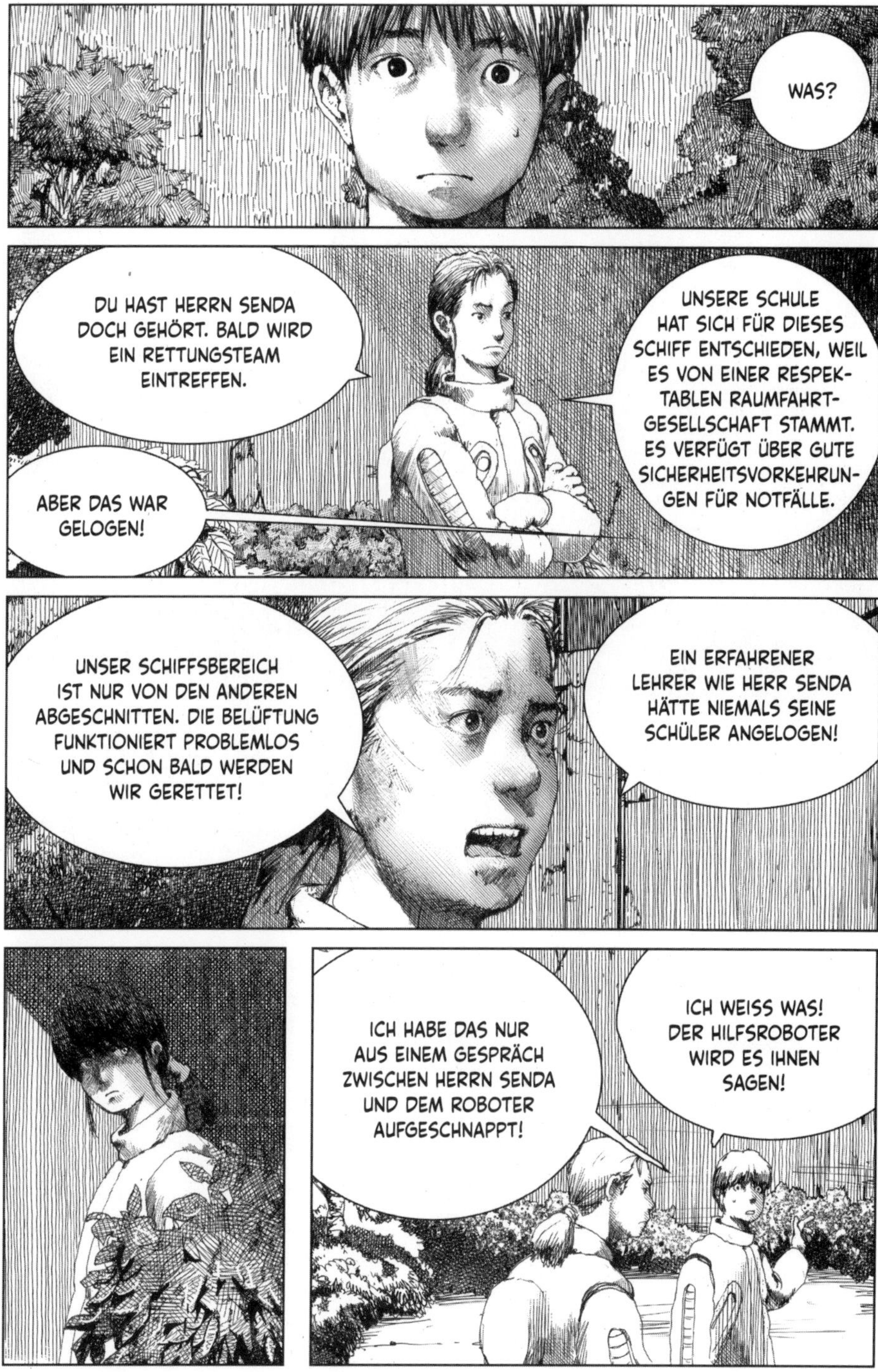
WAS?
DU HAST HERRN SENDA DOCH GEHÖRT. BALD WIRD EIN RETTUNGSTEAM EINTREFFEN.
UNSERE SCHULE HAT SICH FÜR DIESES SCHIFF ENTSCHIEDEN, WEIL ES VON EINER RESPEKTABLEN RAUMFAHRTGESELLSCHAFT STAMMT. ES VERFÜGT ÜBER GUTE SICHERHEITSVORKEHRUNGEN FÜR NOTFÄLLE.
ABER DAS WAR GELOGEN!
UNSER SCHIFFSBEREICH IST NUR VON DEN ANDEREN ABGESCHNITTEN. DIE BELÜFTUNG FUNKTIONIERT PROBLEMLOS UND SCHON BALD WERDEN WIR GERETTET!
EIN ERFAHRENER LEHRER WIE HERR SENDA HÄTTE NIEMALS SEINE SCHÜLER ANGELOGEN!
ICH HABE DAS NUR AUS EINEM GESPRÄCH ZWISCHEN HERRN SENDA UND DEM ROBOTER AUFGESCHNAPPT!
ICH WEISS WAS! DER HILFSROBOTER WIRD ES IHNEN SAGEN!

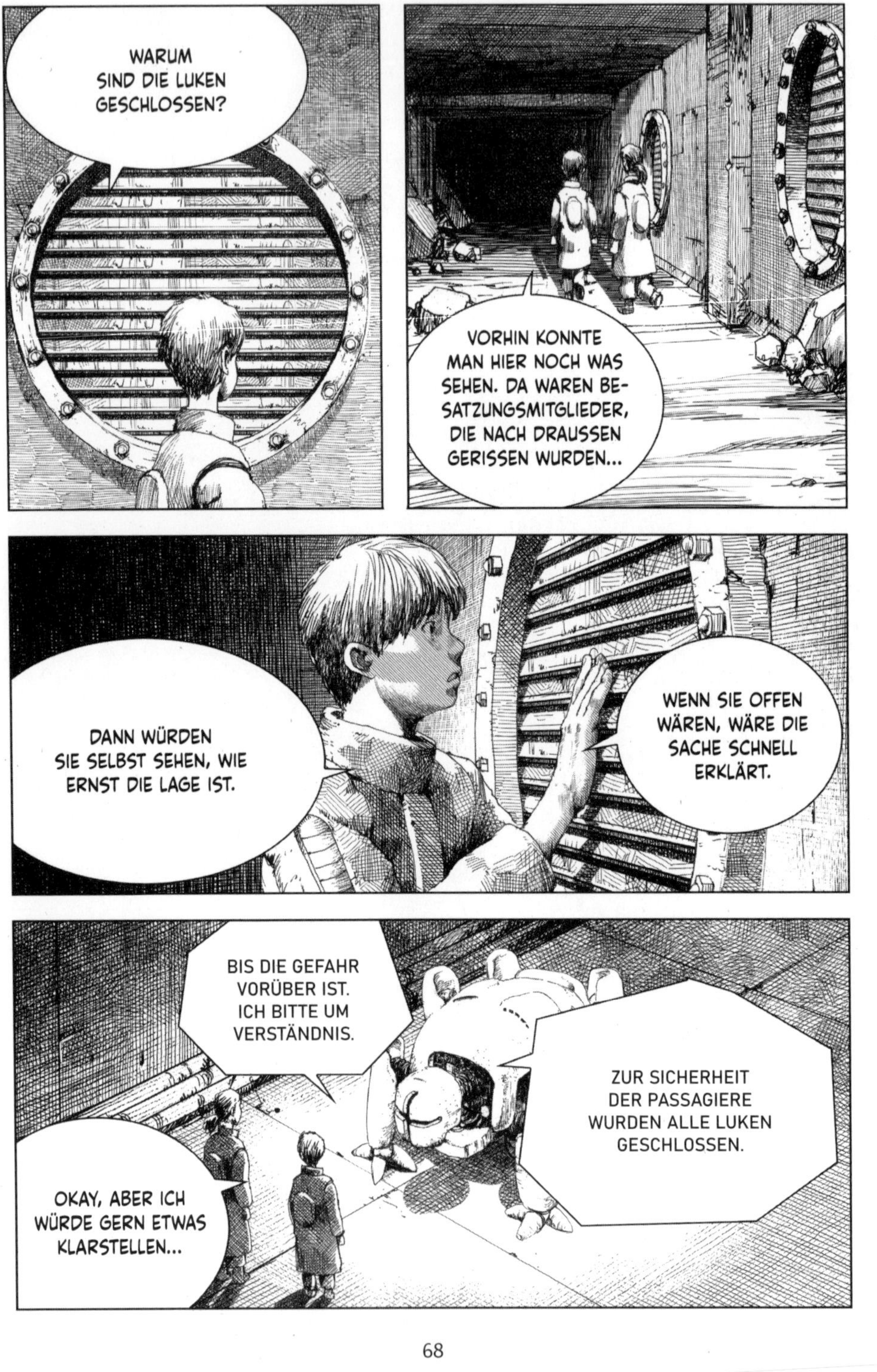
VORHIN KONNTE MAN HIER NOCH WAS SEHEN. DA WAREN BESATZUNGSMITGLIEDER, DIE NACH DRAUSSEN GERISSEN WURDEN...
WARUM SIND DIE LUKEN GESCHLOSSEN?
WENN SIE OFFEN WÄREN, WÄRE DIE SACHE SCHNELL ERKLÄRT.
DANN WÜRDEN SIE SELBST SEHEN, WIE ERNST DIE LAGE IST.
ZUR SICHERHEIT DER PASSAGIERE WURDEN ALLE LUKEN GESCHLOSSEN.
BIS DIE GEFAHR VORÜBER IST. ICH BITTE UM VERSTÄNDNIS.
OKAY, ABER ICH WÜRDE GERN ETWAS KLARSTELLEN...

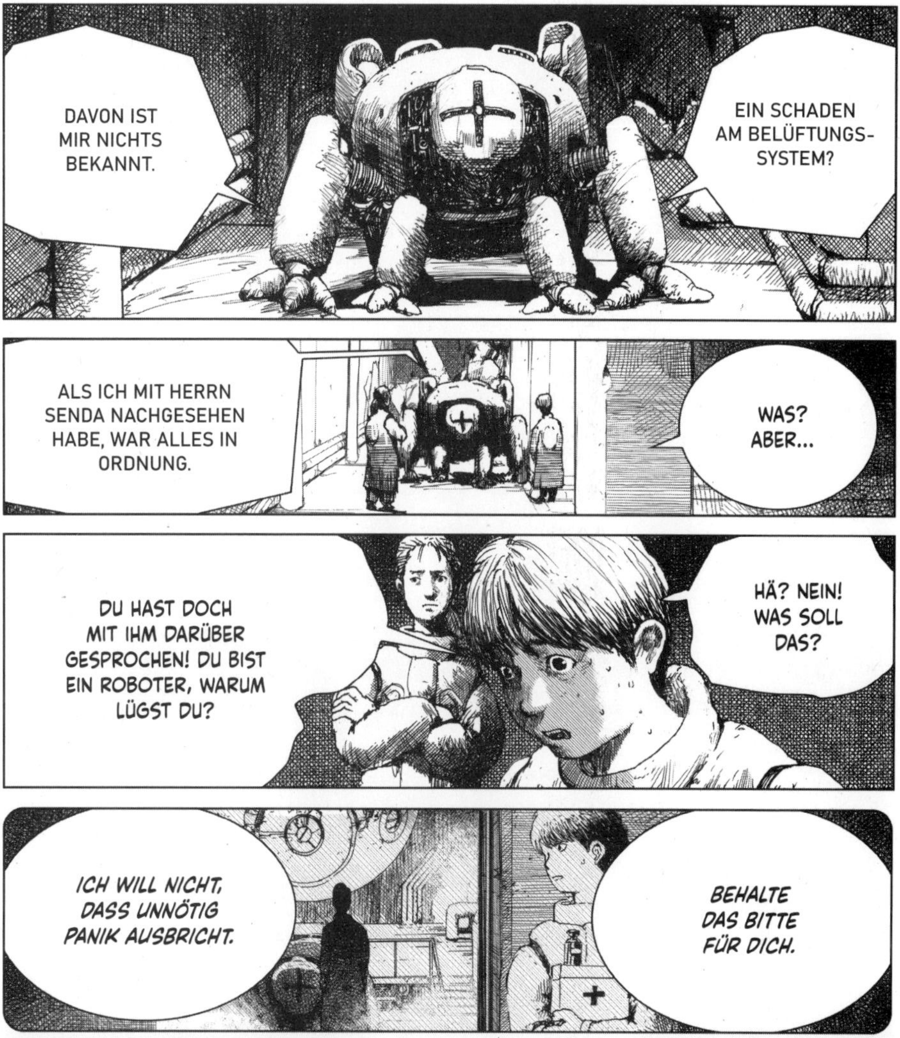
EIN SCHADEN AM BELÜFTUNGS-SYSTEM?
DAVON IST MIR NICHTS BEKANNT.
WAS? ABER...
ALS ICH MIT HERRN SENDA NACHGESEHEN HABE, WAR ALLES IN ORDNUNG.
HÄ? NEIN! WAS SOLL DAS?
DU HAST DOCH MIT IHM DARÜBER GESPROCHEN! DU BIST EIN ROBOTER, WARUM LÜGST DU?
BEHALTE DAS BITTE FÜR DICH.
ICH WILL NICHT, DASS UNNÖTIG PANIK AUSBRICHT.
AH, ICH WEISS!
HERR SENDA HAT DIR VERBOTEN, WAS ZU SAGEN!

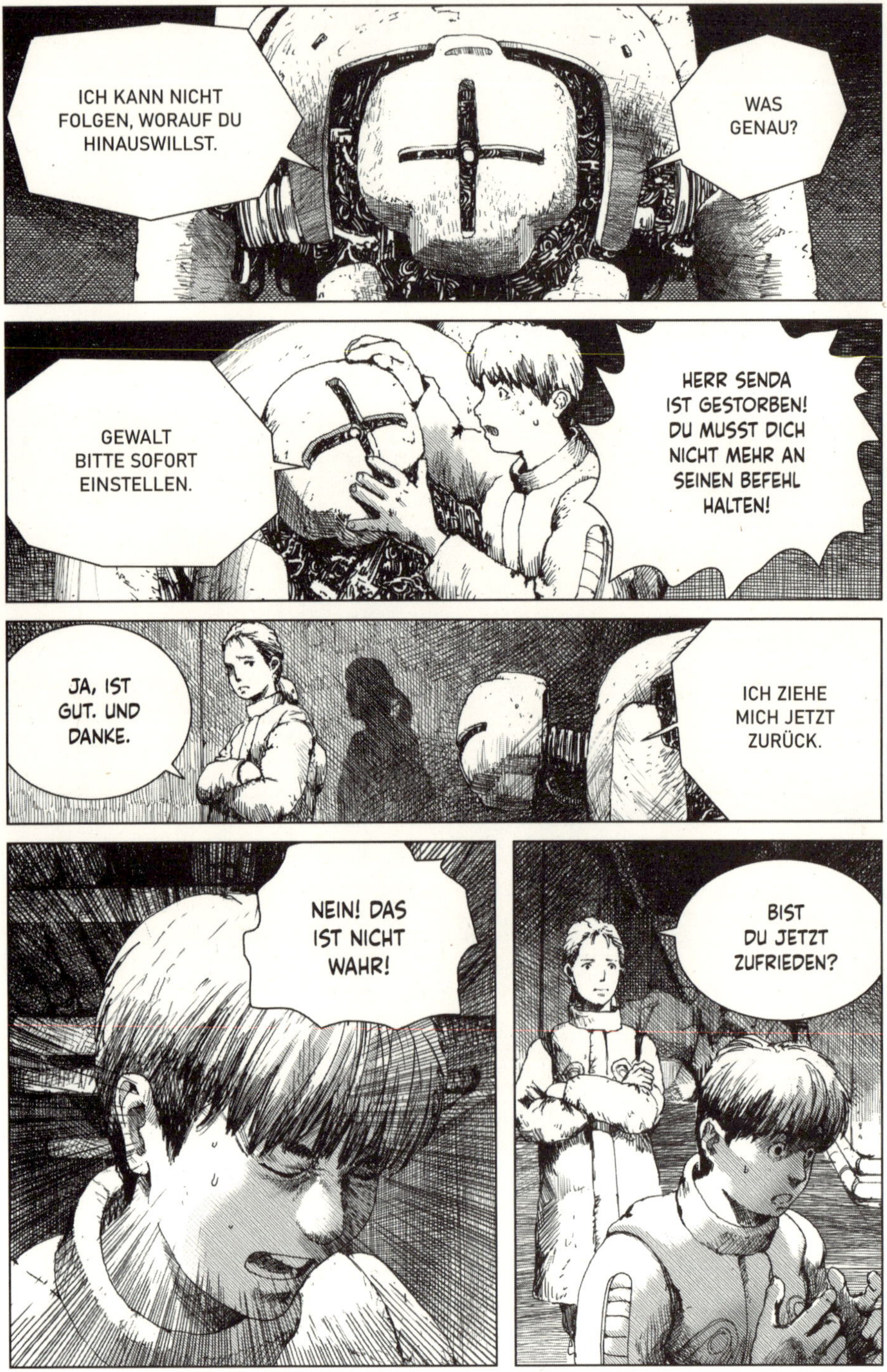
ICH KANN NICHT FOLGEN, WORAUF DU HINAUSWILLST.
WAS GENAU?
GEWALT BITTE SOFORT EINSTELLEN.
HERR SENDA IST GESTORBEN! DU MUSST DICH NICHT MEHR AN SEINEN BEFEHL HALTEN!
JA, IST GUT. UND DANKE.
ICH ZIEHE MICH JETZT ZURÜCK.
NEIN! DAS IST NICHT WAHR!
BIST DU JETZT ZUFRIEDEN?

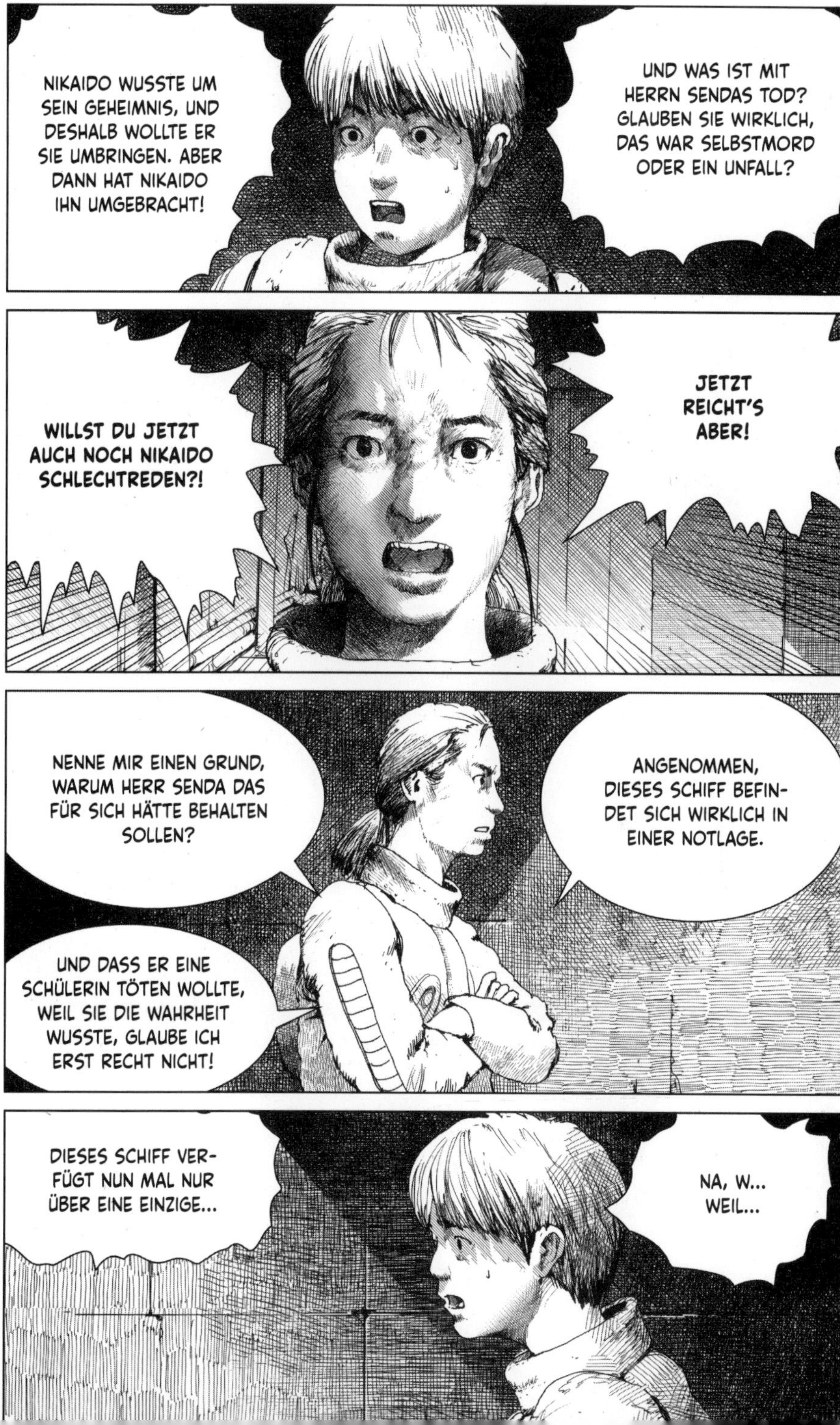
UND WAS IST MIT HERRN SENDAS TOD? GLAUBEN SIE WIRKLICH, DAS WAR SELBSTMORD ODER EIN UNFALL?
NIKAIDO WUSSTE UM SEIN GEHEIMNIS, UND DESHALB WOLLTE ER SIE UMBRINGEN. ABER DANN HAT NIKAIDO IHN UMGEBRACHT!
JETZT REICHT'S ABER!
WILLST DU JETZT AUCH NOCH NIKAIDO SCHLECHTREDEN?!
ANGENOMMEN, DIESES SCHIFF BEFIN-DET SICH WIRKLICH IN EINER NOTLAGE.
NENNE MIR EINEN GRUND, WARUM HERR SENDA DAS FÜR SICH HÄTTE BEHALTEN SOLLEN?
UND DASS ER EINE SCHÜLERIN TÖTEN WOLLTE, WEIL SIE DIE WAHRHEIT WUSSTE, GLAUBE ICH ERST RECHT NICHT!
NA, W... WEIL...
DIESES SCHIFF VER-FÜGT NUN MAL NUR ÜBER EINE EINZIGE...

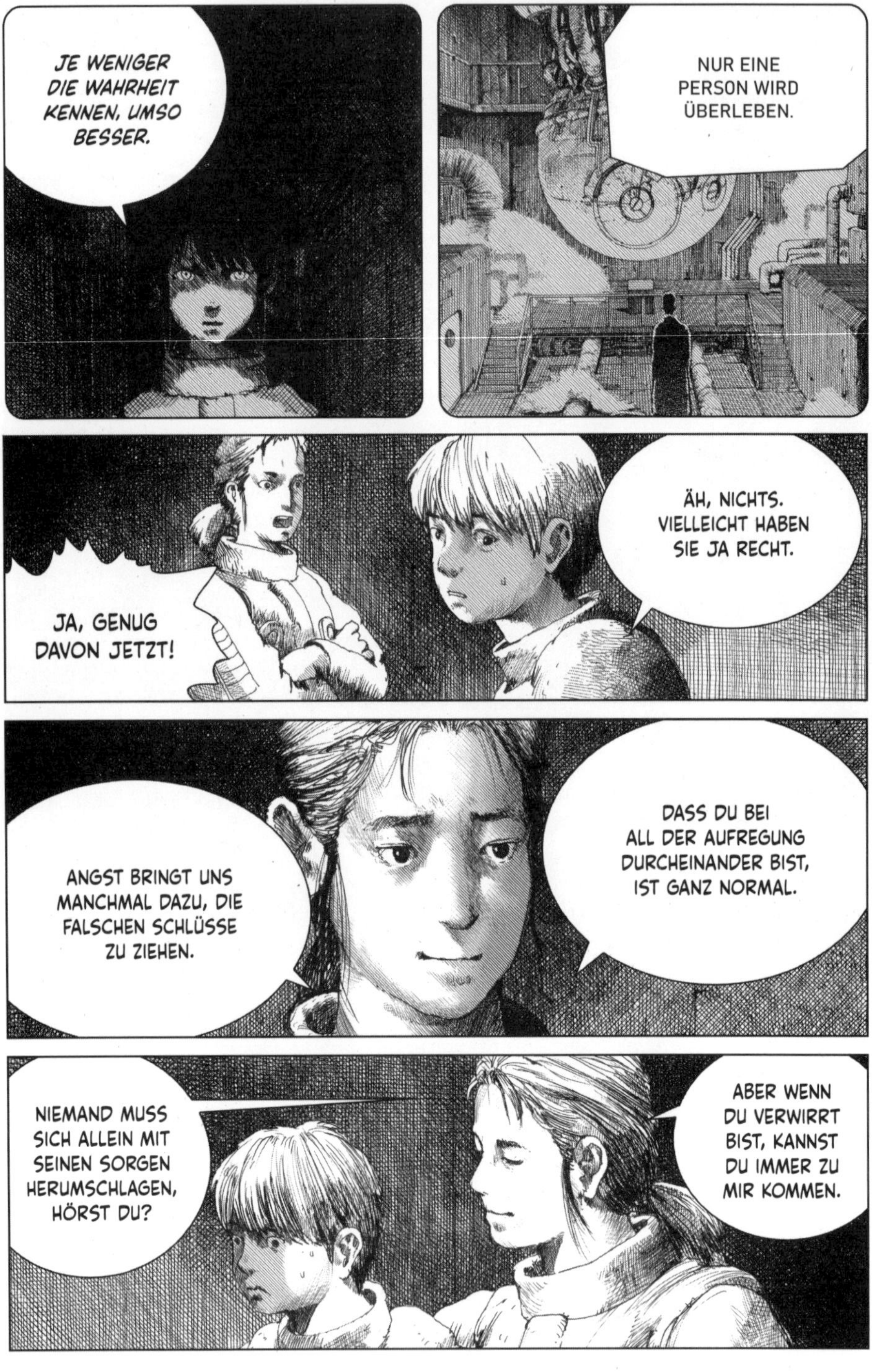
JE WENIGER DIE WAHRHEIT KENNEN, UMSO BESSER.
NUR EINE PERSON WIRD ÜBERLEBEN.
ÄH, NICHTS. VIELLEICHT HABEN SIE JA RECHT.
JA, GENUG DAVON JETZT!
DASS DU BEI ALL DER AUFREGUNG DURCHEINANDER BIST, IST GANZ NORMAL.
ANGST BRINGT UNS MANCHMAL DAZU, DIE FALSCHEN SCHLÜSSE ZU ZIEHEN.
ABER WENN DU VERWIRRT BIST, KANNST DU IMMER ZU MIR KOMMEN.
NIEMAND MUSS SICH ALLEIN MIT SEINEN SORGEN HERUMSCHLAGEN, HÖRST DU?

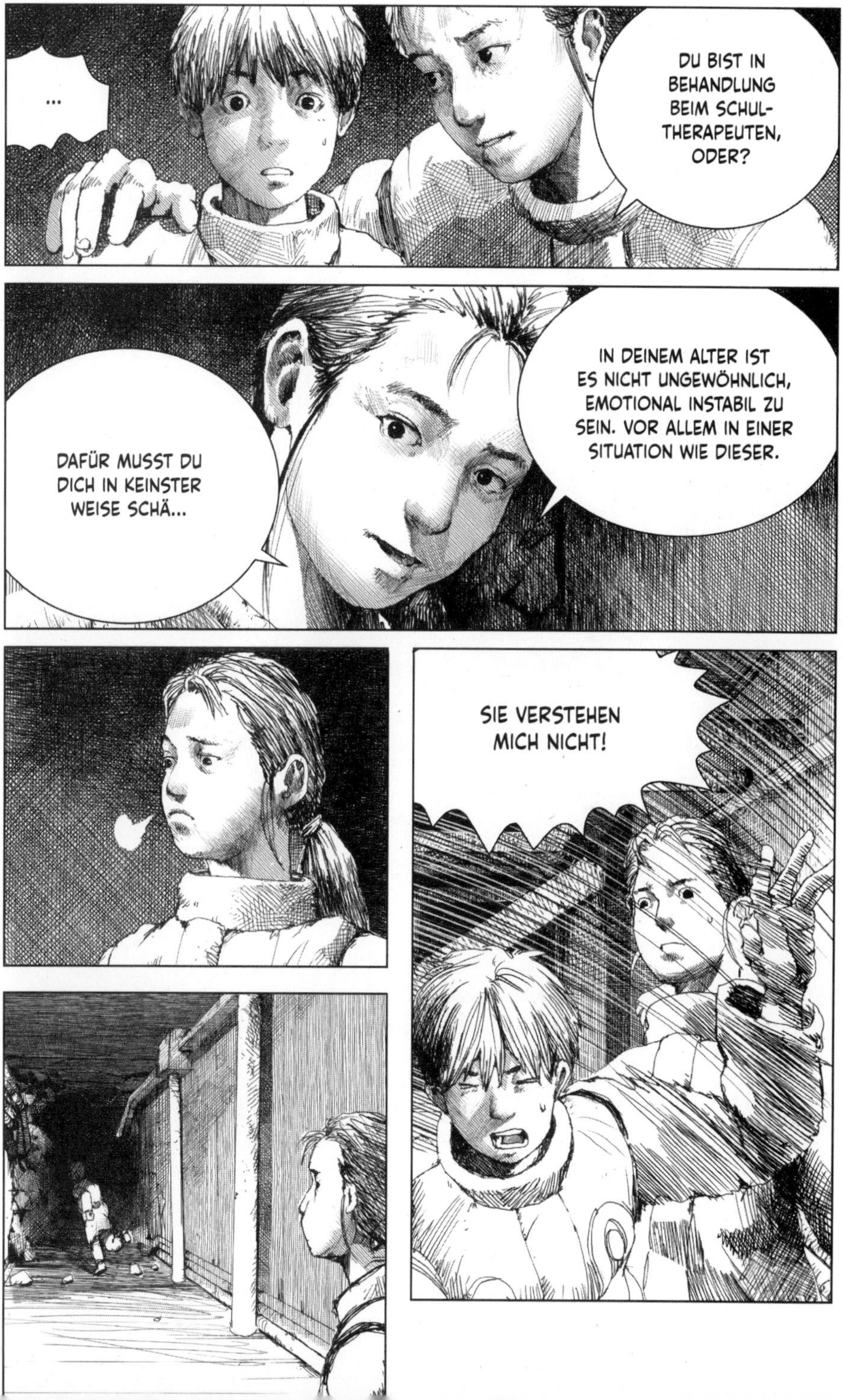
...
DU BIST IN BEHANDLUNG BEIM SCHUL-THERAPEUTEN, ODER?
IN DEINEM ALTER IST ES NICHT UNGEWÖHNLICH, EMOTIONAL INSTABIL ZU SEIN. VOR ALLEM IN EINER SITUATION WIE DIESER.
DAFÜR MUSST DU DICH IN KEINSTER WEISE SCHÄ...
SIE VERSTEHEN MICH NICHT!

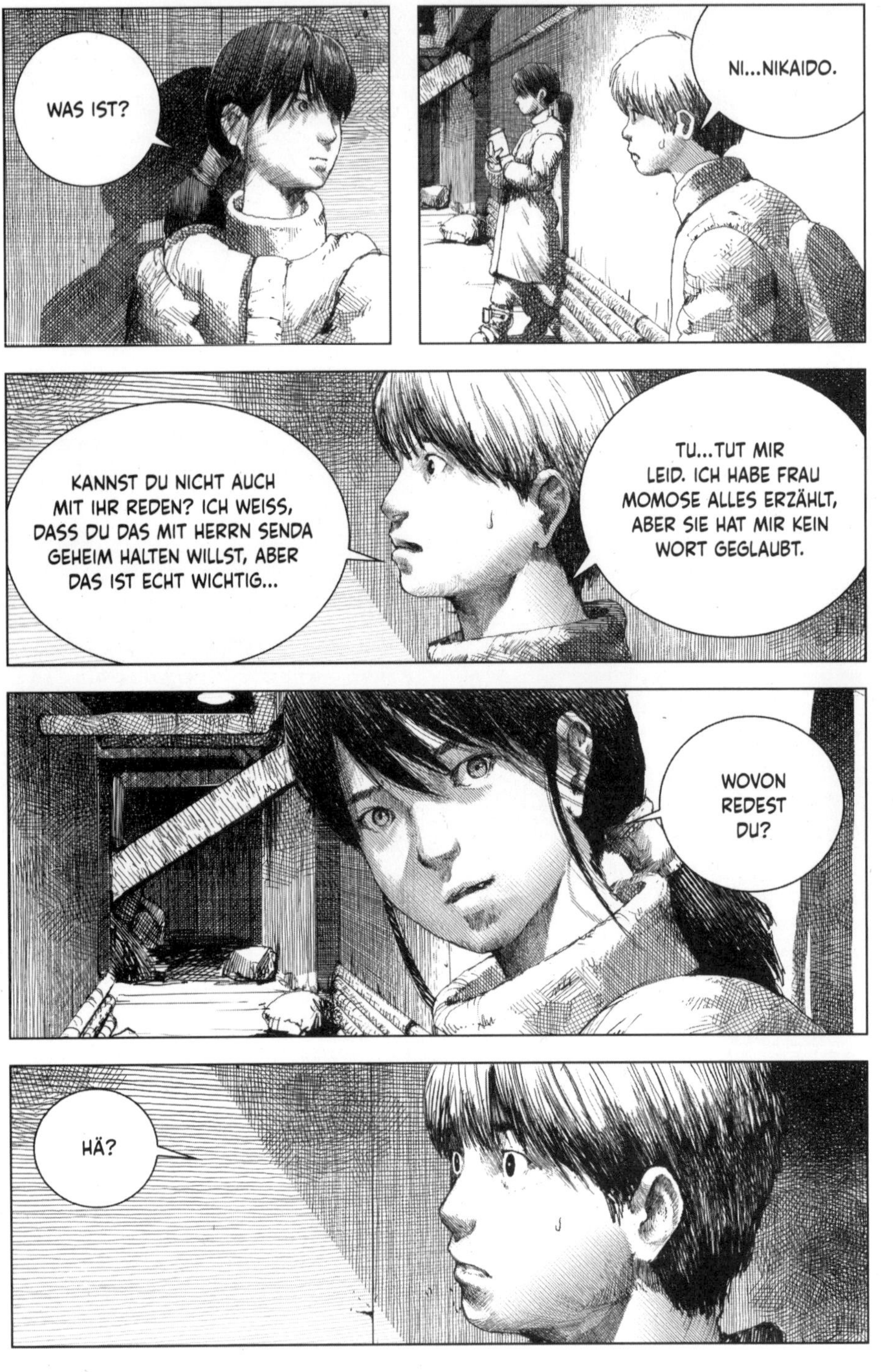
NI...NIKAIDO.
WAS IST?
TU...TUT MIR LEID. ICH HABE FRAU MOMOSE ALLES ERZÄHLT, ABER SIE HAT MIR KEIN WORT GEGLAUBT.
KANNST DU NICHT AUCH MIT IHR REDEN? ICH WEISS, DASS DU DAS MIT HERRN SENDA GEHEIM HALTEN WILLST, ABER DAS IST ECHT WICHTIG...
WOVON REDEST DU?
HÄ?

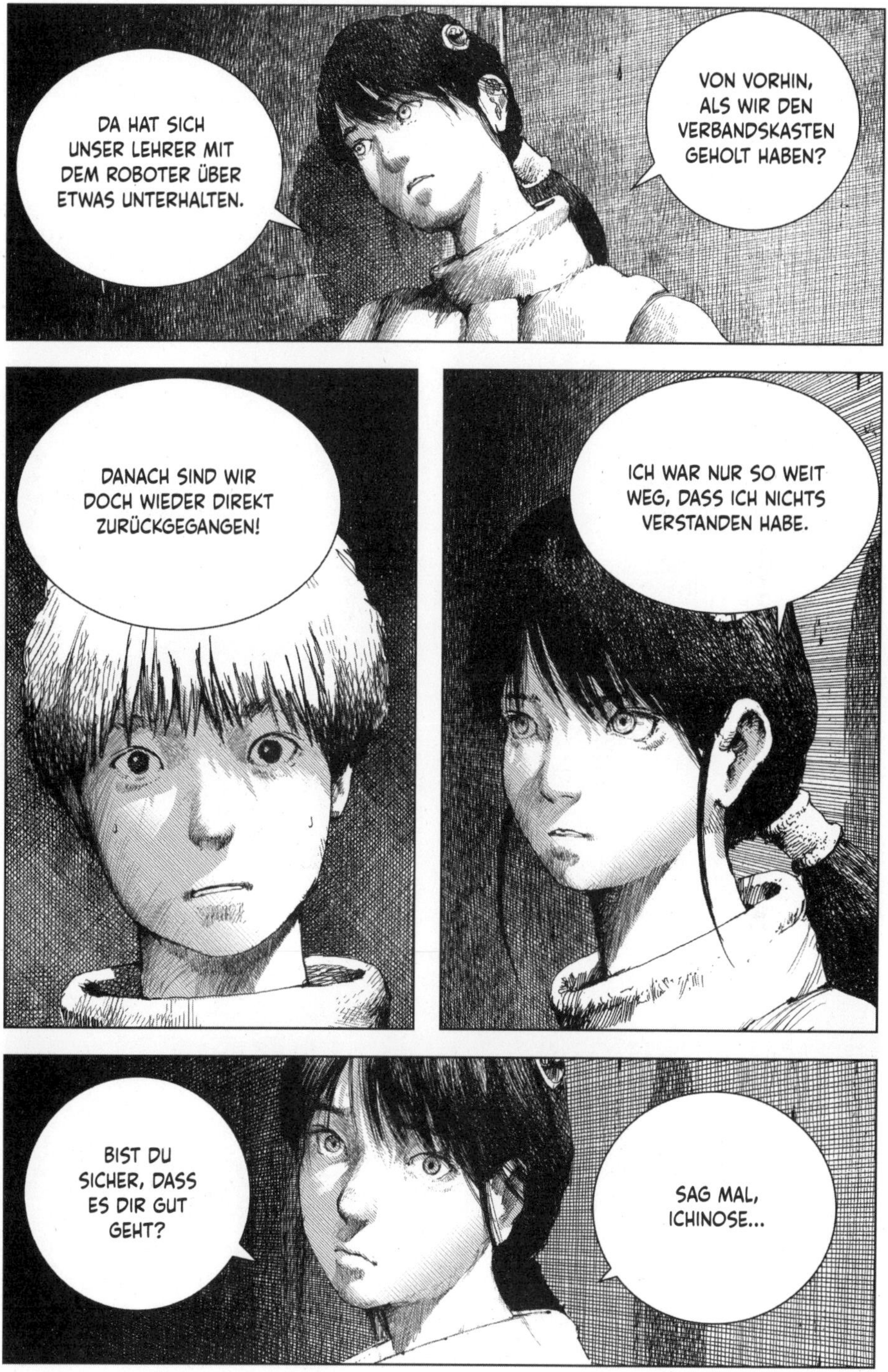
VON VORHIN, ALS WIR DEN VERBANDSKASTEN GEHOLT HABEN?
DA HAT SICH UNSER LEHRER MIT DEM ROBOTER ÜBER ETWAS UNTERHALTEN.
ICH WAR NUR SO WEIT WEG, DASS ICH NICHTS VERSTANDEN HABE.
DANACH SIND WIR DOCH WIEDER DIREKT ZURÜCKGEGANGEN!
SAG MAL, ICHINOSE...
BIST DU SICHER, DASS ES DIR GUT GEHT?

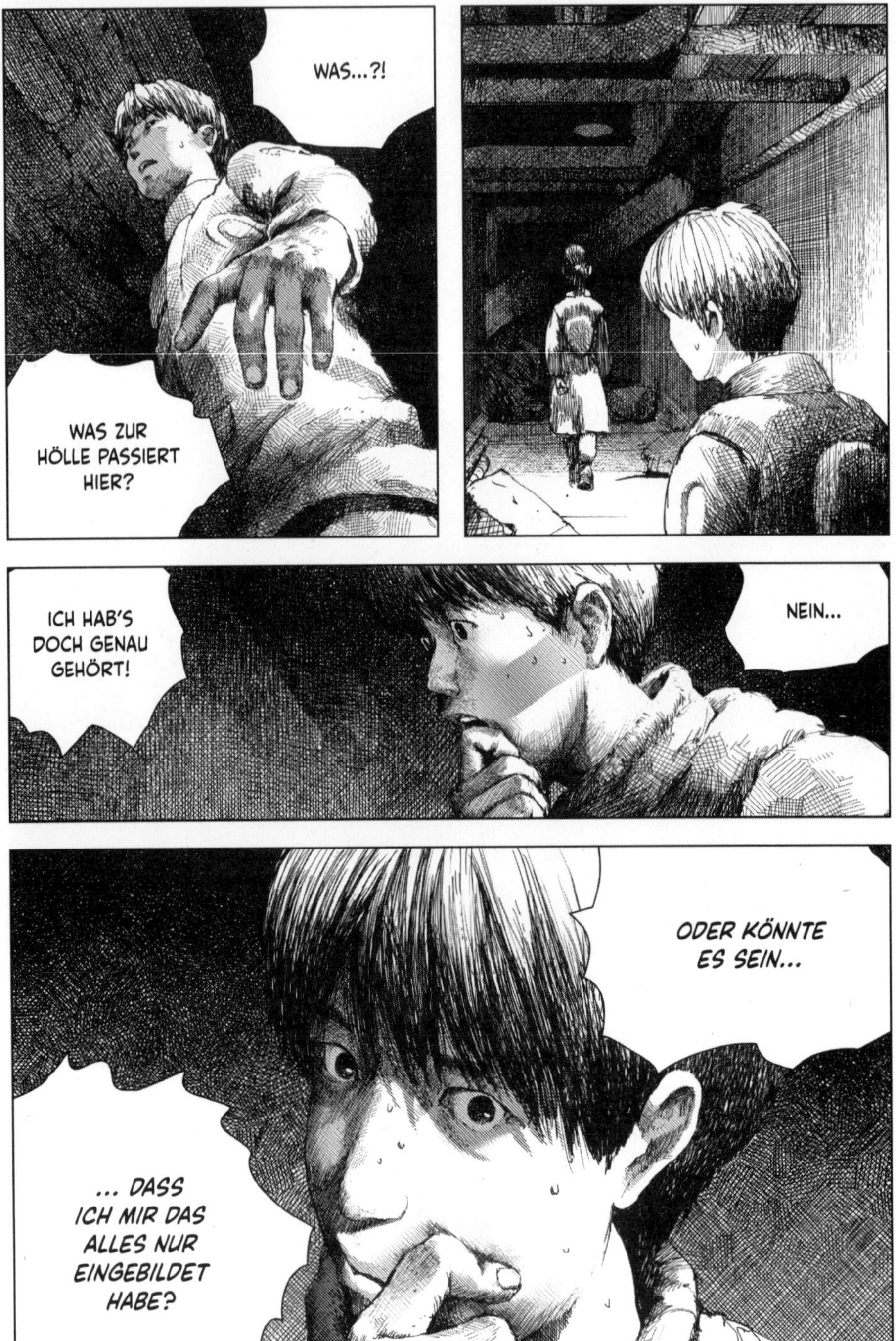
WAS...?!
WAS ZUR HÖLLE PASSIERT HIER?
NEIN...
ICH HAB'S DOCH GENAU GEHÖRT!
ODER KÖNNTE ES SEIN...
... DASS ICH MIR DAS ALLES NUR EINGEBILDET HABE?

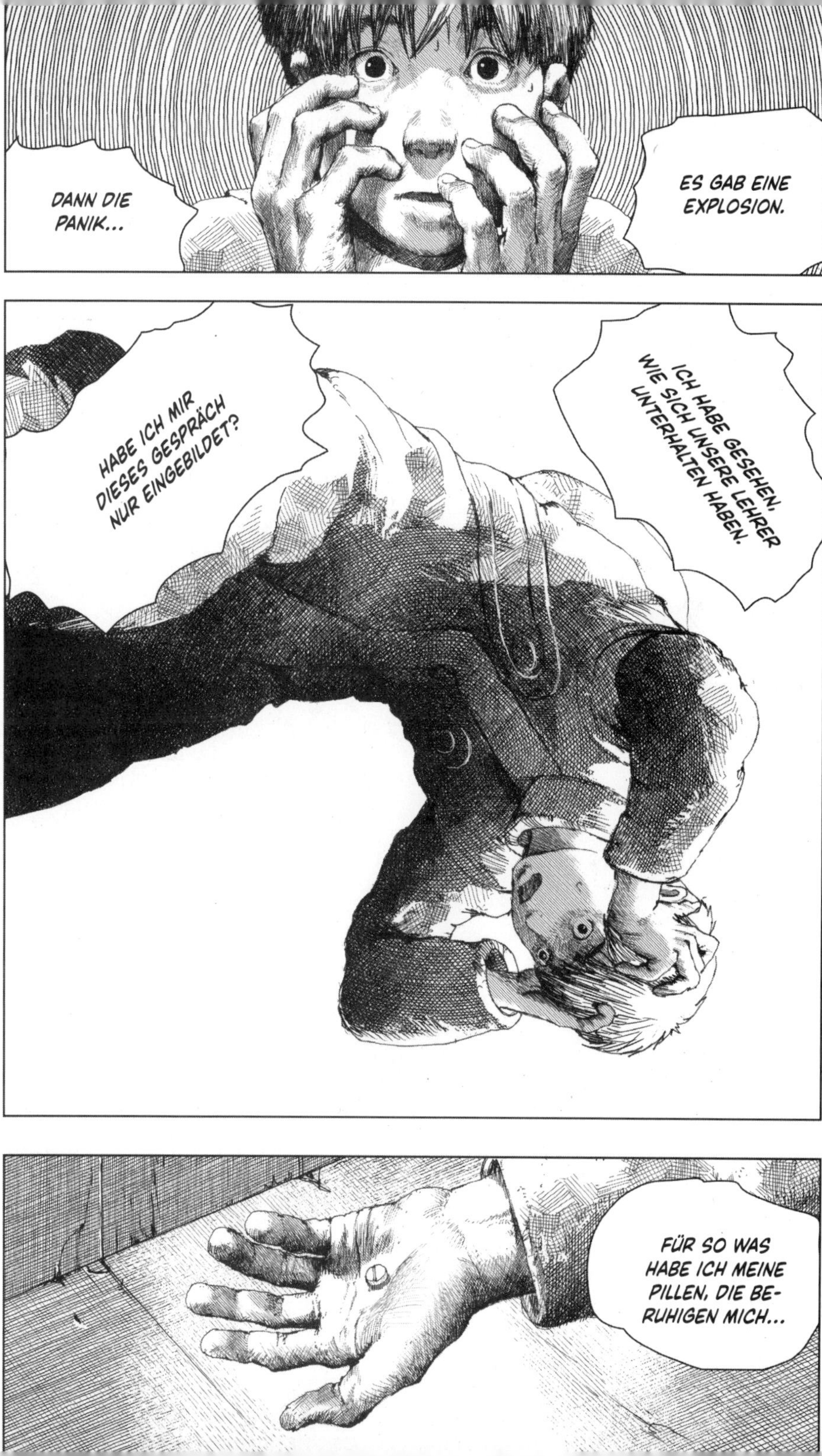
ES GAB EINE EXPLOSION.
DANN DIE PANIK...
ICH HABE GESEHEN, WIE SICH UNSERE LEHRER UNTERHALTEN HABEN.
HABE ICH MIR DIESES GESPRÄCH NUR EINGEBILDET?
FÜR SO WAS HABE ICH MEINE PILLEN, DIE BE-RUHIGEN MICH...

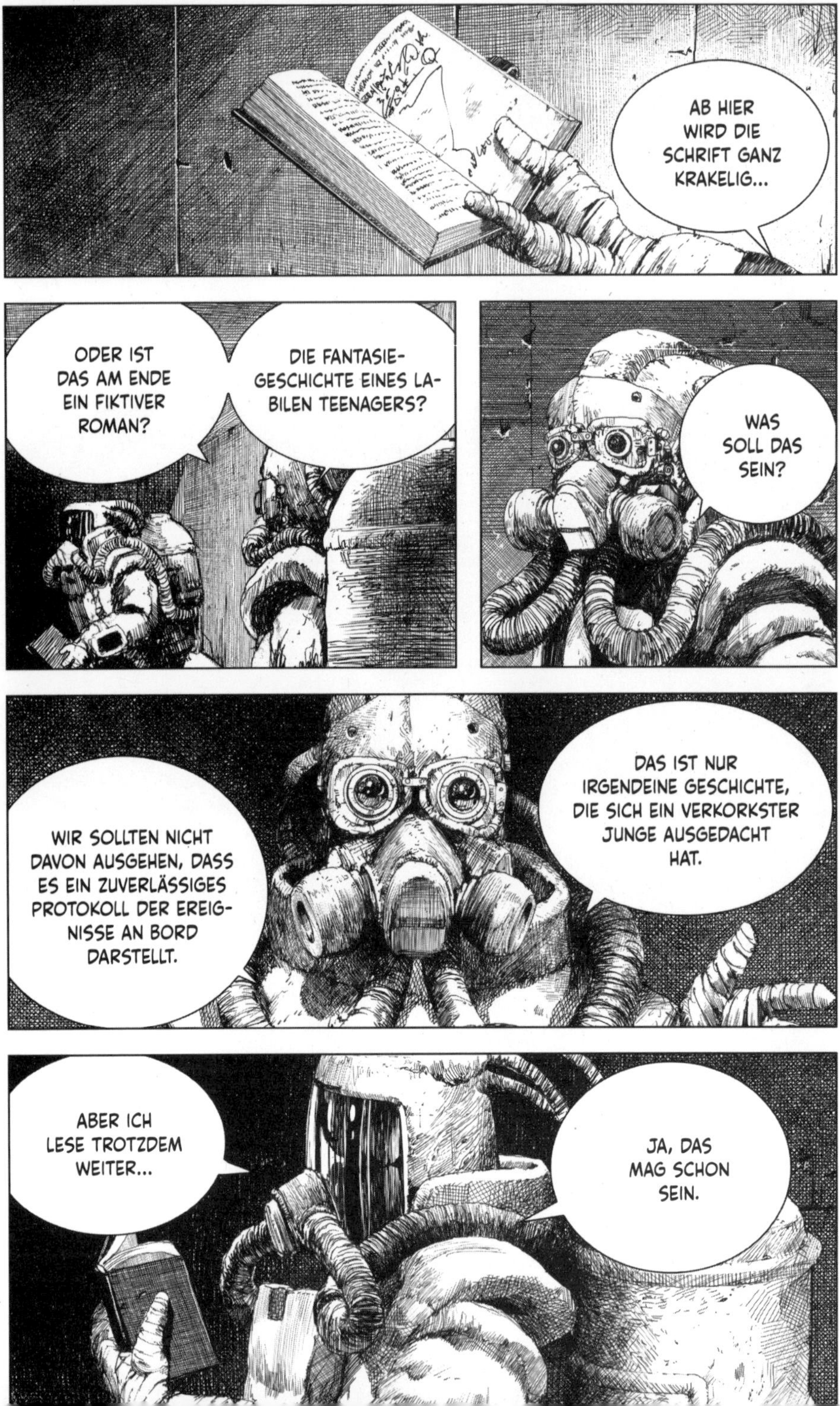
AB HIER WIRD DIE SCHRIFT GANZ KRAKELIG...
ODER IST DAS AM ENDE EIN FIKTIVER ROMAN?
DIE FANTASIE-GESCHICHTE EINES LA-BILEN TEENAGERS?
WAS SOLL DAS SEIN?
DAS IST NUR IRGENDEINE GESCHICHTE, DIE SICH EIN VERKORKSTER JUNGE AUSGEDACHT HAT.
WIR SOLLTEN NICHT DAVON AUSGEHEN, DASS ES EIN ZUVERLÄSSIGES PROTOKOLL DER EREIG-NISSE AN BORD DARSTELLT.
JA, DAS MAG SCHON SEIN.
ABER ICH LESE TROTZDEM WEITER...

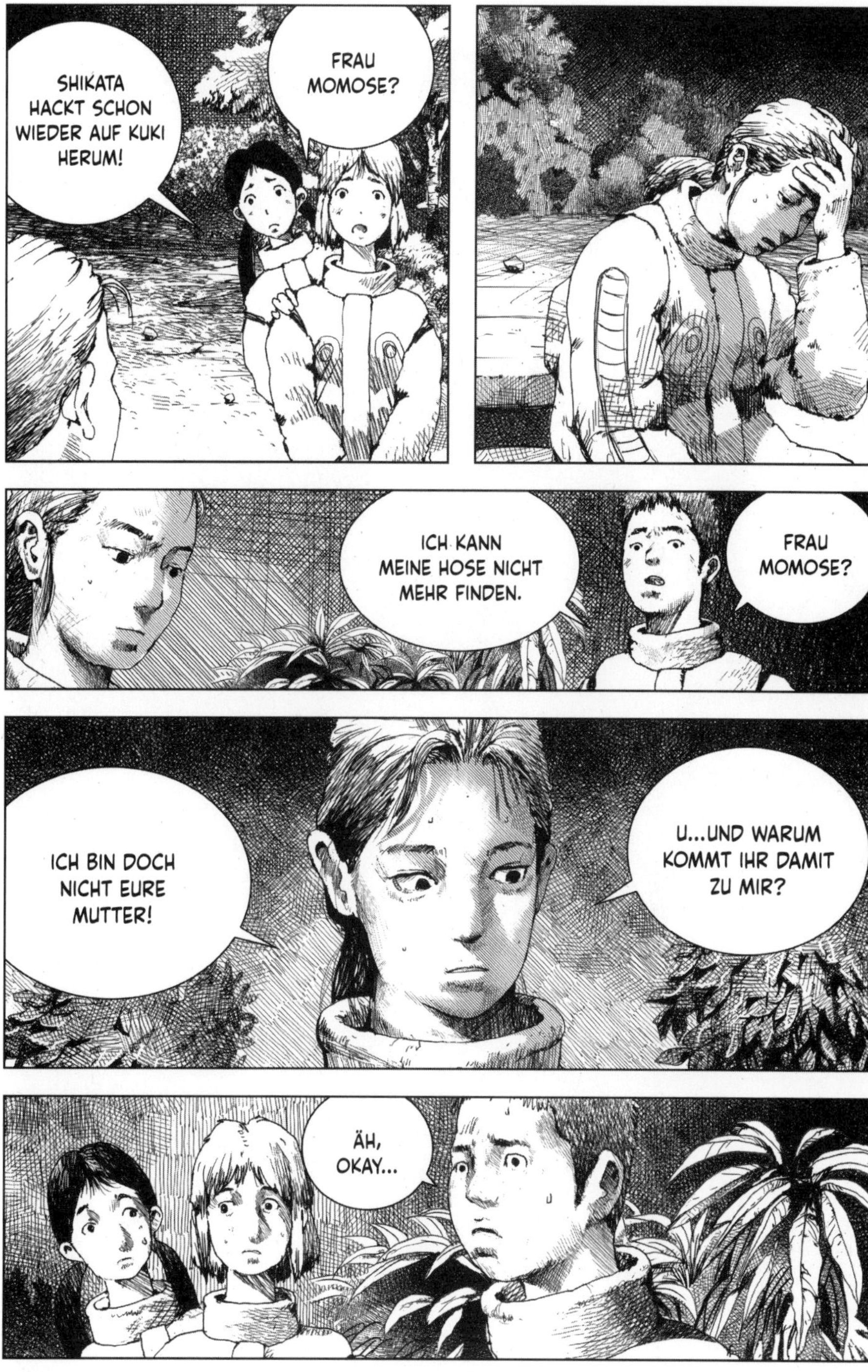
FRAU MOMOSE?
SHIKATA HACKT SCHON WIEDER AUF KUKI HERUM!
FRAU MOMOSE?
ICH KANN MEINE HOSE NICHT MEHR FINDEN.
U...UND WARUM KOMMT IHR DAMIT ZU MIR?
ICH BIN DOCH NICHT EURE MUTTER!
ÄH, OKAY...

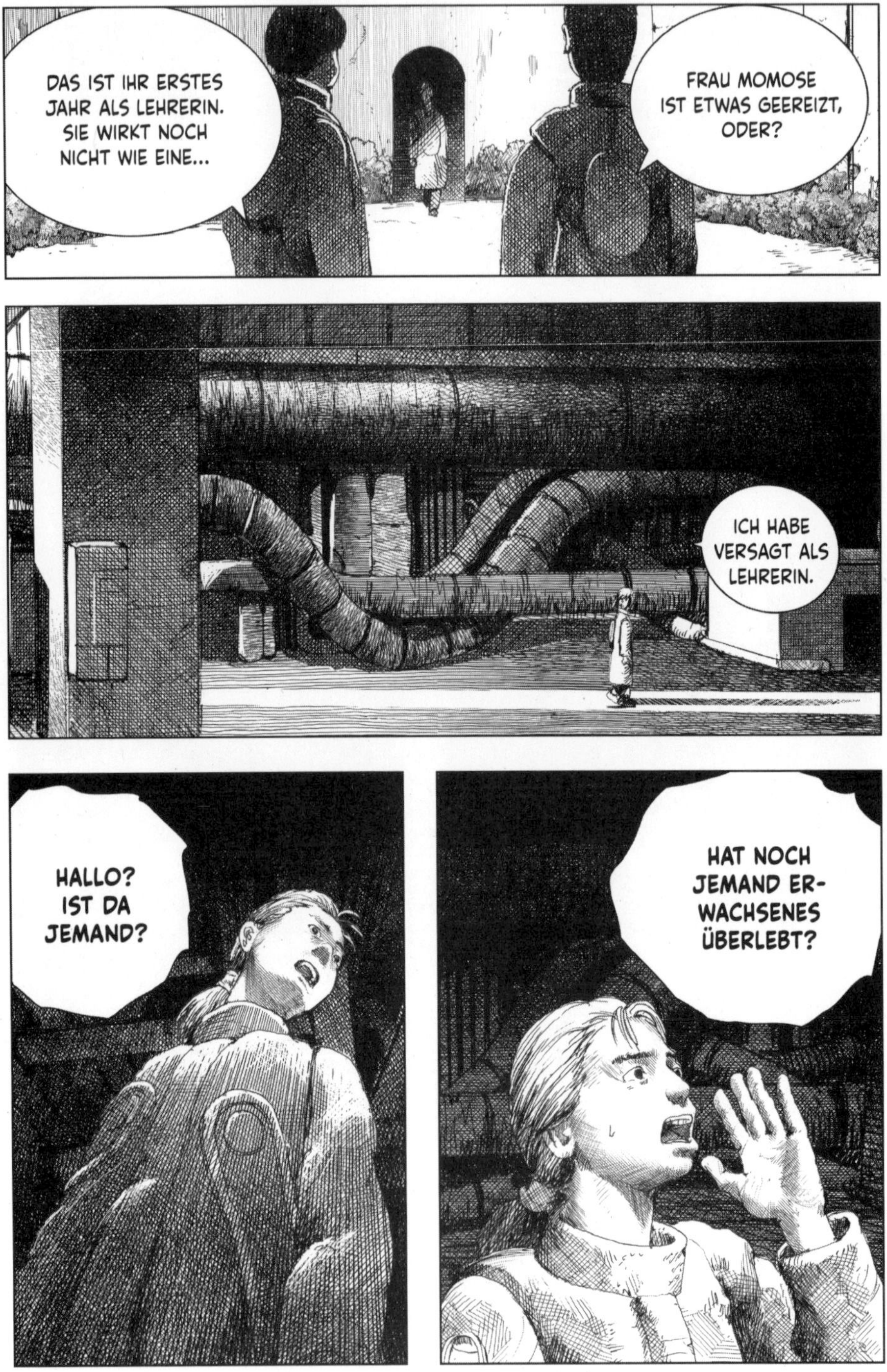
DAS IST IHR ERSTES JAHR ALS LEHRERIN. SIE WIRKT NOCH NICHT WIE EINE...
FRAU MOMOSE IST ETWAS GEEREIZT, ODER?
ICH HABE VERSAGT ALS LEHRERIN.
HALLO? IST DA JEMAND?
HAT NOCH JEMAND ER-WACHSENES ÜBERLEBT?

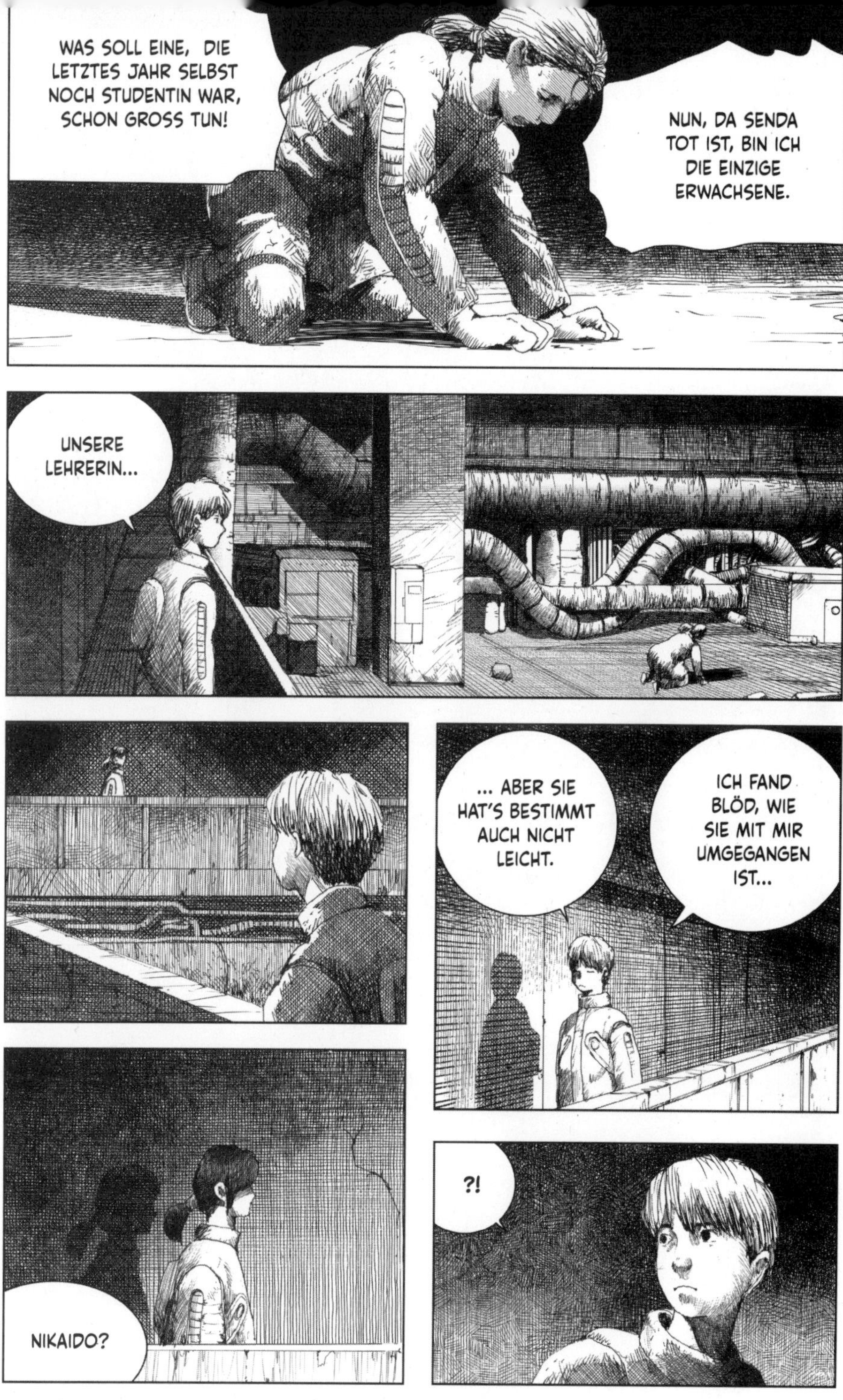
NUN, DA SENDA TOT IST, BIN ICH DIE EINZIGE ERWACHSENE.
WAS SOLL EINE, DIE LETZTES JAHR SELBST NOCH STUDENTIN WAR, SCHON GROSS TUN!
UNSERE LEHRERIN...
ICH FAND BLÖD, WIE SIE MIT MIR UMGEGANGEN IST...
... ABER SIE HAT'S BESTIMMT AUCH NICHT LEICHT.
?!
NIKAIDO?

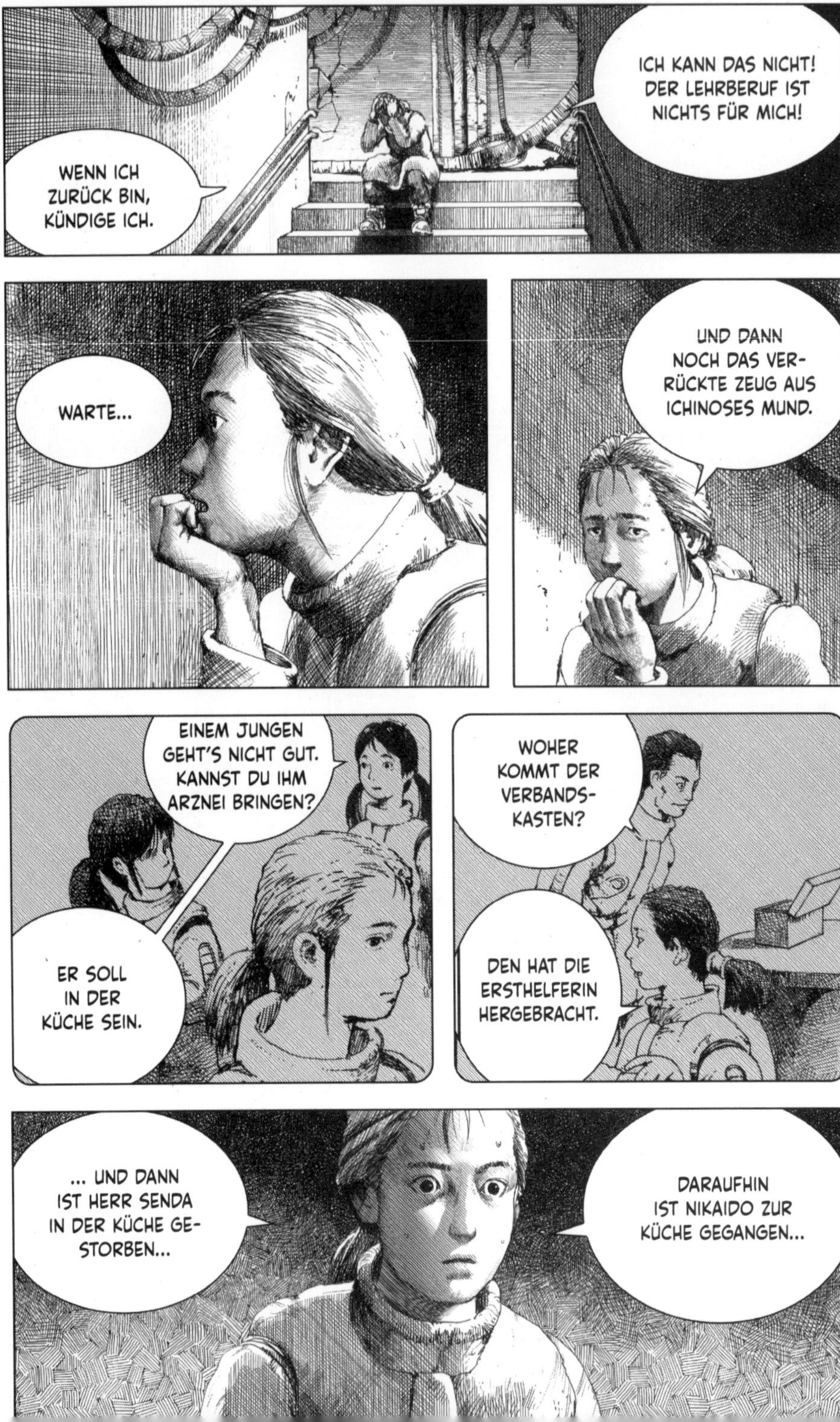
ICH KANN DAS NICHT! DER LEHRBERUF IST NICHTS FÜR MICH!
WENN ICH ZURÜCK BIN, KÜNDIGE ICH.
UND DANN NOCH DAS VER-RÜCKTE ZEUG AUS ICHINOSES MUND.
WARTE...
WOHER KOMMT DER VERBANDS-KASTEN?
DEN HAT DIE ERSTHELFERIN HERGEBRACHT.
EINEM JUNGEN GEHT'S NICHT GUT. KANNST DU IHM ARZNEI BRINGEN?
ER SOLL IN DER KÜCHE SEIN.
DARAUFHIN IST NIKAIDO ZUR KÜCHE GEGANGEN...
... UND DANN IST HERR SENDA IN DER KÜCHE GE-STORBEN...

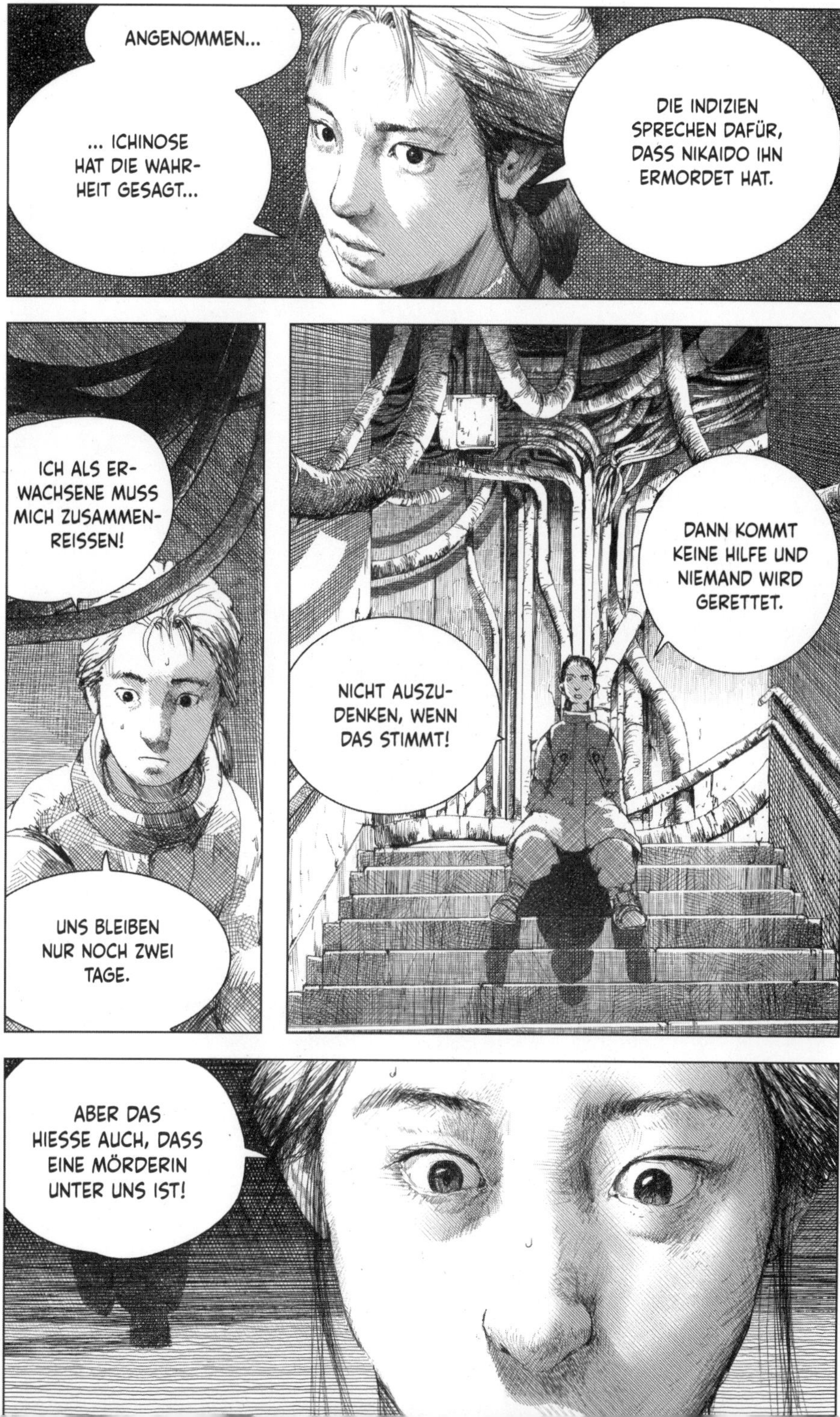
DIE INDIZIEN SPRECHEN DAFÜR, DASS NIKAIDO IHN ERMORDET HAT.
ANGENOMMEN...
... ICHINOSE HAT DIE WAHRHEIT GESAGT...
DANN KOMMT KEINE HILFE UND NIEMAND WIRD GERETTET.
NICHT AUSZUDENKEN, WENN DAS STIMMT!
ICH ALS ERWACHSENE MUSS MICH ZUSAMMENREISSEN!
UNS BLEIBEN NUR NOCH ZWEI TAGE.
ABER DAS HIESSE AUCH, DASS EINE MÖRDERIN UNTER UNS IST!

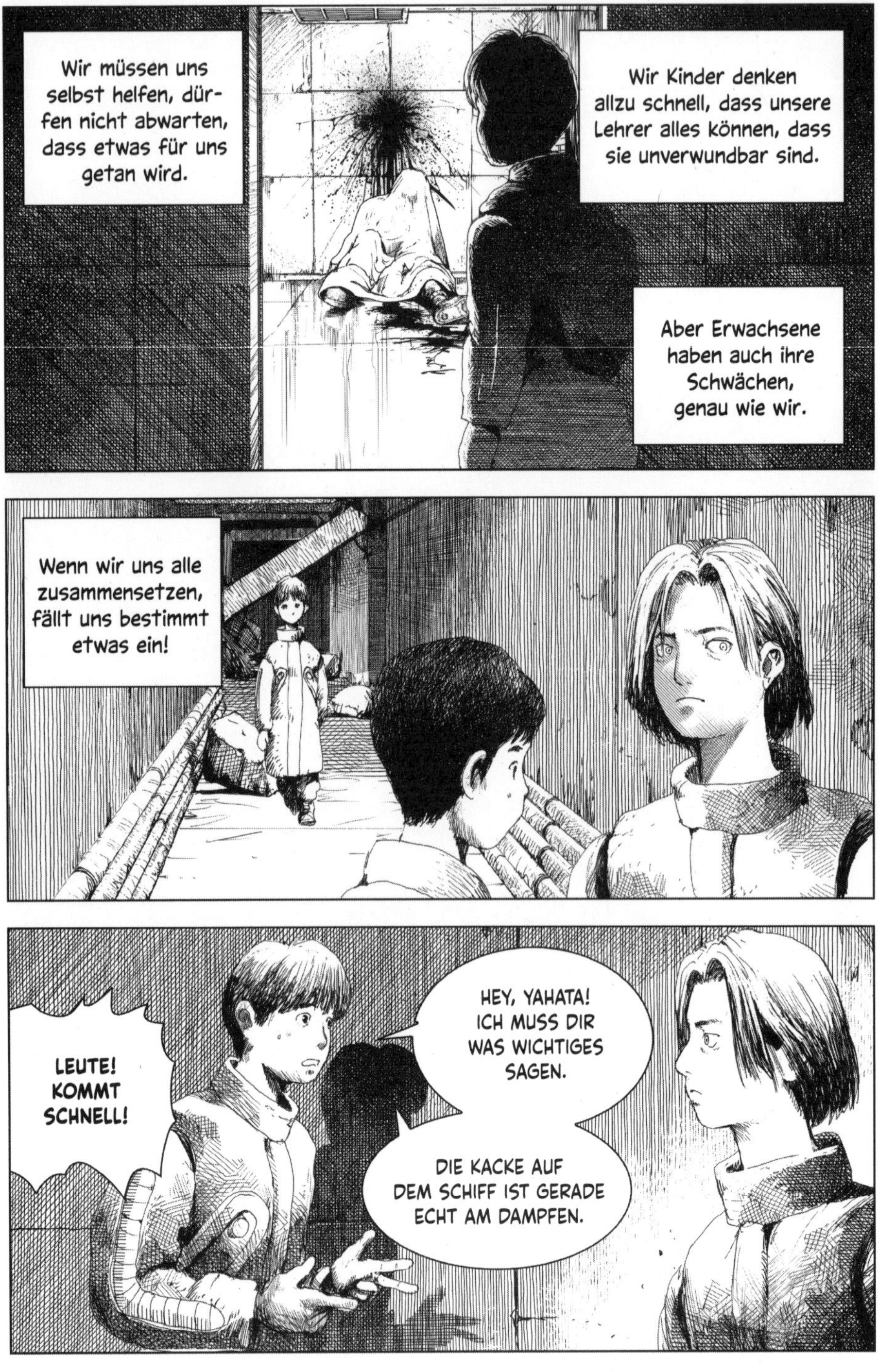
Wir müssen uns selbst helfen, dürfen nicht abwarten, dass etwas für uns getan wird.
Wir Kinder denken allzu schnell, dass unsere Lehrer alles können, dass sie unverwundbar sind.
Aber Erwachsene haben auch ihre Schwächen, genau wie wir.
Wenn wir uns alle zusammensetzen, fällt uns bestimmt etwas ein!
HEY, YAHATA! ICH MUSS DIR WAS WICHTIGES SAGEN.
DIE KACKE AUF DEM SCHIFF IST GERADE ECHT AM DAMPFEN.
LEUTE! KOMMT SCHNELL!

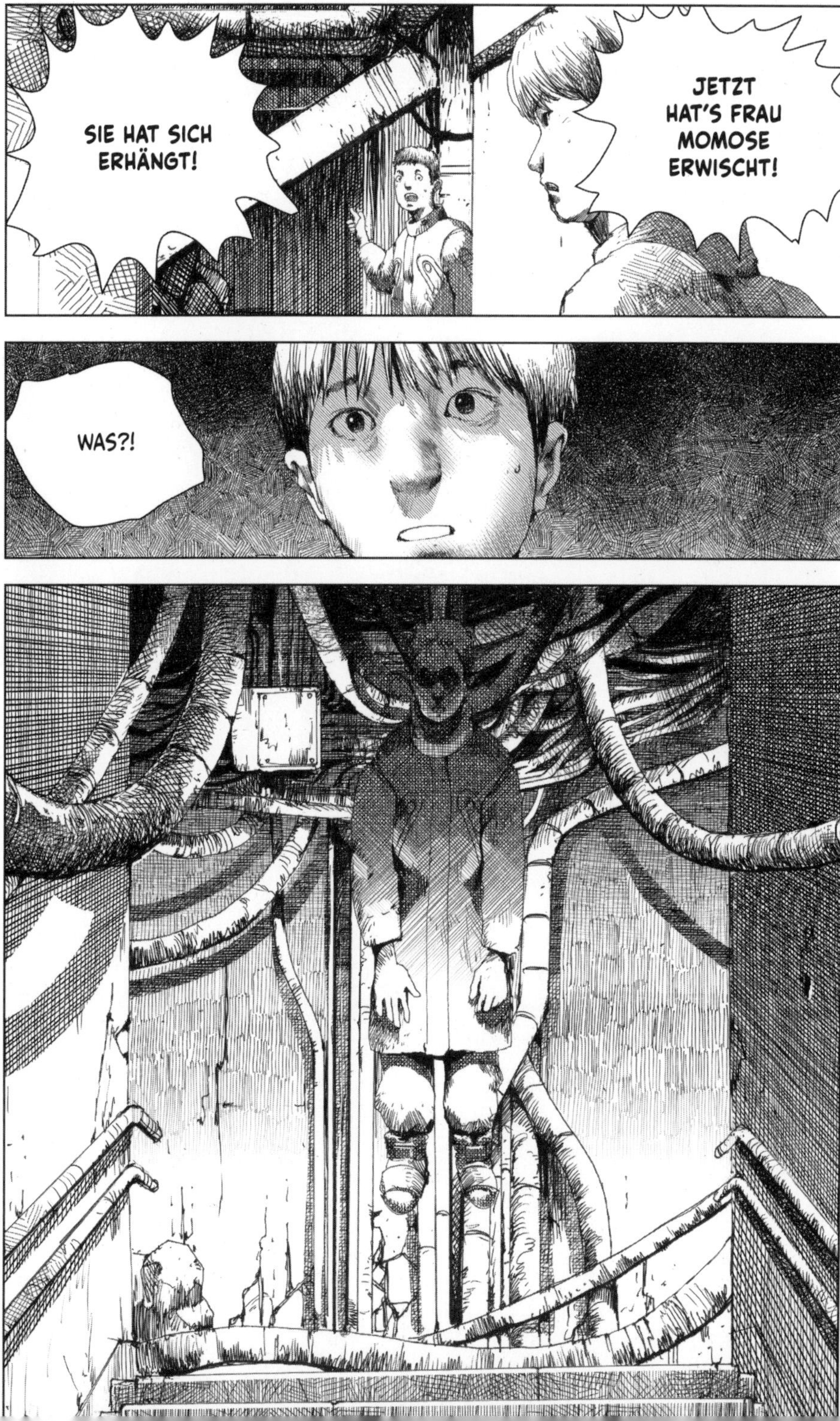
Jetzt hat's Frau Momose erwischt!
Sie hat sich erhängt!
Was?!

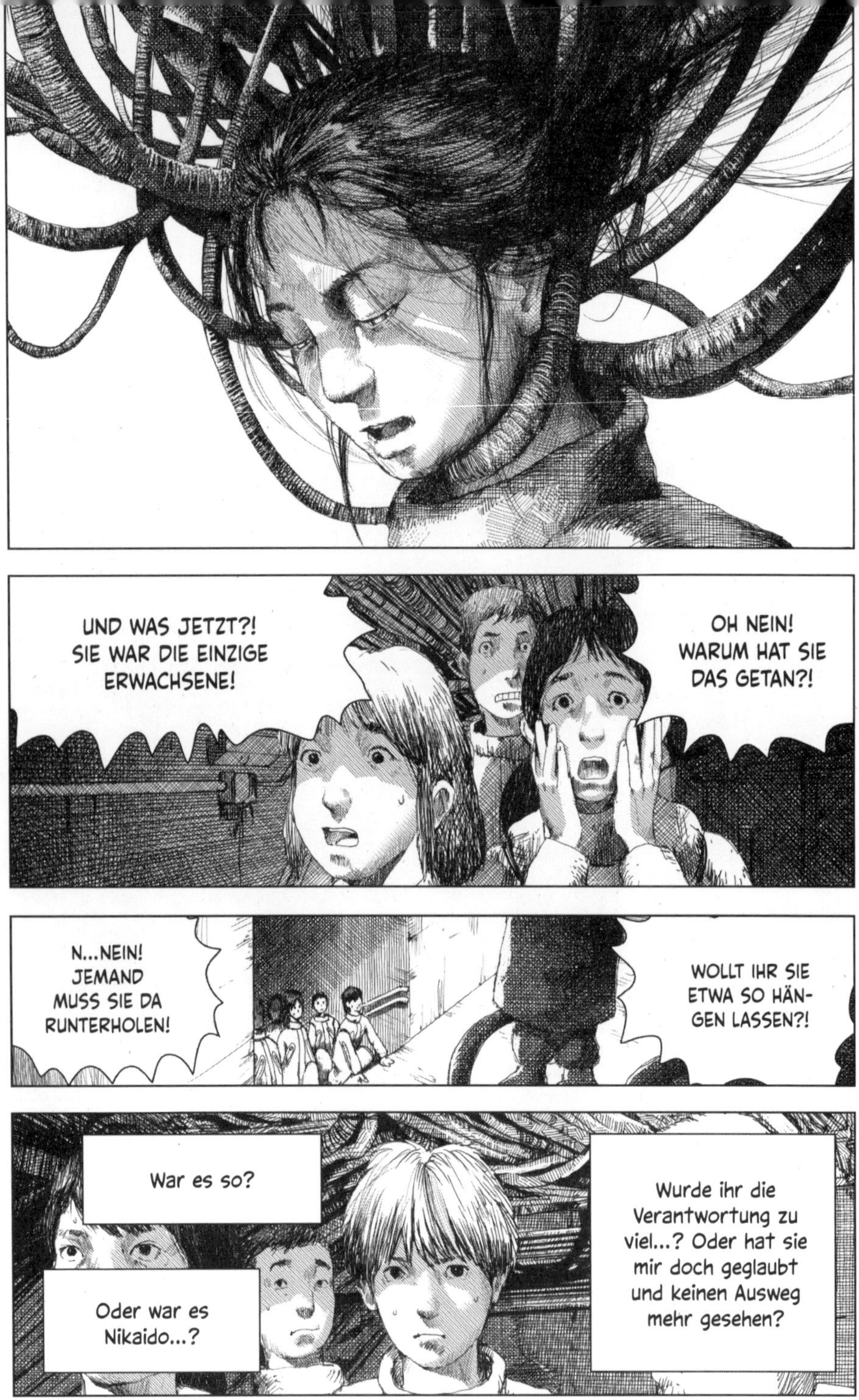
OH NEIN! WARUM HAT SIE DAS GETAN?!
UND WAS JETZT?! SIE WAR DIE EINZIGE ERWACHSENE!
WOLLT IHR SIE ETWA SO HÄN-GEN LASSEN?!
N...NEIN! JEMAND MUSS SIE DA RUNTERHOLEN!
Wurde ihr die Verantwortung zu viel...? Oder hat sie mir doch geglaubt und keinen Ausweg mehr gesehen?
War es so?
Oder war es Nikaido...?

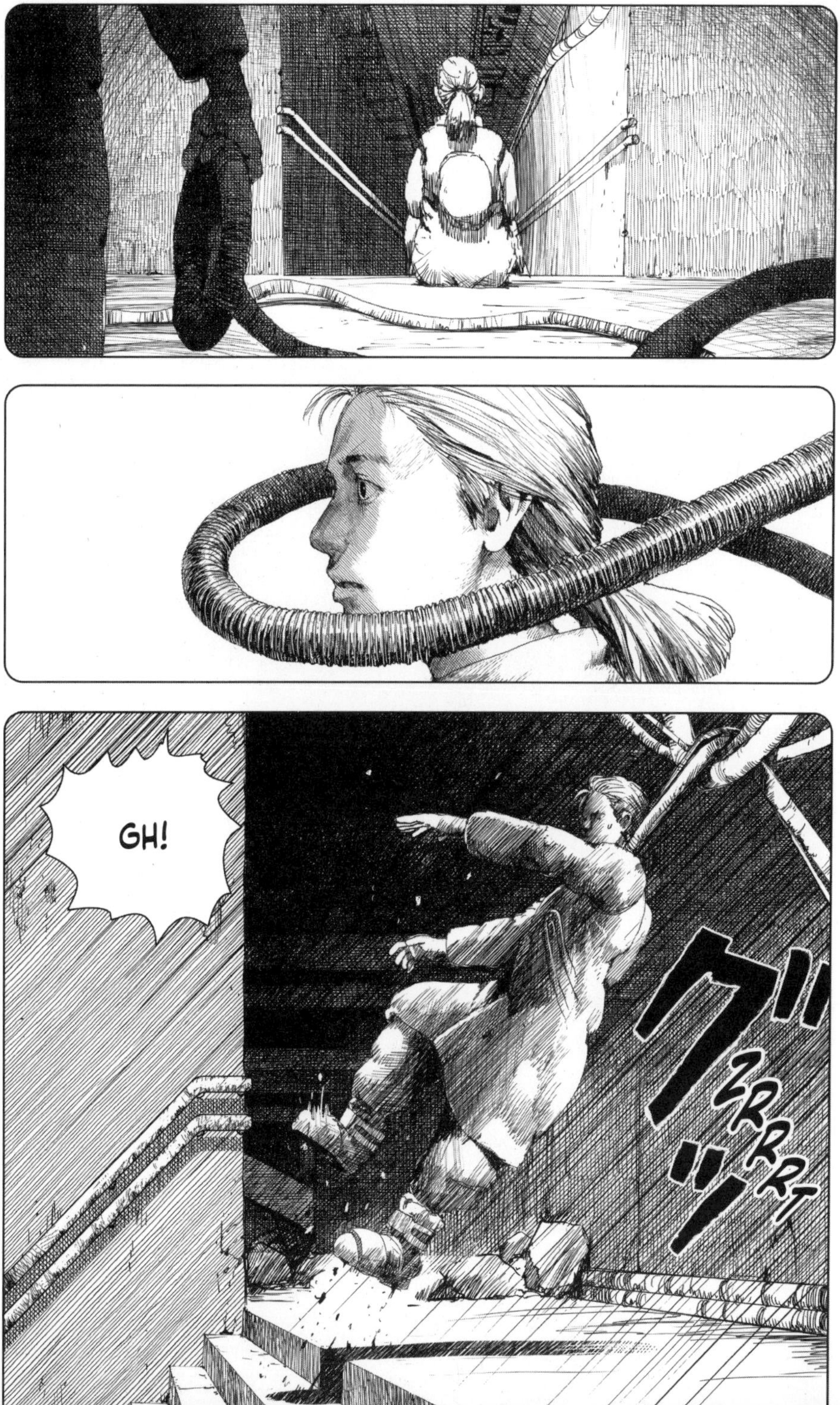
GH!
ZRRRT

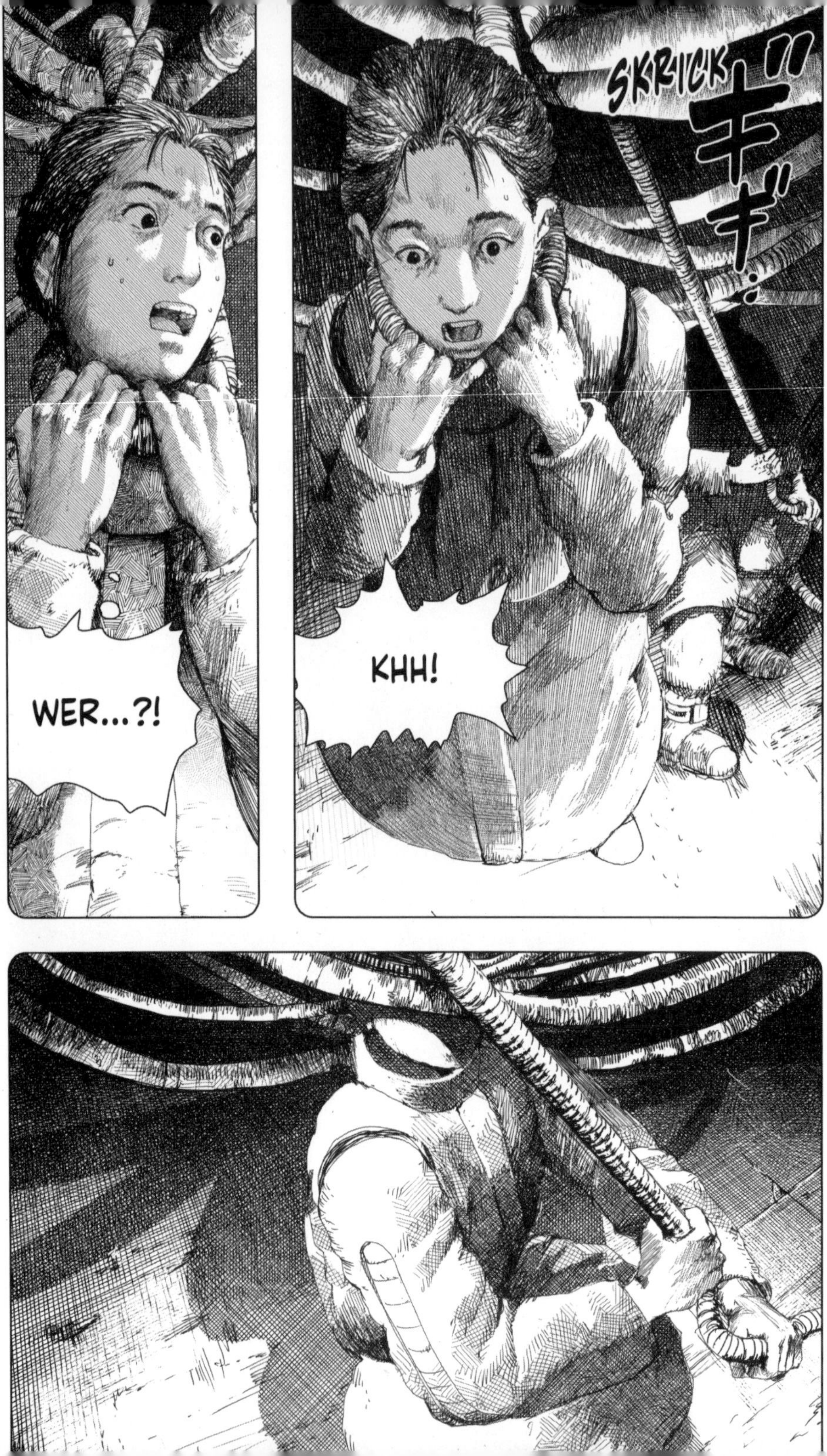
SKRICK
ギギ…
KHH!
WER…?!

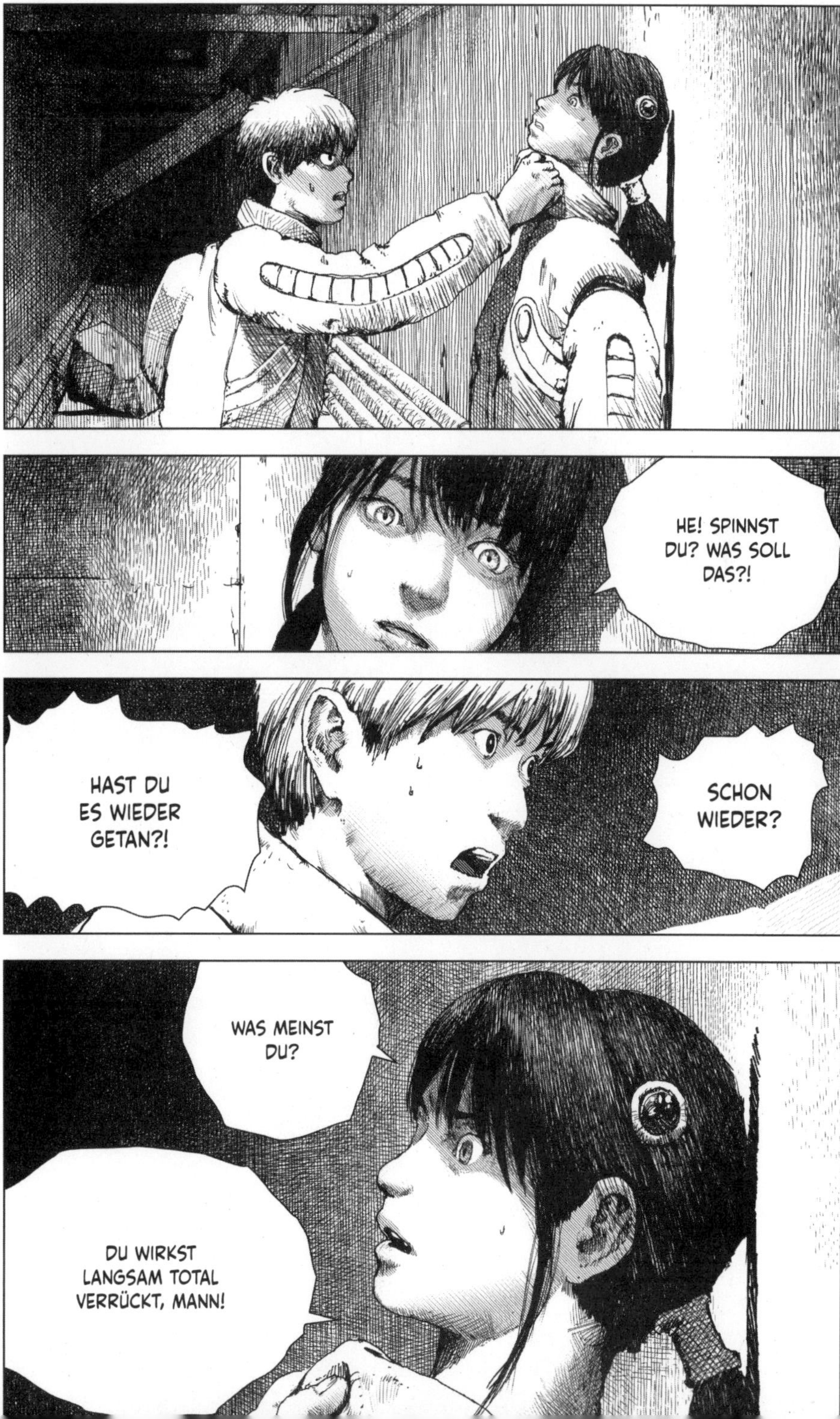
HE! SPINNST DU? WAS SOLL DAS?!
SCHON WIEDER?
HAST DU ES WIEDER GETAN?!
WAS MEINST DU?
DU WIRKST LANGSAM TOTAL VERRÜCKT, MANN!

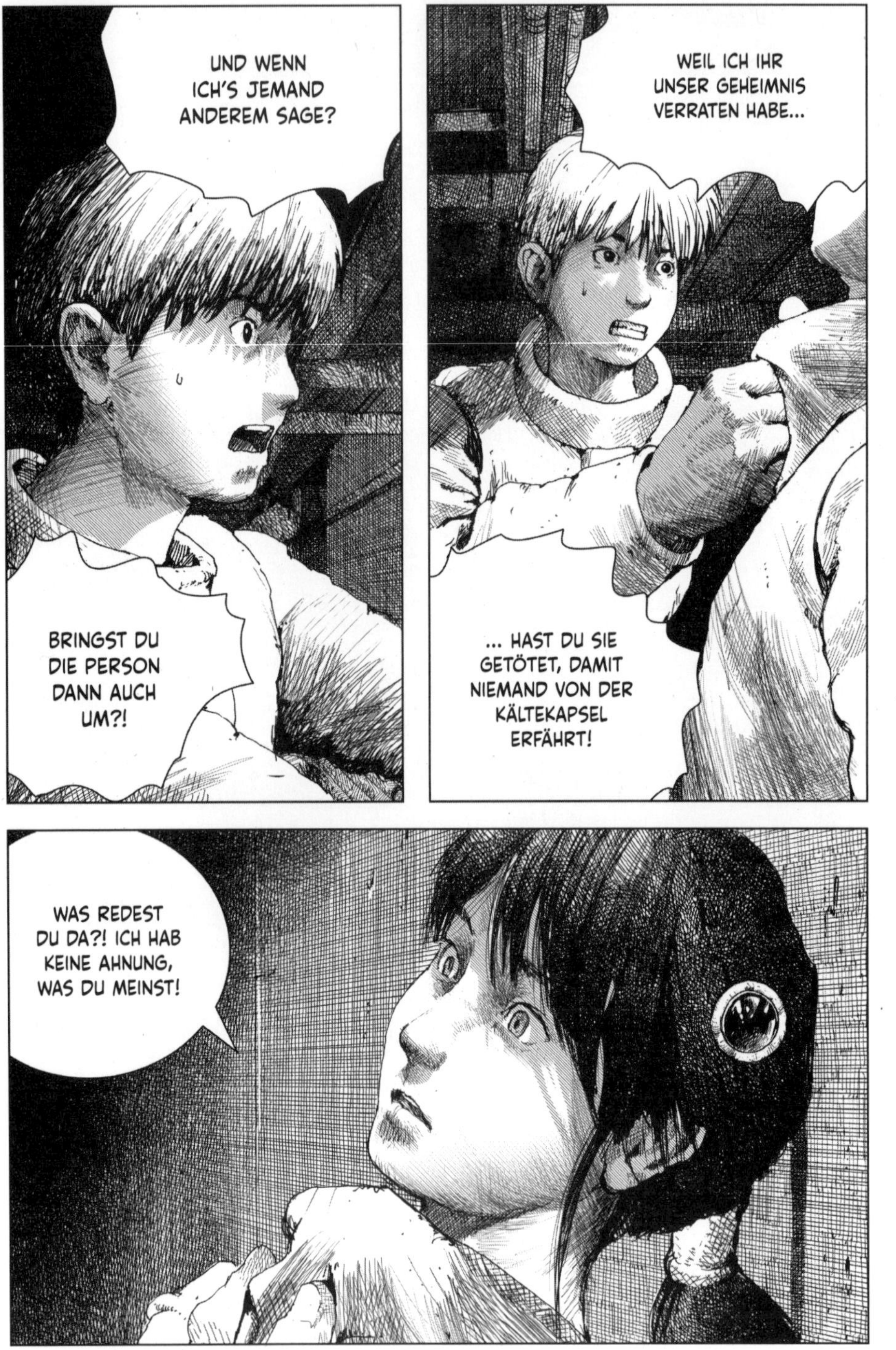
WEIL ICH IHR UNSER GEHEIMNIS VERRATEN HABE...
... HAST DU SIE GETÖTET, DAMIT NIEMAND VON DER KÄLTEKAPSEL ERFÄHRT!
UND WENN ICH'S JEMAND ANDEREM SAGE?
BRINGST DU DIE PERSON DANN AUCH UM?!
WAS REDEST DU DA?! ICH HAB KEINE AHNUNG, WAS DU MEINST!

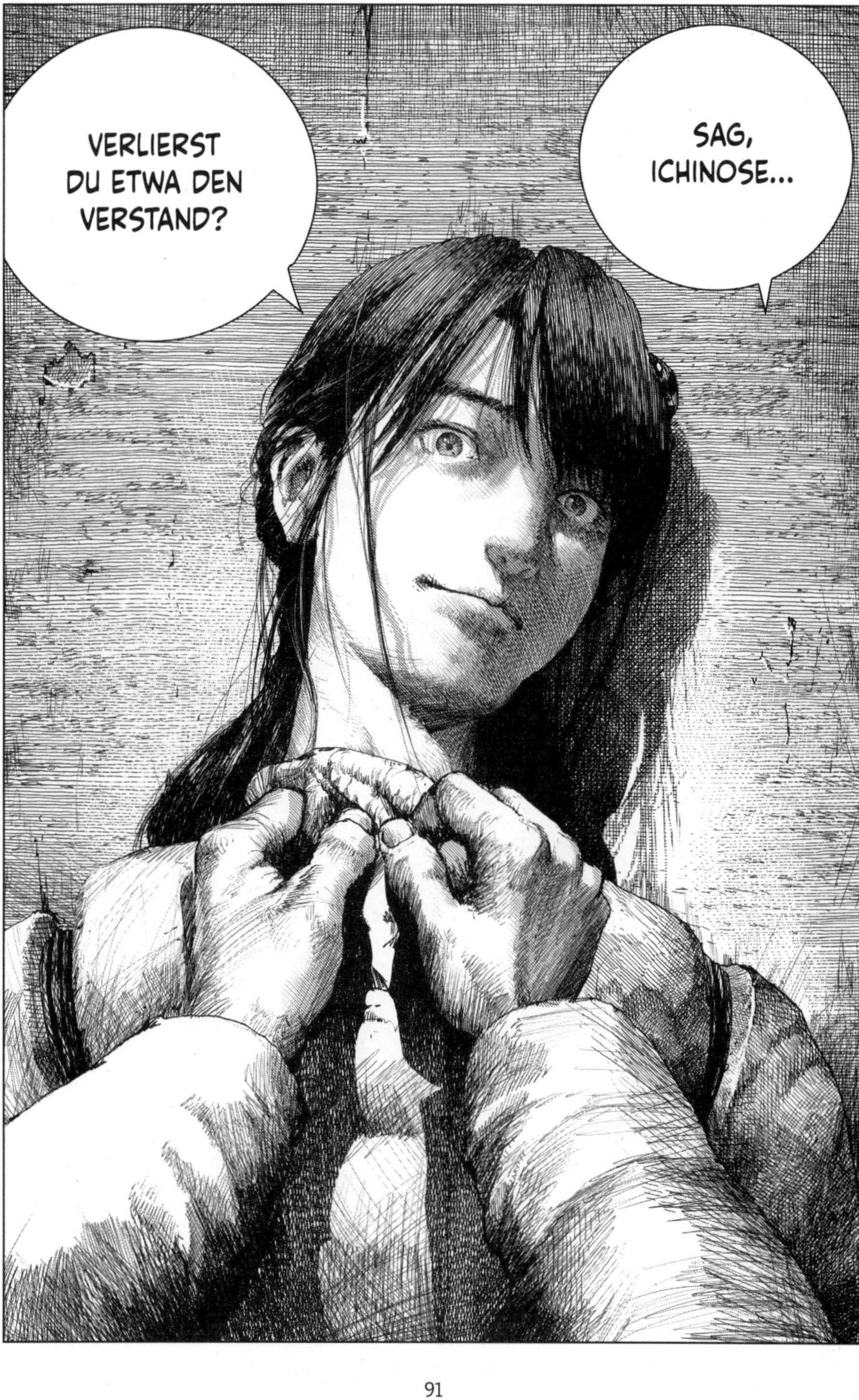
SAG, ICHINOSE...
VERLIERST DU ETWA DEN VERSTAND?

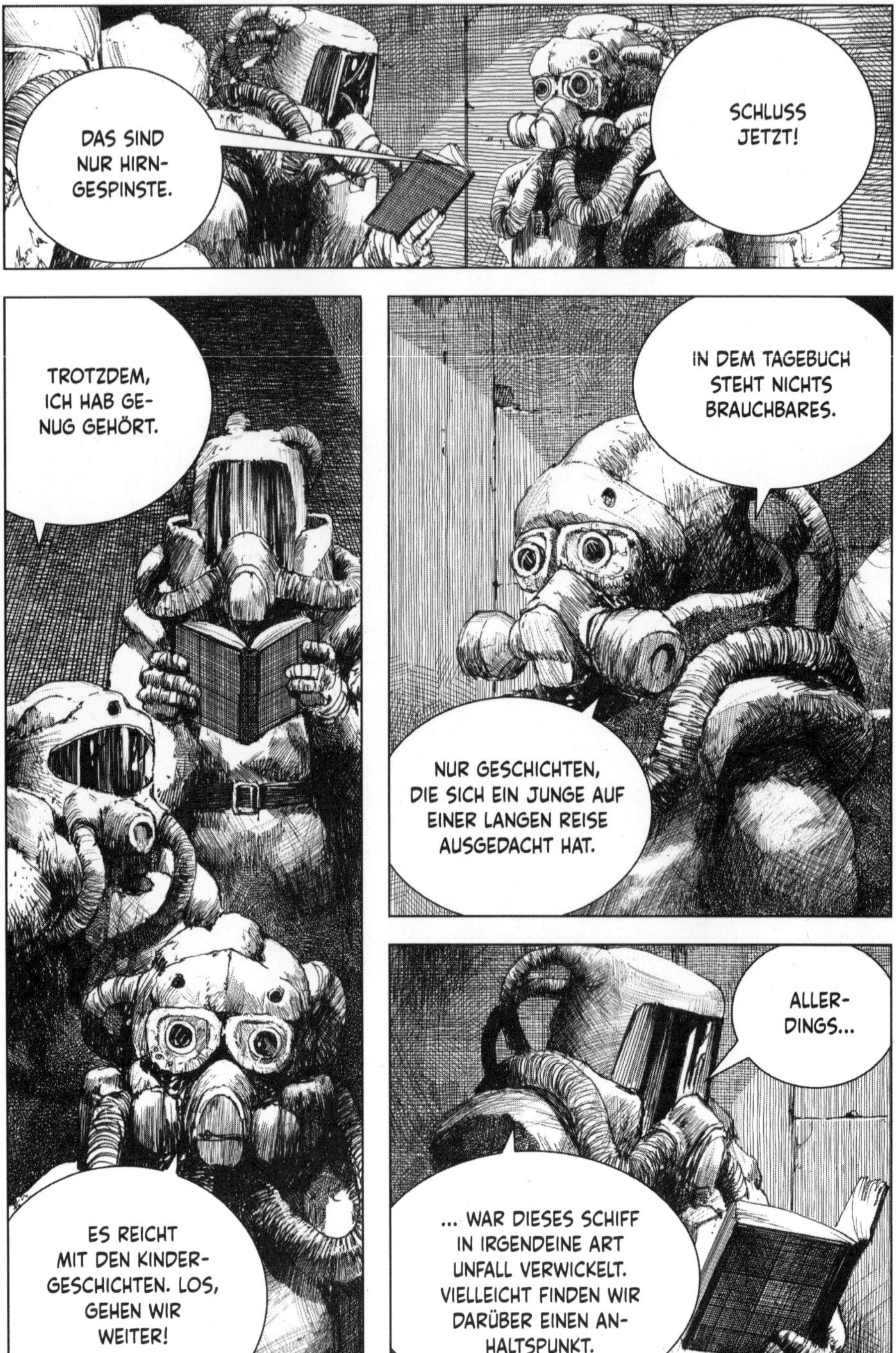
DAS SIND NUR HIRN-GESPINSTE.
SCHLUSS JETZT!
TROTZDEM, ICH HAB GE-NUG GEHÖRT.
IN DEM TAGEBUCH STEHT NICHTS BRAUCHBARES.
NUR GESCHICHTEN, DIE SICH EIN JUNGE AUF EINER LANGEN REISE AUSGEDACHT HAT.
ES REICHT MIT DEN KINDER-GESCHICHTEN. LOS, GEHEN WIR WEITER!
ALLER-DINGS...
... WAR DIESES SCHIFF IN IRGENDEINE ART UNFALL VERWICKELT. VIELLEICHT FINDEN WIR DARÜBER EINEN AN-HALTSPUNKT.

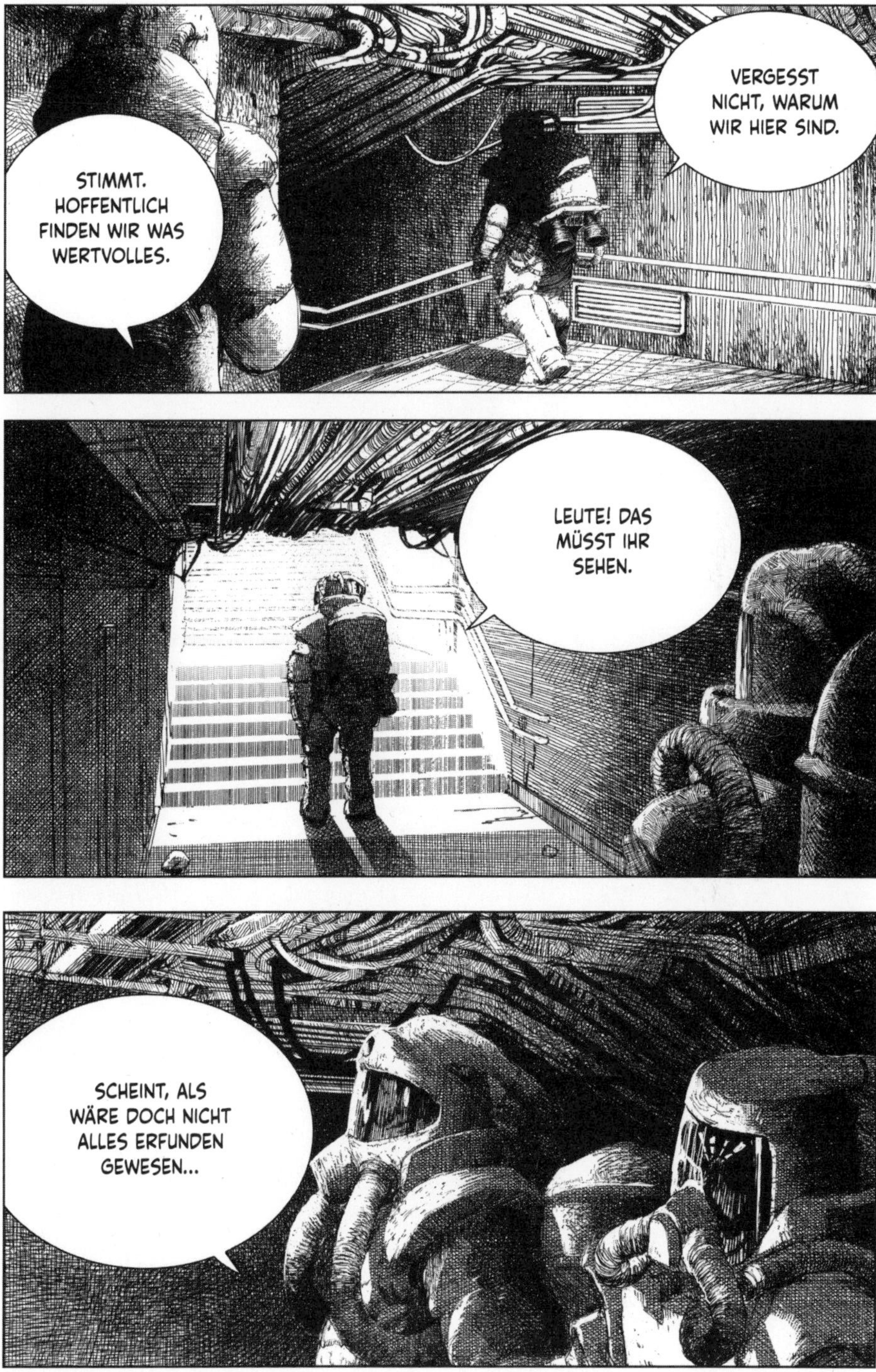
VERGESST NICHT, WARUM WIR HIER SIND.
STIMMT. HOFFENTLICH FINDEN WIR WAS WERTVOLLES.
LEUTE! DAS MÜSST IHR SEHEN.
SCHEINT, ALS WÄRE DOCH NICHT ALLES ERFUNDEN GEWESEN...

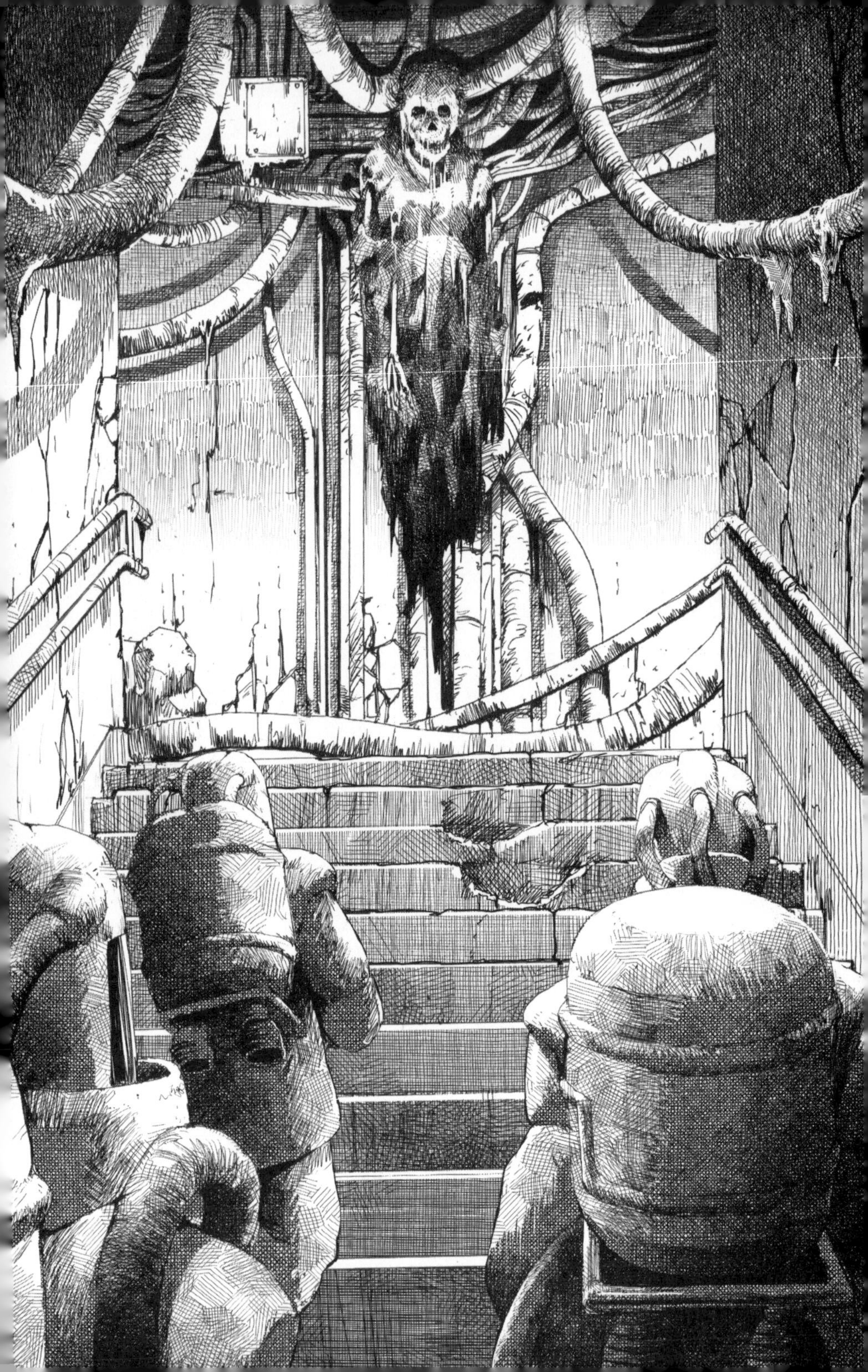

# LEVIATHAN

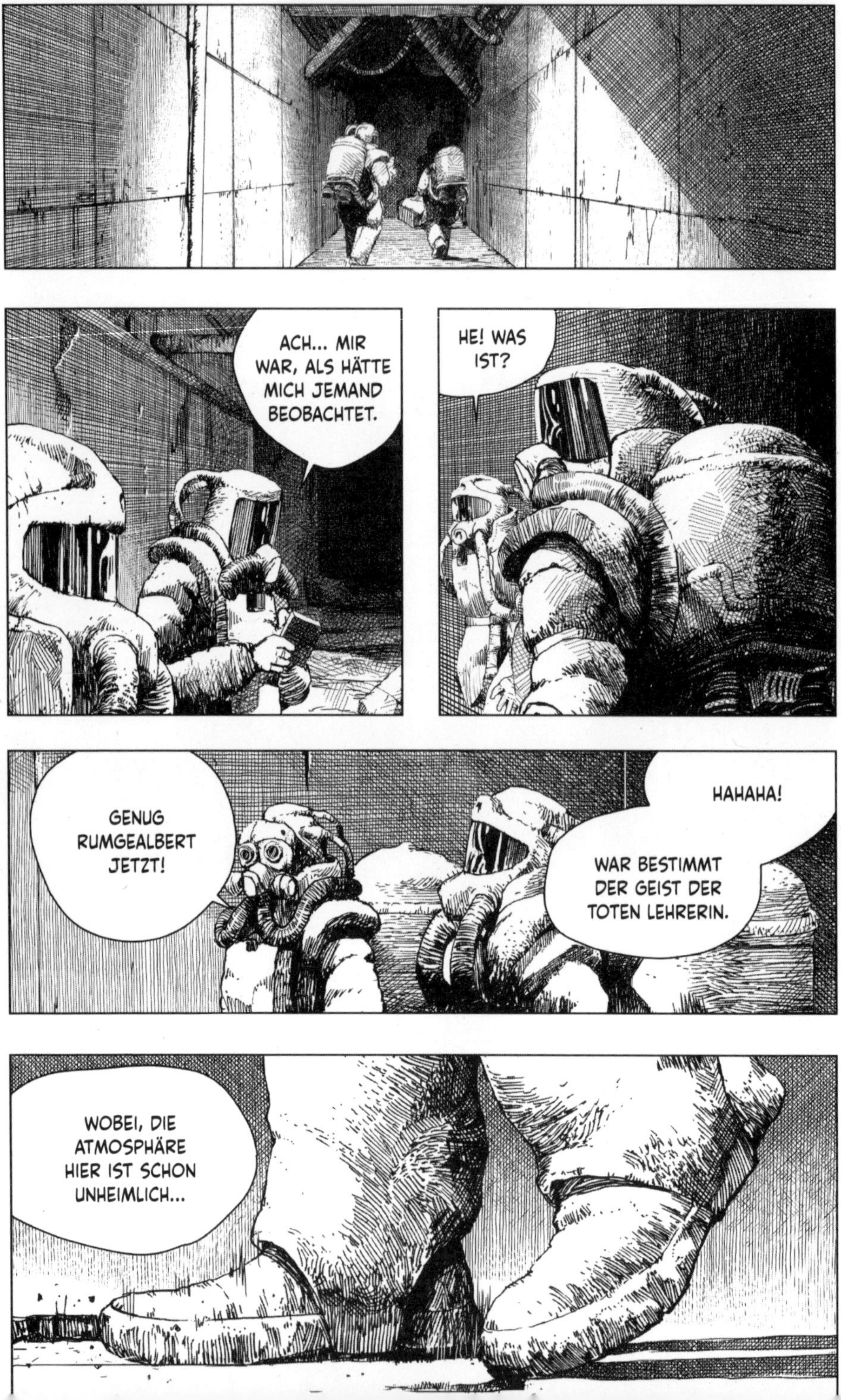
ACH... MIR WAR, ALS HÄTTE MICH JEMAND BEOBACHTET.
HE! WAS IST?
GENUG RUMGEALBERT JETZT!
HAHAHA!
WAR BESTIMMT DER GEIST DER TOTEN LEHRERIN.
WOBEI, DIE ATMOSPHÄRE HIER IST SCHON UNHEIMLICH...

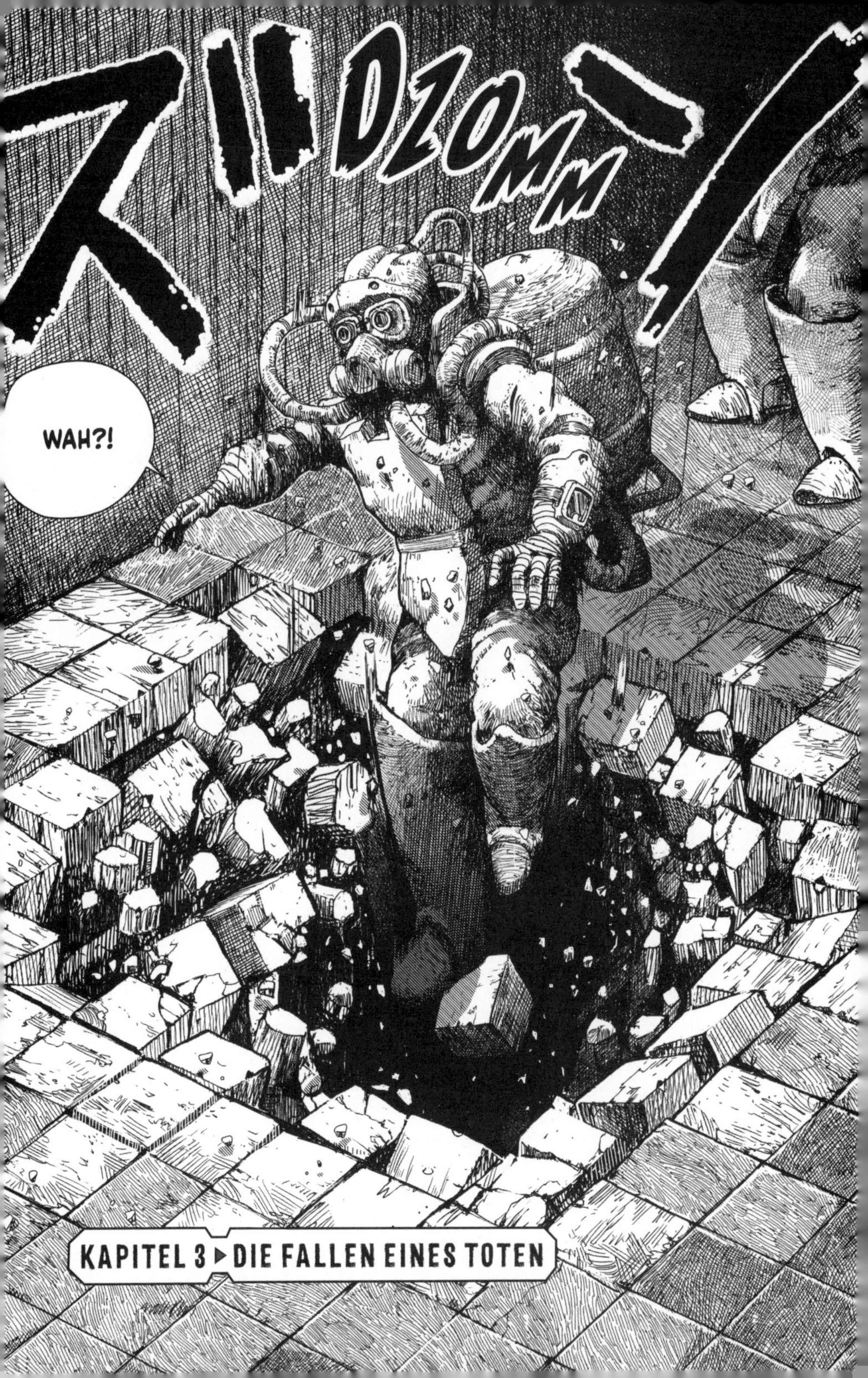
DZOMM
WAH?!
KAPITEL 3 ▶ DIE FALLEN EINES TOTEN

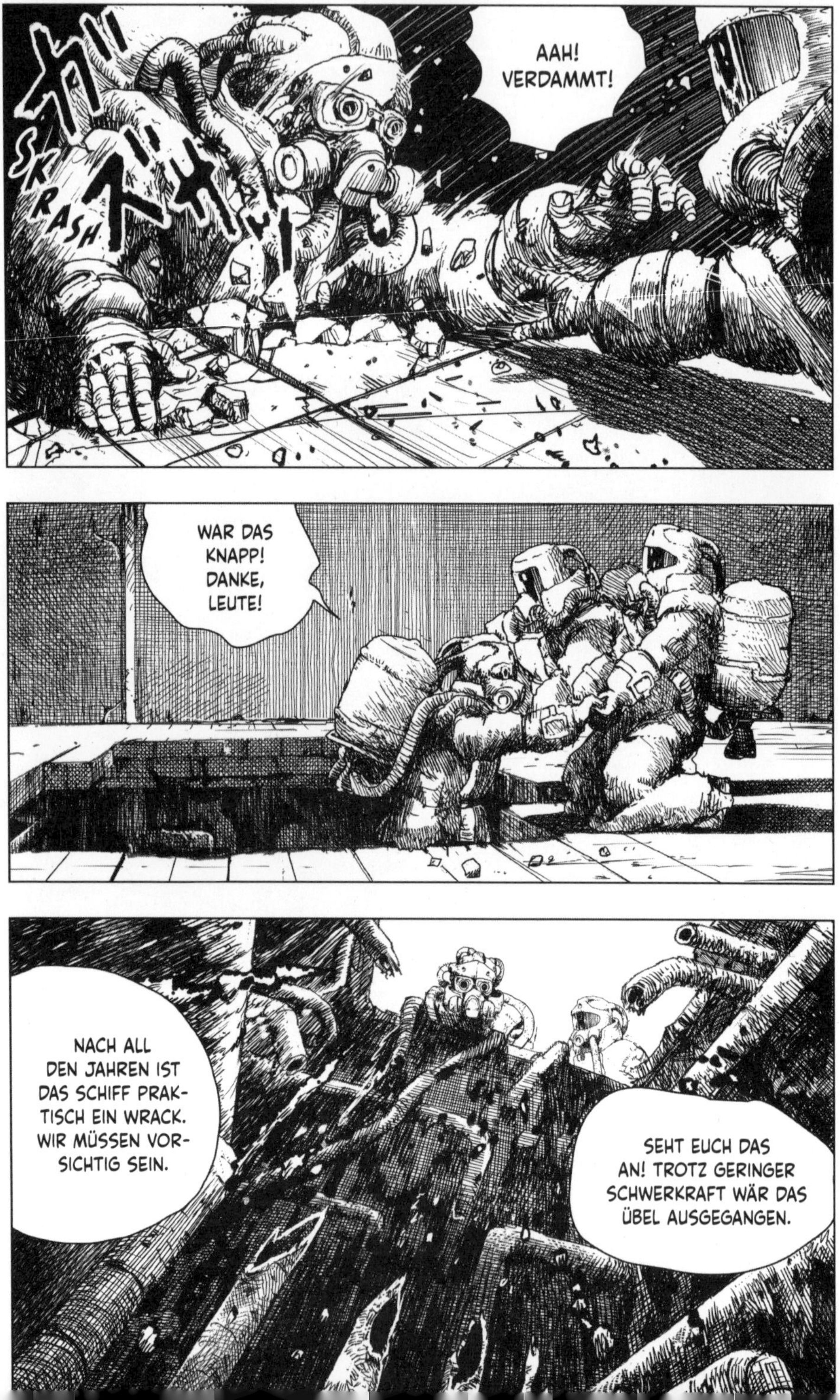
SKRASH
AAH! VERDAMMT!
WAR DAS KNAPP! DANKE, LEUTE!
NACH ALL DEN JAHREN IST DAS SCHIFF PRAKTISCH EIN WRACK. WIR MÜSSEN VORSICHTIG SEIN.
SEHT EUCH DAS AN! TROTZ GERINGER SCHWERKRAFT WÄR DAS ÜBEL AUSGEGANGEN.

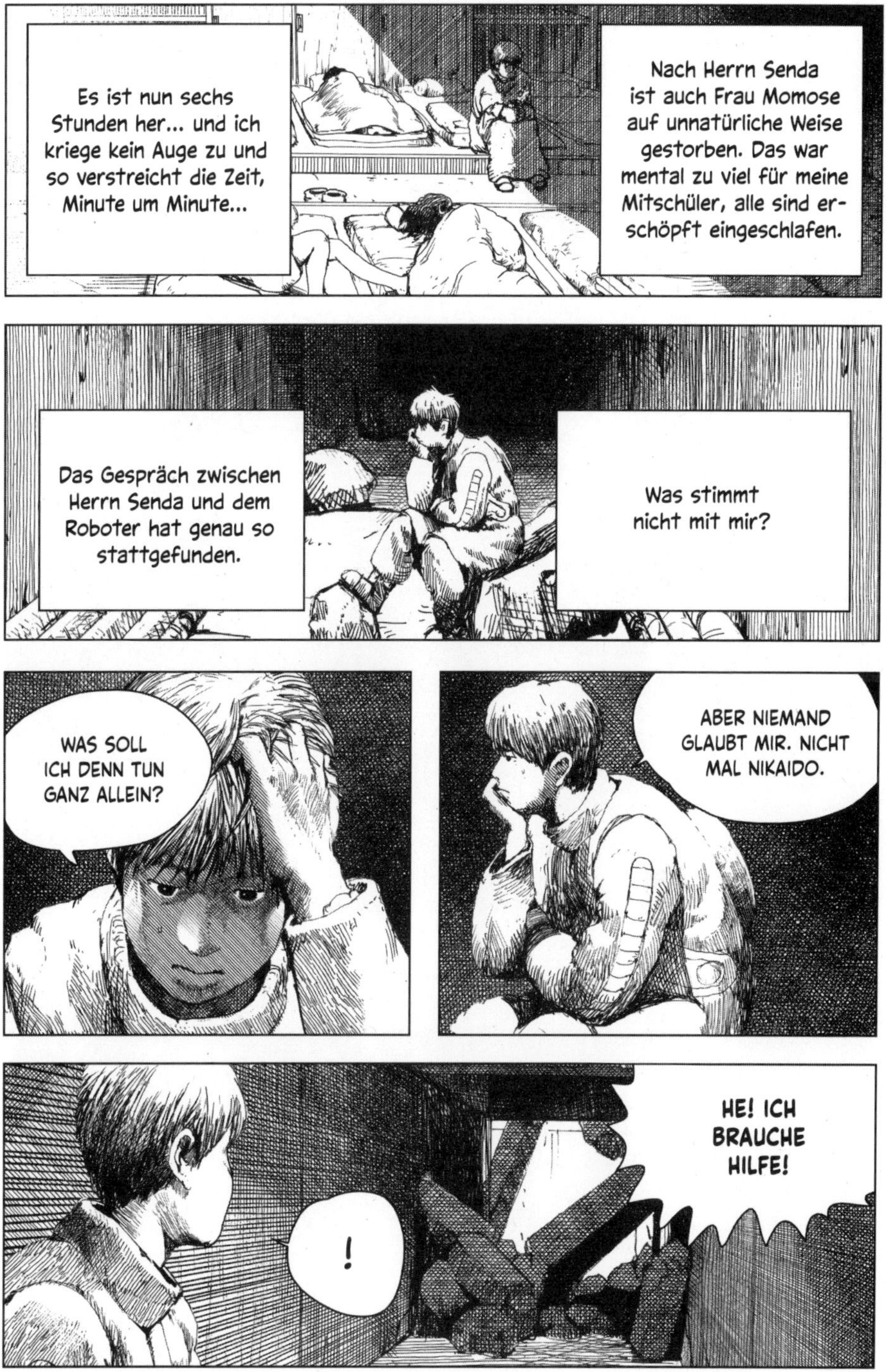
Es ist nun sechs Stunden her... und ich kriege kein Auge zu und so verstreicht die Zeit, Minute um Minute...
Nach Herrn Senda ist auch Frau Momose auf unnatürliche Weise gestorben. Das war mental zu viel für meine Mitschüler, alle sind erschöpft eingeschlafen.
Das Gespräch zwischen Herrn Senda und dem Roboter hat genau so stattgefunden.
Was stimmt nicht mit mir?
ABER NIEMAND GLAUBT MIR. NICHT MAL NIKAIDO.
WAS SOLL ICH DENN TUN GANZ ALLEIN?
HE! ICH BRAUCHE HILFE!
!

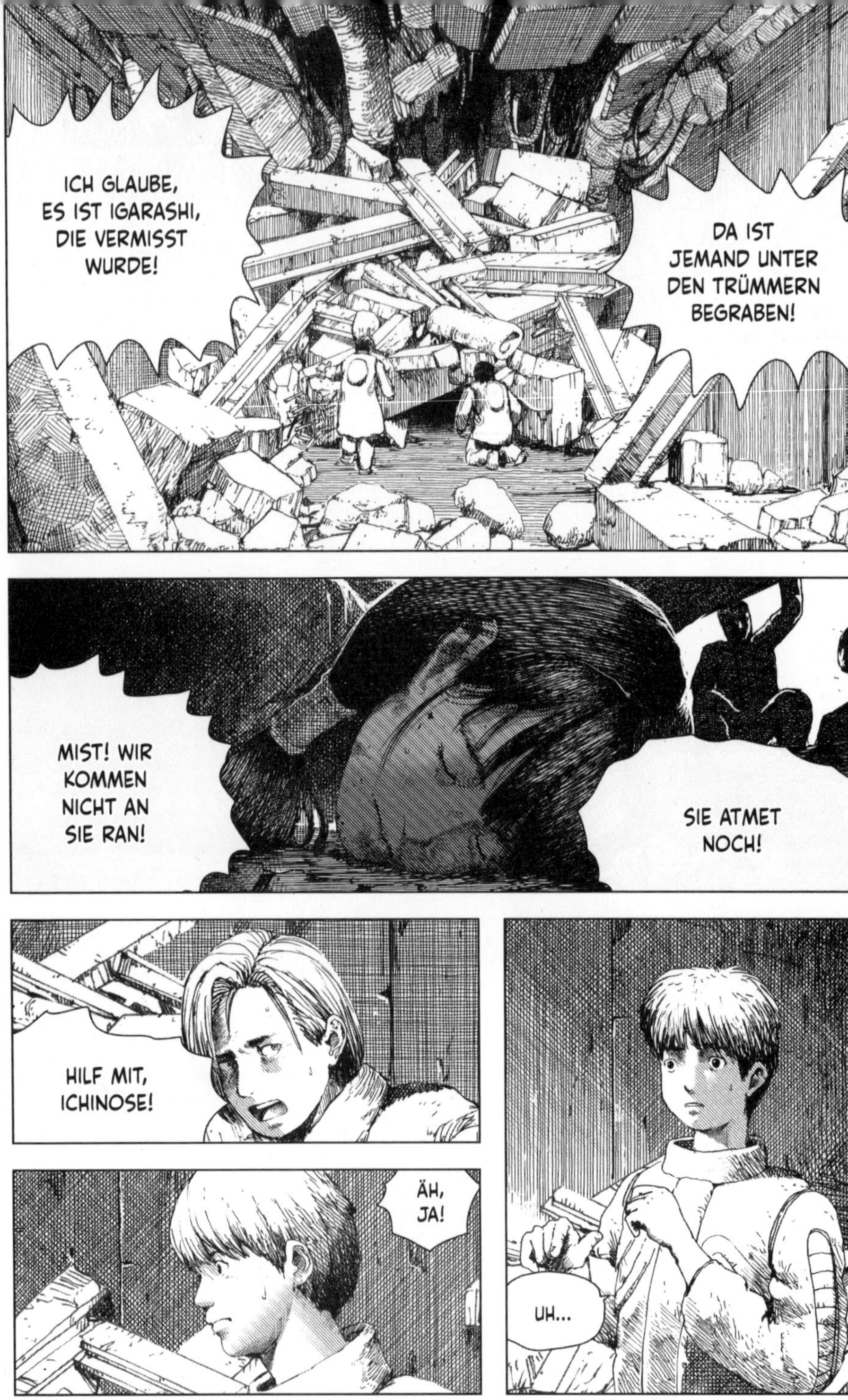
DA IST JEMAND UNTER DEN TRÜMMERN BEGRABEN!
ICH GLAUBE, ES IST IGARASHI, DIE VERMISST WURDE!
SIE ATMET NOCH!
MIST! WIR KOMMEN NICHT AN SIE RAN!
HILF MIT, ICHINOSE!
ÄH, JA!
UH...

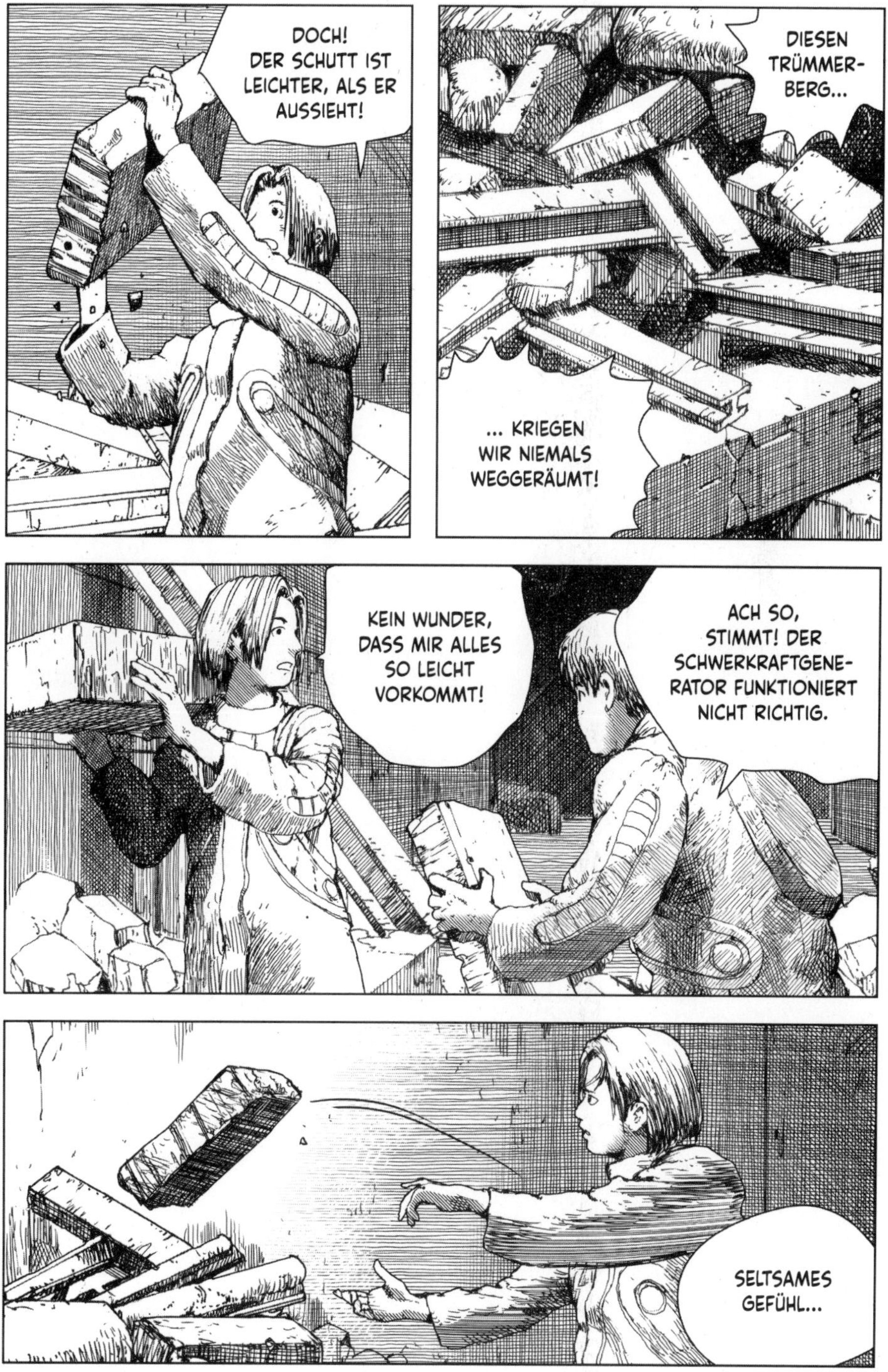
DOCH! DER SCHUTT IST LEICHTER, ALS ER AUSSIEHT!
DIESEN TRÜMMER-BERG...
... KRIEGEN WIR NIEMALS WEGGERÄUMT!
KEIN WUNDER, DASS MIR ALLES SO LEICHT VORKOMMT!
ACH SO, STIMMT! DER SCHWERKRAFTGENE-RATOR FUNKTIONIERT NICHT RICHTIG.
SELTSAMES GEFÜHL...

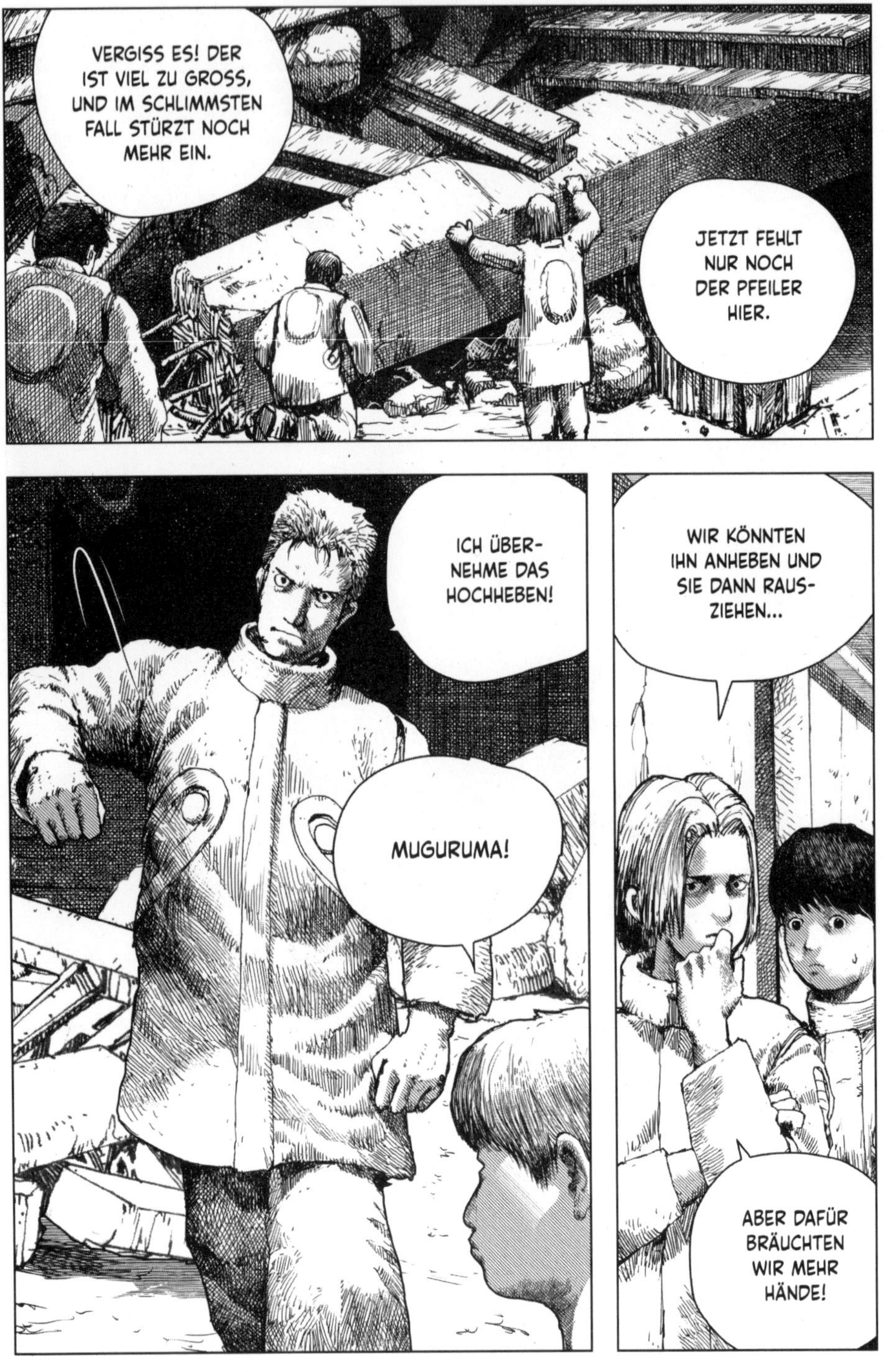

JETZT FEHLT NUR NOCH DER PFEILER HIER.
VERGISS ES! DER IST VIEL ZU GROSS, UND IM SCHLIMMSTEN FALL STÜRZT NOCH MEHR EIN.
WIR KÖNNTEN IHN ANHEBEN UND SIE DANN RAUS-ZIEHEN...
ABER DAFÜR BRÄUCHTEN WIR MEHR HÄNDE!
ICH ÜBER-NEHME DAS HOCHHEBEN!
MUGURUMA!

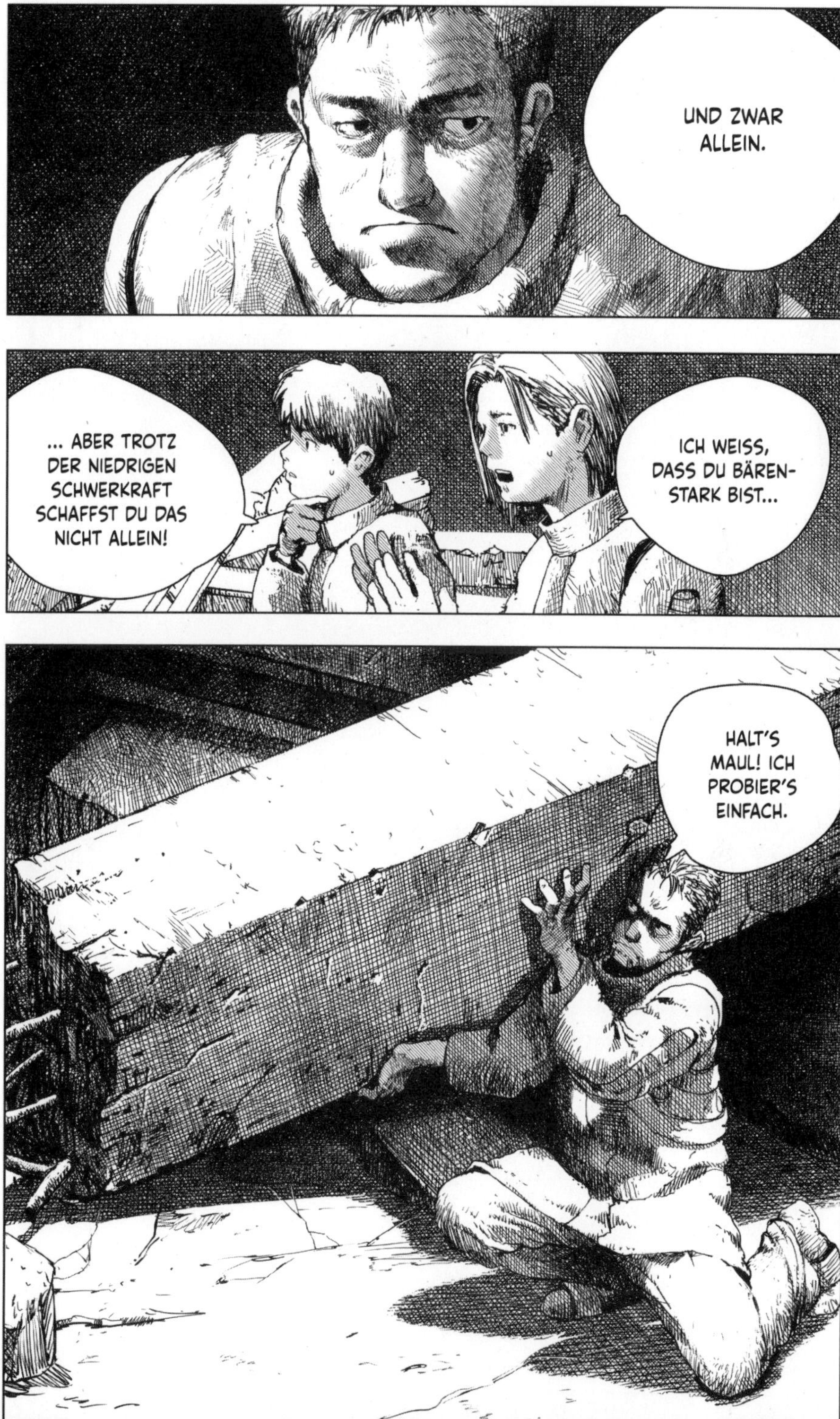
UND ZWAR ALLEIN.
ICH WEISS, DASS DU BÄREN-STARK BIST...
... ABER TROTZ DER NIEDRIGEN SCHWERKRAFT SCHAFFST DU DAS NICHT ALLEIN!
HALT'S MAUL! ICH PROBIER'S EINFACH.

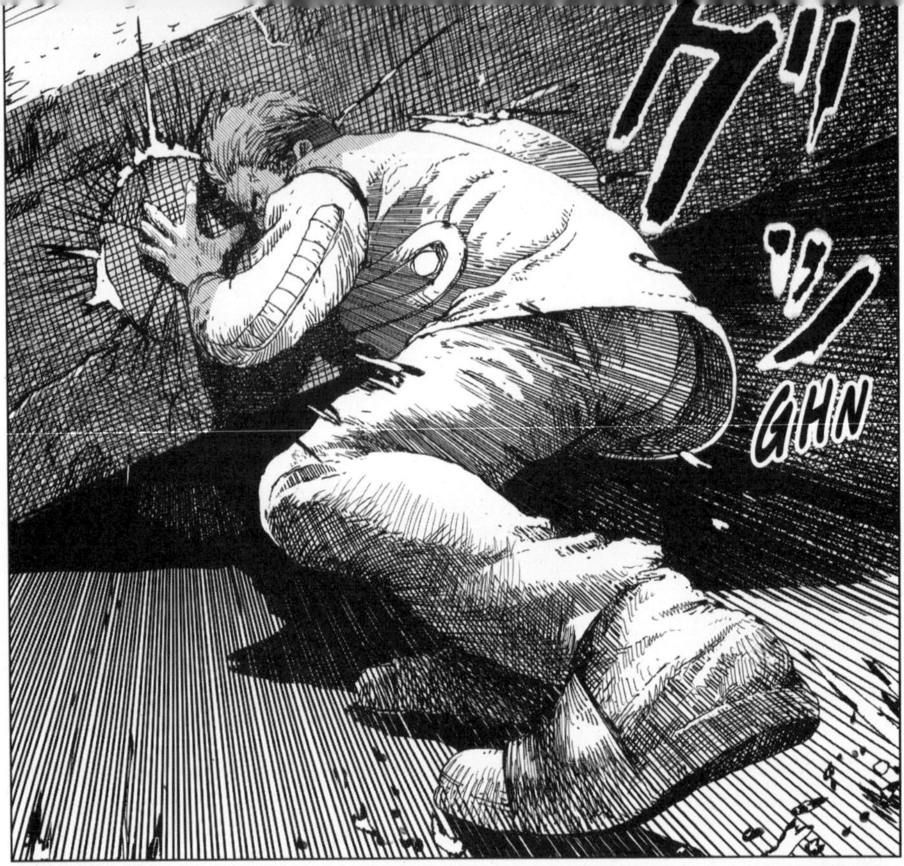
グゥン
GHN
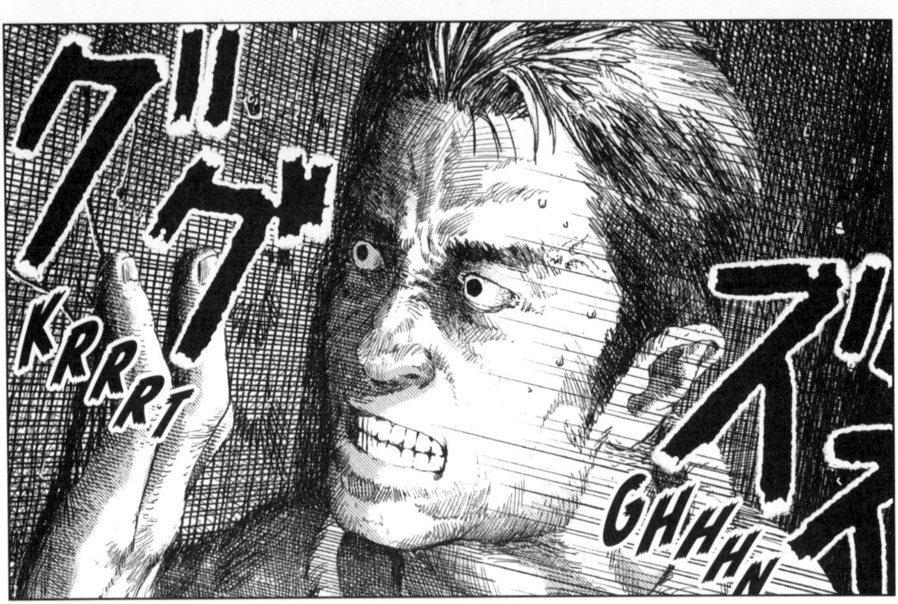
グググ
KRRRT
ズイ
GHHHN

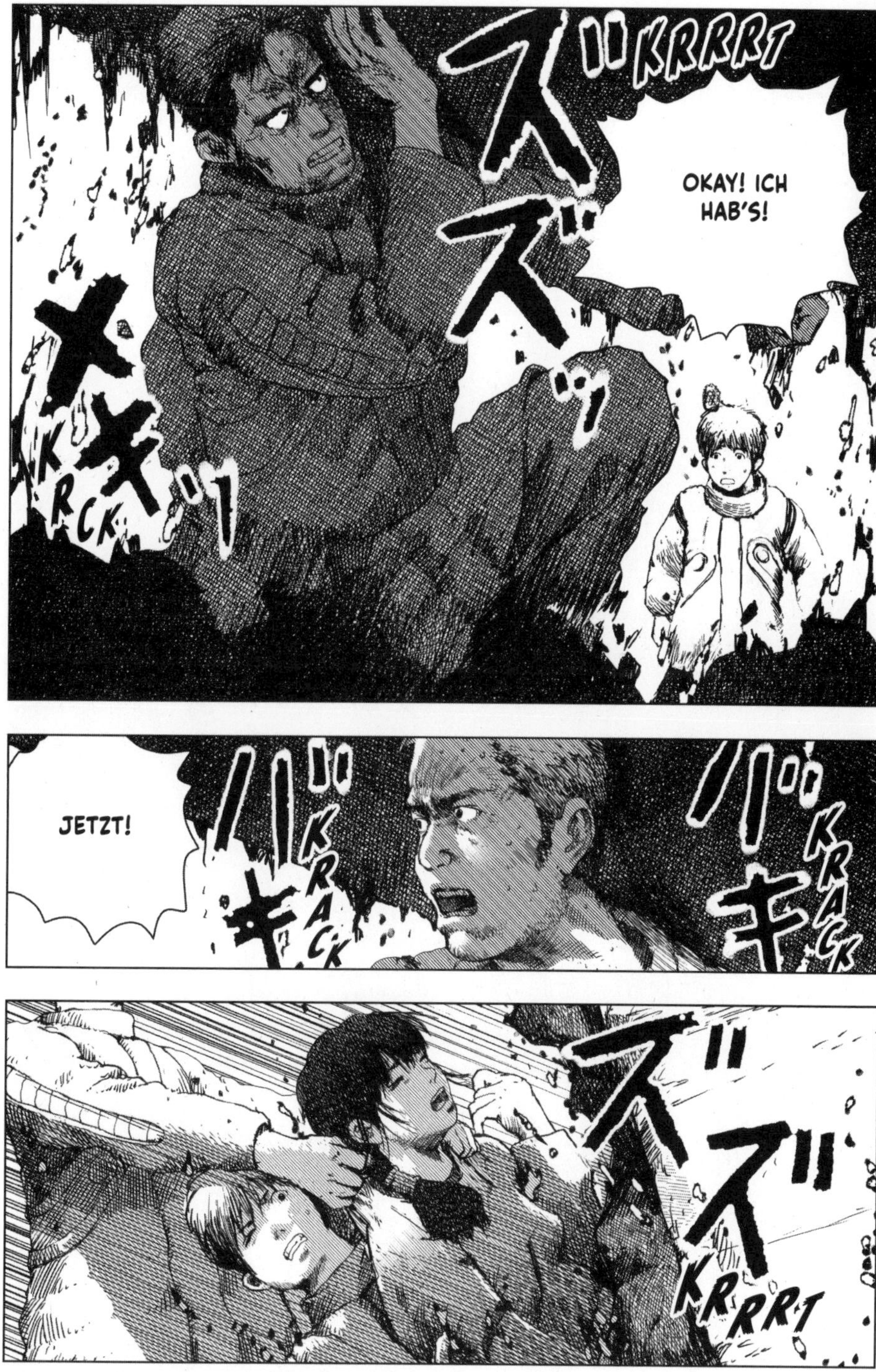
KRRRRT
OKAY! ICH HAB'S!
KRCK
KRACK
KRACK
JETZT!
KRRRT

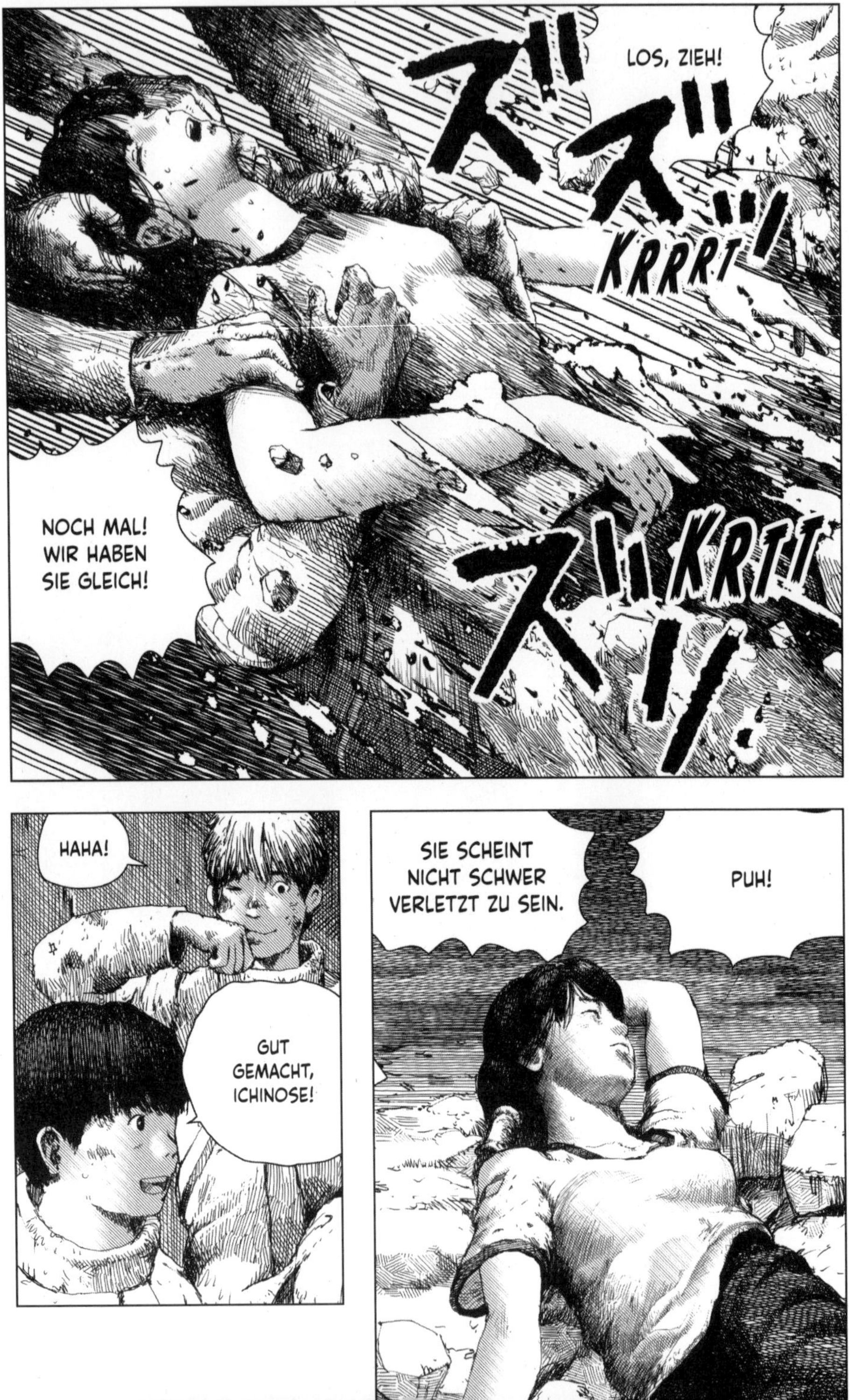
LOS, ZIEH!
KRRRT
NOCH MAL! WIR HABEN SIE GLEICH!
KRTT
PUH!
SIE SCHEINT NICHT SCHWER VERLETZT ZU SEIN.
HAHA!
GUT GEMACHT, ICHINOSE!

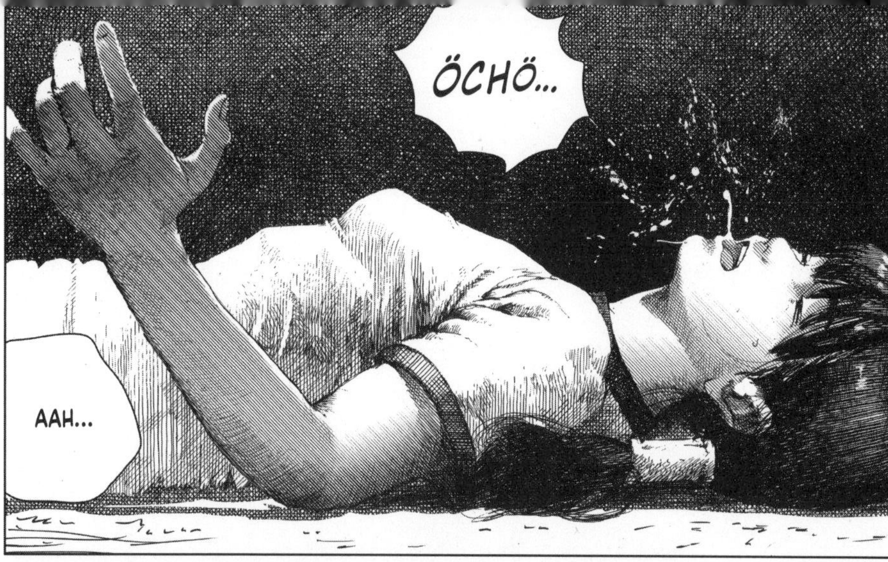
ÖCHÖ...
AAH...

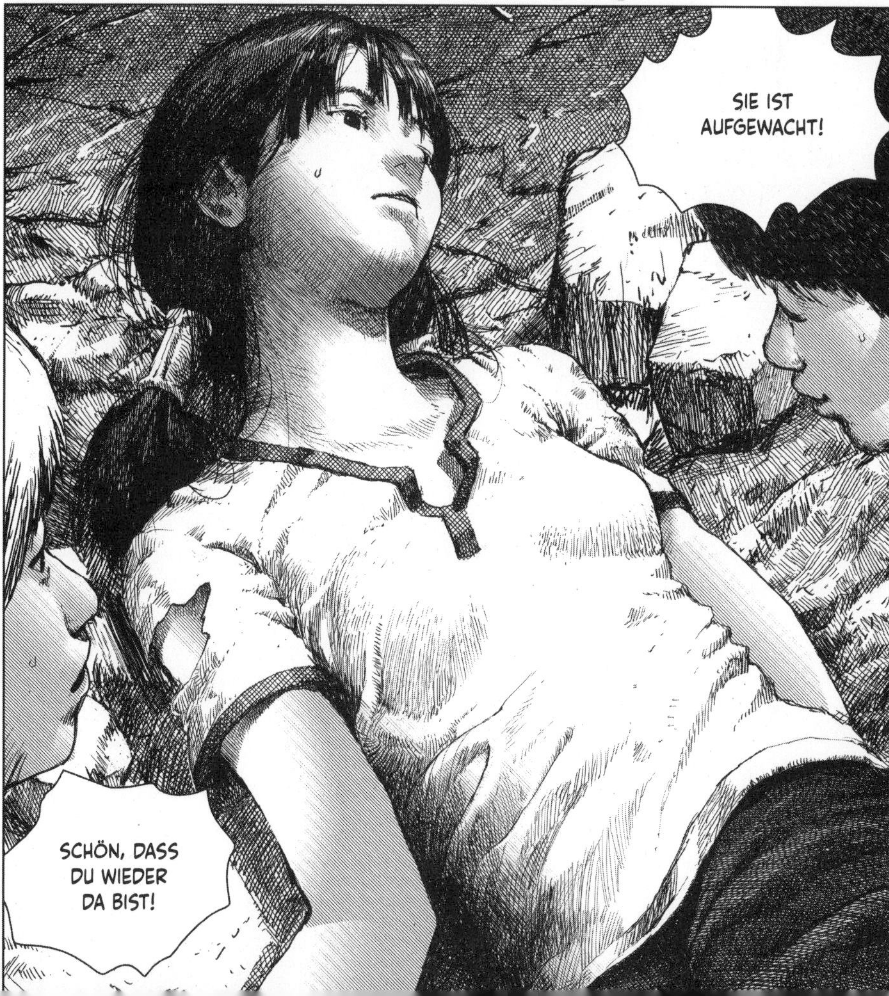
SIE IST AUFGEWACHT!
SCHÖN, DASS DU WIEDER DA BIST!

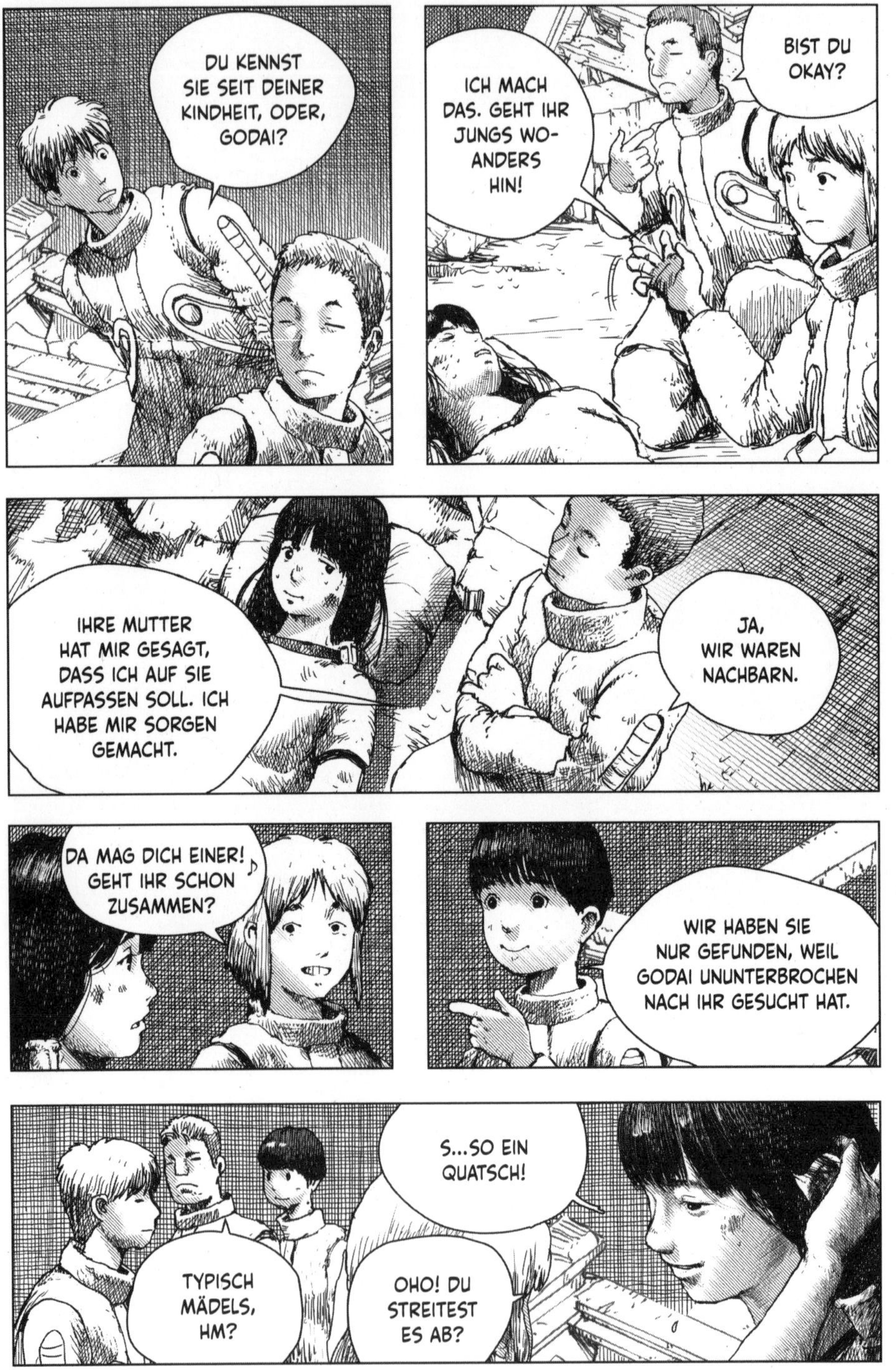
BIST DU OKAY?
ICH MACH DAS. GEHT IHR JUNGS WO-ANDERS HIN!
DU KENNST SIE SEIT DEINER KINDHEIT, ODER, GODAI?
JA, WIR WAREN NACHBARN.
IHRE MUTTER HAT MIR GESAGT, DASS ICH AUF SIE AUFPASSEN SOLL. ICH HABE MIR SORGEN GEMACHT.
WIR HABEN SIE NUR GEFUNDEN, WEIL GODAI UNUNTERBROCHEN NACH IHR GESUCHT HAT.
DA MAG DICH EINER! ♪ GEHT IHR SCHON ZUSAMMEN?
S...SO EIN QUATSCH!
OHO! DU STREITEST ES AB?
TYPISCH MÄDELS, HM?

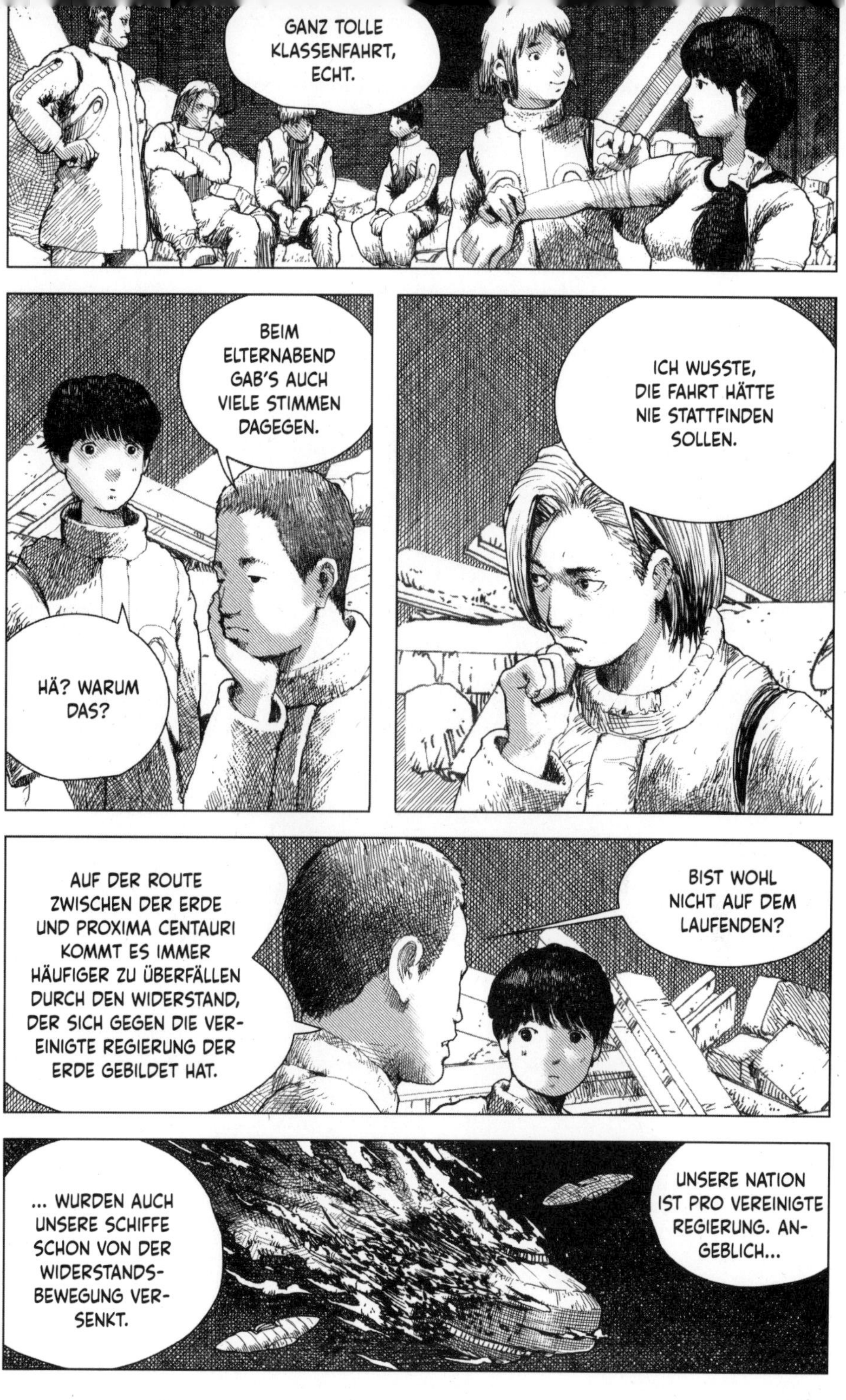
GANZ TOLLE KLASSENFAHRT, ECHT.
BEIM ELTERNABEND GAB'S AUCH VIELE STIMMEN DAGEGEN.
HÄ? WARUM DAS?
ICH WUSSTE, DIE FAHRT HÄTTE NIE STATTFINDEN SOLLEN.
AUF DER ROUTE ZWISCHEN DER ERDE UND PROXIMA CENTAURI KOMMT ES IMMER HÄUFIGER ZU ÜBERFÄLLEN DURCH DEN WIDERSTAND, DER SICH GEGEN DIE VEREINIGTE REGIERUNG DER ERDE GEBILDET HAT.
BIST WOHL NICHT AUF DEM LAUFENDEN?
UNSERE NATION IST PRO VEREINIGTE REGIERUNG. ANGEBLICH...
... WURDEN AUCH UNSERE SCHIFFE SCHON VON DER WIDERSTANDSBEWEGUNG VERSENKT.

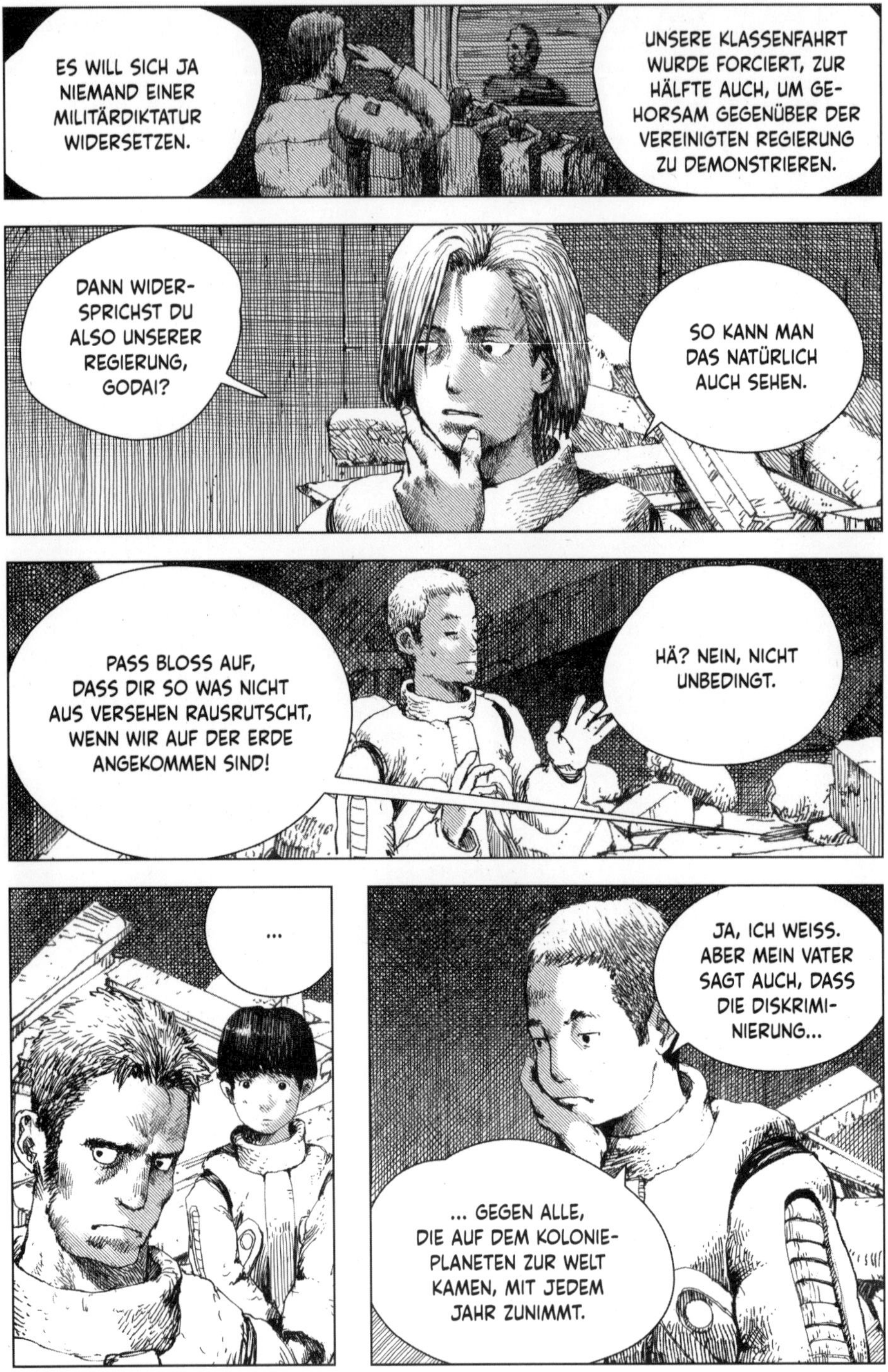

ES WILL SICH JA NIEMAND EINER MILITÄRDIKTATUR WIDERSETZEN.
UNSERE KLASSENFAHRT WURDE FORCIERT, ZUR HÄLFTE AUCH, UM GEHORSAM GEGENÜBER DER VEREINIGTEN REGIERUNG ZU DEMONSTRIEREN.
DANN WIDERSPRICHST DU ALSO UNSERER REGIERUNG, GODAI?
SO KANN MAN DAS NATÜRLICH AUCH SEHEN.
PASS BLOSS AUF, DASS DIR SO WAS NICHT AUS VERSEHEN RAUSRUTSCHT, WENN WIR AUF DER ERDE ANGEKOMMEN SIND!
HÄ? NEIN, NICHT UNBEDINGT.
...
JA, ICH WEISS. ABER MEIN VATER SAGT AUCH, DASS DIE DISKRIMINIERUNG...
... GEGEN ALLE, DIE AUF DEM KOLONIEPLANETEN ZUR WELT KAMEN, MIT JEDEM JAHR ZUNIMMT.

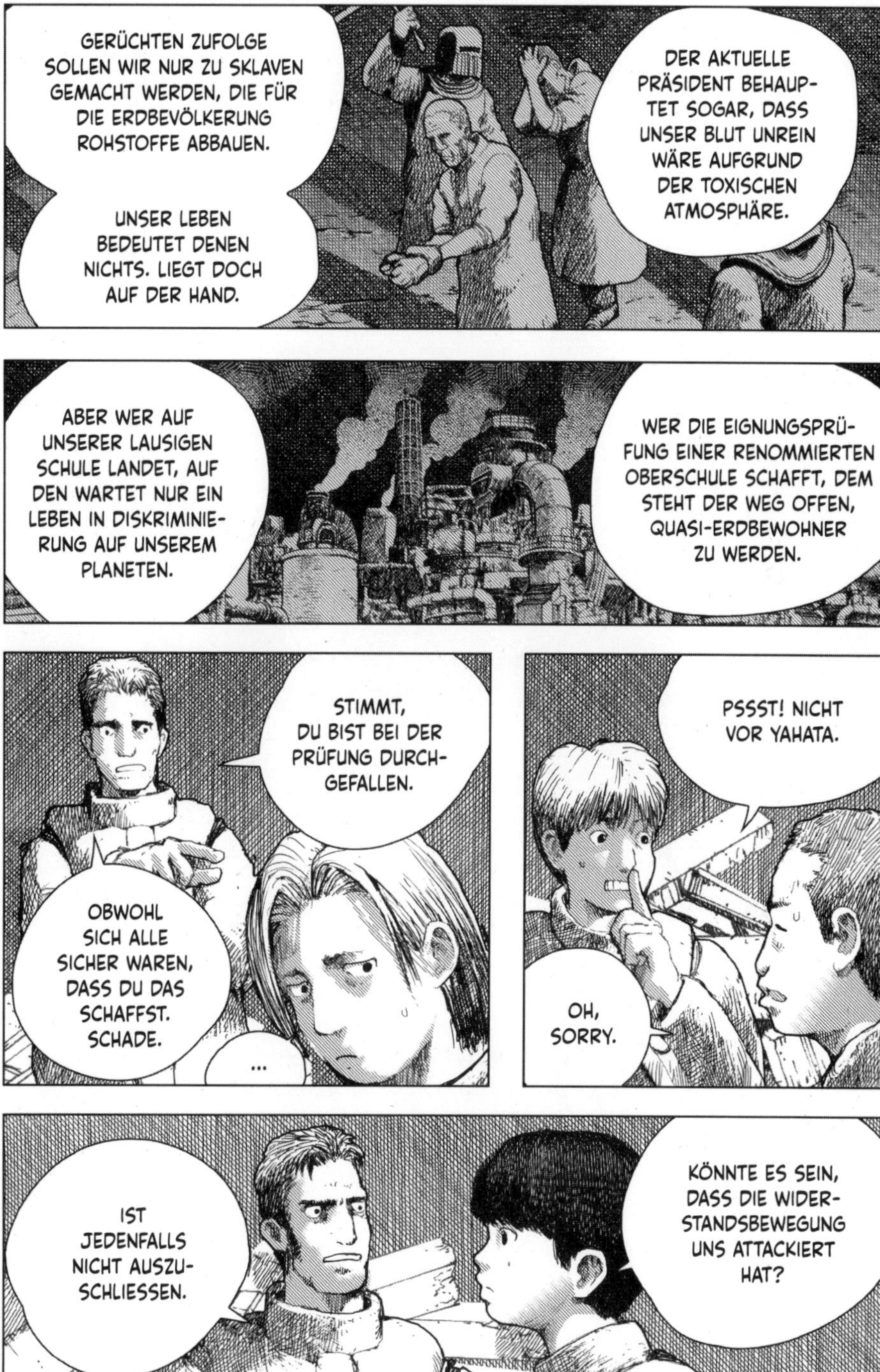
GERÜCHTEN ZUFOLGE SOLLEN WIR NUR ZU SKLAVEN GEMACHT WERDEN, DIE FÜR DIE ERDBEVÖLKERUNG ROHSTOFFE ABBAUEN.
UNSER LEBEN BEDEUTET DENEN NICHTS. LIEGT DOCH AUF DER HAND.
DER AKTUELLE PRÄSIDENT BEHAUP-TET SOGAR, DASS UNSER BLUT UNREIN WÄRE AUFGRUND DER TOXISCHEN ATMOSPHÄRE.
ABER WER AUF UNSERER LAUSIGEN SCHULE LANDET, AUF DEN WARTET NUR EIN LEBEN IN DISKRIMINIE-RUNG AUF UNSEREM PLANETEN.
WER DIE EIGNUNGSPRÜ-FUNG EINER RENOMMIERTEN OBERSCHULE SCHAFFT, DEM STEHT DER WEG OFFEN, QUASI-ERDBEWOHNER ZU WERDEN.
STIMMT, DU BIST BEI DER PRÜFUNG DURCH-GEFALLEN.
OBWOHL SICH ALLE SICHER WAREN, DASS DU DAS SCHAFFST. SCHADE.
...
PSSST! NICHT VOR YAHATA.
OH, SORRY.
KÖNNTE ES SEIN, DASS DIE WIDER-STANDSBEWEGUNG UNS ATTACKIERT HAT?
IST JEDENFALLS NICHT AUSZU-SCHLIESSEN.

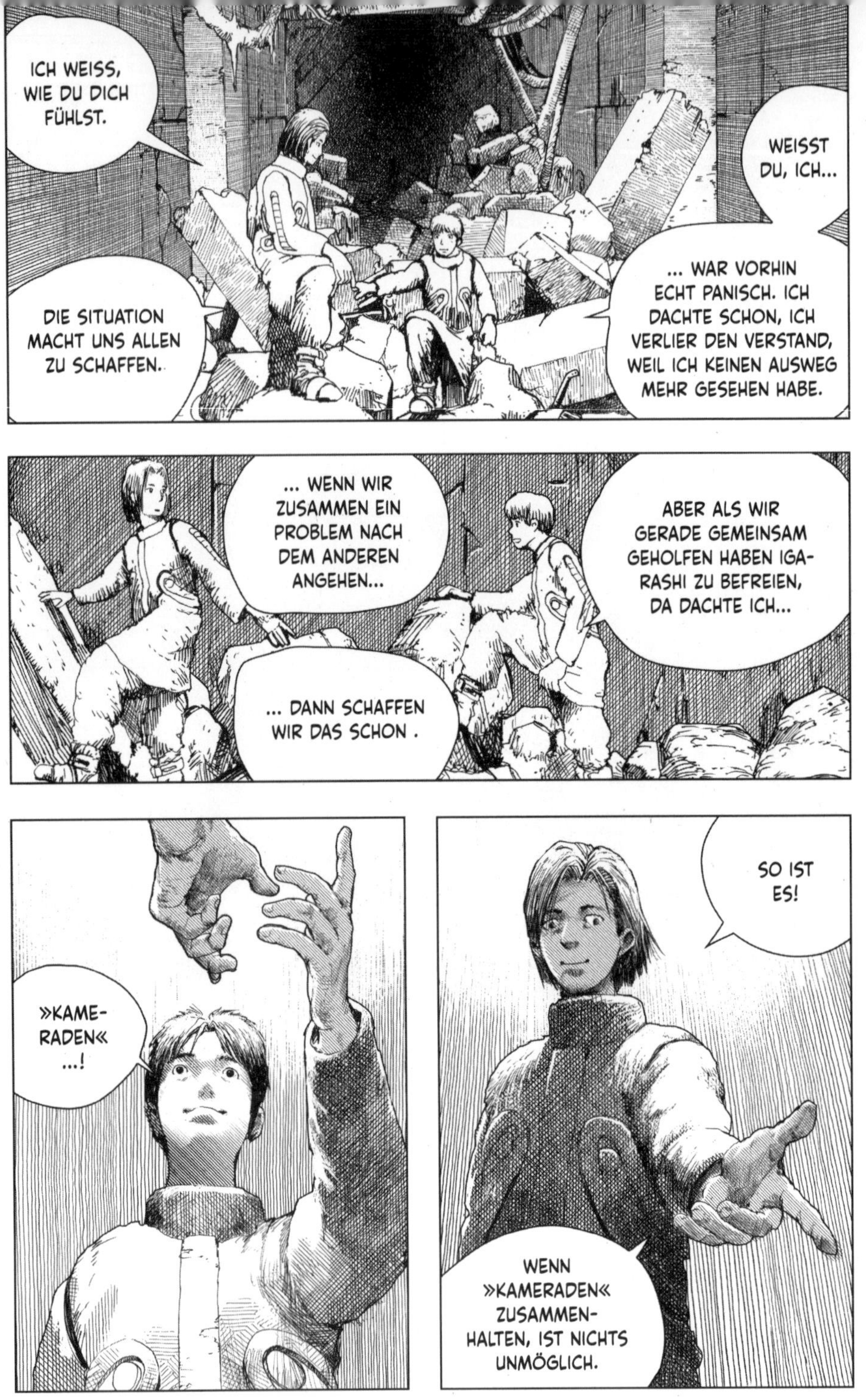
WEISST DU, ICH...
... WAR VORHIN ECHT PANISCH. ICH DACHTE SCHON, ICH VERLIER DEN VERSTAND, WEIL ICH KEINEN AUSWEG MEHR GESEHEN HABE.
ICH WEISS, WIE DU DICH FÜHLST.
DIE SITUATION MACHT UNS ALLEN ZU SCHAFFEN.
ABER ALS WIR GERADE GEMEINSAM GEHOLFEN HABEN IGA-RASHI ZU BEFREIEN, DA DACHTE ICH...
... WENN WIR ZUSAMMEN EIN PROBLEM NACH DEM ANDEREN ANGEHEN...
... DANN SCHAFFEN WIR DAS SCHON .
SO IST ES!
WENN »KAMERADEN« ZUSAMMEN-HALTEN, IST NICHTS UNMÖGLICH.
»KAME-RADEN« ...!

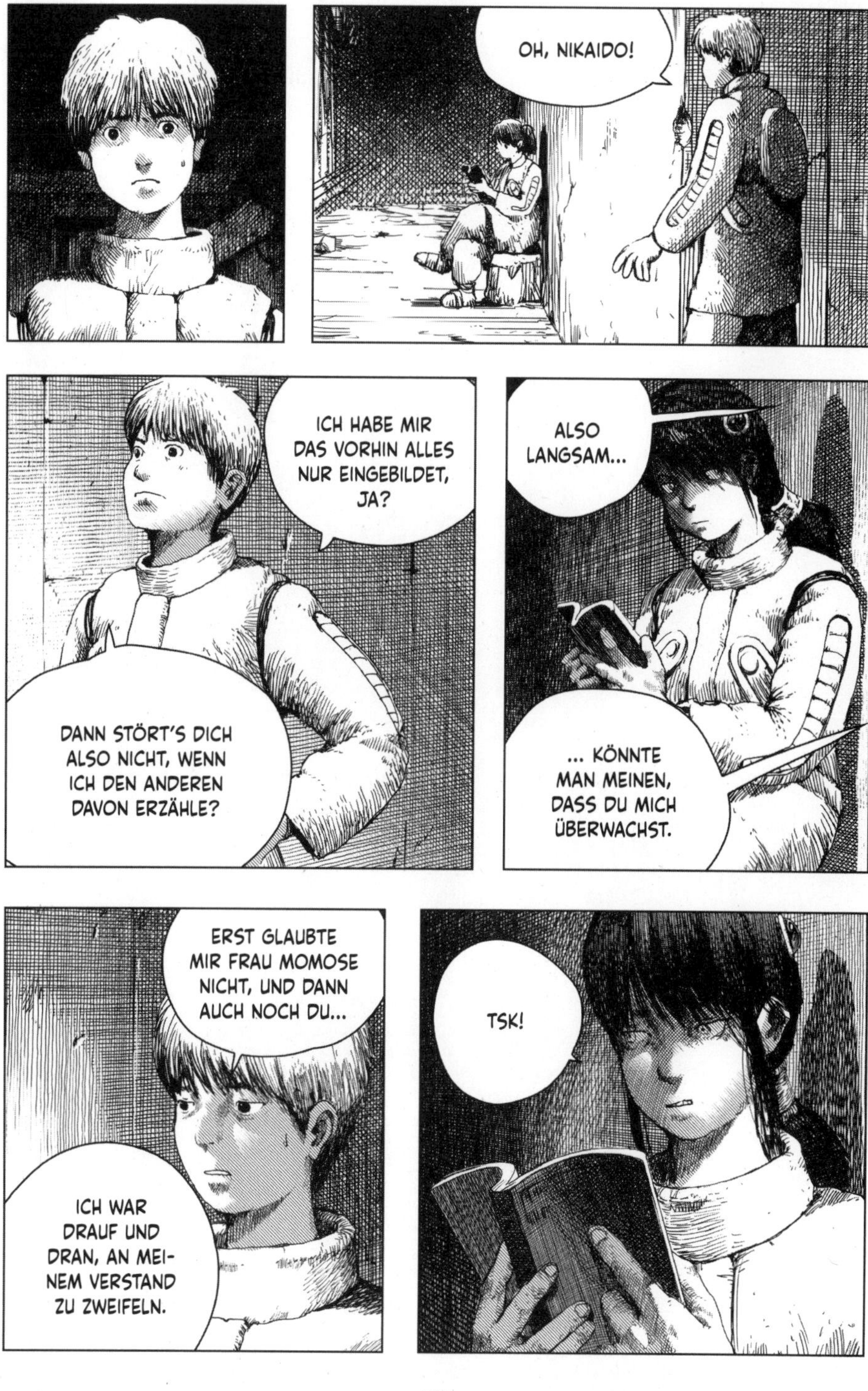
OH, NIKAIDO!
ICH HABE MIR DAS VORHIN ALLES NUR EINGEBILDET, JA?
DANN STÖRT'S DICH ALSO NICHT, WENN ICH DEN ANDEREN DAVON ERZÄHLE?
ALSO LANGSAM...
... KÖNNTE MAN MEINEN, DASS DU MICH ÜBERWACHST.
ERST GLAUBTE MIR FRAU MOMOSE NICHT, UND DANN AUCH NOCH DU...
ICH WAR DRAUF UND DRAN, AN MEINEM VERSTAND ZU ZWEIFELN.
TSK!

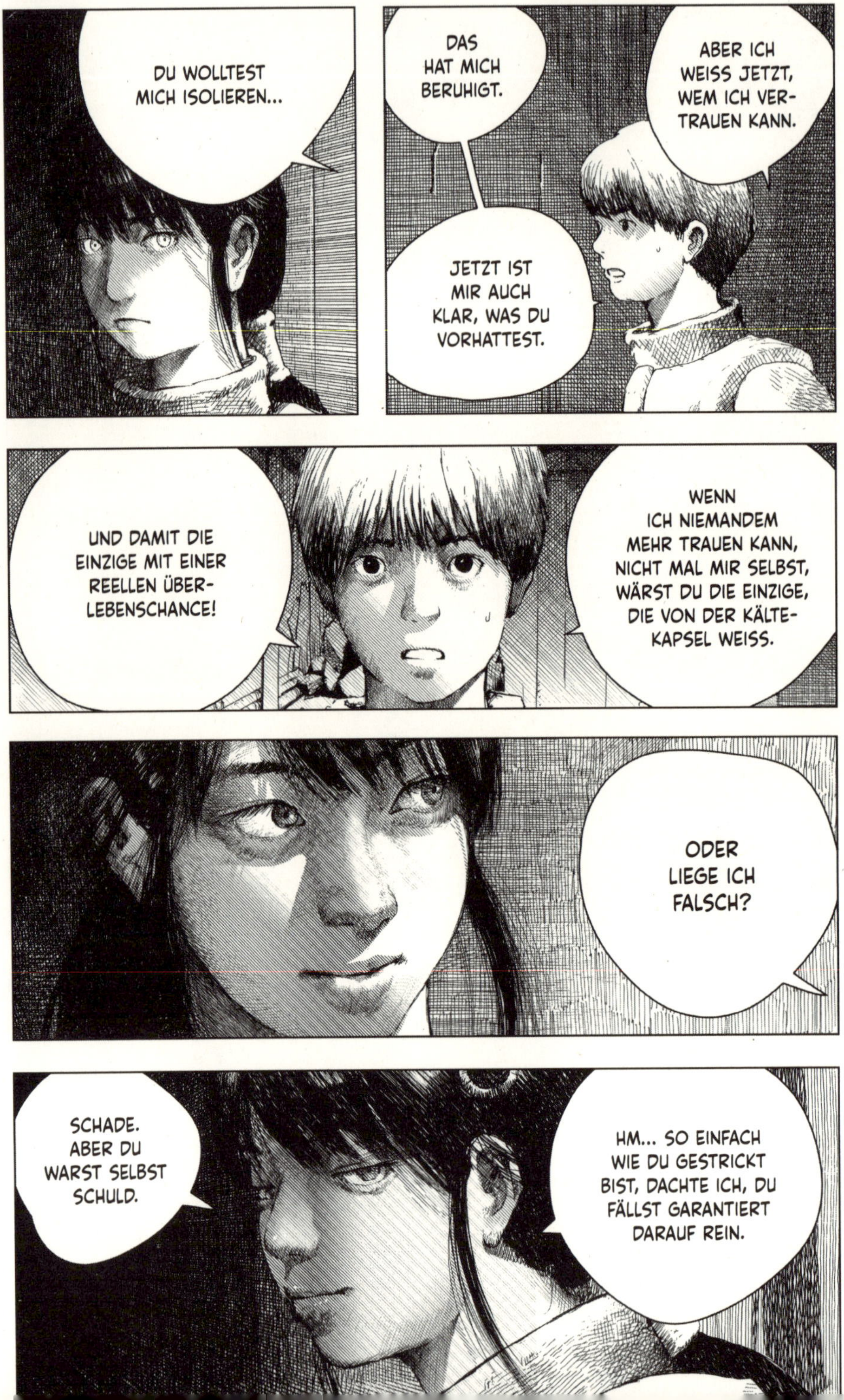
ABER ICH WEISS JETZT, WEM ICH VERTRAUEN KANN.
DAS HAT MICH BERUHIGT.
JETZT IST MIR AUCH KLAR, WAS DU VORHATTEST.
DU WOLLTEST MICH ISOLIEREN...
WENN ICH NIEMANDEM MEHR TRAUEN KANN, NICHT MAL MIR SELBST, WÄRST DU DIE EINZIGE, DIE VON DER KÄLTEKAPSEL WEISS.
UND DAMIT DIE EINZIGE MIT EINER REELLEN ÜBERLEBENSCHANCE!
ODER LIEGE ICH FALSCH?
HM... SO EINFACH WIE DU GESTRICKT BIST, DACHTE ICH, DU FÄLLST GARANTIERT DARAUF REIN.
SCHADE. ABER DU WARST SELBST SCHULD.

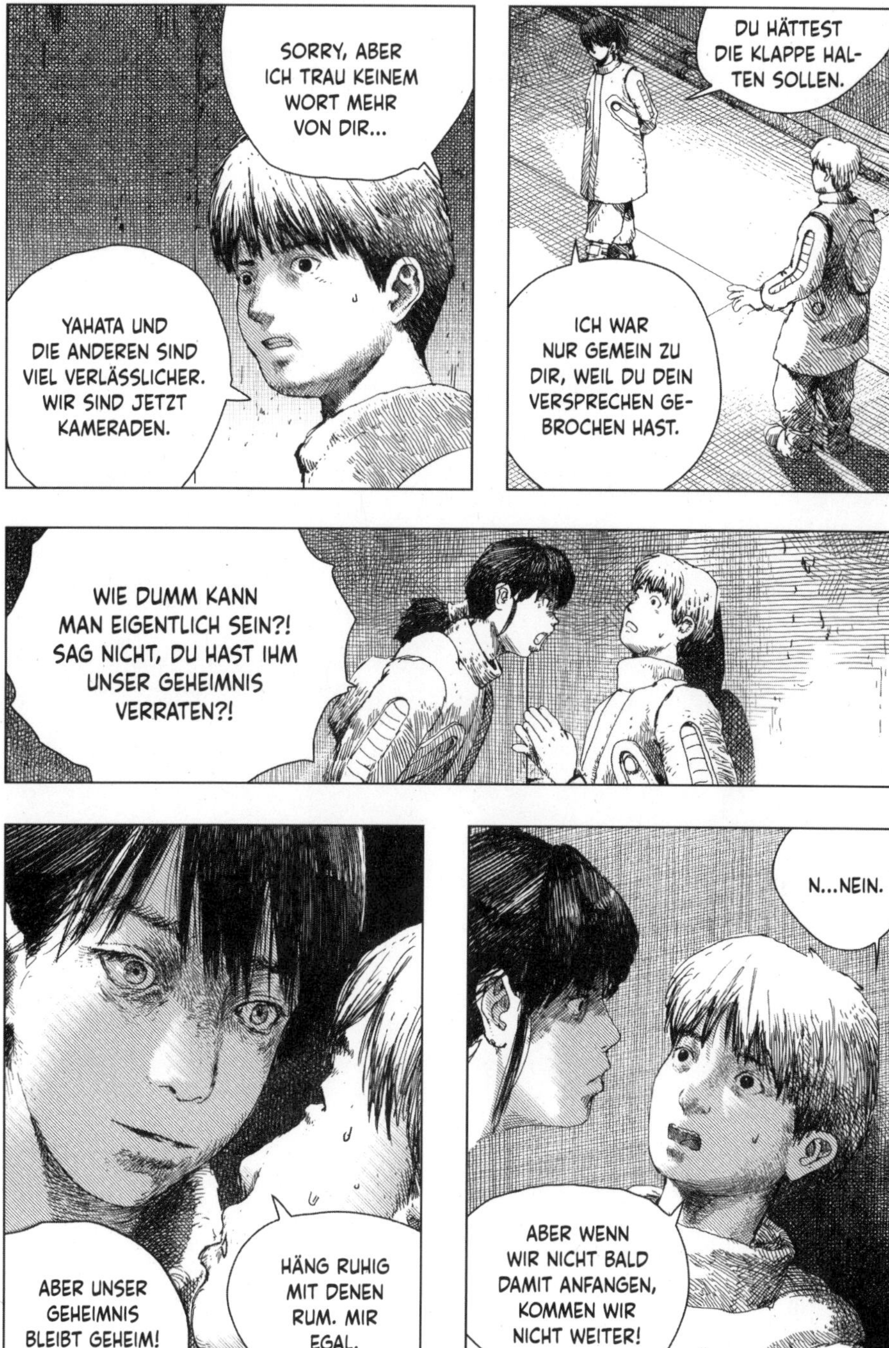
DU HÄTTEST DIE KLAPPE HALTEN SOLLEN.
ICH WAR NUR GEMEIN ZU DIR, WEIL DU DEIN VERSPRECHEN GEBROCHEN HAST.
SORRY, ABER ICH TRAU KEINEM WORT MEHR VON DIR...
YAHATA UND DIE ANDEREN SIND VIEL VERLÄSSLICHER. WIR SIND JETZT KAMERADEN.
WIE DUMM KANN MAN EIGENTLICH SEIN?! SAG NICHT, DU HAST IHM UNSER GEHEIMNIS VERRATEN?!
N...NEIN.
ABER WENN WIR NICHT BALD DAMIT ANFANGEN, KOMMEN WIR NICHT WEITER!
HÄNG RUHIG MIT DENEN RUM. MIR EGAL.
ABER UNSER GEHEIMNIS BLEIBT GEHEIM!

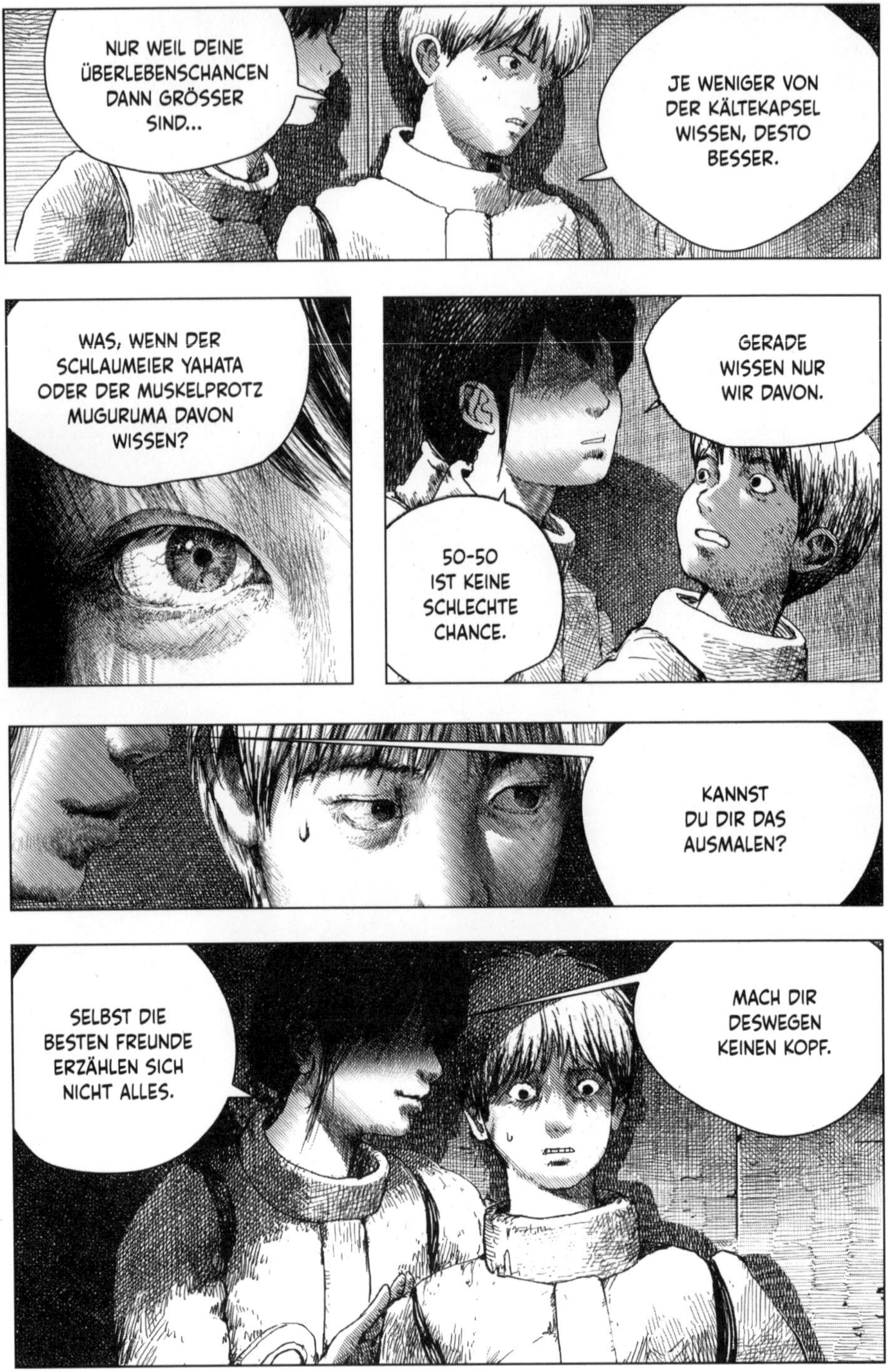
NUR WEIL DEINE ÜBERLEBENSCHANCEN DANN GRÖSSER SIND...
JE WENIGER VON DER KÄLTEKAPSEL WISSEN, DESTO BESSER.
WAS, WENN DER SCHLAUMEIER YAHATA ODER DER MUSKELPROTZ MUGURUMA DAVON WISSEN?
GERADE WISSEN NUR WIR DAVON.
50-50 IST KEINE SCHLECHTE CHANCE.
KANNST DU DIR DAS AUSMALEN?
SELBST DIE BESTEN FREUNDE ERZÄHLEN SICH NICHT ALLES.
MACH DIR DESWEGEN KEINEN KOPF.

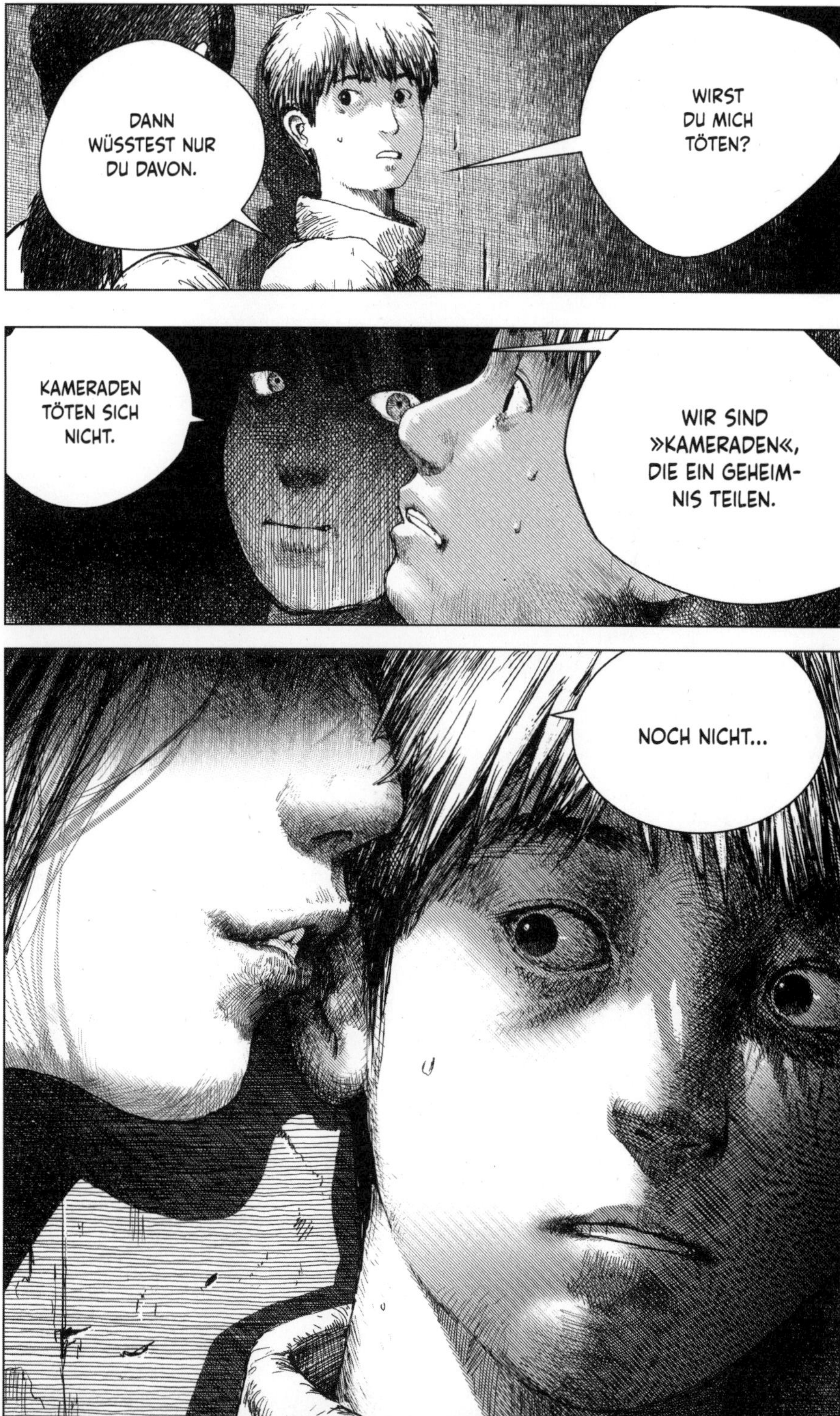
WIRST DU MICH TÖTEN?
DANN WÜSSTEST NUR DU DAVON.
WIR SIND »KAMERADEN«, DIE EIN GEHEIM-NIS TEILEN.
KAMERADEN TÖTEN SICH NICHT.
NOCH NICHT...

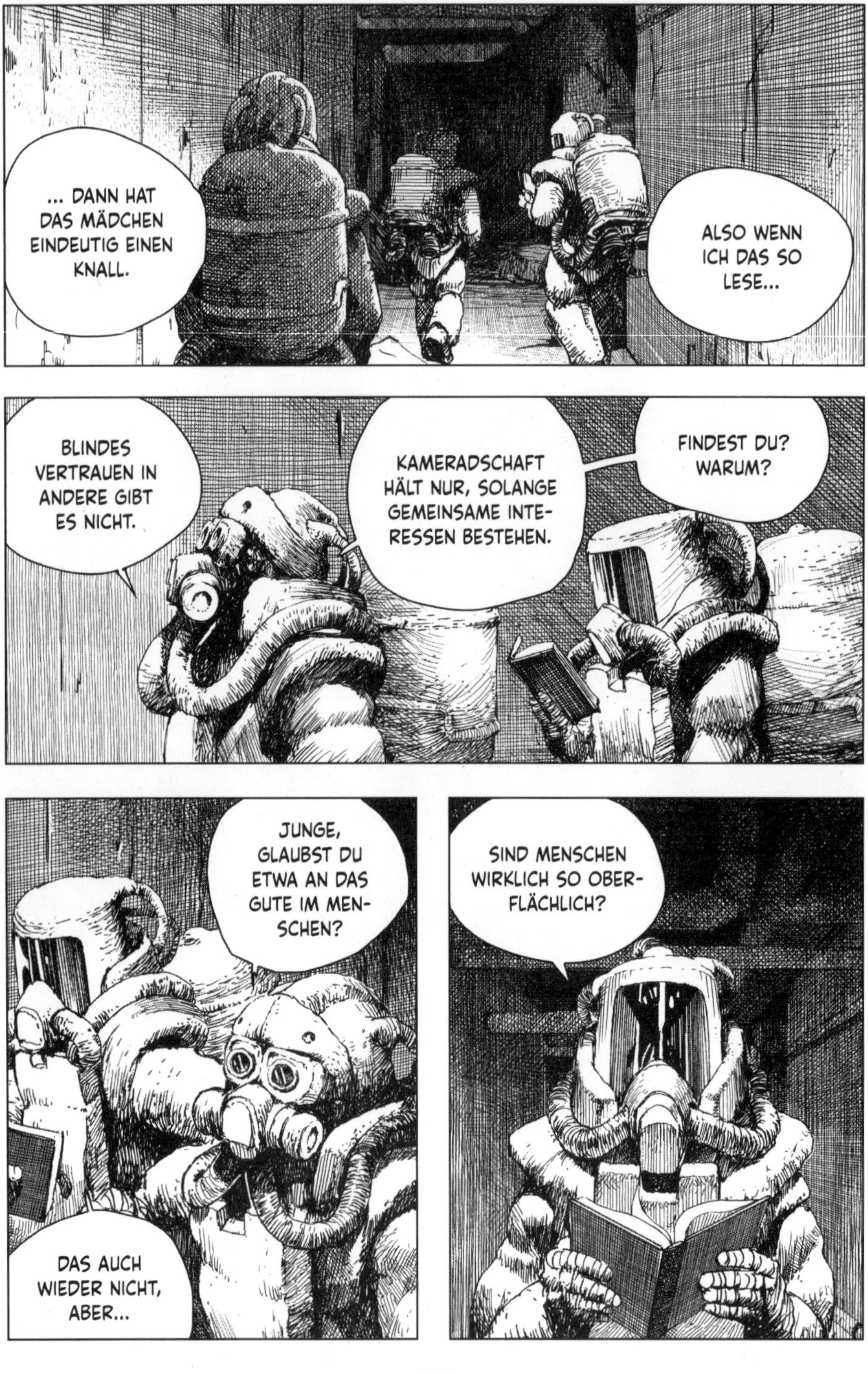
ALSO WENN ICH DAS SO LESE...
... DANN HAT DAS MÄDCHEN EINDEUTIG EINEN KNALL.
FINDEST DU? WARUM?
KAMERADSCHAFT HÄLT NUR, SOLANGE GEMEINSAME INTE-RESSEN BESTEHEN.
BLINDES VERTRAUEN IN ANDERE GIBT ES NICHT.
SIND MENSCHEN WIRKLICH SO OBER-FLÄCHLICH?
JUNGE, GLAUBST DU ETWA AN DAS GUTE IM MEN-SCHEN?
DAS AUCH WIEDER NICHT, ABER...

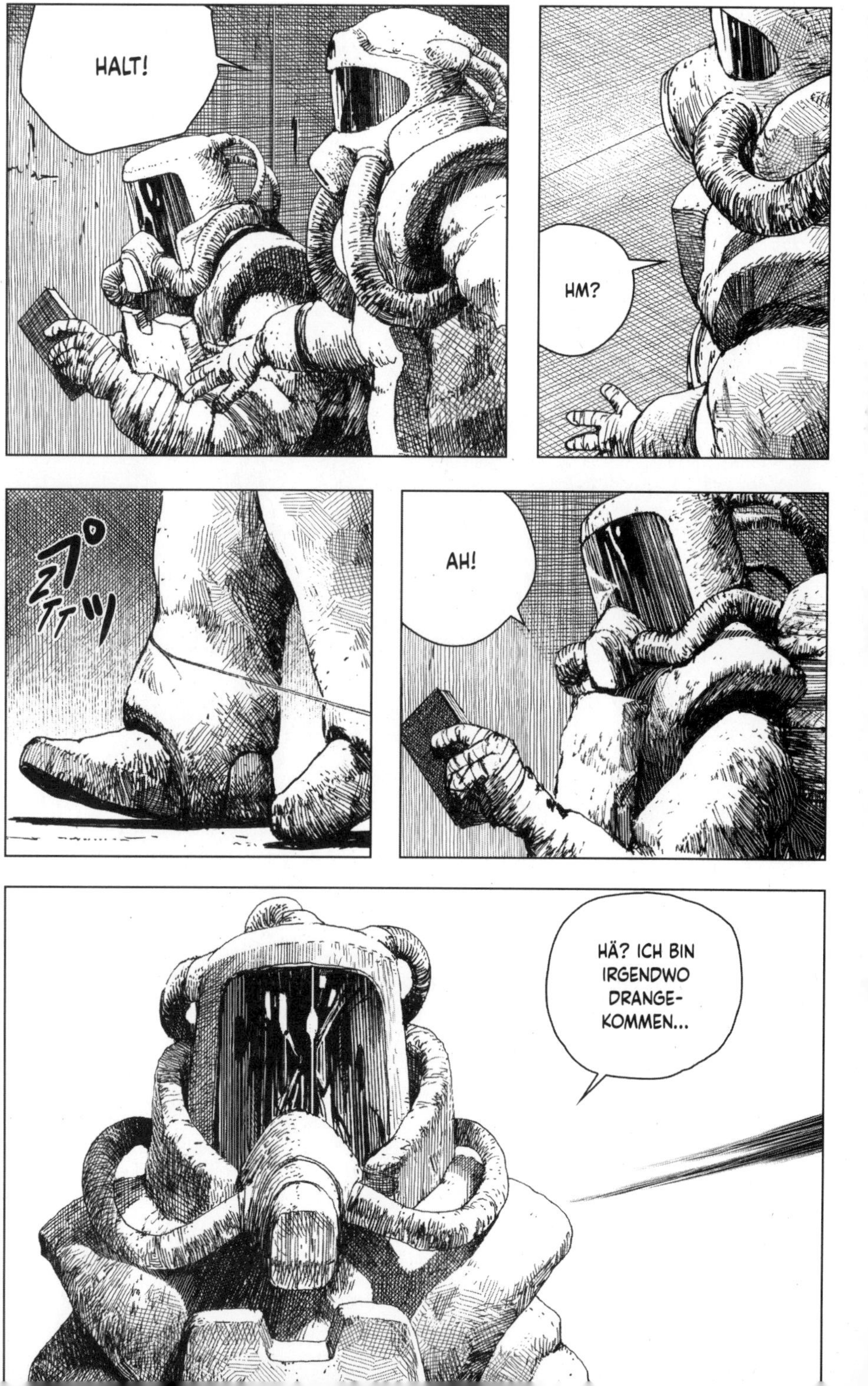
HALT!
HM?
プZTTツ
AH!
HÄ? ICH BIN IRGENDWO DRANGE-KOMMEN...

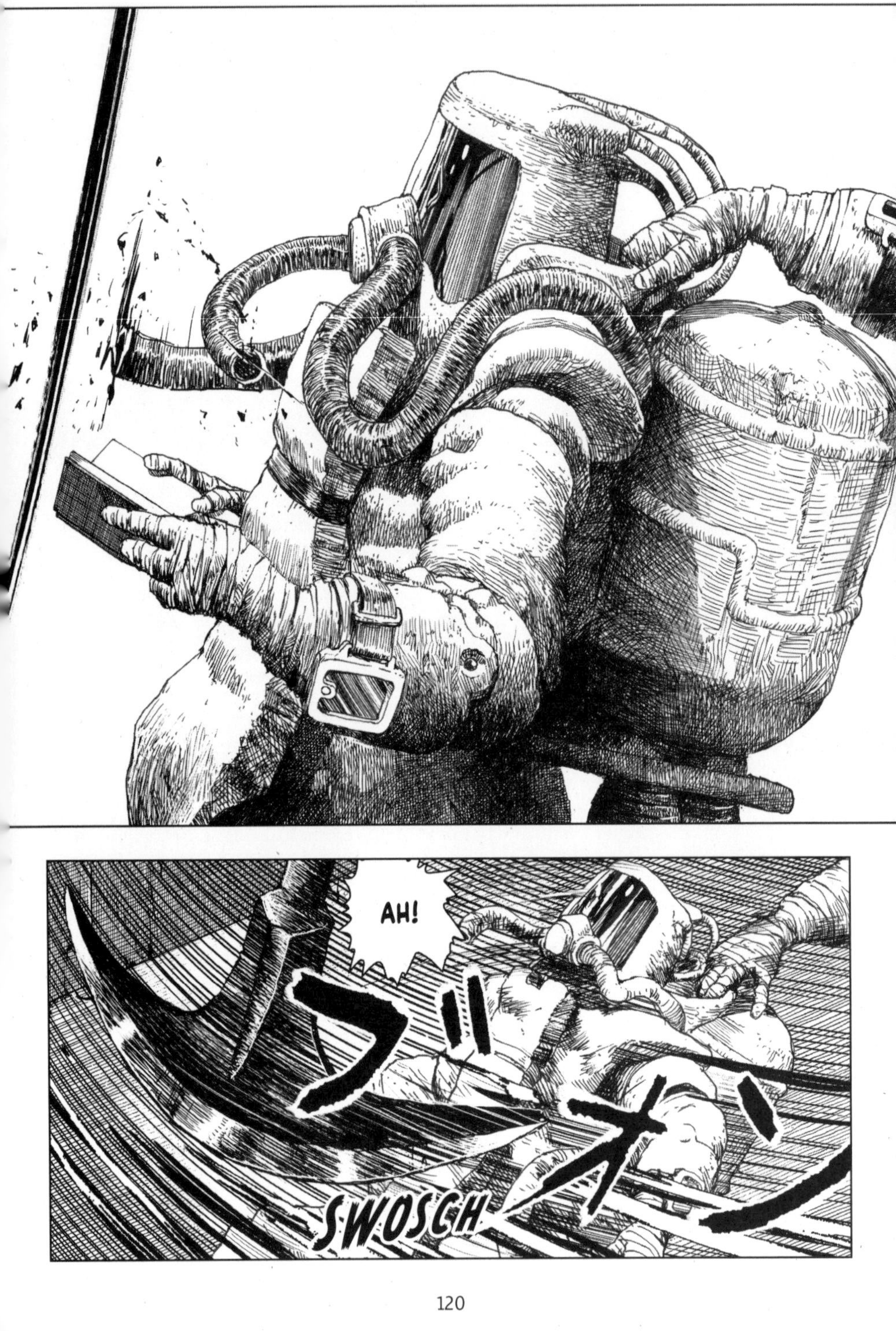
AH!
SWOSCH

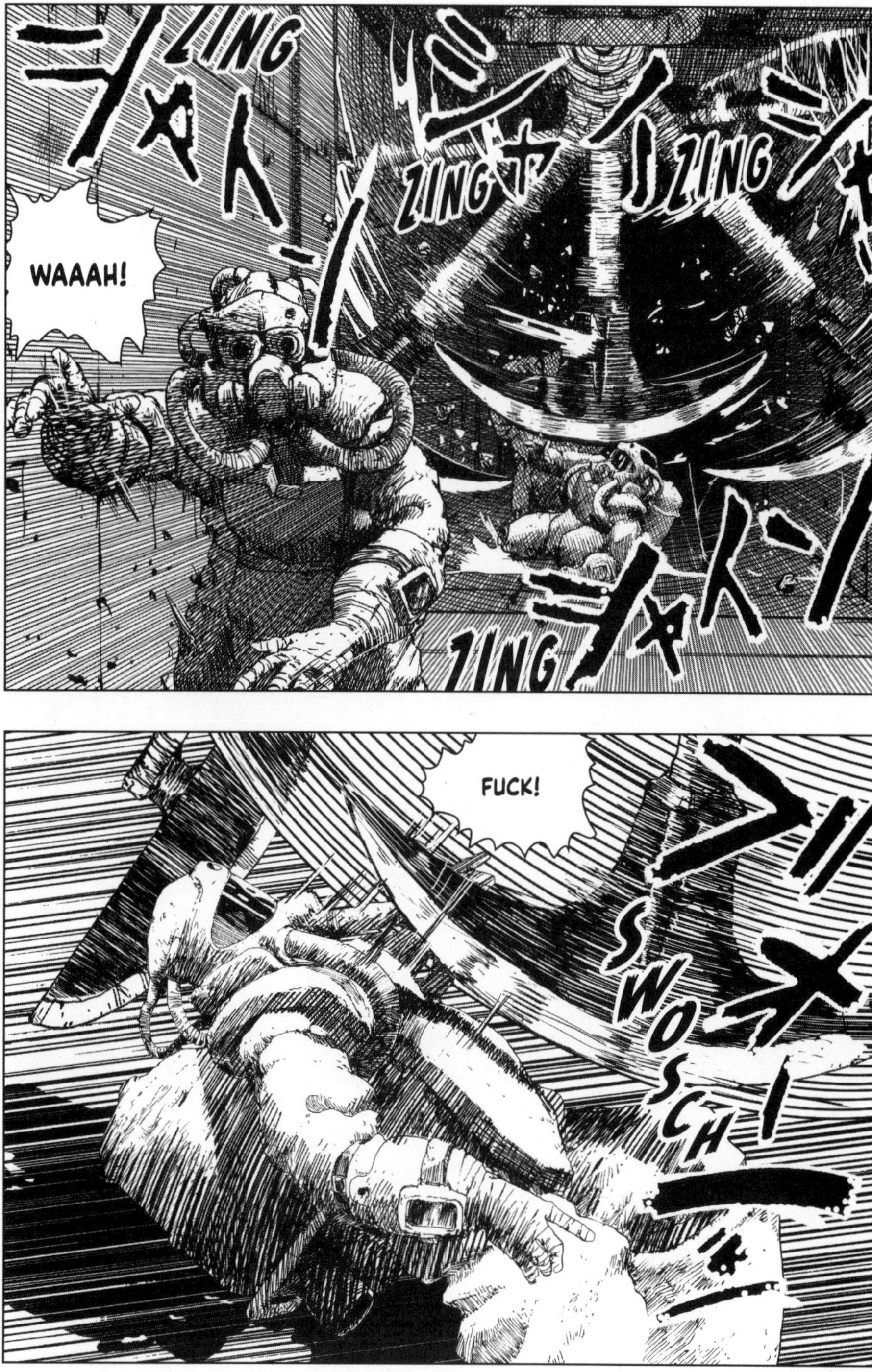
ZING
ZING
ZING
WAAAH!
ZING
FUCK!
SWOSCH

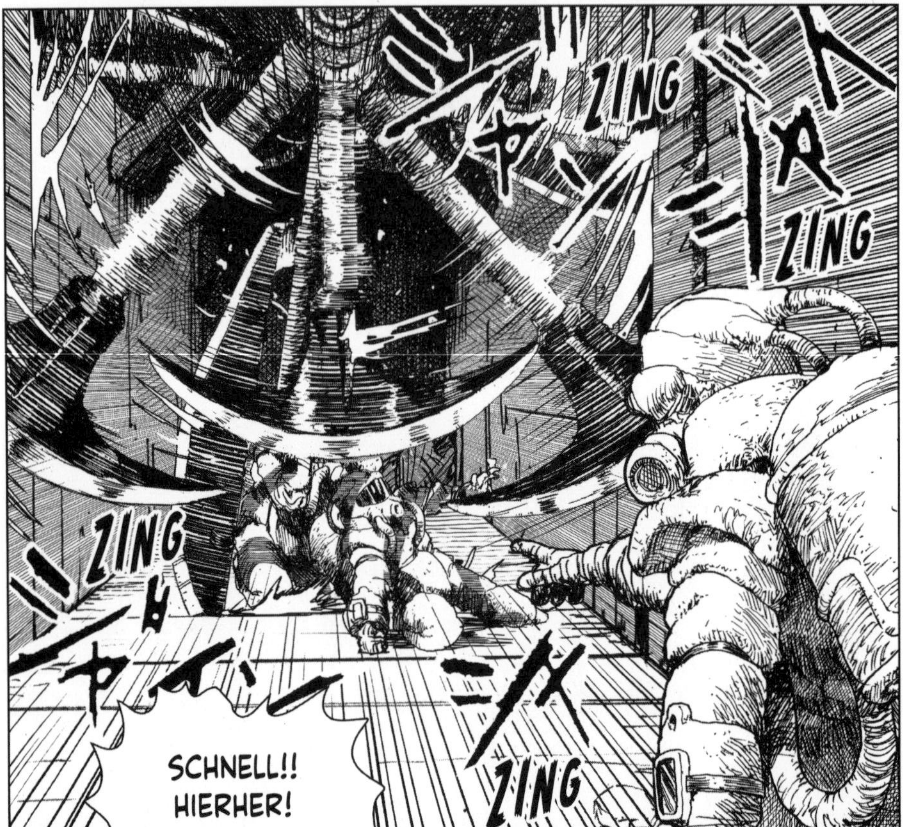
ZING
ZING
ZING
ZING
SCHNELL!! HIERHER!

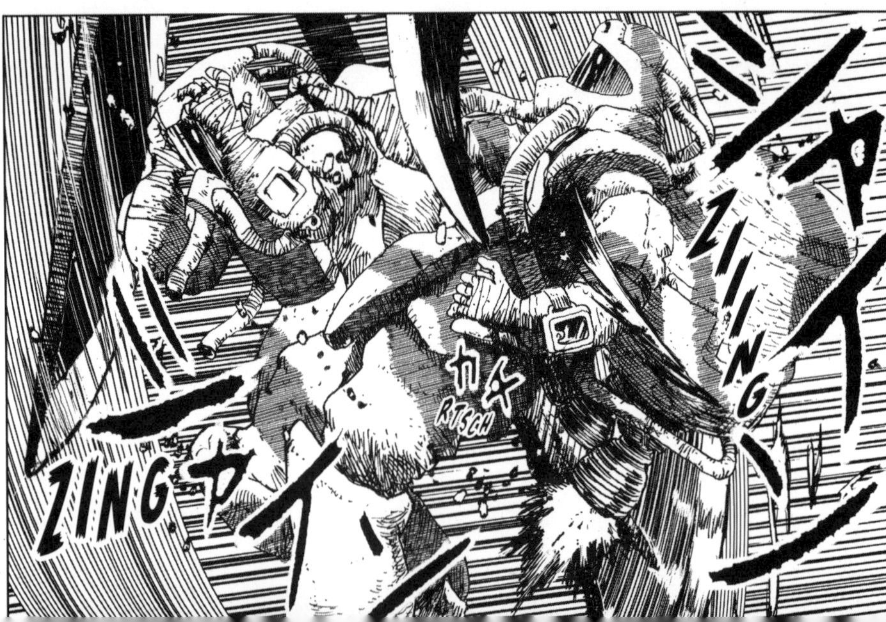
ZIIIING
RITSCH
ZING

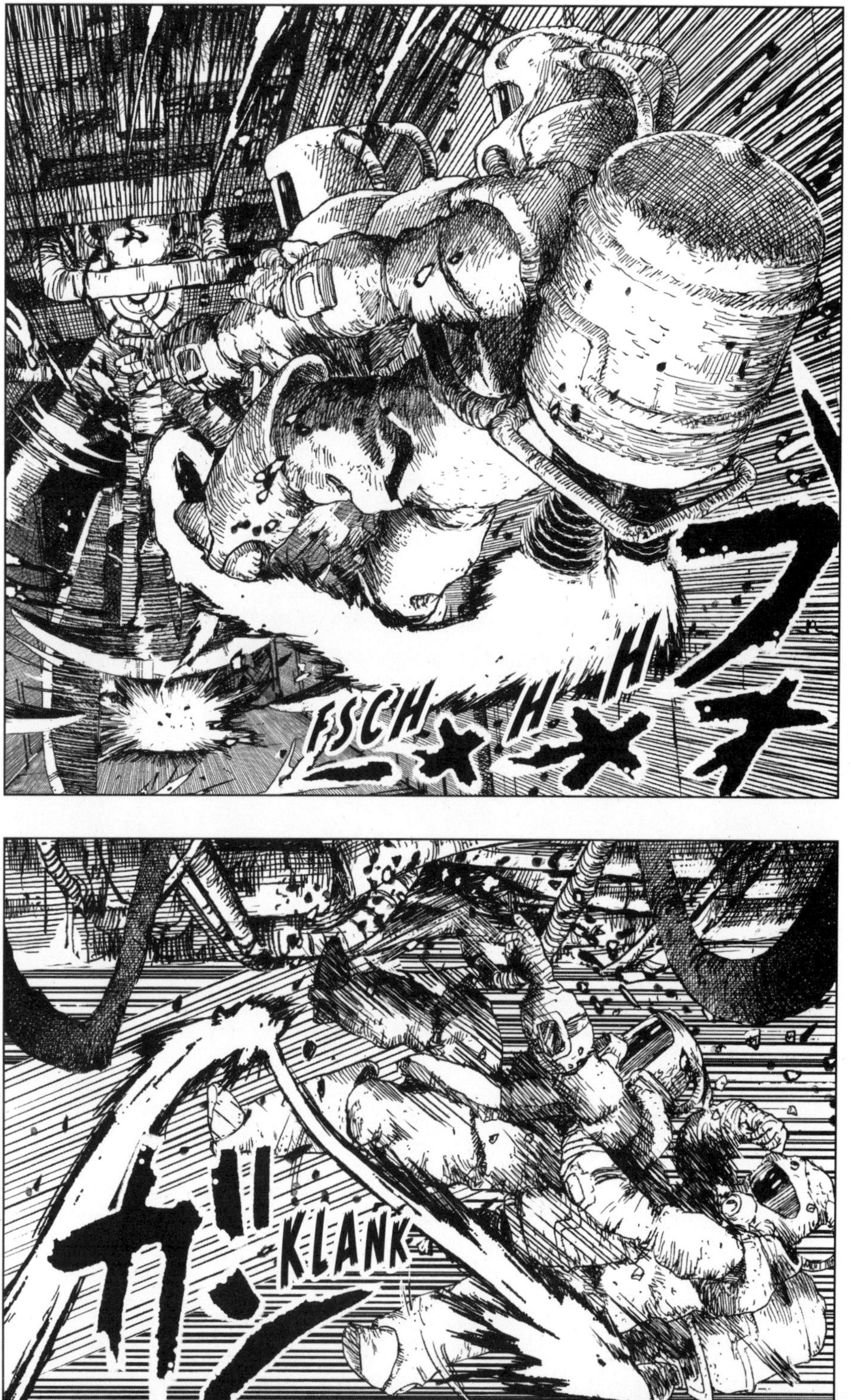
FSCH H H
KLANK

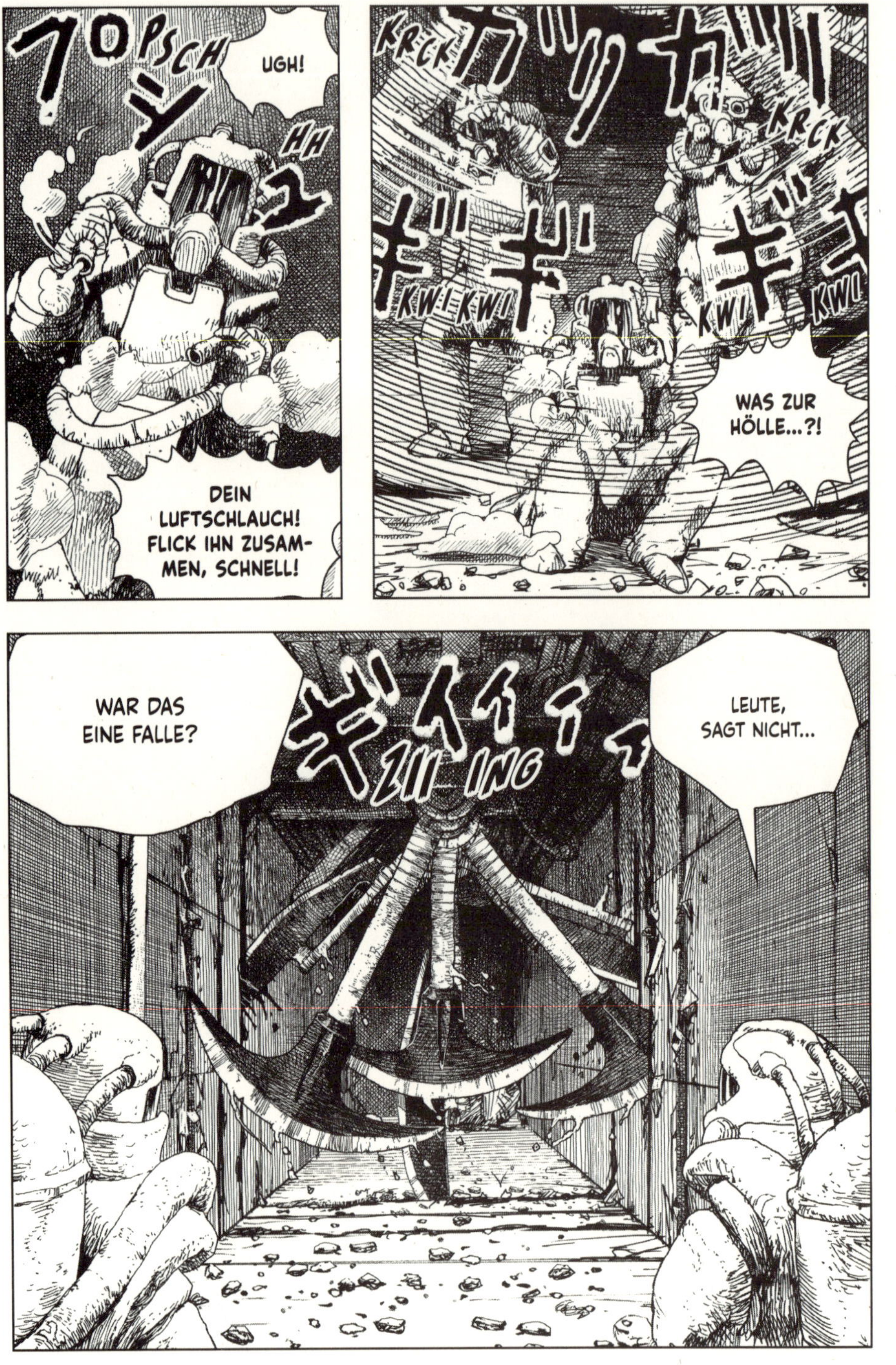
PSCH
UGH!
HH
DEIN LUFTSCHLAUCH! FLICK IHN ZUSAM-MEN, SCHNELL!
KRCK
KRCK
KWI KWI
KWI KWI
WAS ZUR HÖLLE...?!
WAR DAS EINE FALLE?
ZIII ING
LEUTE, SAGT NICHT...

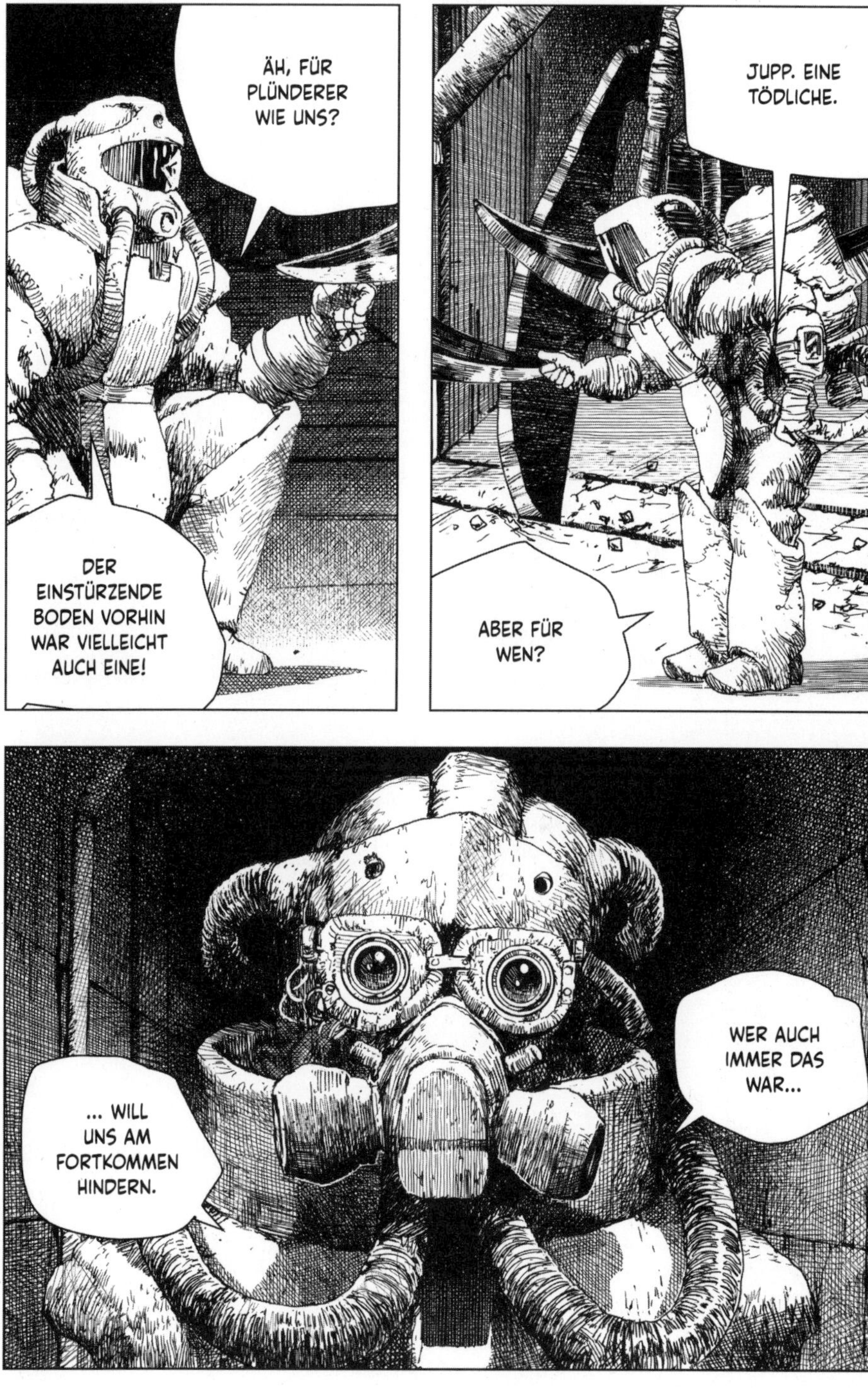
ÄH, FÜR PLÜNDERER WIE UNS?
DER EINSTÜRZENDE BODEN VORHIN WAR VIELLEICHT AUCH EINE!
JUPP. EINE TÖDLICHE.
ABER FÜR WEN?
WER AUCH IMMER DAS WAR...
... WILL UNS AM FORTKOMMEN HINDERN.

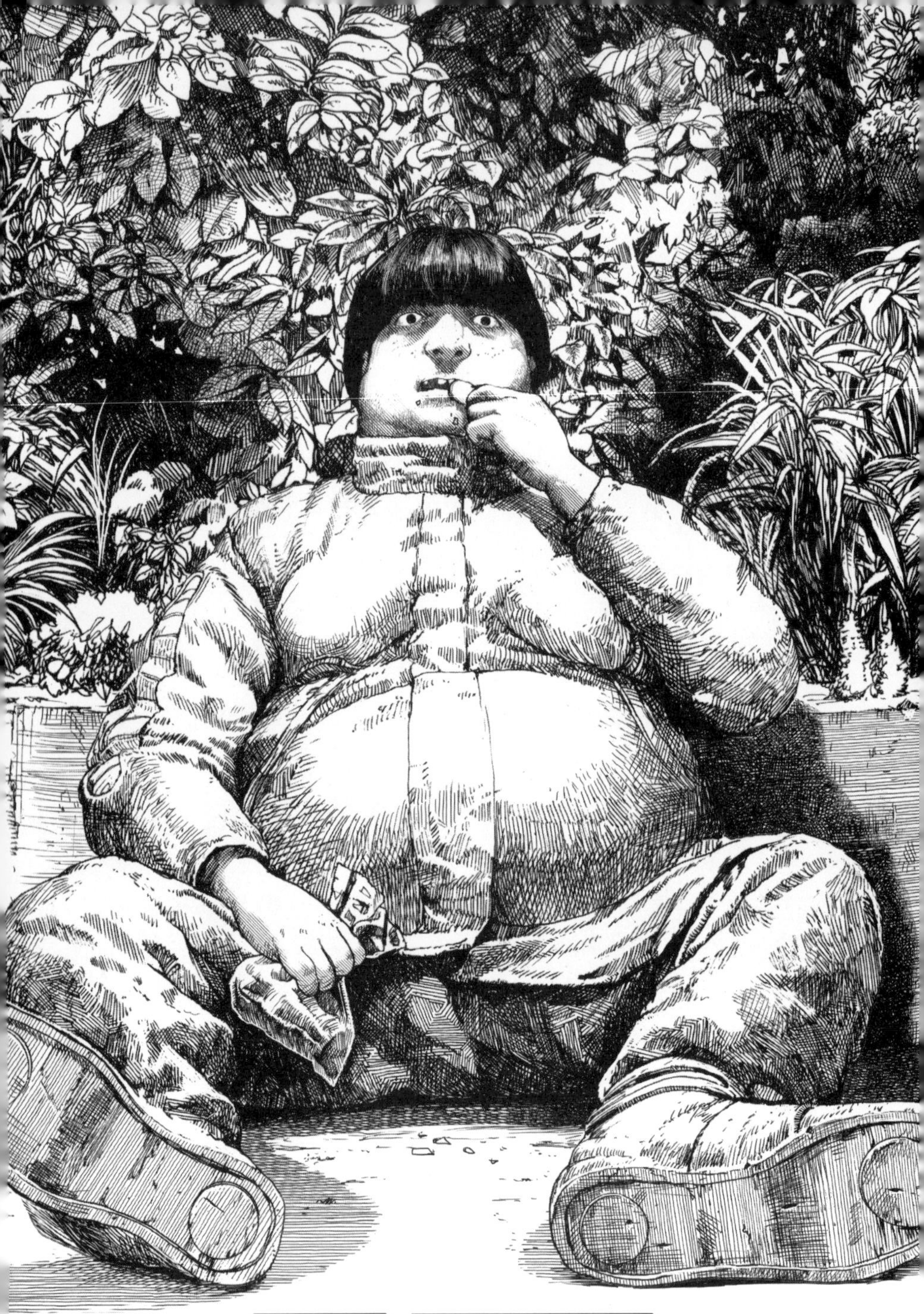

# KAPITEL 4 ▶ EINSCHÜCHTERER

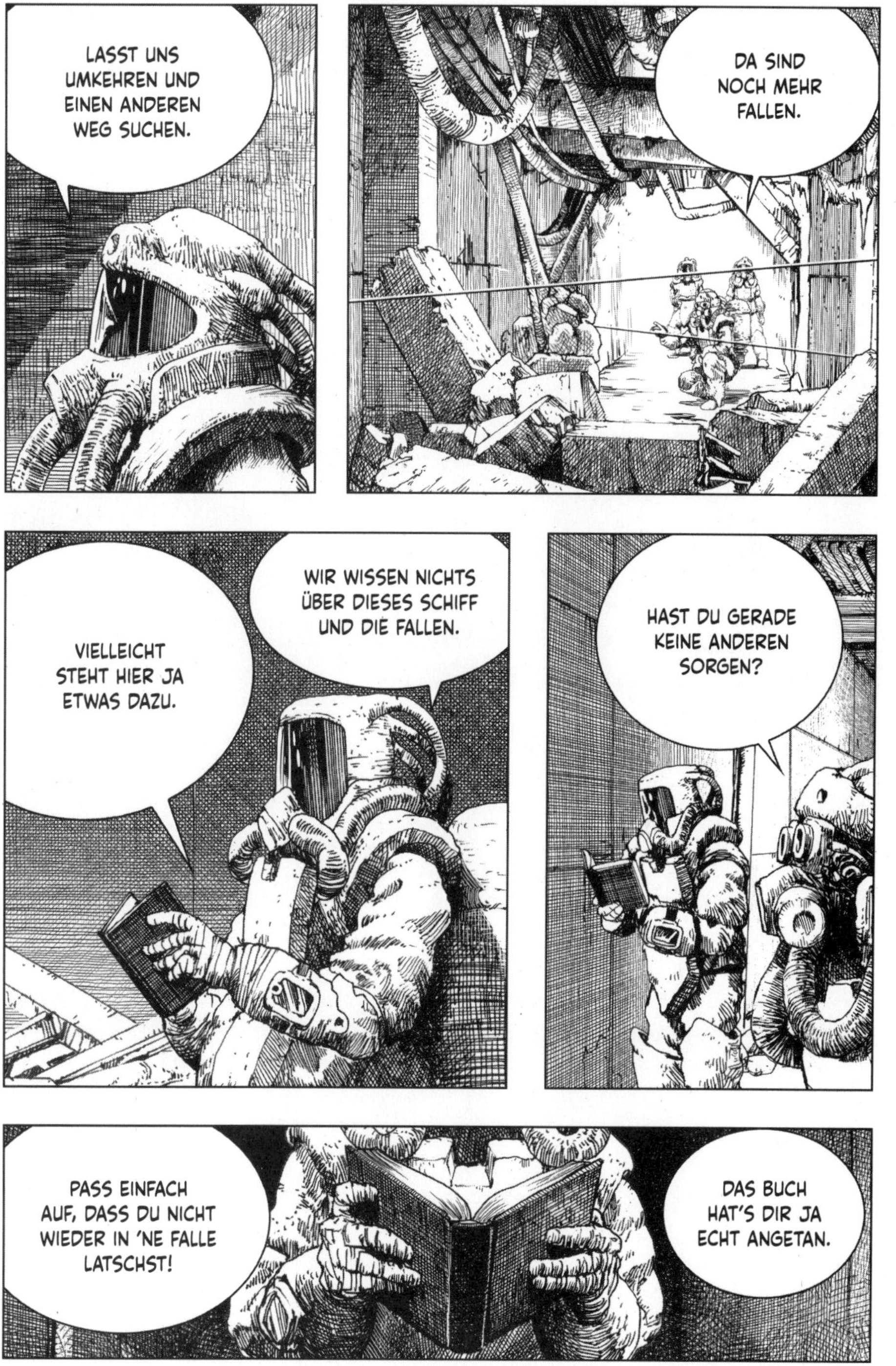
LASST UNS UMKEHREN UND EINEN ANDEREN WEG SUCHEN.
DA SIND NOCH MEHR FALLEN.
WIR WISSEN NICHTS ÜBER DIESES SCHIFF UND DIE FALLEN.
VIELLEICHT STEHT HIER JA ETWAS DAZU.
HAST DU GERADE KEINE ANDEREN SORGEN?
PASS EINFACH AUF, DASS DU NICHT WIEDER IN 'NE FALLE LATSCHST!
DAS BUCH HAT'S DIR JA ECHT ANGETAN.

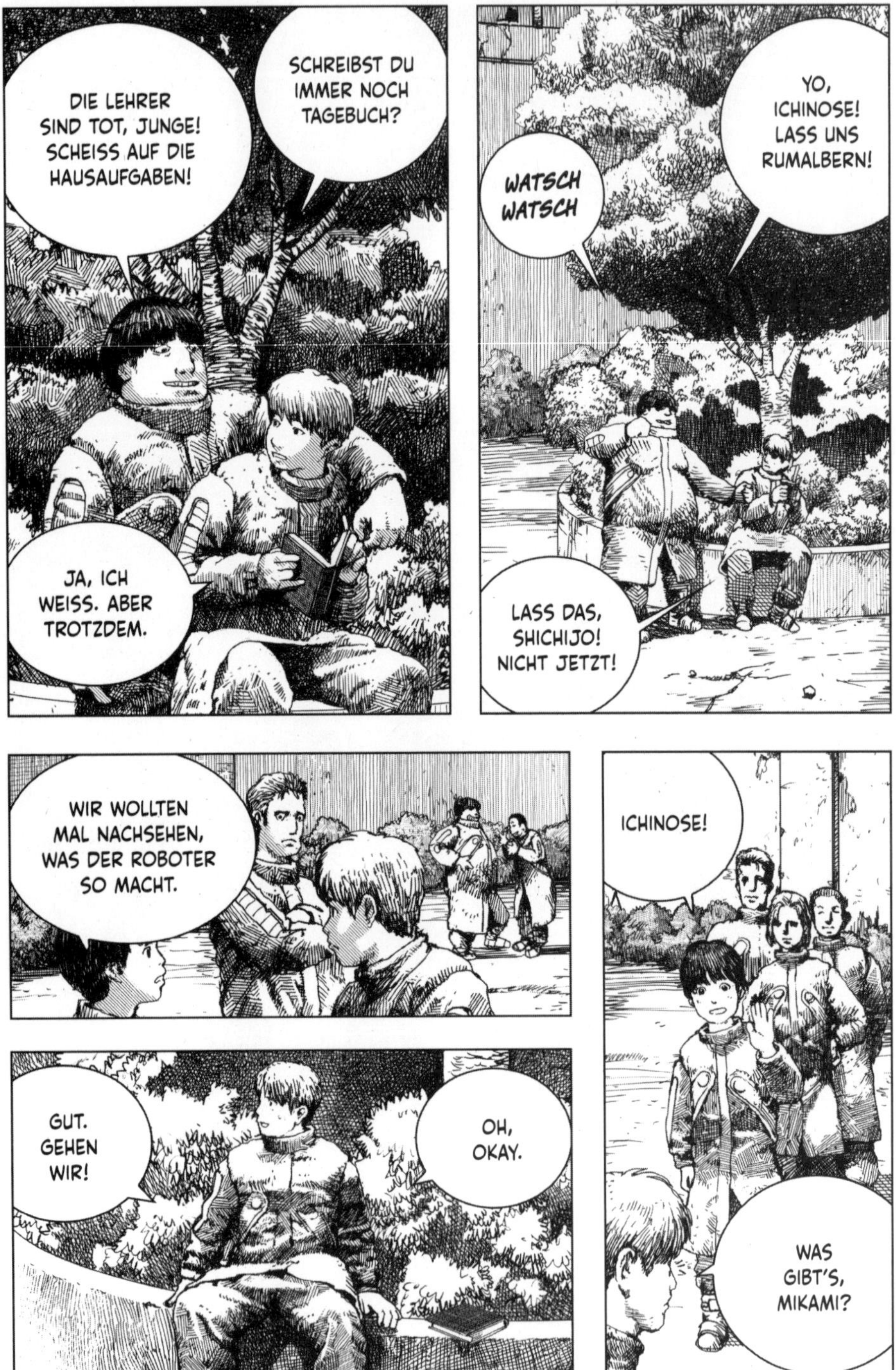
SCHREIBST DU IMMER NOCH TAGEBUCH?
DIE LEHRER SIND TOT, JUNGE! SCHEISS AUF DIE HAUSAUFGABEN!
JA, ICH WEISS. ABER TROTZDEM.
YO, ICHINOSE! LASS UNS RUMALBERN!
WATSCH WATSCH
LASS DAS, SHICHIJO! NICHT JETZT!
WIR WOLLTEN MAL NACHSEHEN, WAS DER ROBOTER SO MACHT.
GUT. GEHEN WIR!
OH, OKAY.
ICHINOSE!
WAS GIBT'S, MIKAMI?

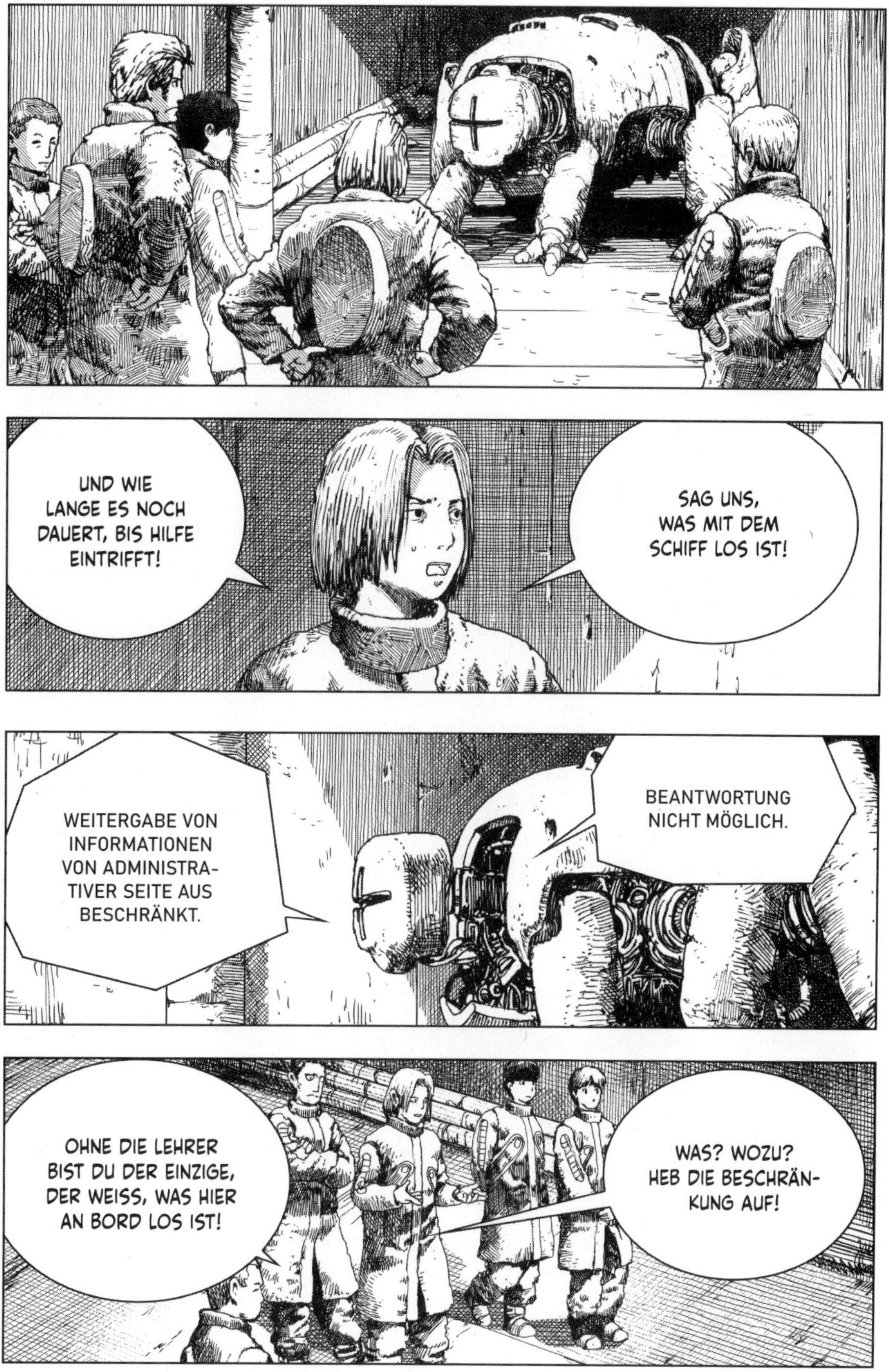
SAG UNS, WAS MIT DEM SCHIFF LOS IST!
UND WIE LANGE ES NOCH DAUERT, BIS HILFE EINTRIFFT!
BEANTWORTUNG NICHT MÖGLICH.
WEITERGABE VON INFORMATIONEN VON ADMINISTRATIVER SEITE AUS BESCHRÄNKT.
WAS? WOZU? HEB DIE BESCHRÄNKUNG AUF!
OHNE DIE LEHRER BIST DU DER EINZIGE, DER WEISS, WAS HIER AN BORD LOS IST!

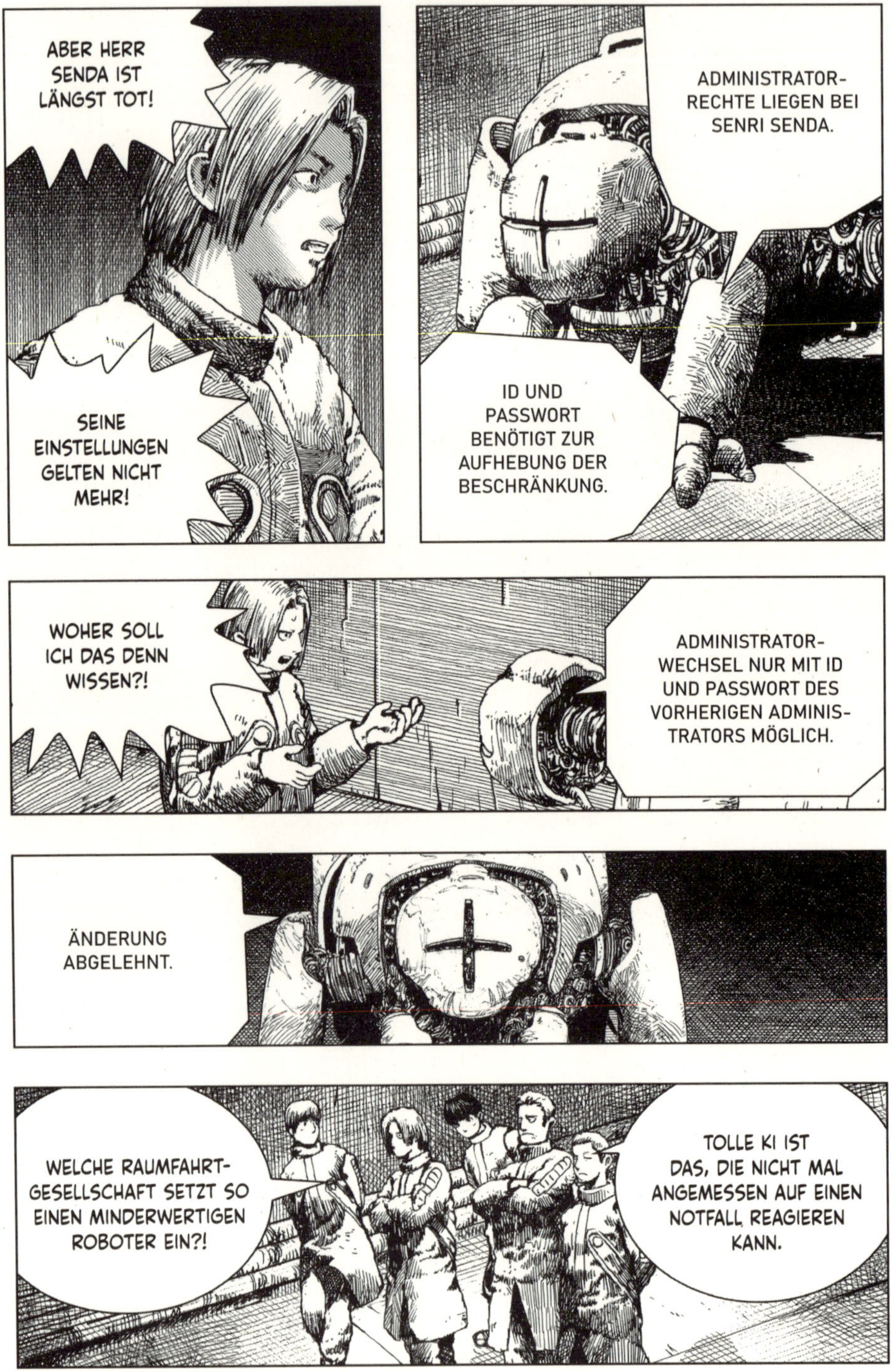
ADMINISTRATOR-RECHTE LIEGEN BEI SENRI SENDA.
ID UND PASSWORT BENÖTIGT ZUR AUFHEBUNG DER BESCHRÄNKUNG.
ABER HERR SENDA IST LÄNGST TOT!
SEINE EINSTELLUNGEN GELTEN NICHT MEHR!
ADMINISTRATORWECHSEL NUR MIT ID UND PASSWORT DES VORHERIGEN ADMINISTRATORS MÖGLICH.
WOHER SOLL ICH DAS DENN WISSEN?!
ÄNDERUNG ABGELEHNT.
TOLLE KI IST DAS, DIE NICHT MAL ANGEMESSEN AUF EINEN NOTFALL REAGIEREN KANN.
WELCHE RAUMFAHRTGESELLSCHAFT SETZT SO EINEN MINDERWERTIGEN ROBOTER EIN?!

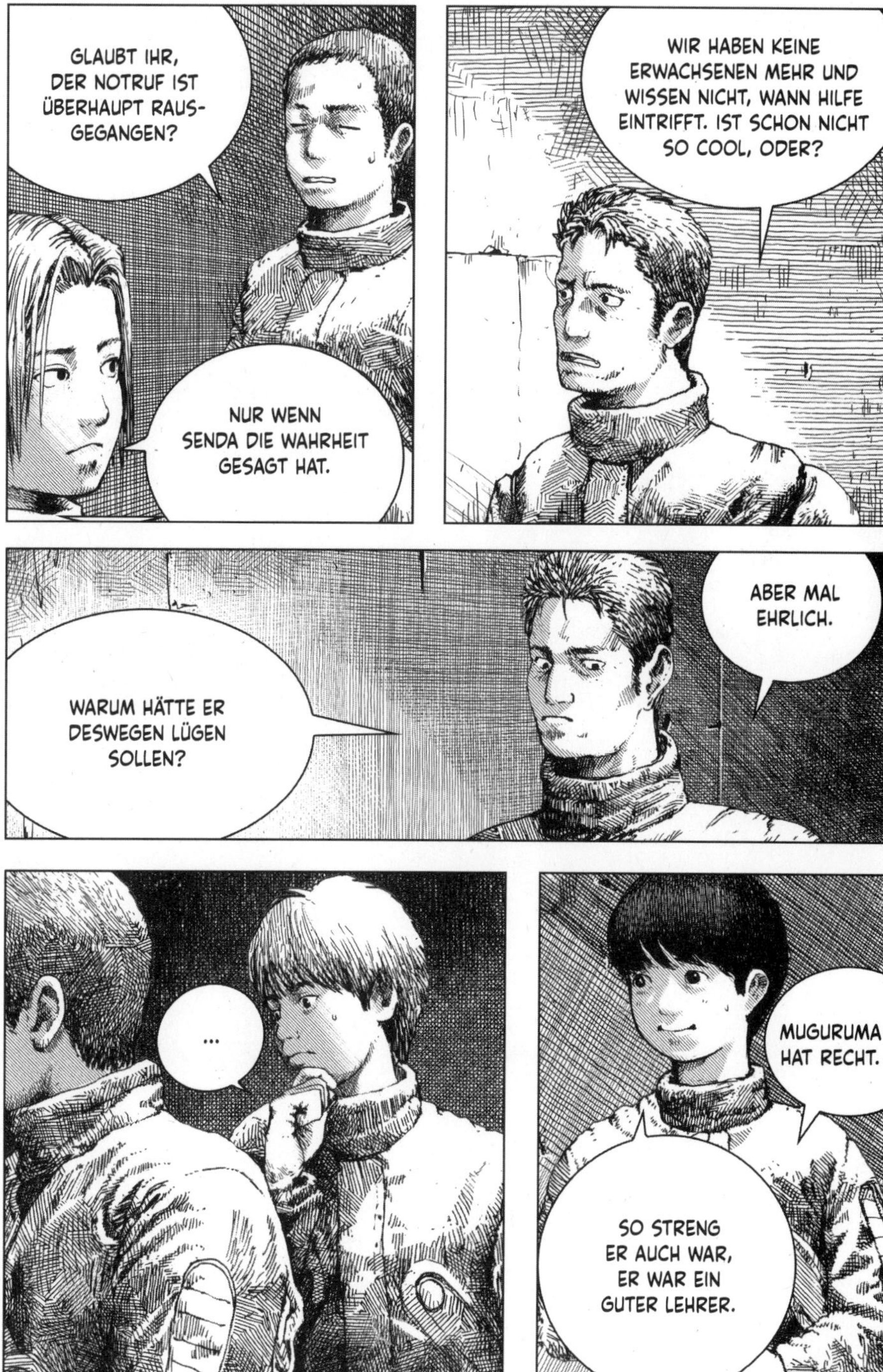
GLAUBT IHR, DER NOTRUF IST ÜBERHAUPT RAUS-GEGANGEN?
NUR WENN SENDA DIE WAHRHEIT GESAGT HAT.
WIR HABEN KEINE ERWACHSENEN MEHR UND WISSEN NICHT, WANN HILFE EINTRIFFT. IST SCHON NICHT SO COOL, ODER?
WARUM HÄTTE ER DESWEGEN LÜGEN SOLLEN?
ABER MAL EHRLICH.
...
MUGURUMA HAT RECHT.
SO STRENG ER AUCH WAR, ER WAR EIN GUTER LEHRER.

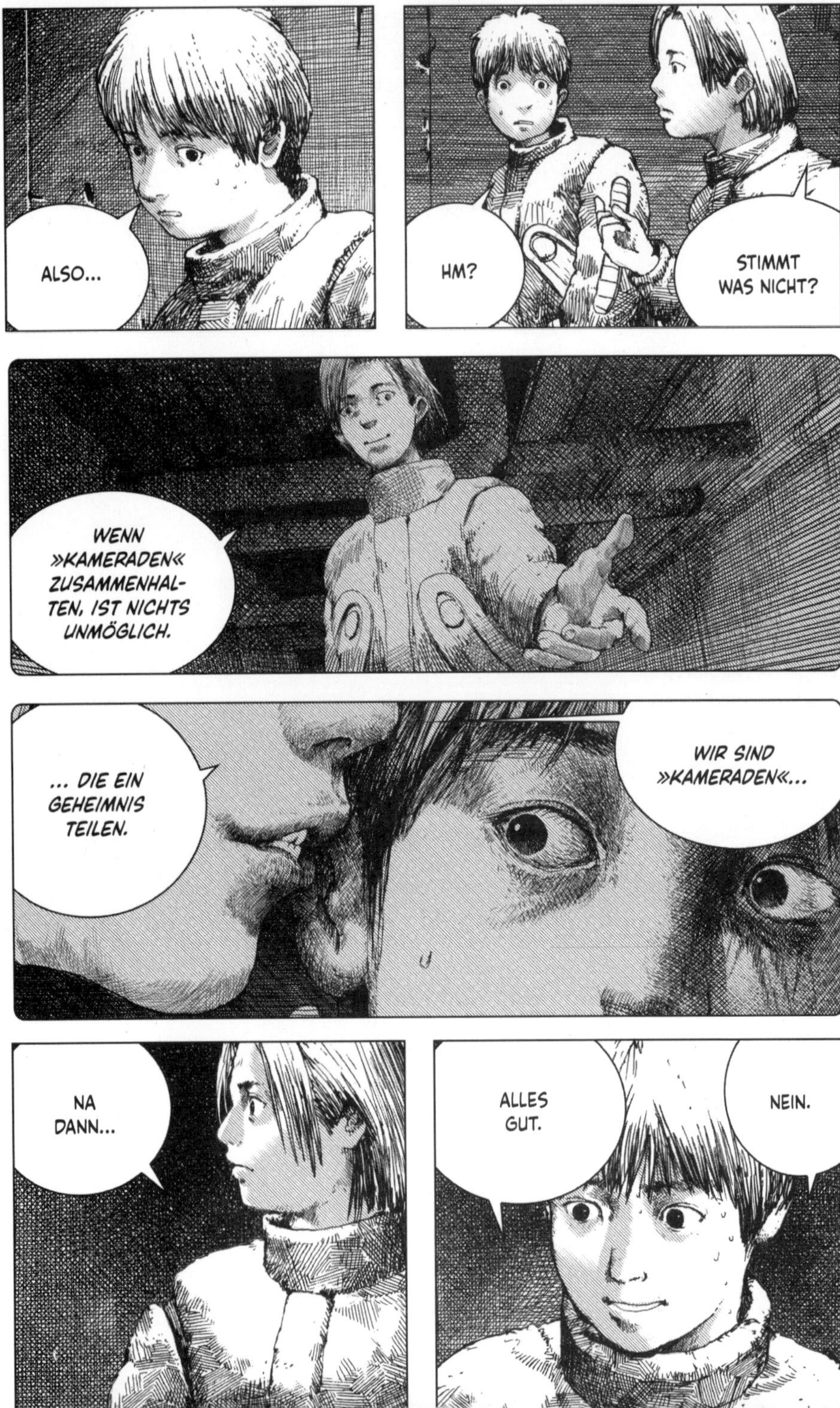
STIMMT WAS NICHT?
HM?
ALSO...
WENN »KAMERADEN« ZUSAMMENHALTEN, IST NICHTS UNMÖGLICH.
WIR SIND »KAMERADEN«...
... DIE EIN GEHEIMNIS TEILEN.
NEIN.
ALLES GUT.
NA DANN...

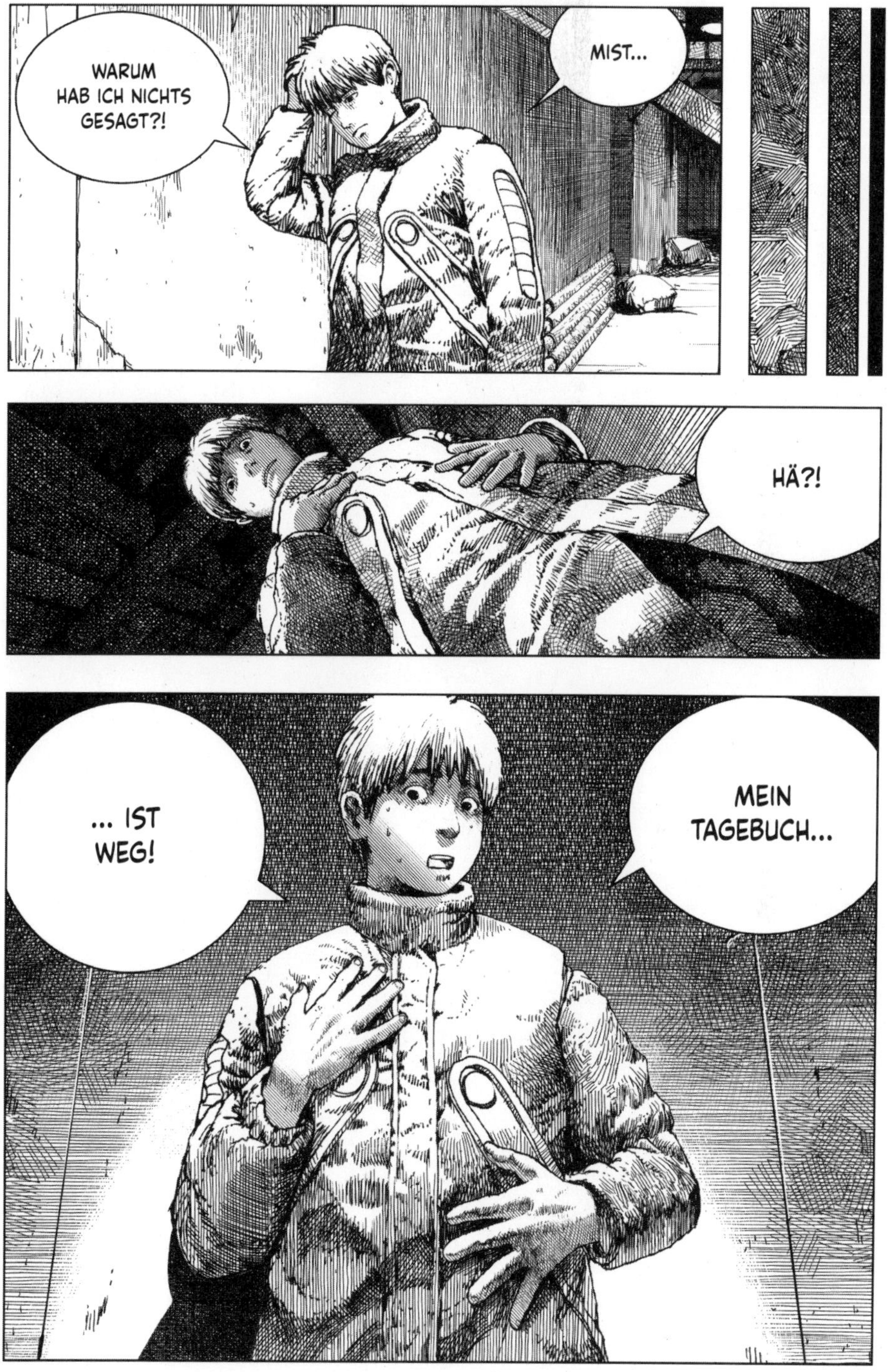
MIST...
WARUM HAB ICH NICHTS GESAGT?!
HÄ?!
MEIN TAGEBUCH...
... IST WEG!

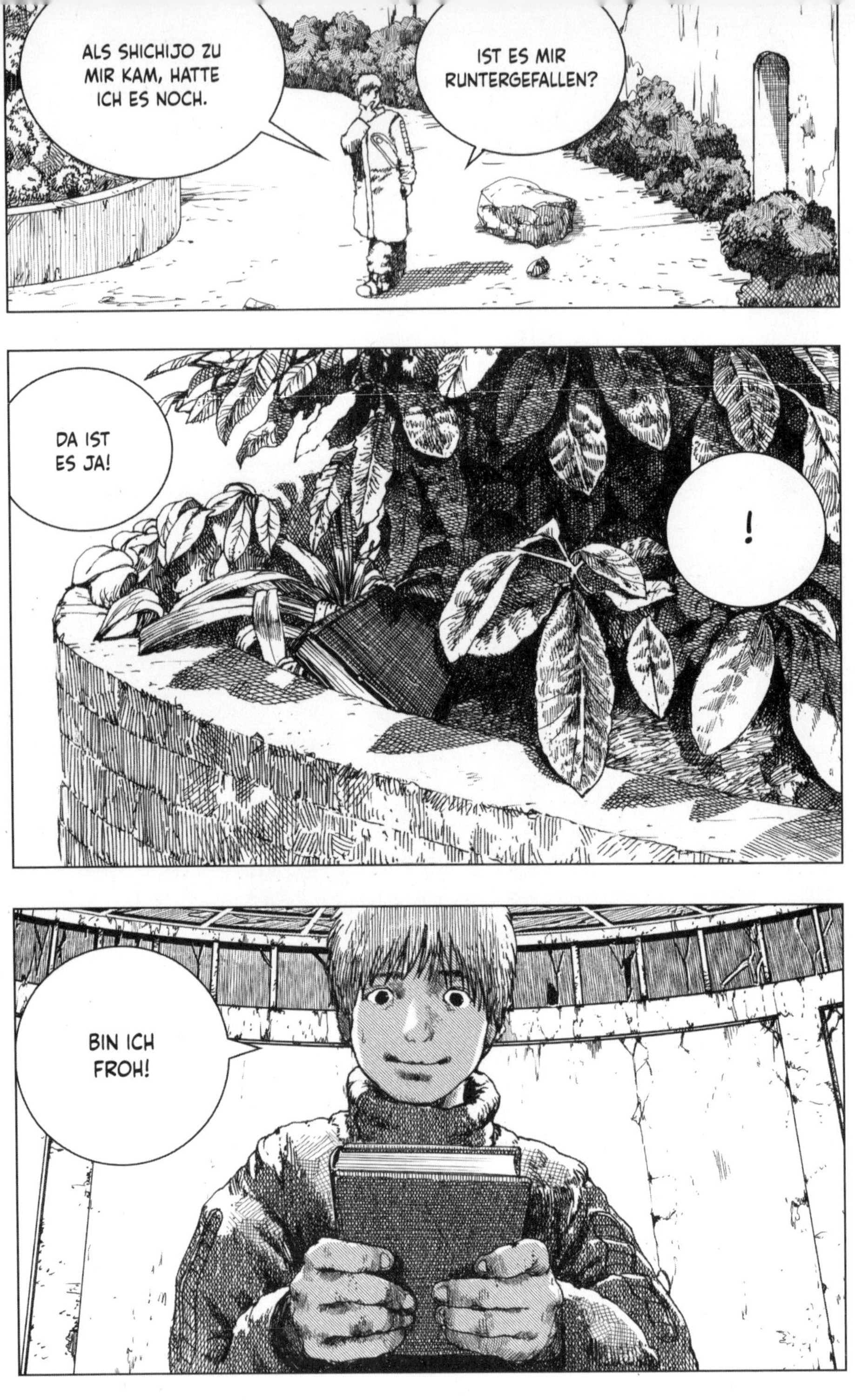
IST ES MIR RUNTERGEFALLEN?
ALS SHICHIJO ZU MIR KAM, HATTE ICH ES NOCH.
!
DA IST ES JA!
BIN ICH FROH!

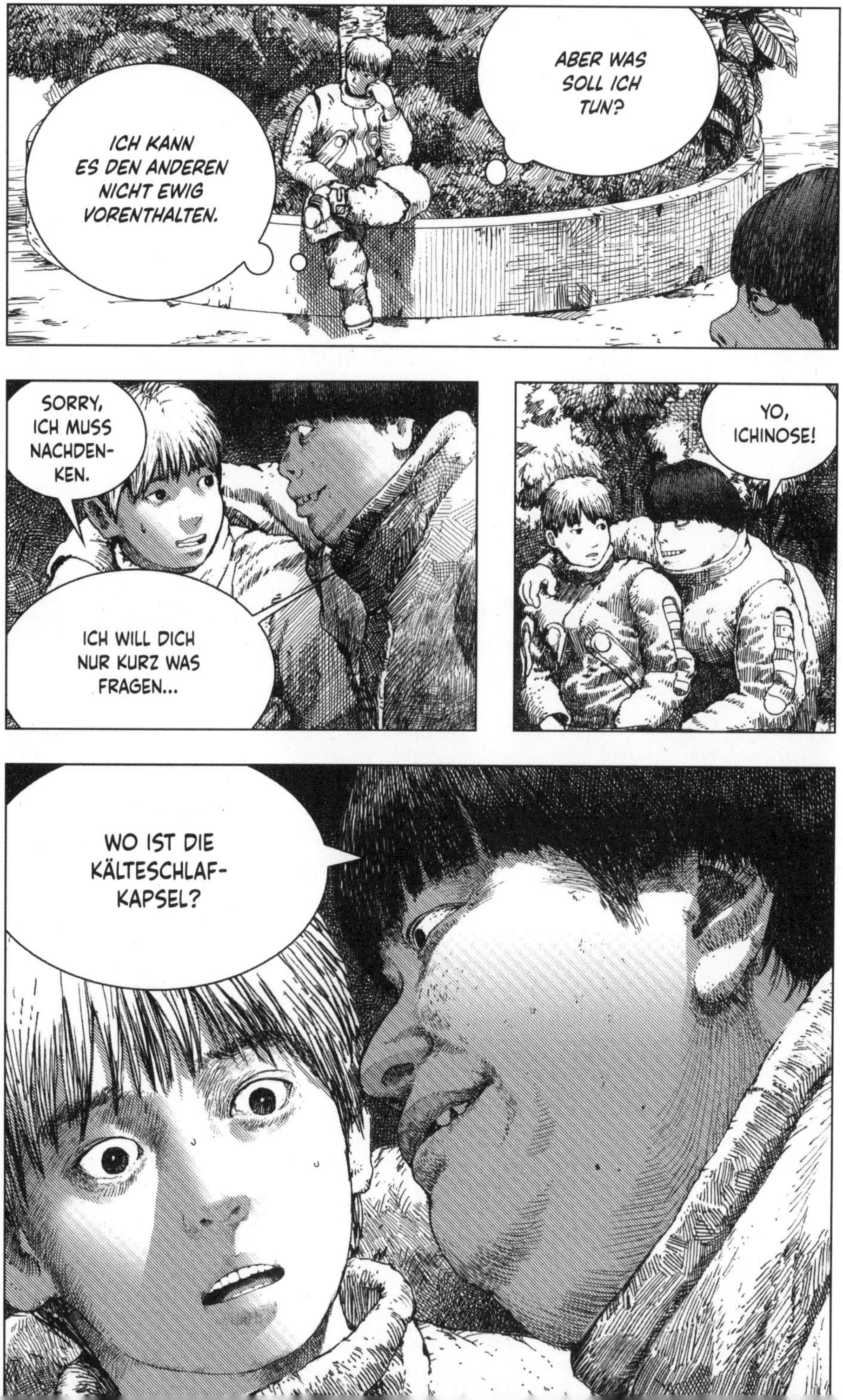
ABER WAS SOLL ICH TUN?
ICH KANN ES DEN ANDEREN NICHT EWIG VORENTHALTEN.
YO, ICHINOSE!
SORRY, ICH MUSS NACHDEN-KEN.
ICH WILL DICH NUR KURZ WAS FRAGEN...
WO IST DIE KÄLTESCHLAF-KAPSEL?

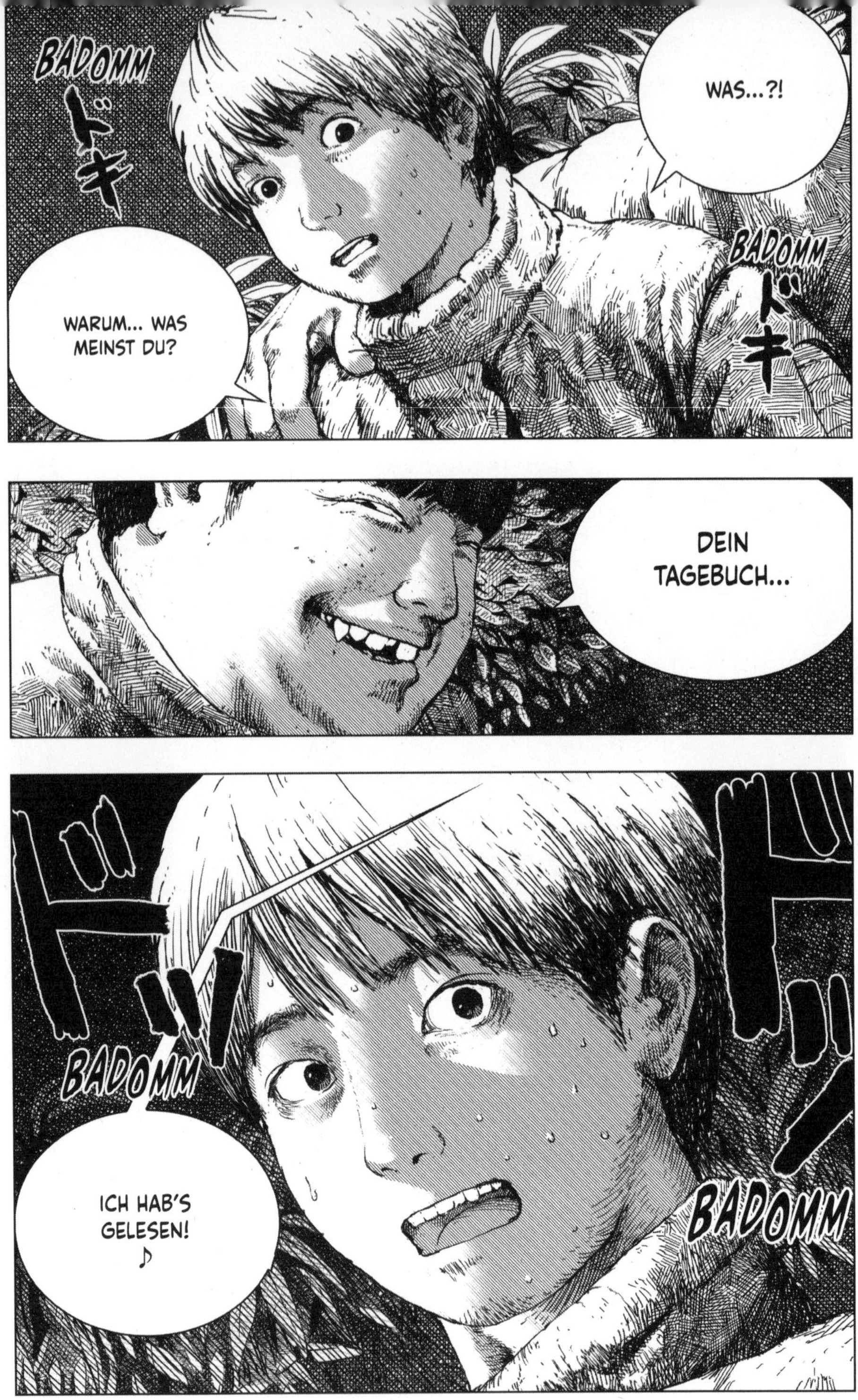
WAS...?!
BADOMM
ドキ
BADOMM
ドキ
WARUM... WAS MEINST DU?
DEIN TAGEBUCH...
ドッ
BADOMM
ドッ
BADOMM
ICH HAB'S GELESEN! ♪

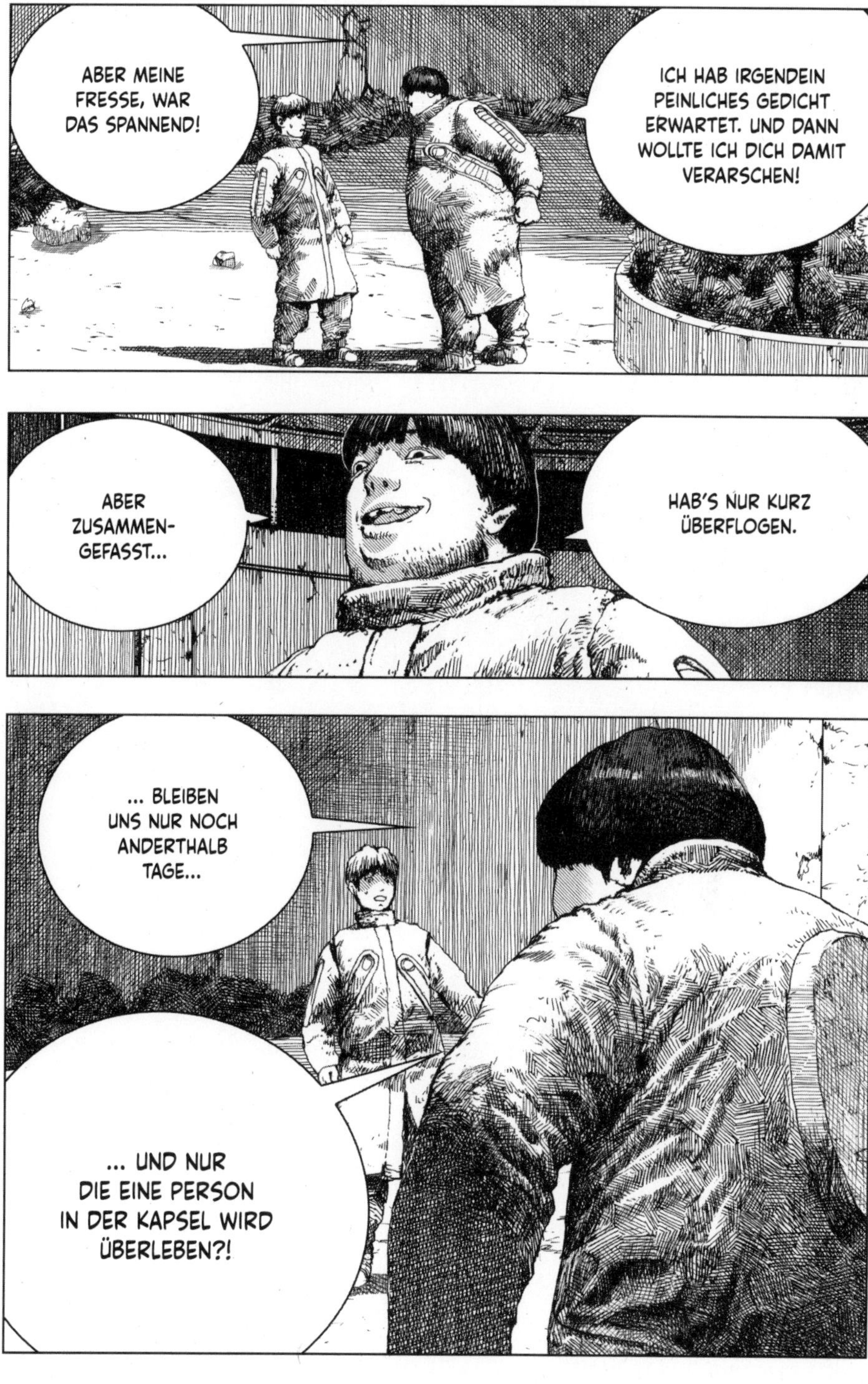
ICH HAB IRGENDEIN PEINLICHES GEDICHT ERWARTET. UND DANN WOLLTE ICH DICH DAMIT VERARSCHEN!
ABER MEINE FRESSE, WAR DAS SPANNEND!
HAB'S NUR KURZ ÜBERFLOGEN.
ABER ZUSAMMEN-GEFASST...
... BLEIBEN UNS NUR NOCH ANDERTHALB TAGE...
... UND NUR DIE EINE PERSON IN DER KAPSEL WIRD ÜBERLEBEN?!

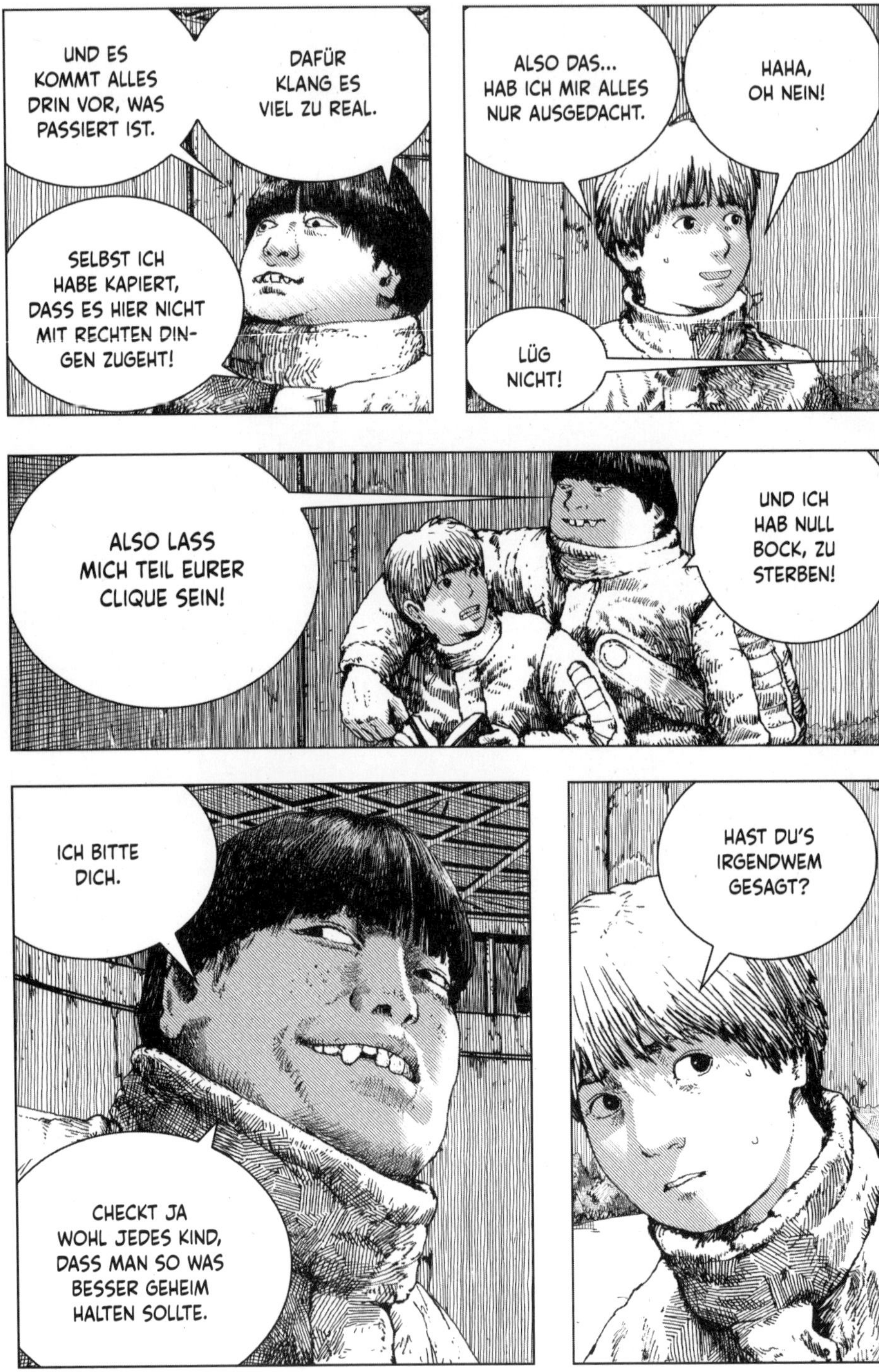
HAHA, OH NEIN!
ALSO DAS... HAB ICH MIR ALLES NUR AUSGEDACHT.
LÜG NICHT!
DAFÜR KLANG ES VIEL ZU REAL.
UND ES KOMMT ALLES DRIN VOR, WAS PASSIERT IST.
SELBST ICH HABE KAPIERT, DASS ES HIER NICHT MIT RECHTEN DINGEN ZUGEHT!
UND ICH HAB NULL BOCK, ZU STERBEN!
ALSO LASS MICH TEIL EURER CLIQUE SEIN!
HAST DU'S IRGENDWEM GESAGT?
ICH BITTE DICH.
CHECKT JA WOHL JEDES KIND, DASS MAN SO WAS BESSER GEHEIM HALTEN SOLLTE.

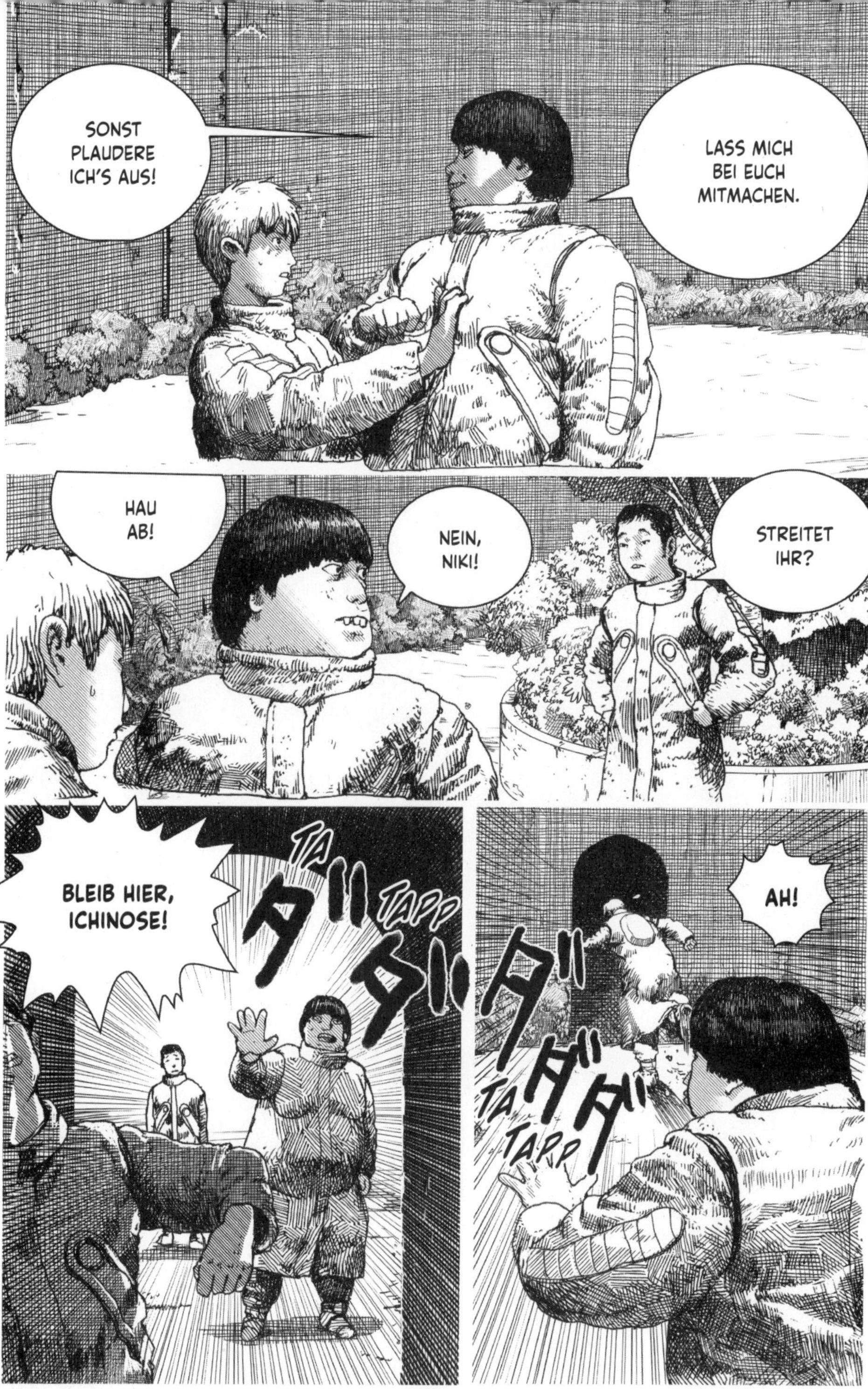
LASS MICH BEI EUCH MITMACHEN.
SONST PLAUDERE ICH'S AUS!
STREITET IHR?
NEIN, NIKI!
HAU AB!
AH!
TA TAPP
BLEIB HIER, ICHINOSE!
TA TAPP

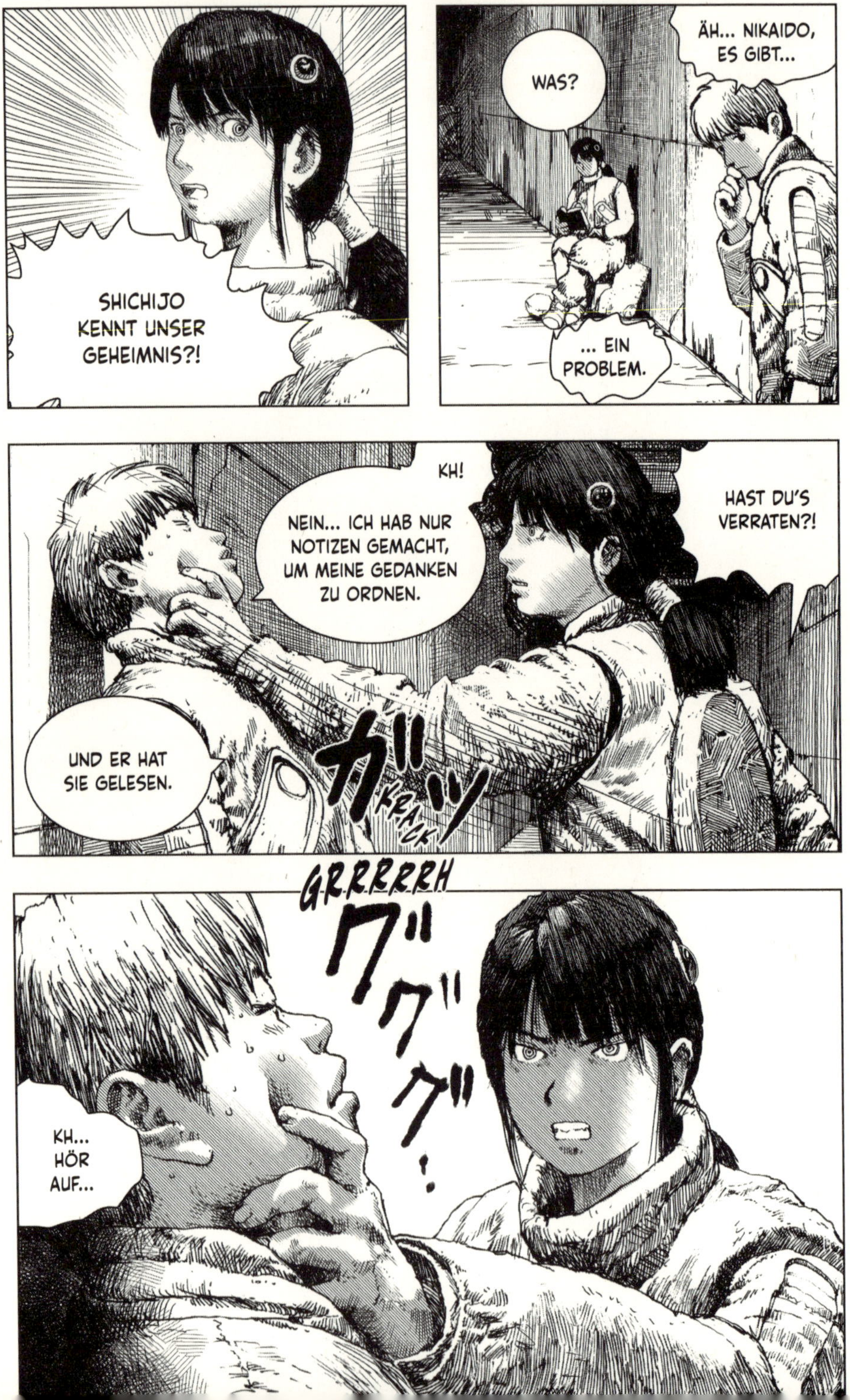
ÄH... NIKAIDO, ES GIBT...
WAS?
... EIN PROBLEM.
SHICHIJO KENNT UNSER GEHEIMNIS?!
HAST DU'S VERRATEN?!
KH!
NEIN... ICH HAB NUR NOTIZEN GEMACHT, UM MEINE GEDANKEN ZU ORDNEN.
UND ER HAT SIE GELESEN.
KRACK
GRRRRRH
KH... HÖR AUF...

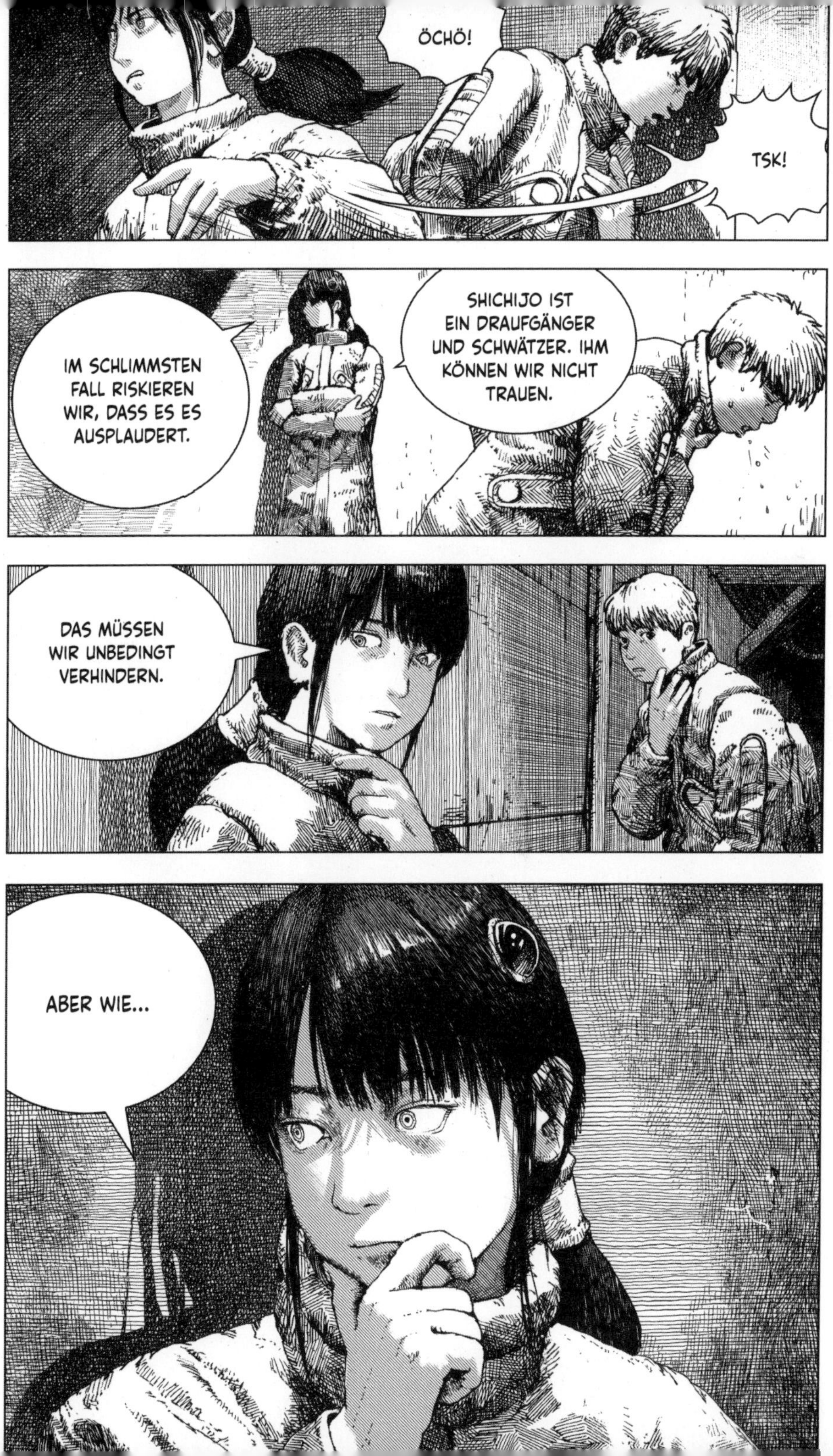
TSK!
ÖCHÖ!
SHICHIJO IST EIN DRAUFGÄNGER UND SCHWÄTZER. IHM KÖNNEN WIR NICHT TRAUEN.
IM SCHLIMMSTEN FALL RISKIEREN WIR, DASS ES ES AUSPLAUDERT.
DAS MÜSSEN WIR UNBEDINGT VERHINDERN.
ABER WIE...

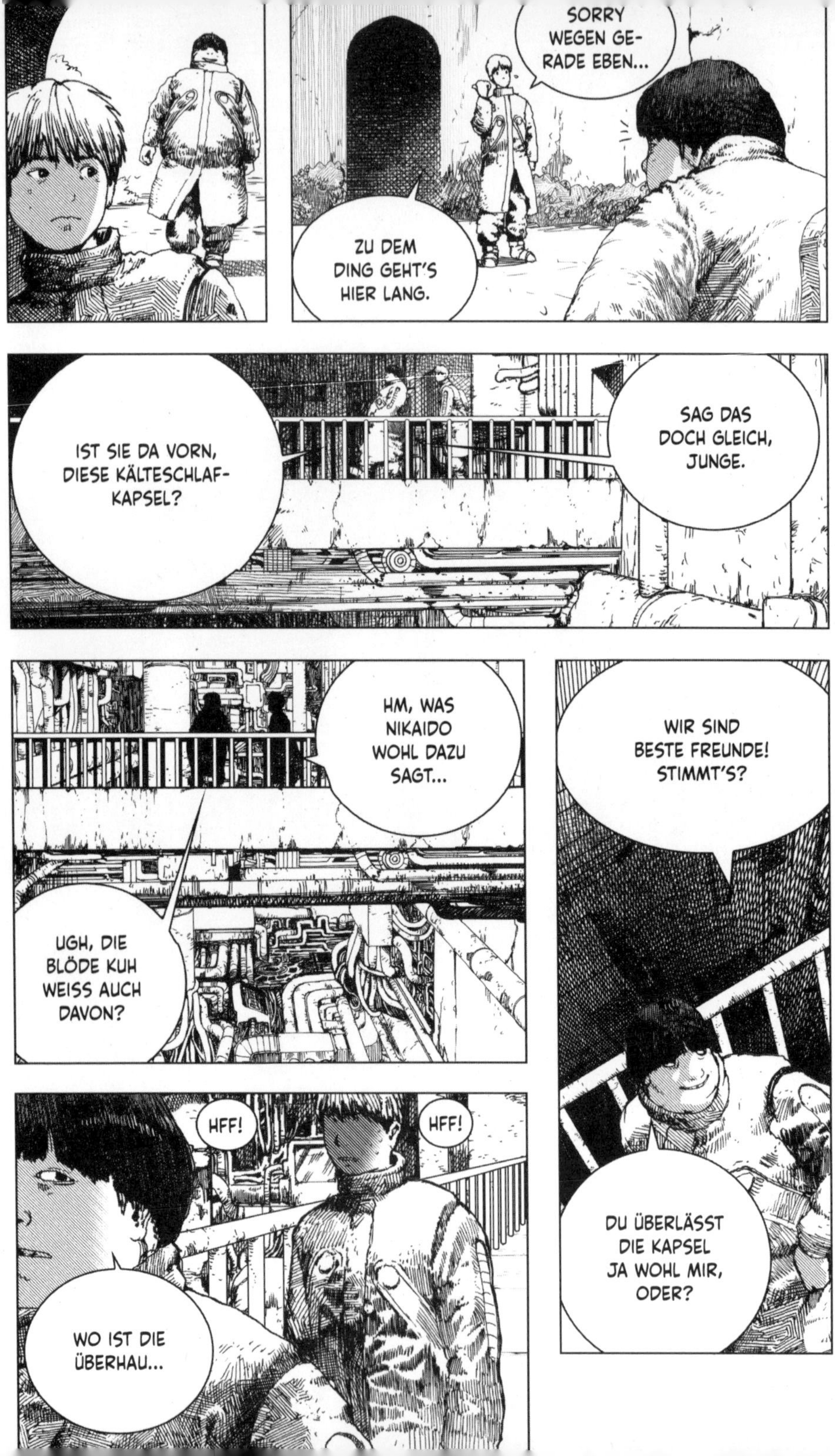
SORRY WEGEN GERADE EBEN...
ZU DEM DING GEHT'S HIER LANG.
SAG DAS DOCH GLEICH, JUNGE.
IST SIE DA VORN, DIESE KÄLTESCHLAF-KAPSEL?
WIR SIND BESTE FREUNDE! STIMMT'S?
DU ÜBERLÄSST DIE KAPSEL JA WOHL MIR, ODER?
HM, WAS NIKAIDO WOHL DAZU SAGT...
UGH, DIE BLÖDE KUH WEISS AUCH DAVON?
HFF!
HFF!
WO IST DIE ÜBERHAU...

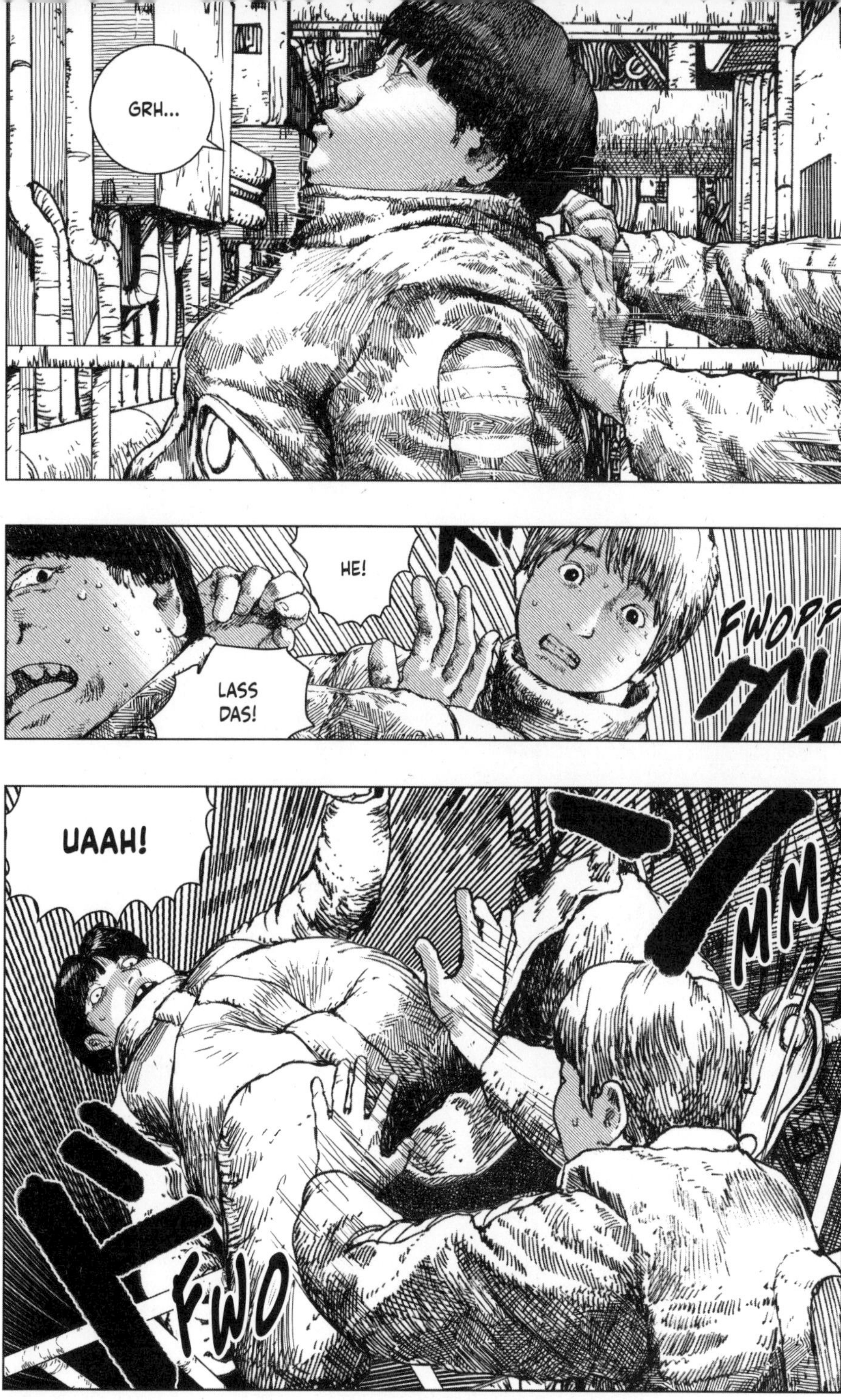
GRH...
HE!
LASS DAS!
FWOPP
UAAH!
MM
FWO

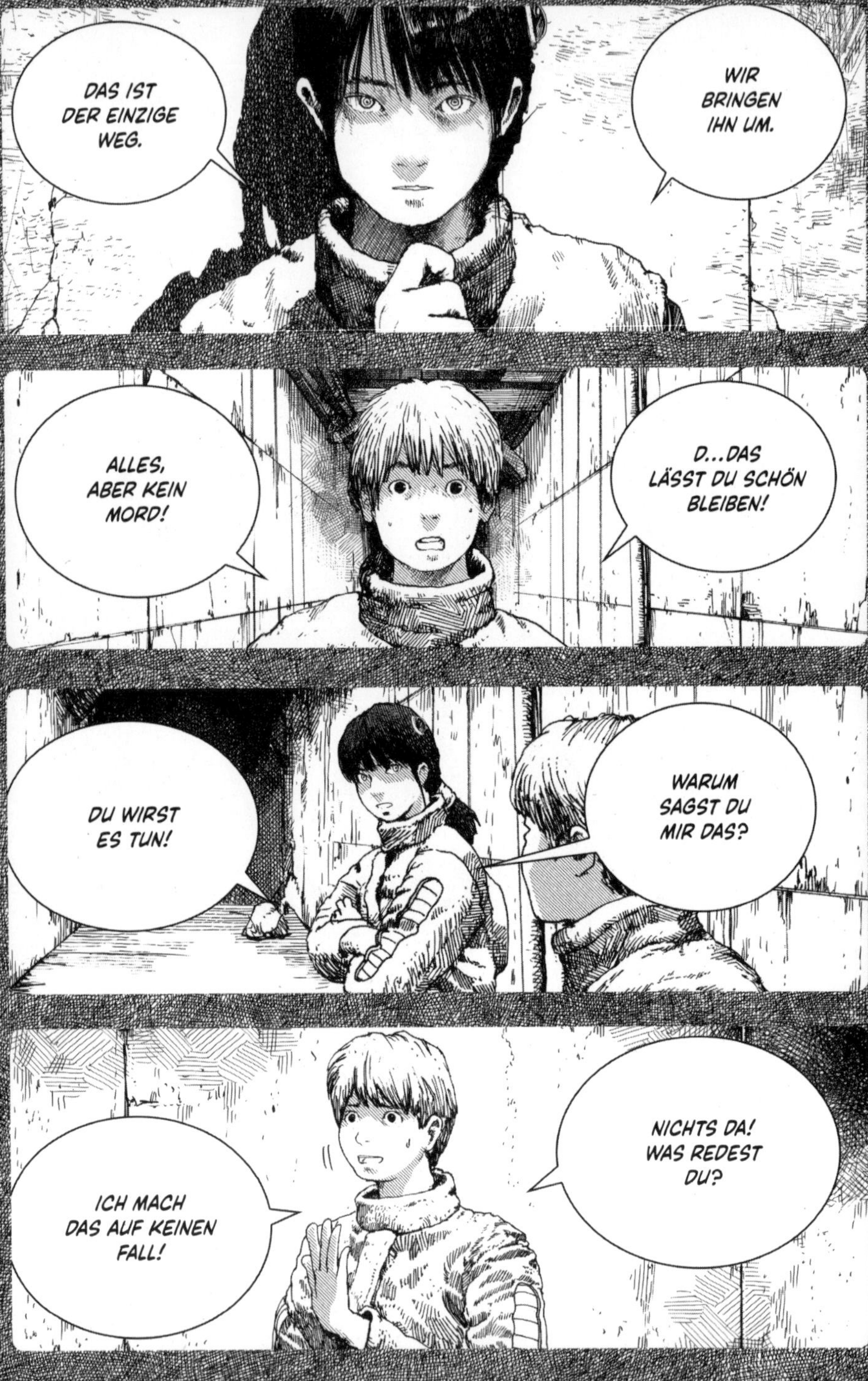
WIR BRINGEN IHN UM.
DAS IST DER EINZIGE WEG.
D...DAS LÄSST DU SCHÖN BLEIBEN!
ALLES, ABER KEIN MORD!
WARUM SAGST DU MIR DAS?
DU WIRST ES TUN!
NICHTS DA! WAS REDEST DU?
ICH MACH DAS AUF KEINEN FALL!

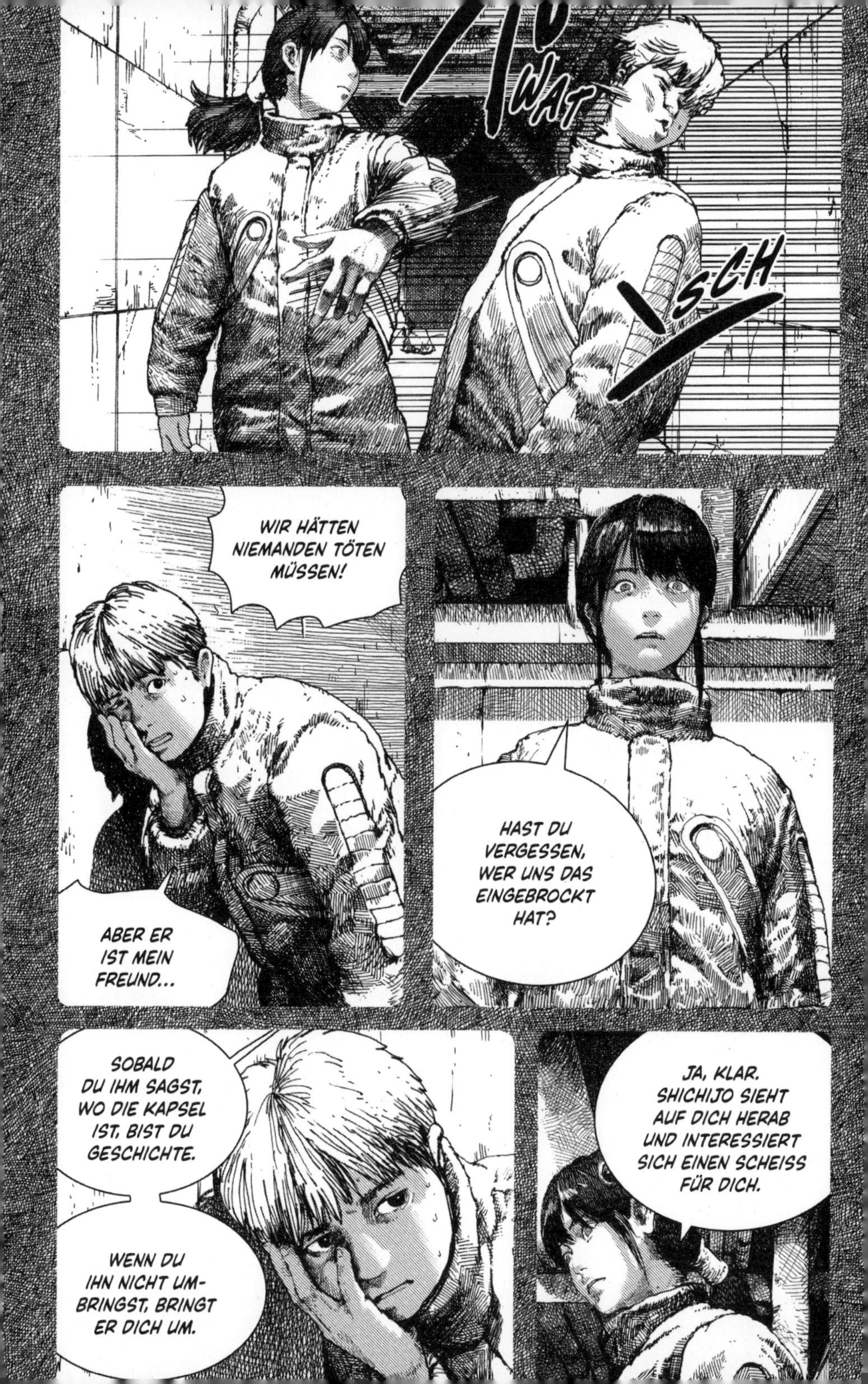
WAT
SCH
WIR HÄTTEN NIEMANDEN TÖTEN MÜSSEN!
HAST DU VERGESSEN, WER UNS DAS EINGEBROCKT HAT?
ABER ER IST MEIN FREUND...
JA, KLAR. SHICHIJO SIEHT AUF DICH HERAB UND INTERESSIERT SICH EINEN SCHEISS FÜR DICH.
SOBALD DU IHM SAGST, WO DIE KAPSEL IST, BIST DU GESCHICHTE.
WENN DU IHN NICHT UM-BRINGST, BRINGT ER DICH UM.

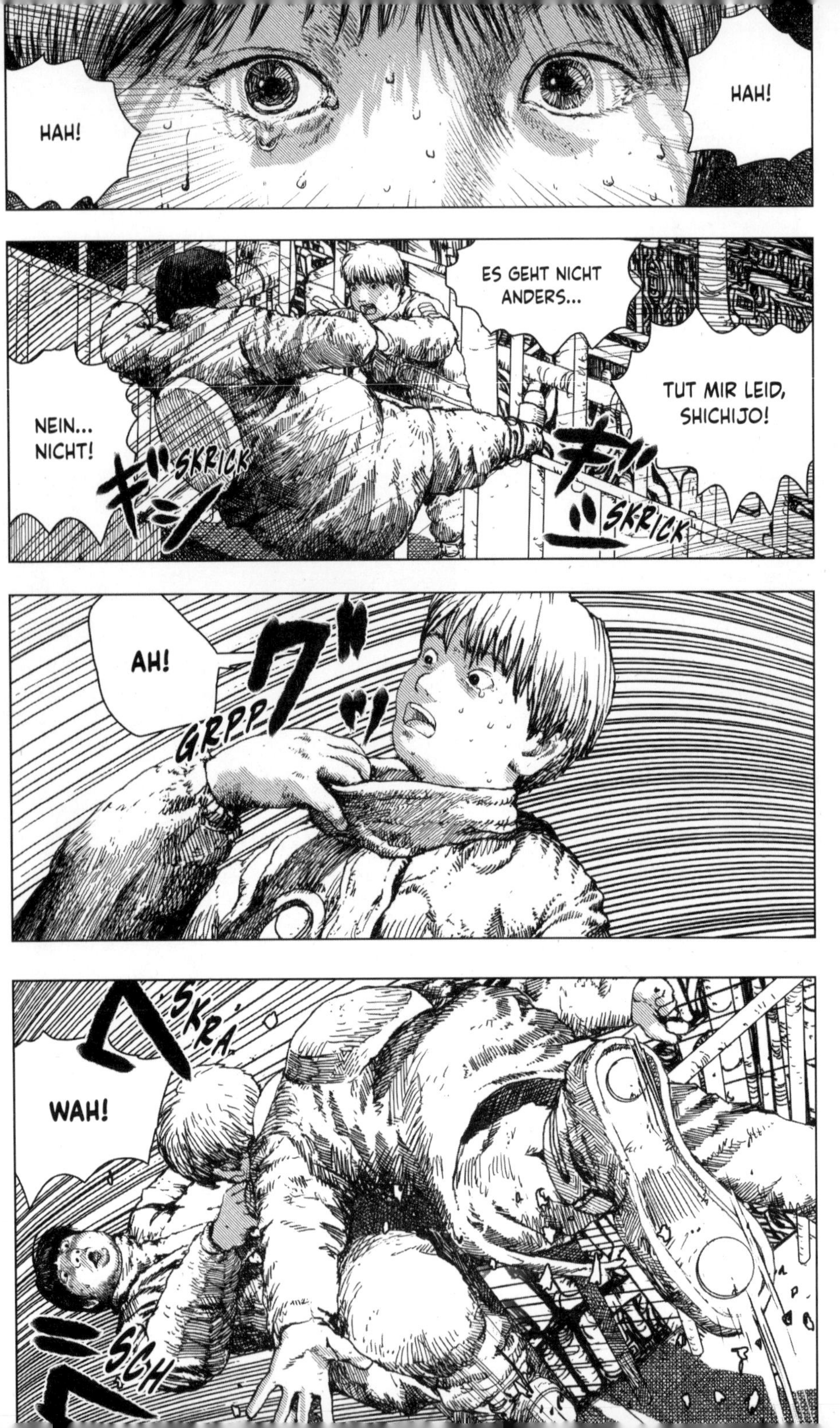
HAH!
HAH!
ES GEHT NICHT ANDERS...
TUT MIR LEID, SHICHIJO!
SKRICK
NEIN... NICHT!
SKRICK
GRPP
AH!
SKRA
WAH!
SCH

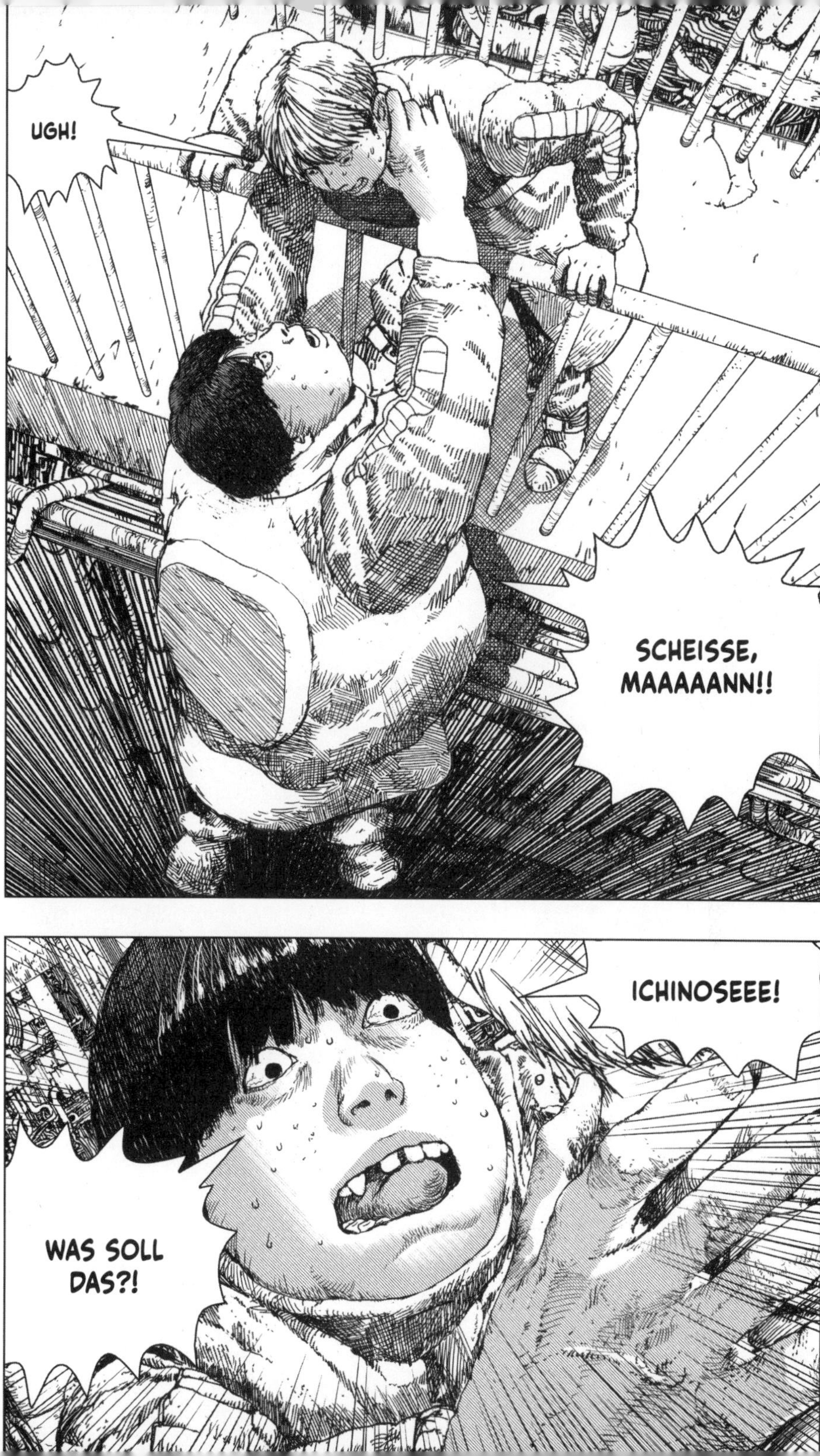
UGH!
SCHEISSE, MAAAAANN!!
ICHINOSEEE!
WAS SOLL DAS?!

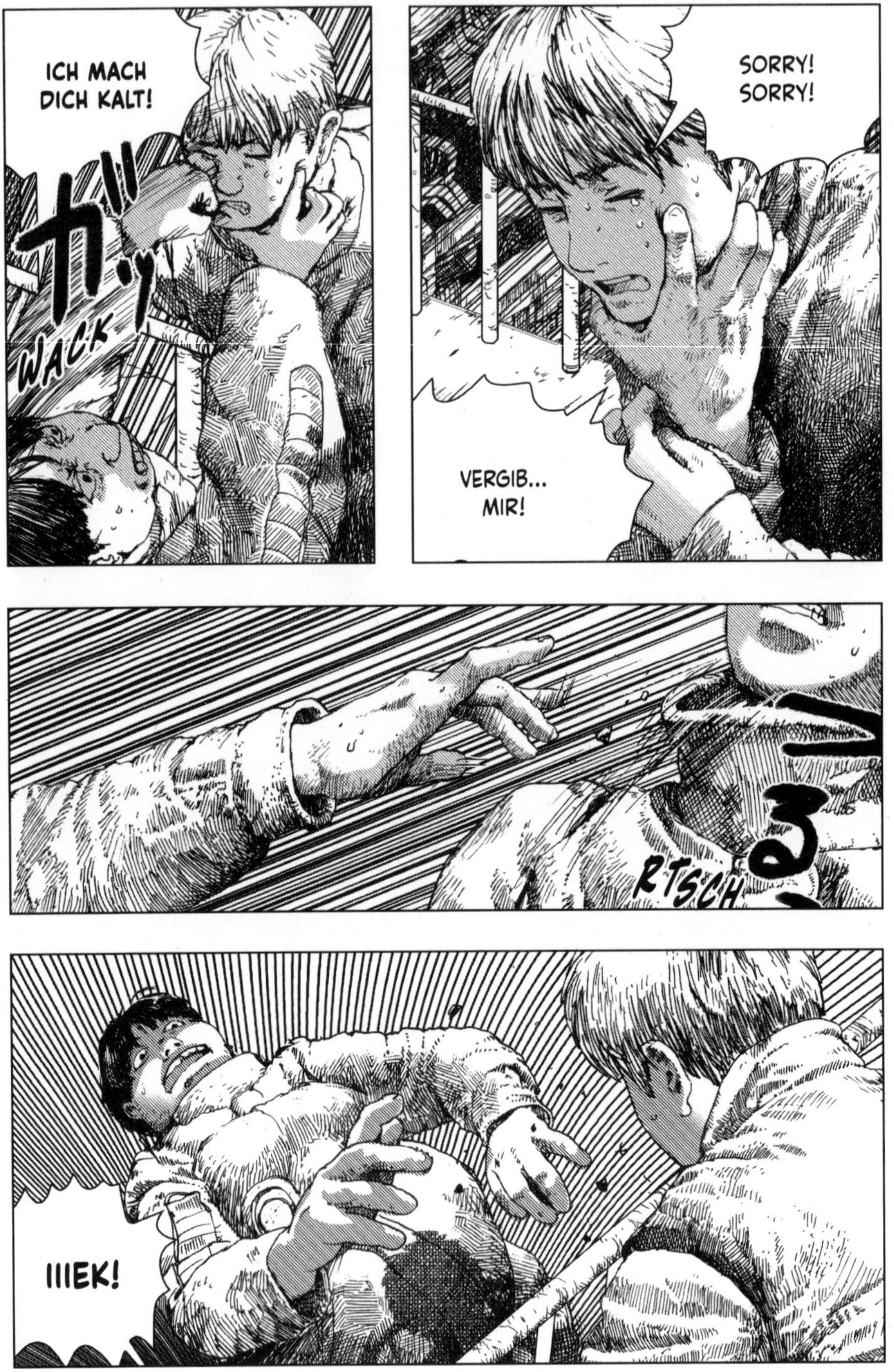

SORRY!
SORRY!
VERGIB...
MIR!
ICH MACH
DICH KALT!
WACK
RTSCH
IIIEK!

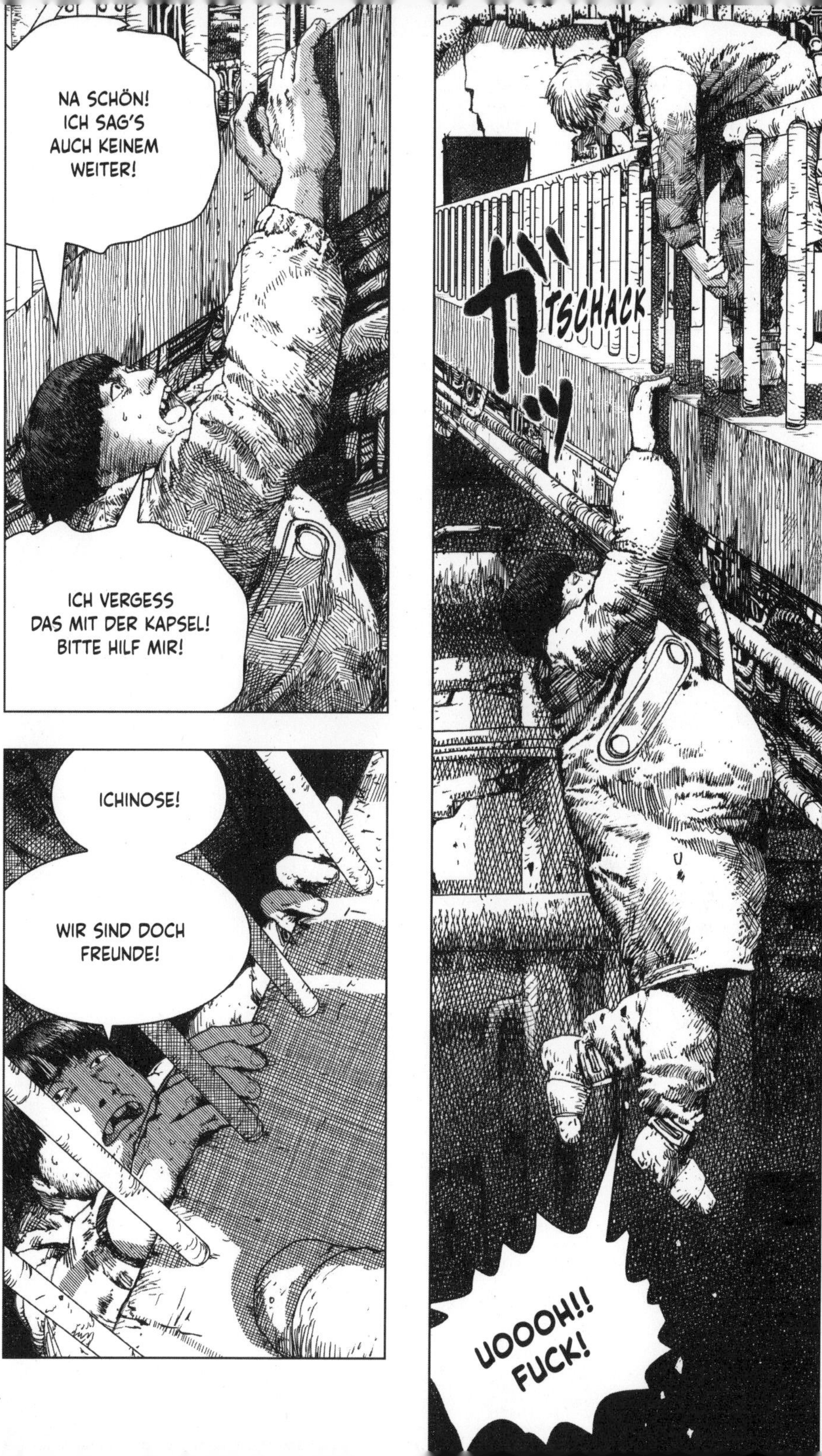
NA SCHÖN! ICH SAG'S AUCH KEINEM WEITER!
ICH VERGESS DAS MIT DER KAPSEL! BITTE HILF MIR!
ICHINOSE!
WIR SIND DOCH FREUNDE!
TSCHACK
UOOOH!! FUCK!

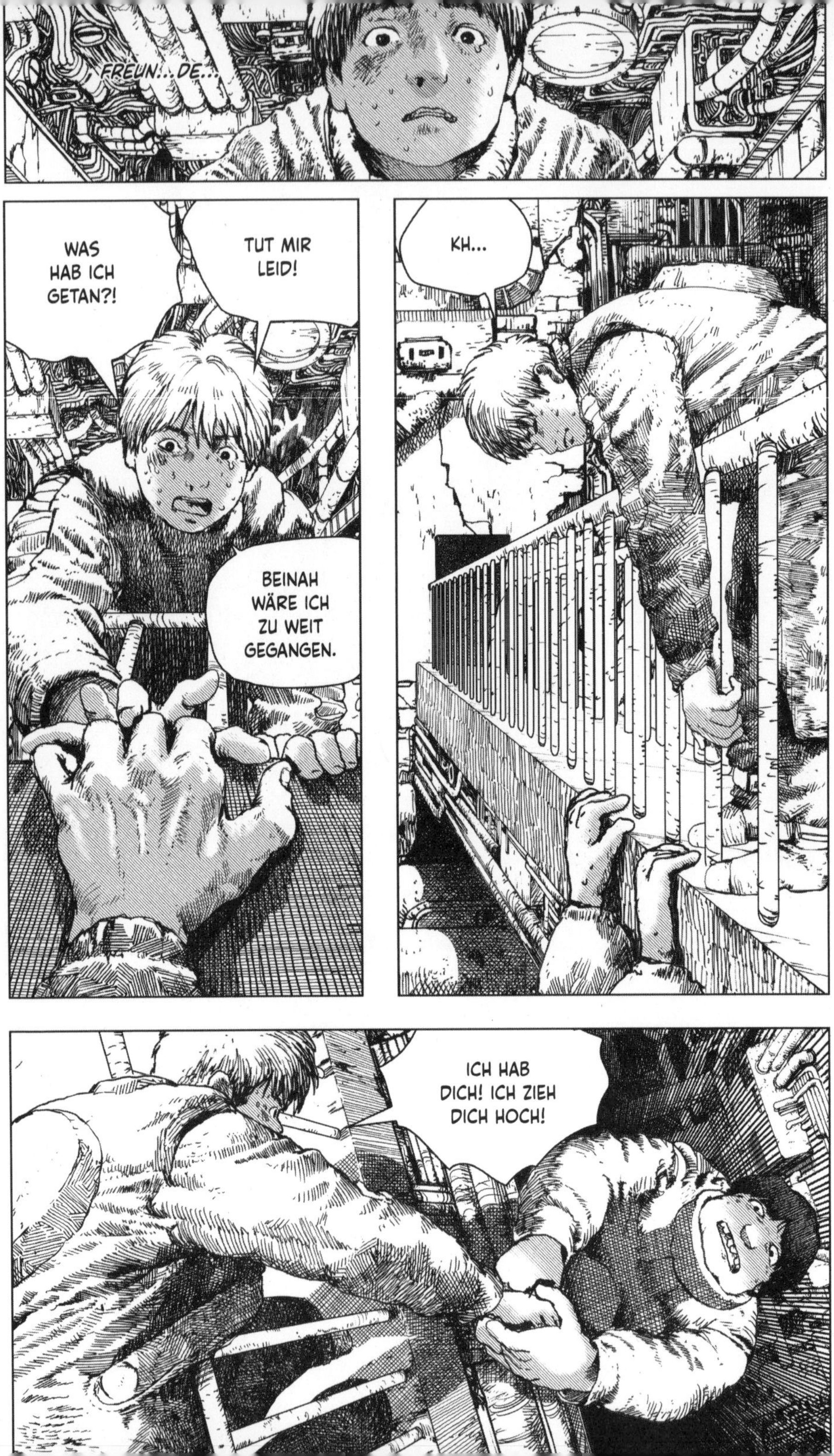
FREUN... DE...
WAS HAB ICH GETAN?!
TUT MIR LEID!
BEINAH WÄRE ICH ZU WEIT GEGANGEN.
KH...
ICH HAB DICH! ICH ZIEH DICH HOCH!

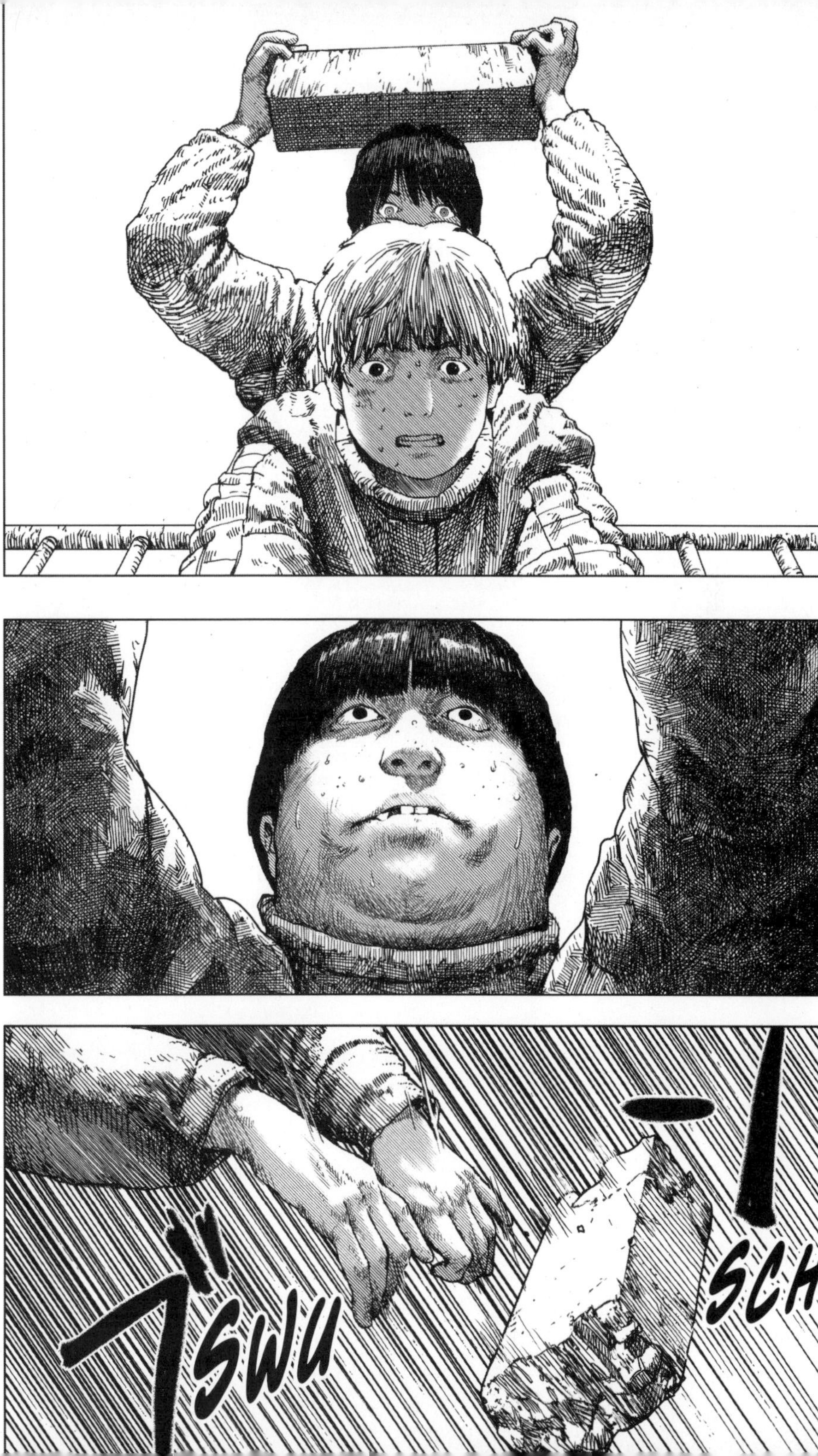
SWU
SCH

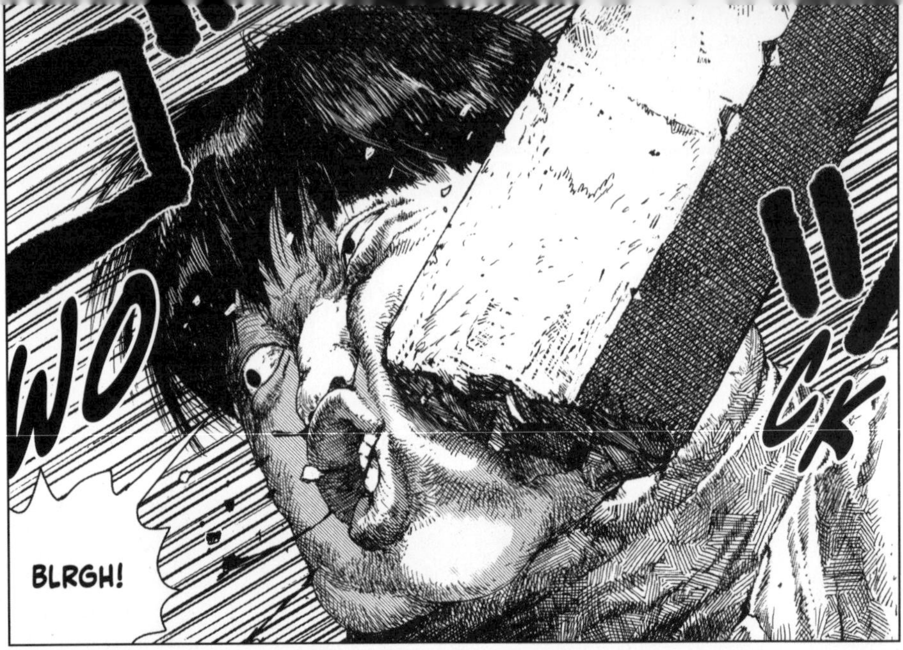
WO
CK
BLRGH!

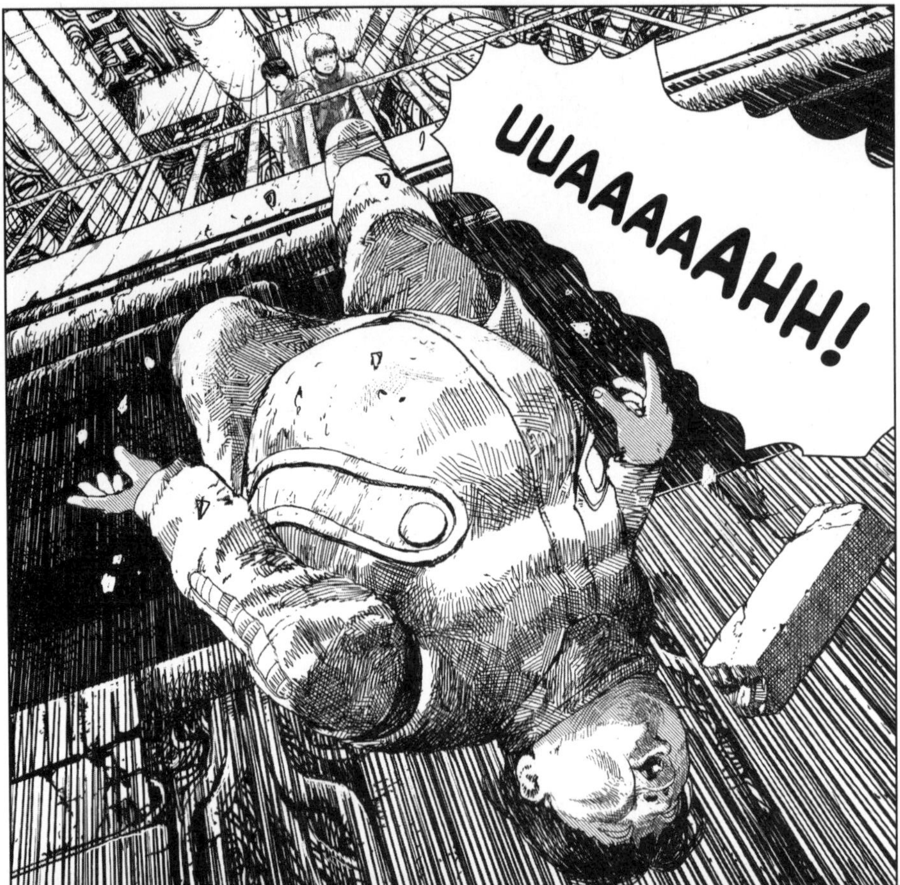
UUAAAAAAHH!

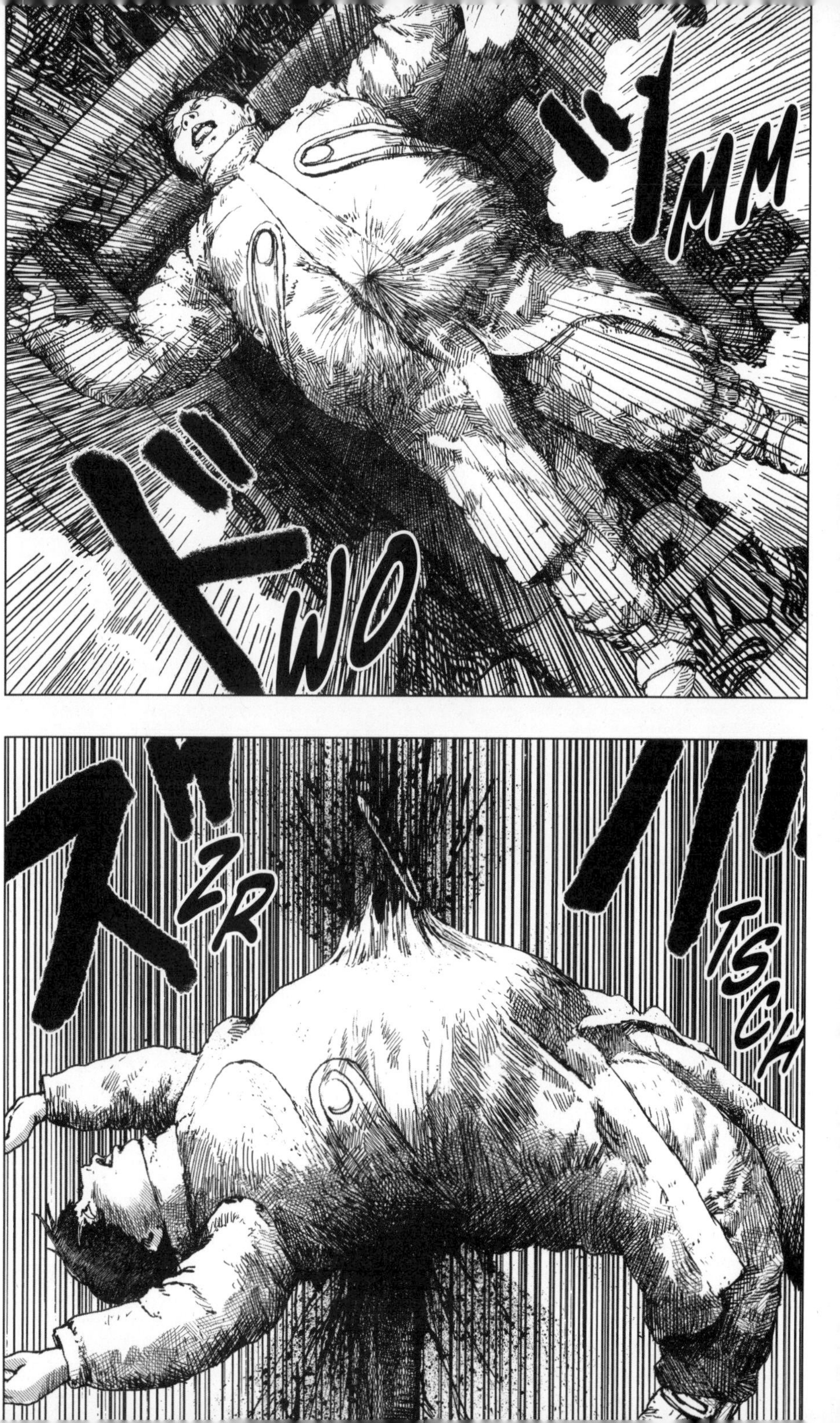
ド
WO
MM
ズ
ZR
TSCH

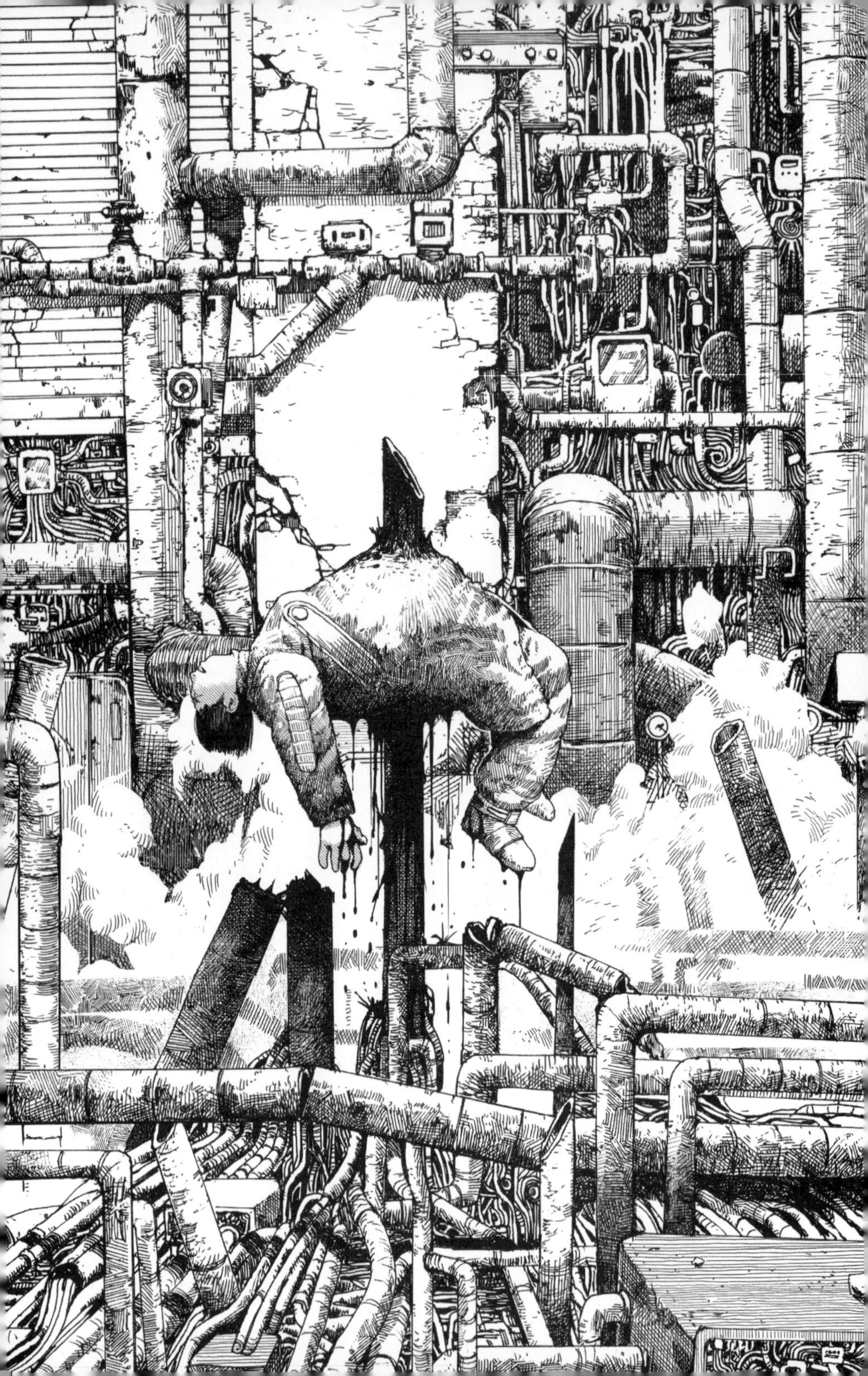

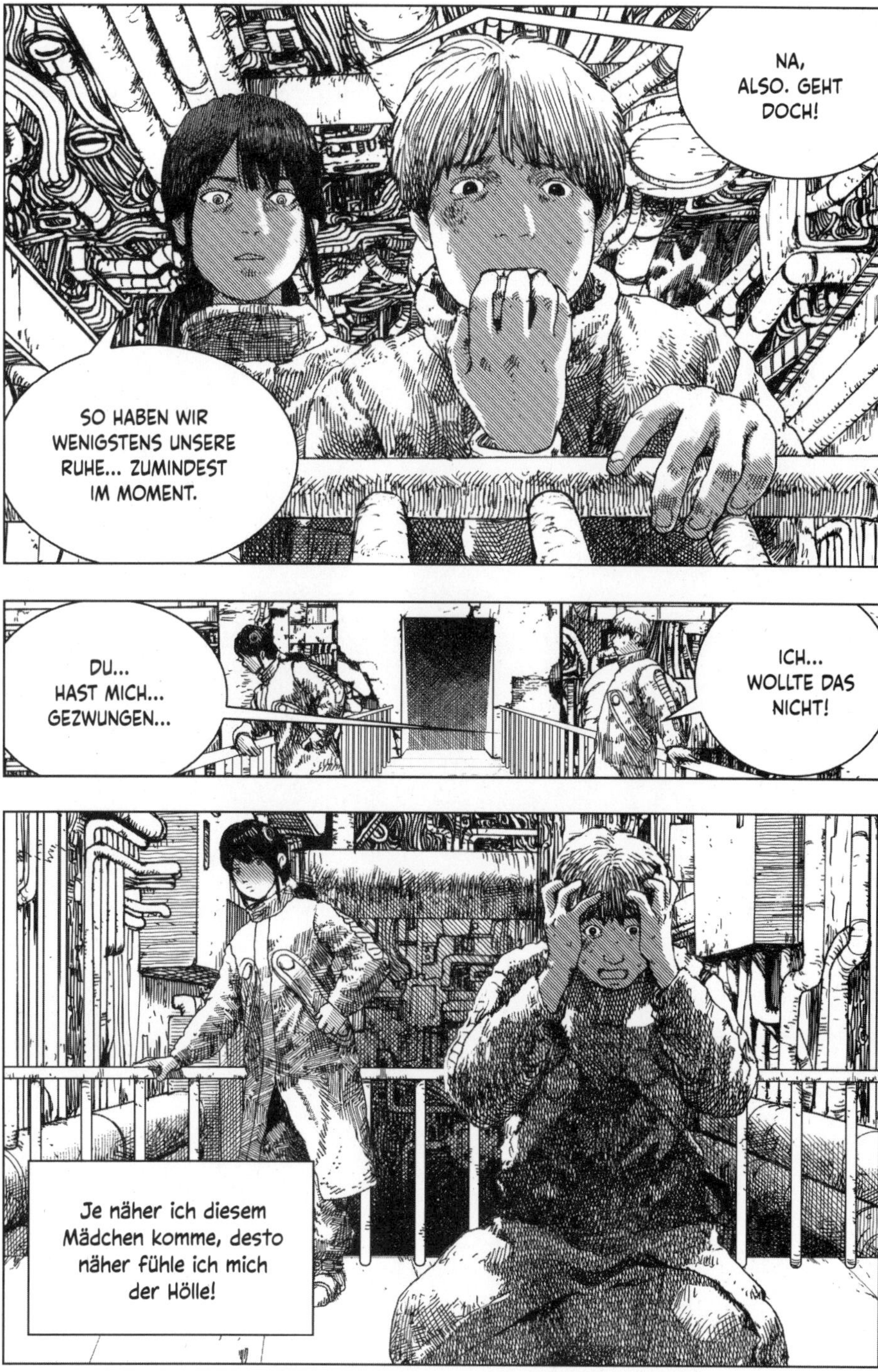
NA, ALSO. GEHT DOCH!
SO HABEN WIR WENIGSTENS UNSERE RUHE... ZUMINDEST IM MOMENT.
ICH... WOLLTE DAS NICHT!
DU... HAST MICH... GEZWUNGEN...
Je näher ich diesem Mädchen komme, desto näher fühle ich mich der Hölle!

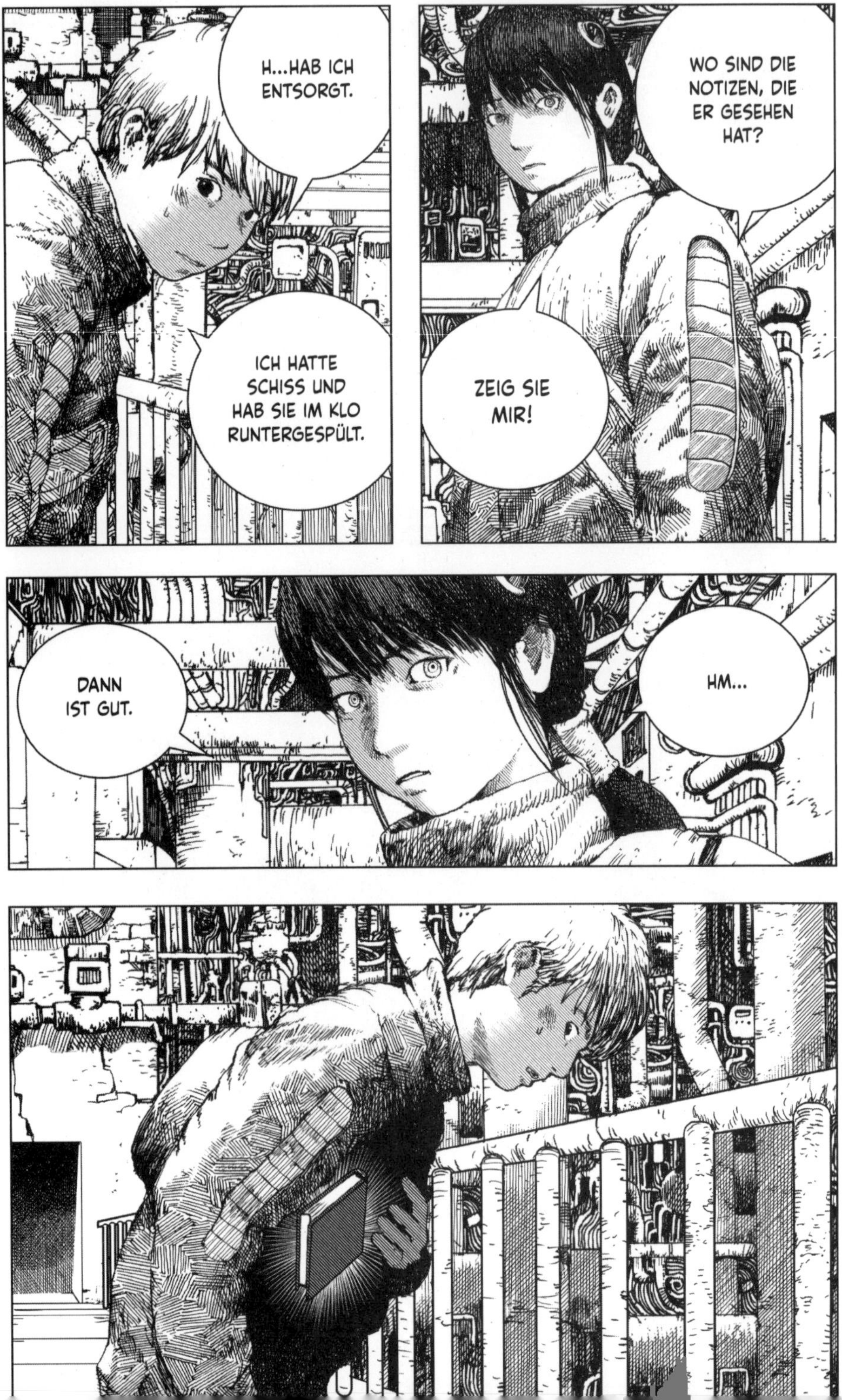
WO SIND DIE NOTIZEN, DIE ER GESEHEN HAT?
ZEIG SIE MIR!
H...HAB ICH ENTSORGT.
ICH HATTE SCHISS UND HAB SIE IM KLO RUNTERGESPÜLT.
HM...
DANN IST GUT.

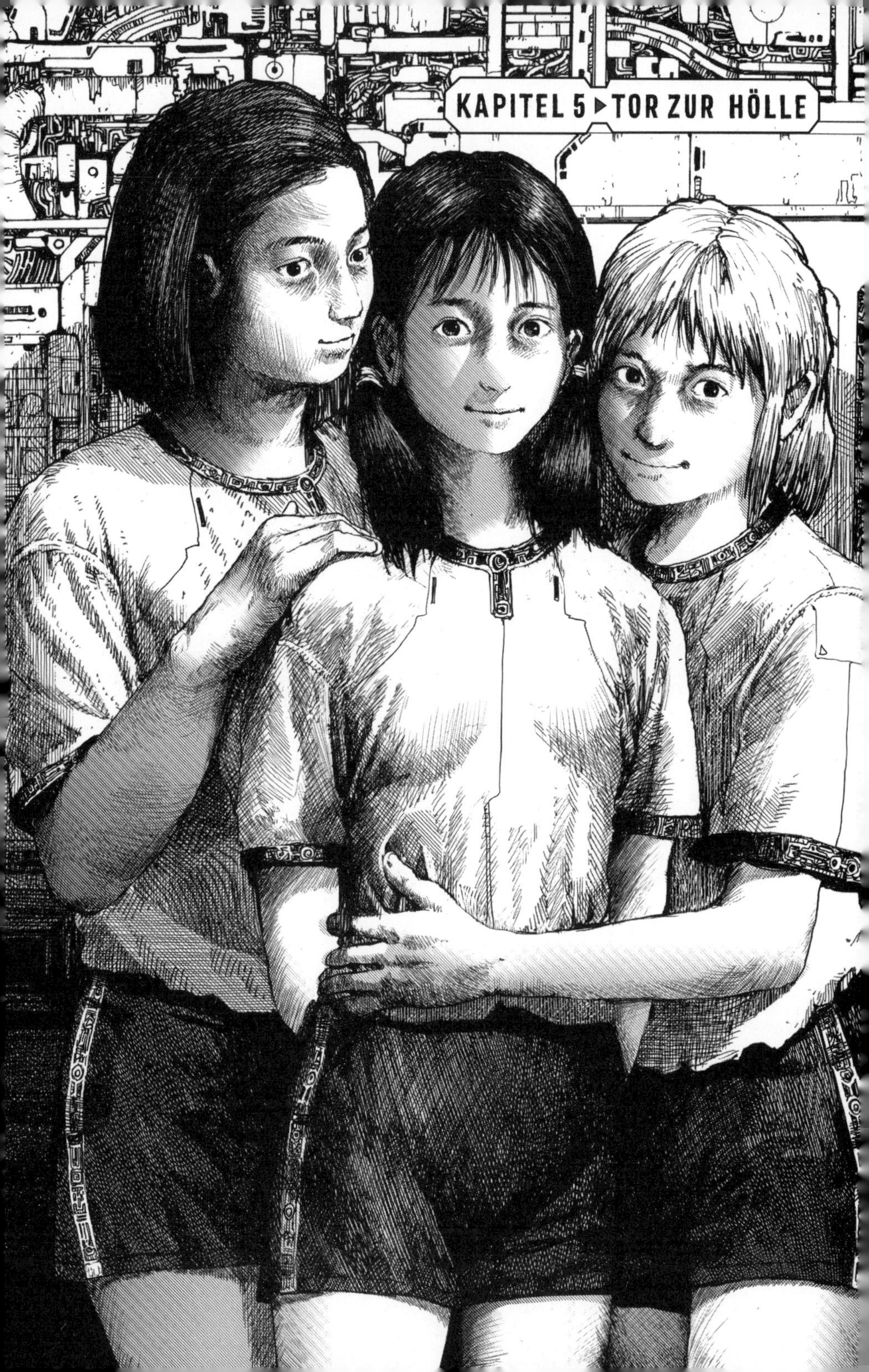
KAPITEL 5 ▶ TOR ZUR HÖLLE

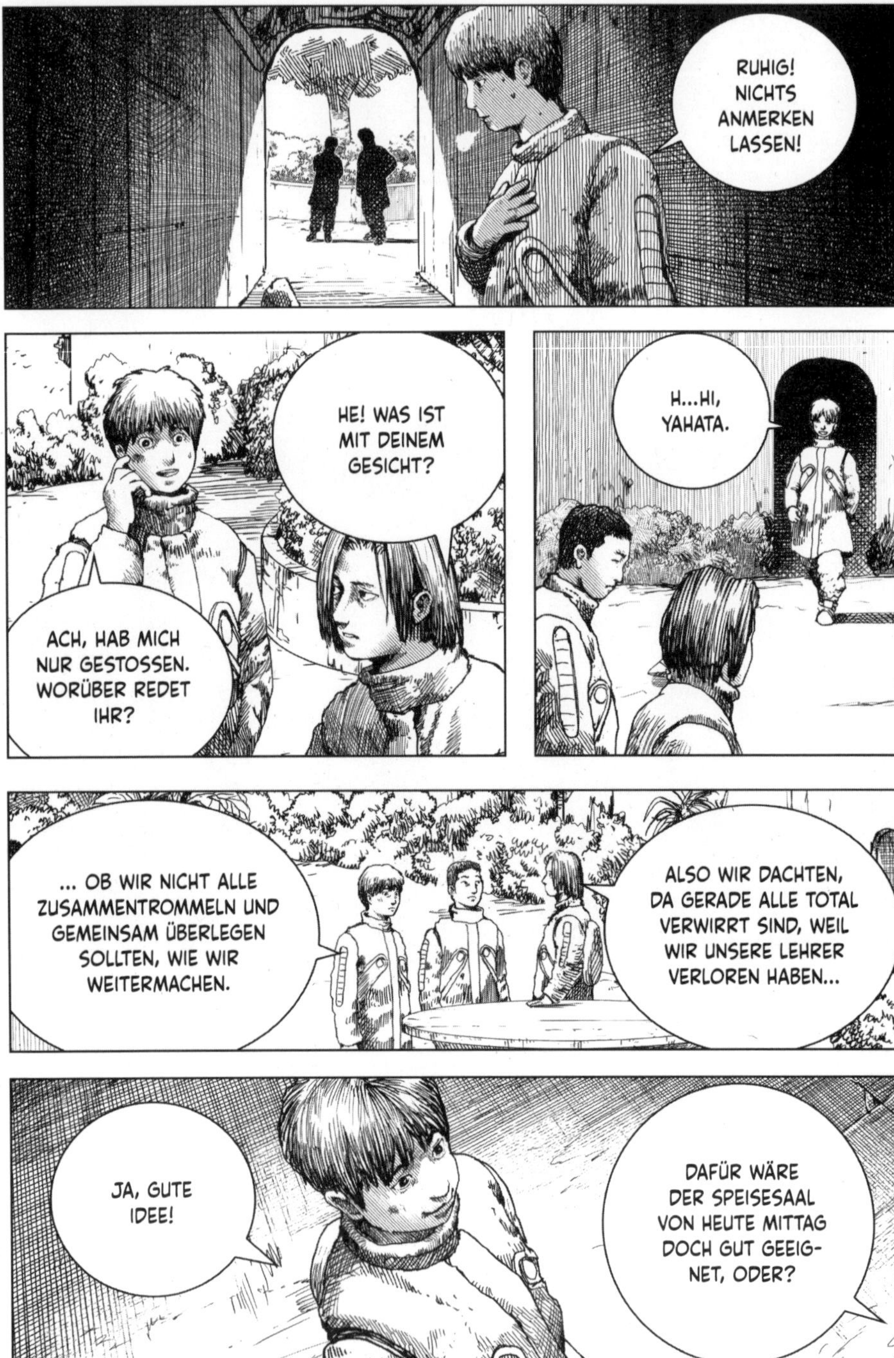
RUHIG! NICHTS ANMERKEN LASSEN!
H...HI, YAHATA.
HE! WAS IST MIT DEINEM GESICHT?
ACH, HAB MICH NUR GESTOSSEN. WORÜBER REDET IHR?
ALSO WIR DACHTEN, DA GERADE ALLE TOTAL VERWIRRT SIND, WEIL WIR UNSERE LEHRER VERLOREN HABEN...
... OB WIR NICHT ALLE ZUSAMMENTROMMELN UND GEMEINSAM ÜBERLEGEN SOLLTEN, WIE WIR WEITERMACHEN.
DAFÜR WÄRE DER SPEISESAAL VON HEUTE MITTAG DOCH GUT GEEIG-NET, ODER?
JA, GUTE IDEE!

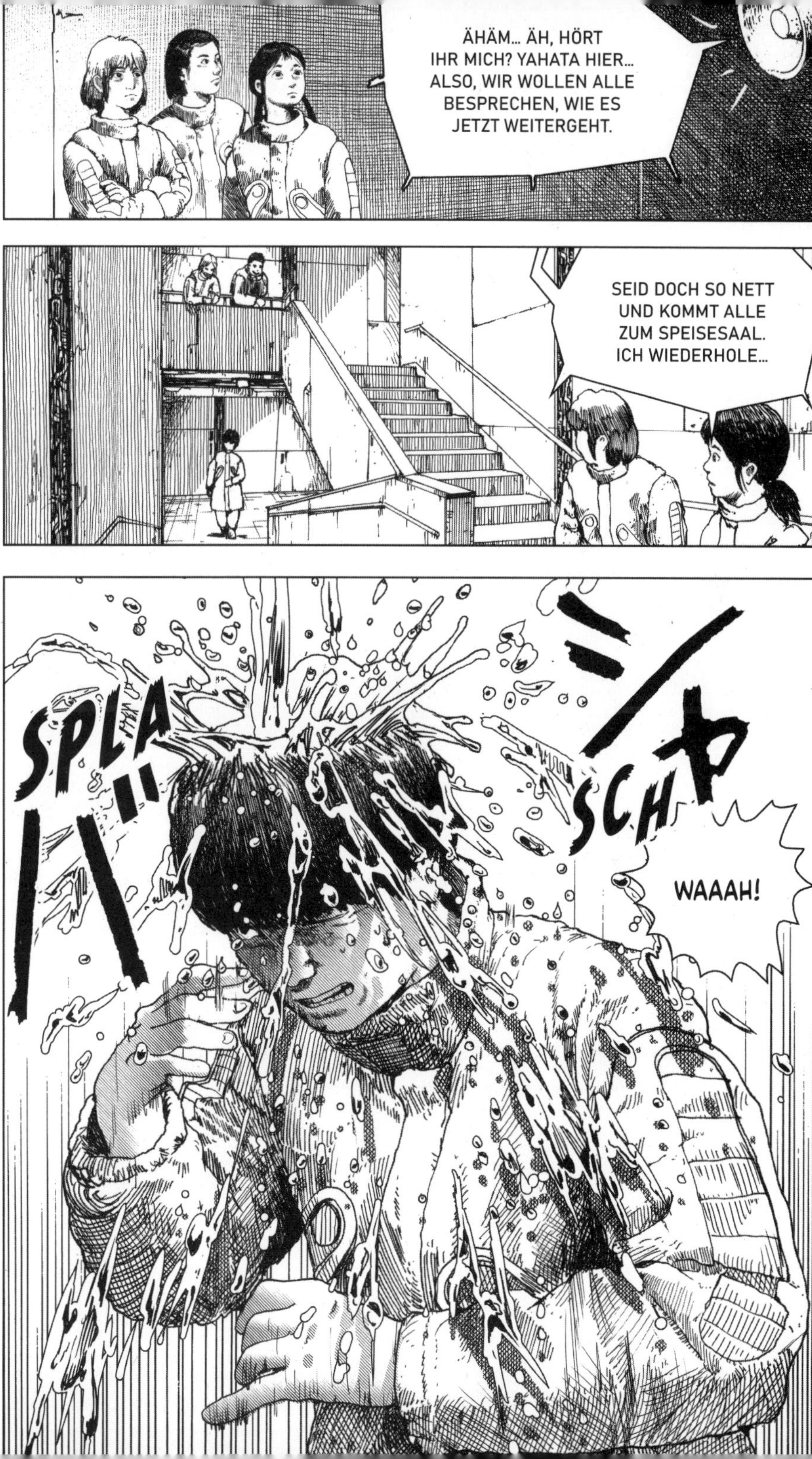
ÄHÄM... ÄH, HÖRT IHR MICH? YAHATA HIER... ALSO, WIR WOLLEN ALLE BESPRECHEN, WIE ES JETZT WEITERGEHT.
SEID DOCH SO NETT UND KOMMT ALLE ZUM SPEISESAAL. ICH WIEDERHOLE...
SPLA
SCH
WAAAH!

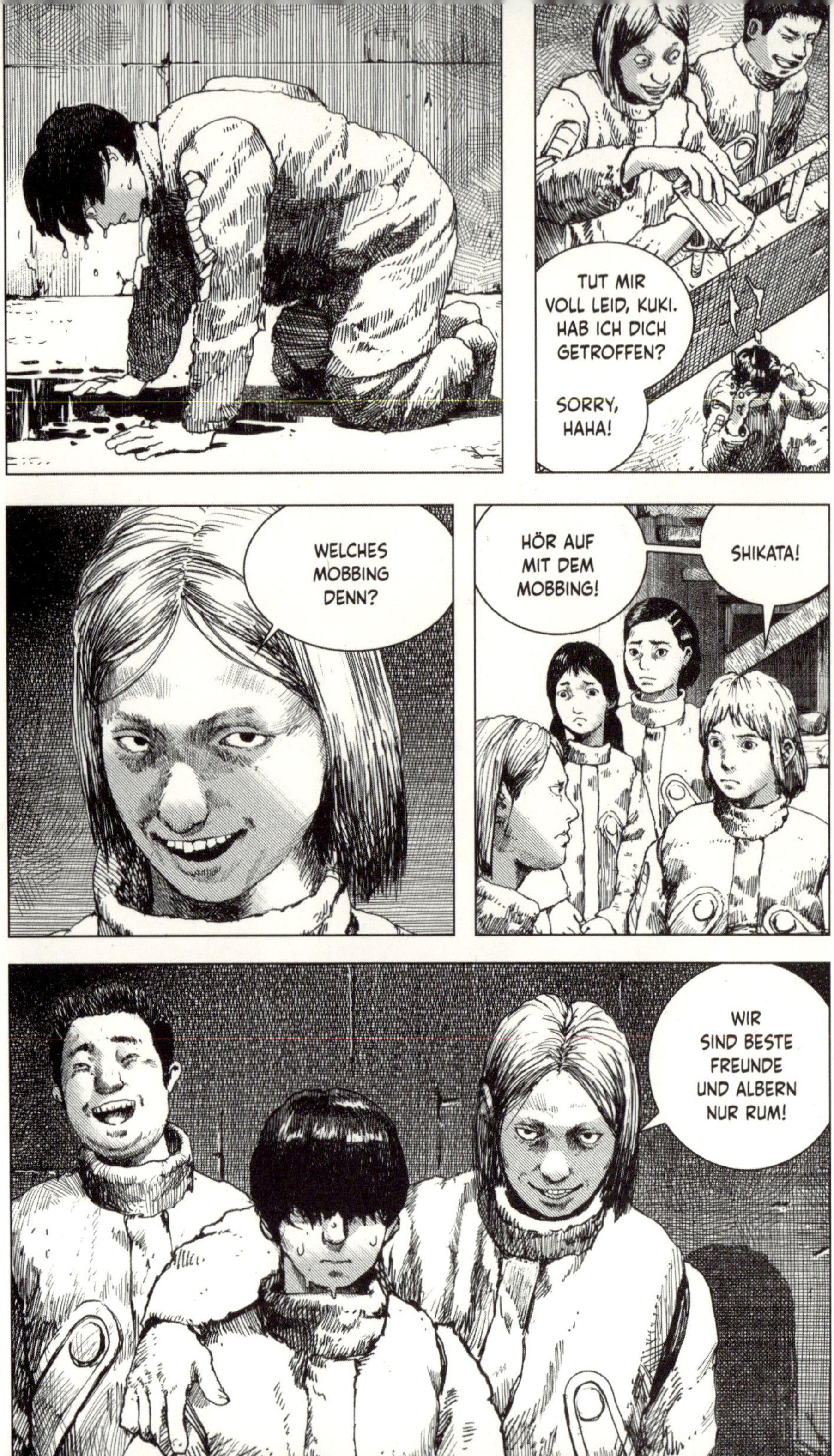
TUT MIR VOLL LEID, KUKI. HAB ICH DICH GETROFFEN?
SORRY, HAHA!
SHIKATA!
HÖR AUF MIT DEM MOBBING!
WELCHES MOBBING DENN?
WIR SIND BESTE FREUNDE UND ALBERN NUR RUM!

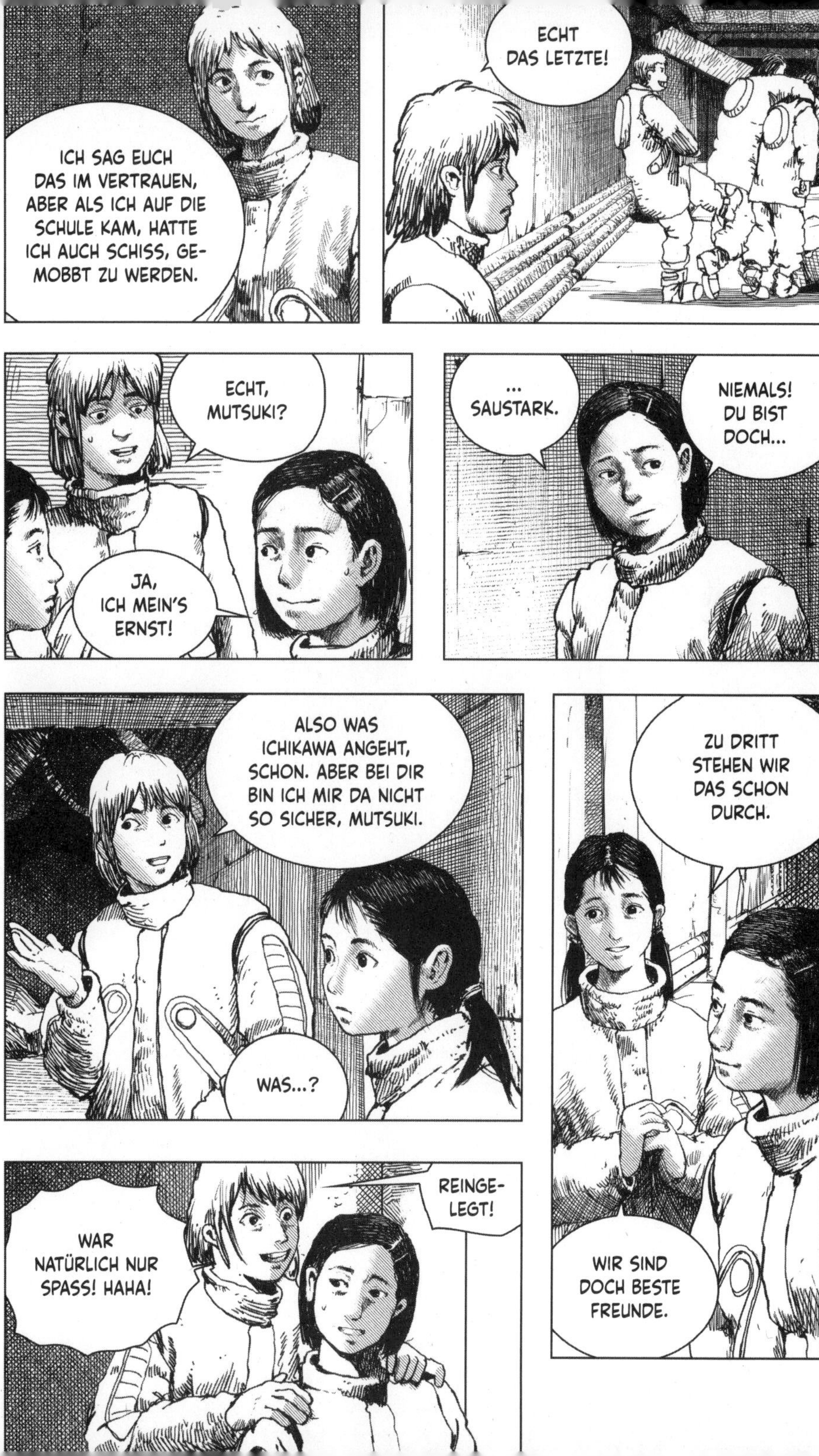
ECHT DAS LETZTE!
ICH SAG EUCH DAS IM VERTRAUEN, ABER ALS ICH AUF DIE SCHULE KAM, HATTE ICH AUCH SCHISS, GE-MOBBT ZU WERDEN.
NIEMALS! DU BIST DOCH...
... SAUSTARK.
ECHT, MUTSUKI?
JA, ICH MEIN'S ERNST!
ZU DRITT STEHEN WIR DAS SCHON DURCH.
WIR SIND DOCH BESTE FREUNDE.
ALSO WAS ICHIKAWA ANGEHT, SCHON. ABER BEI DIR BIN ICH MIR DA NICHT SO SICHER, MUTSUKI.
WAS...?
REINGE-LEGT!
WAR NATÜRLICH NUR SPASS! HAHA!

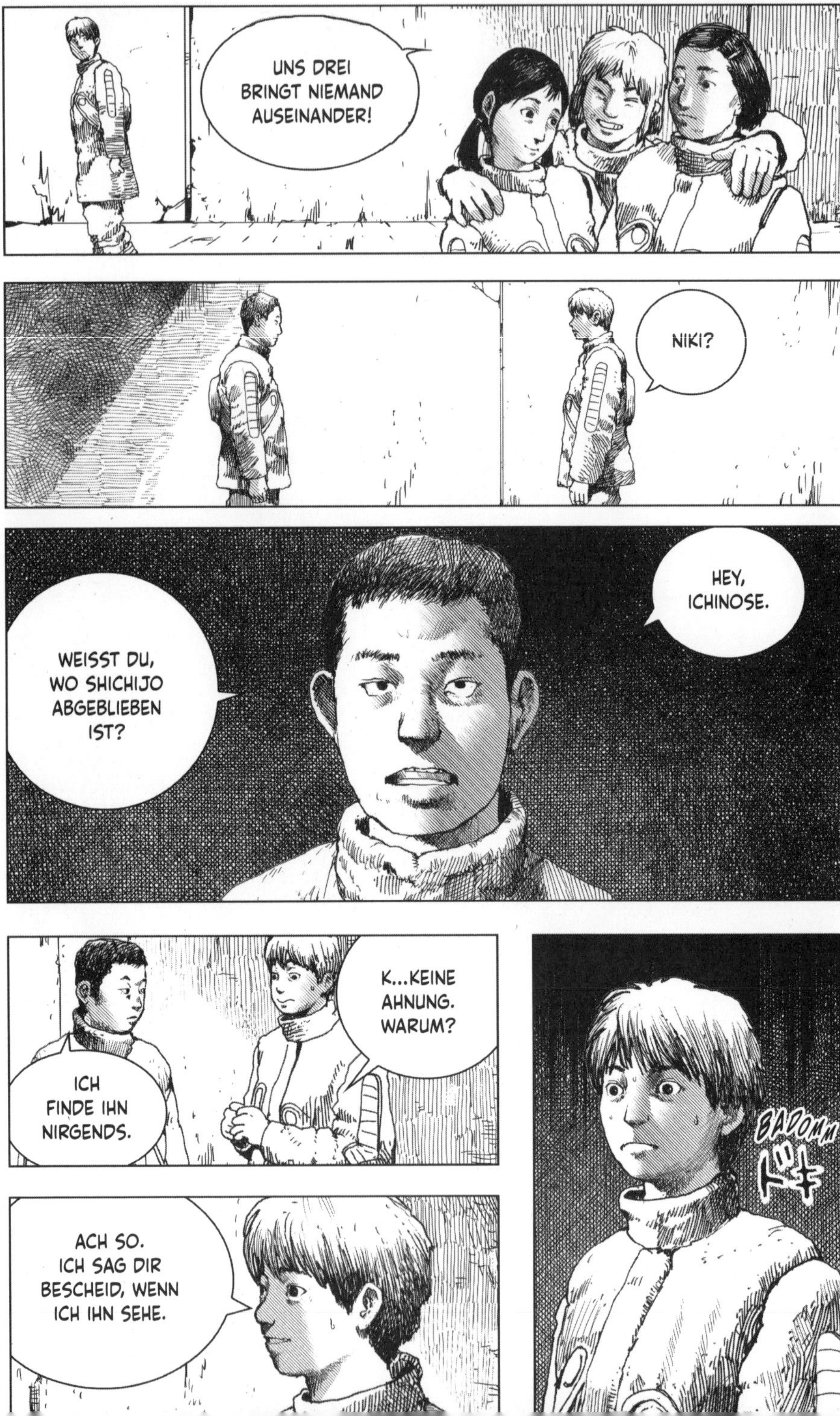
UNS DREI BRINGT NIEMAND AUSEINANDER!
NIKI?
HEY, ICHINOSE.
WEISST DU, WO SHICHIJO ABGEBLIEBEN IST?
BADOMM
ドキ
K...KEINE AHNUNG. WARUM?
ICH FINDE IHN NIRGENDS.
ACH SO. ICH SAG DIR BESCHEID, WENN ICH IHN SEHE.

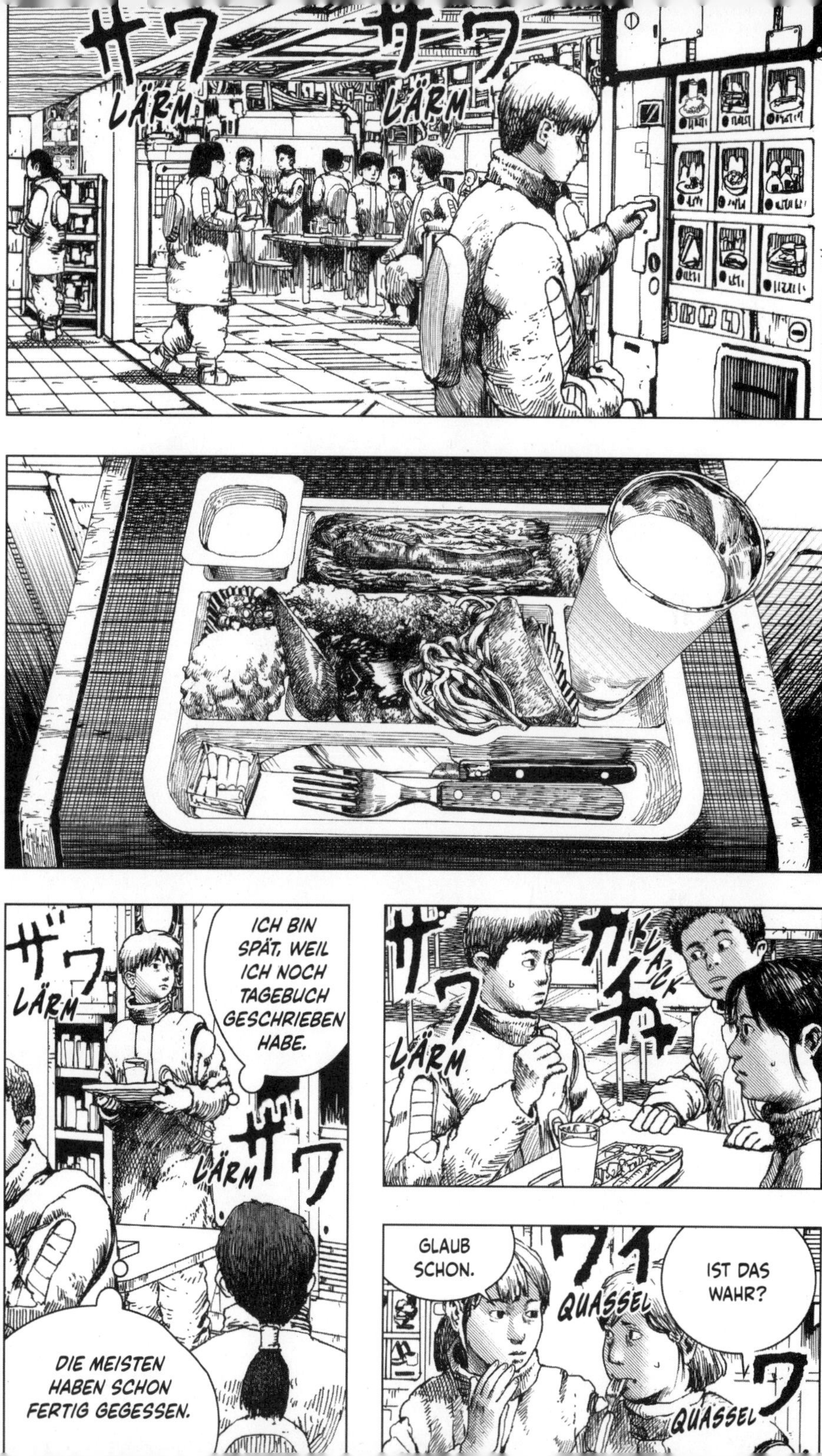

ザワ
LÄRM
ザワ
LÄRM
ザワ
LÄRM
KLACK
IST DAS WAHR?
QUASSEL
QUASSEL
GLAUB SCHON.
ICH BIN SPÄT, WEIL ICH NOCH TAGEBUCH GESCHRIEBEN HABE.
ザワ
LÄRM
ザワ
LÄRM
DIE MEISTEN HABEN SCHON FERTIG GEGESSEN.

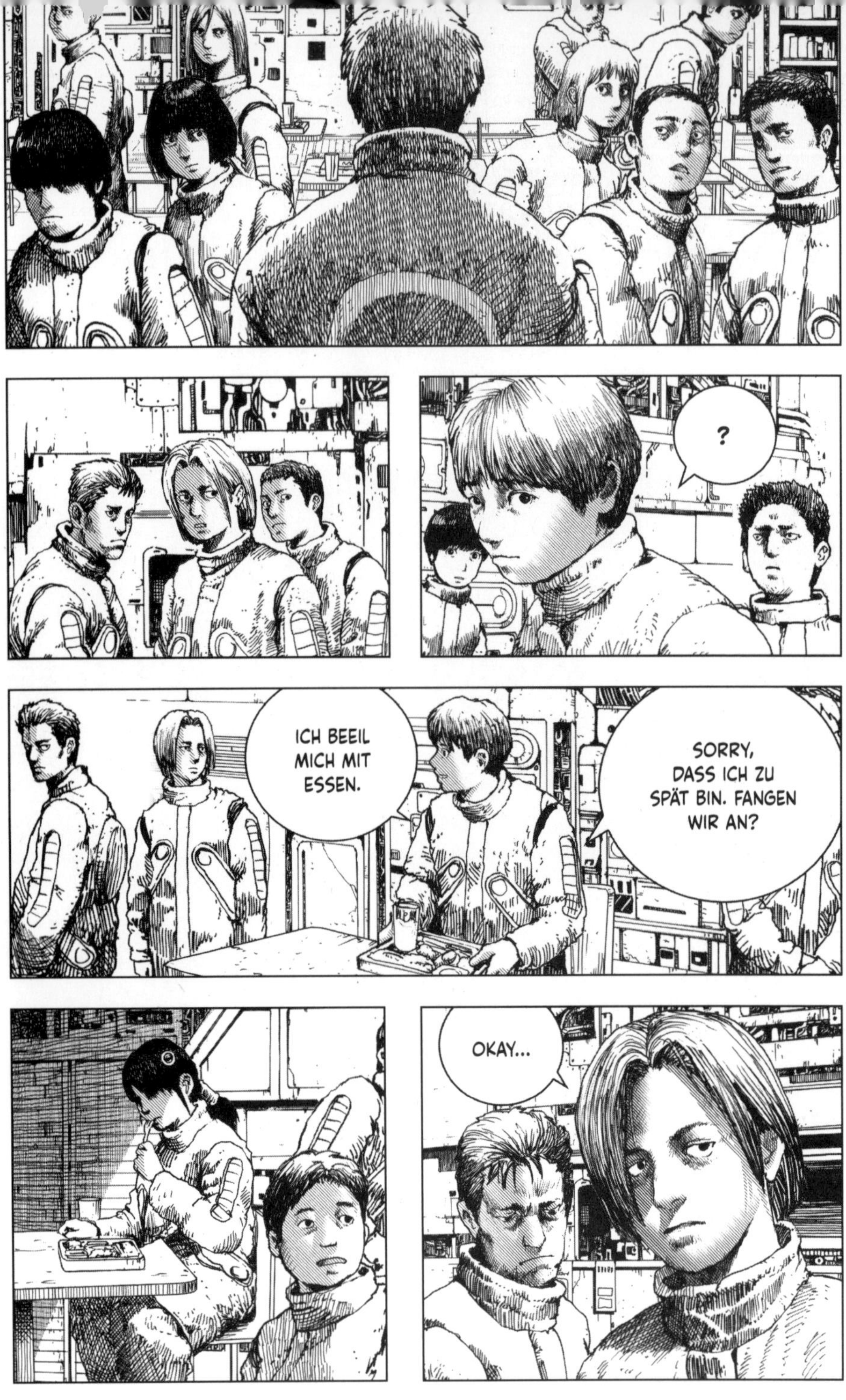
?
SORRY, DASS ICH ZU SPÄT BIN. FANGEN WIR AN?
ICH BEEIL MICH MIT ESSEN.
OKAY...

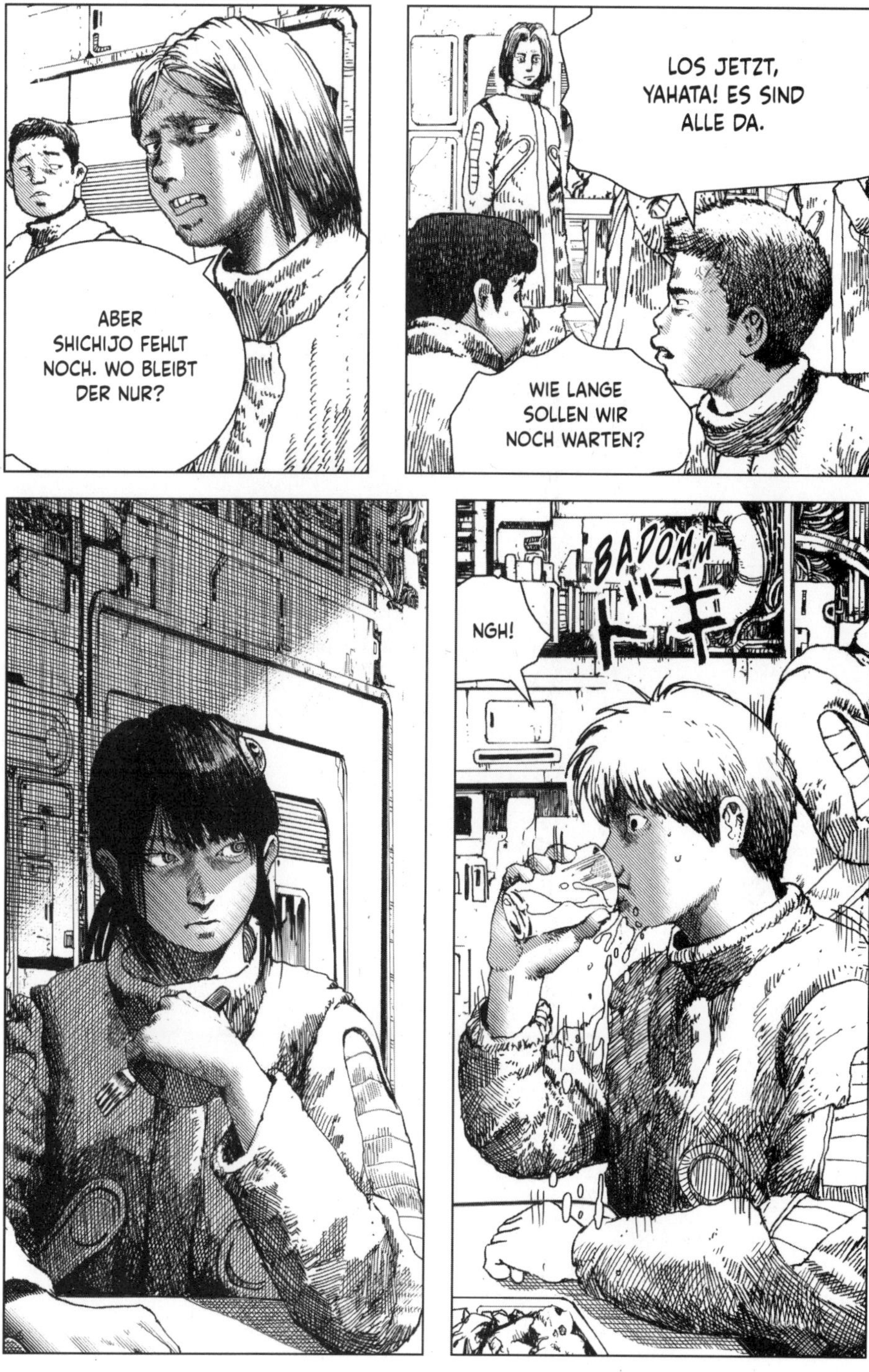
LOS JETZT, YAHATA! ES SIND ALLE DA.
ABER SHICHIJO FEHLT NOCH. WO BLEIBT DER NUR?
WIE LANGE SOLLEN WIR NOCH WARTEN?
BADOMM
ドキ
NGH!

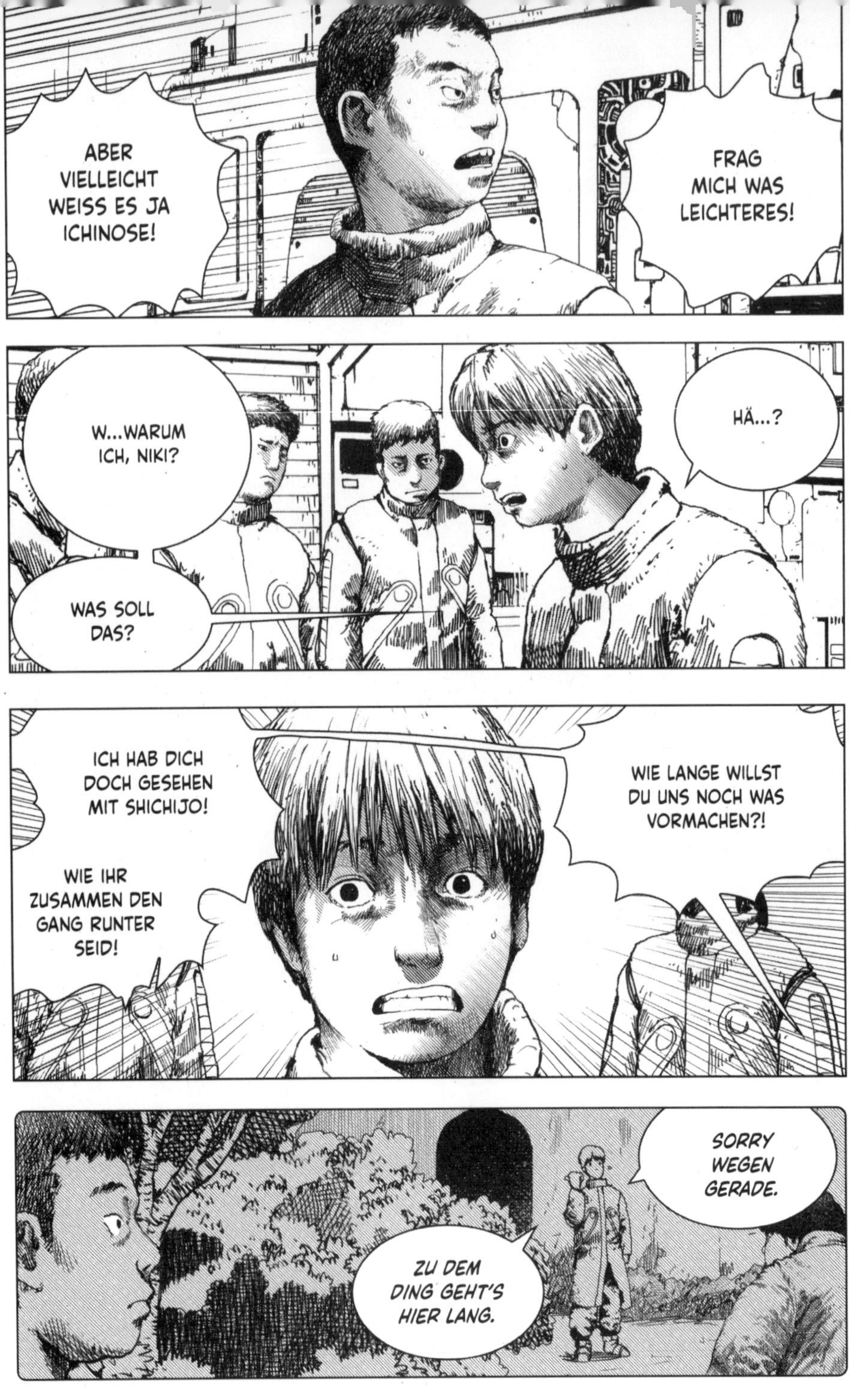
FRAG MICH WAS LEICHTERES!
ABER VIELLEICHT WEISS ES JA ICHINOSE!
HÄ...?
W...WARUM ICH, NIKI?
WAS SOLL DAS?
WIE LANGE WILLST DU UNS NOCH WAS VORMACHEN?!
ICH HAB DICH DOCH GESEHEN MIT SHICHIJO!
WIE IHR ZUSAMMEN DEN GANG RUNTER SEID!
SORRY WEGEN GERADE.
ZU DEM DING GEHT'S HIER LANG.

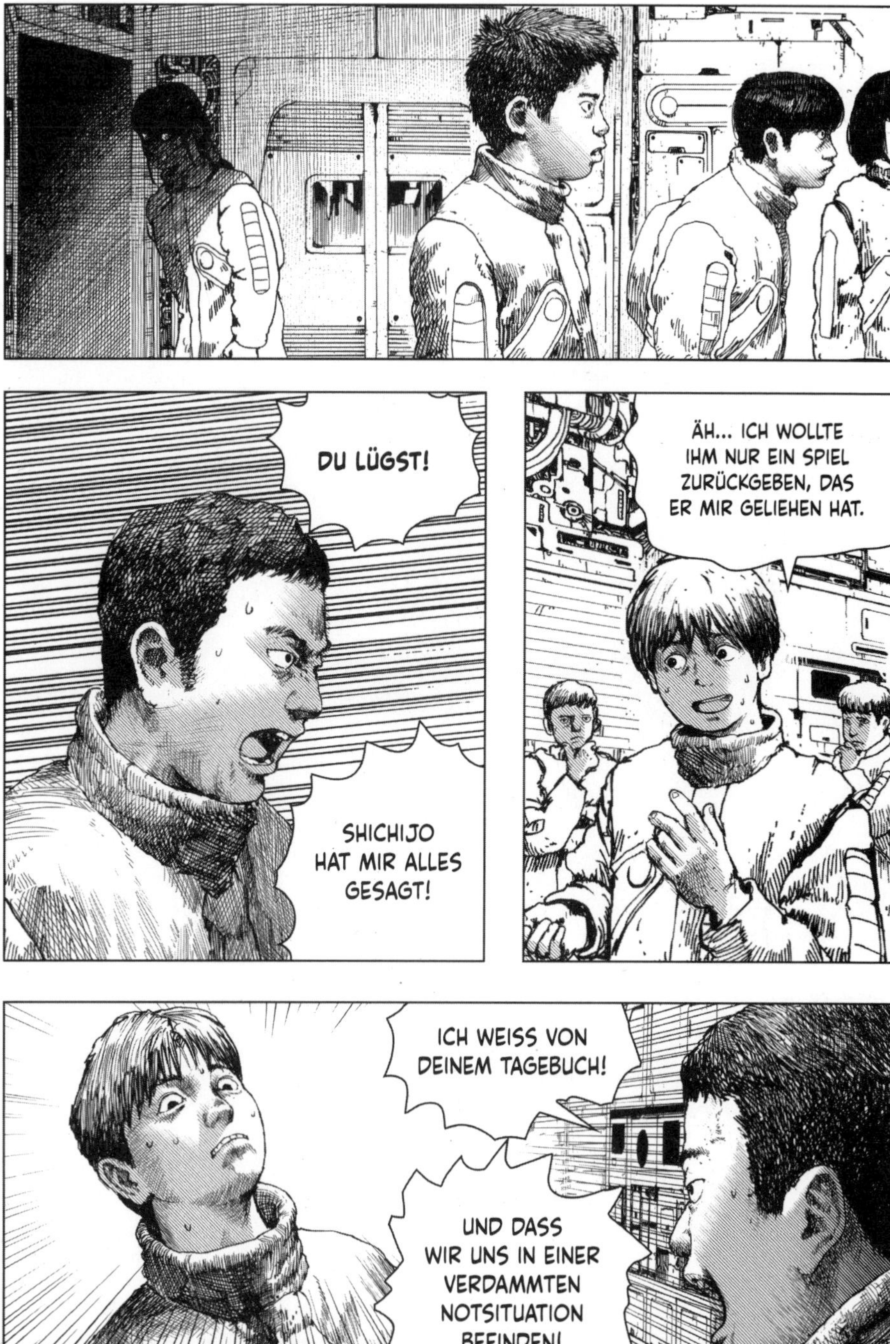
ÄH... ICH WOLLTE IHM NUR EIN SPIEL ZURÜCKGEBEN, DAS ER MIR GELIEHEN HAT.
DU LÜGST!
SHICHIJO HAT MIR ALLES GESAGT!
ICH WEISS VON DEINEM TAGEBUCH!
UND DASS WIR UNS IN EINER VERDAMMTEN NOTSITUATION BEFINDEN!

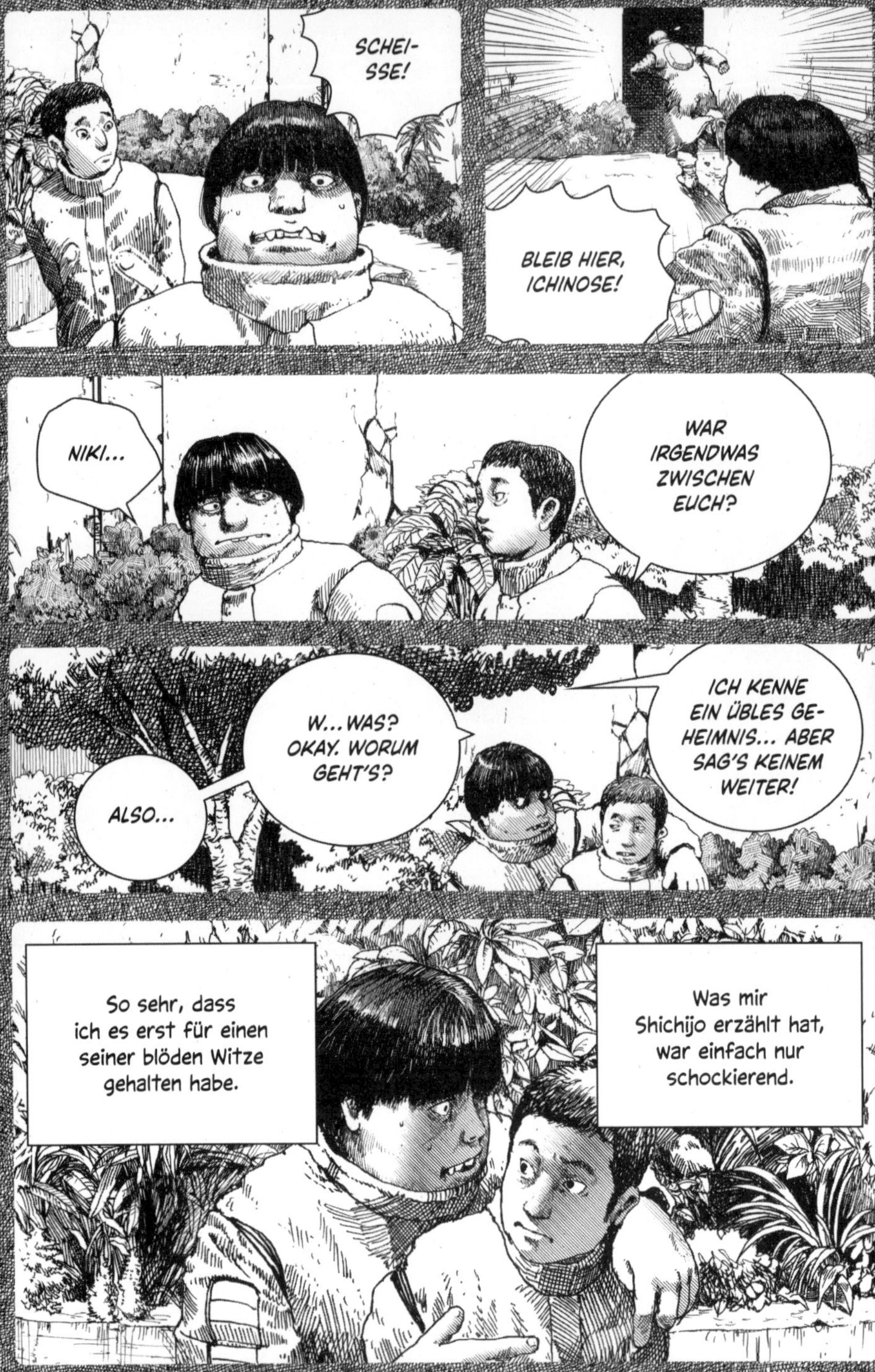
BLEIB HIER, ICHINOSE!
SCHEI-SSE!
WAR IRGENDWAS ZWISCHEN EUCH?
NIKI...
ICH KENNE EIN ÜBLES GE-HEIMNIS... ABER SAG'S KEINEM WEITER!
W...WAS? OKAY. WORUM GEHT'S?
ALSO...
Was mir Shichijo erzählt hat, war einfach nur schockierend.
So sehr, dass ich es erst für einen seiner blöden Witze gehalten habe.

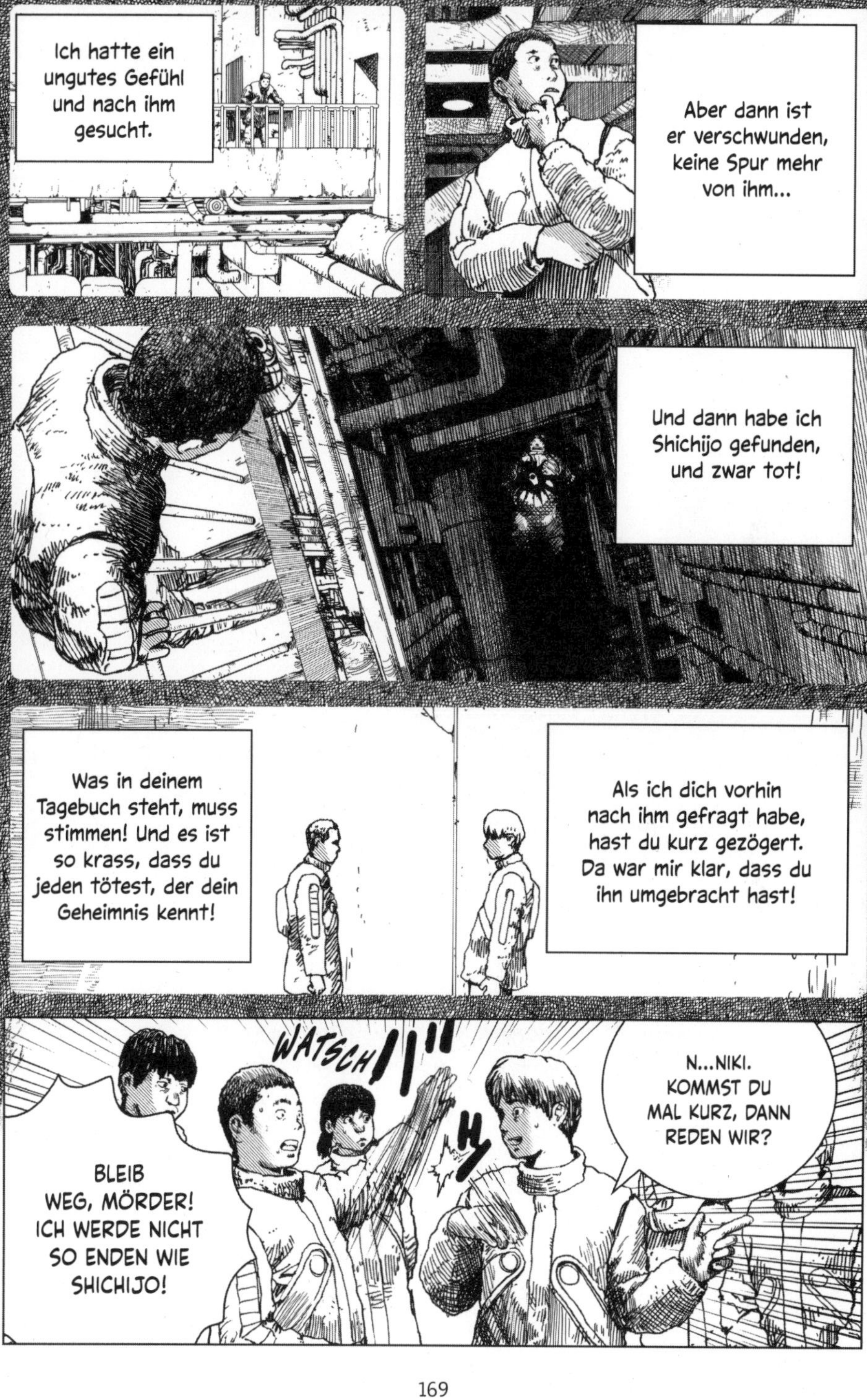
Ich hatte ein ungutes Gefühl und nach ihm gesucht.
Aber dann ist er verschwunden, keine Spur mehr von ihm...
Und dann habe ich Shichijo gefunden, und zwar tot!
Als ich dich vorhin nach ihm gefragt habe, hast du kurz gezögert. Da war mir klar, dass du ihn umgebracht hast!
Was in deinem Tagebuch steht, muss stimmen! Und es ist so krass, dass du jeden tötest, der dein Geheimnis kennt!
N...NIKI. KOMMST DU MAL KURZ, DANN REDEN WIR?
WATSCH
BLEIB WEG, MÖRDER! ICH WERDE NICHT SO ENDEN WIE SHICHIJO!

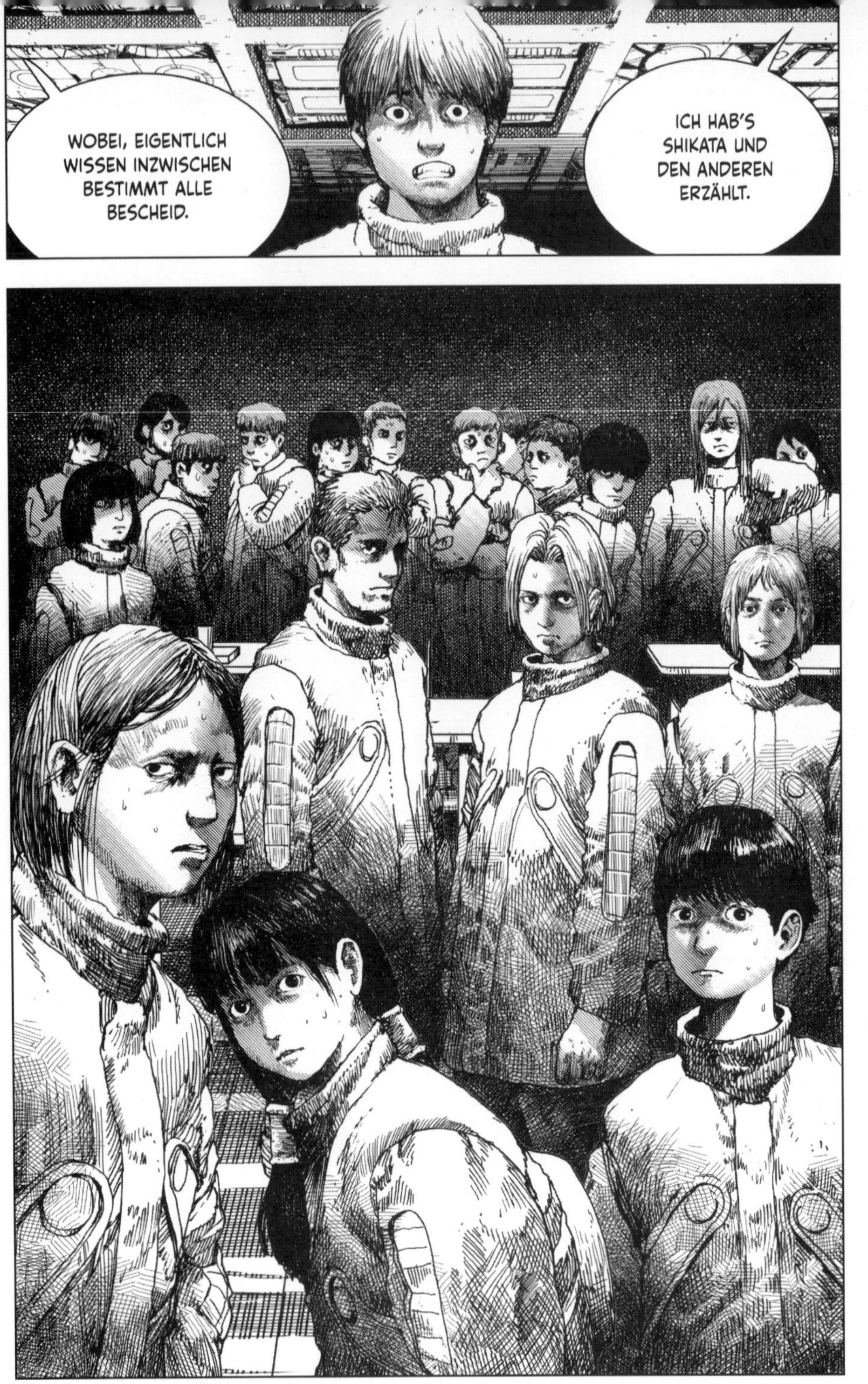
ICH HAB'S SHIKATA UND DEN ANDEREN ERZÄHLT.
WOBEI, EIGENTLICH WISSEN INZWISCHEN BESTIMMT ALLE BESCHEID.

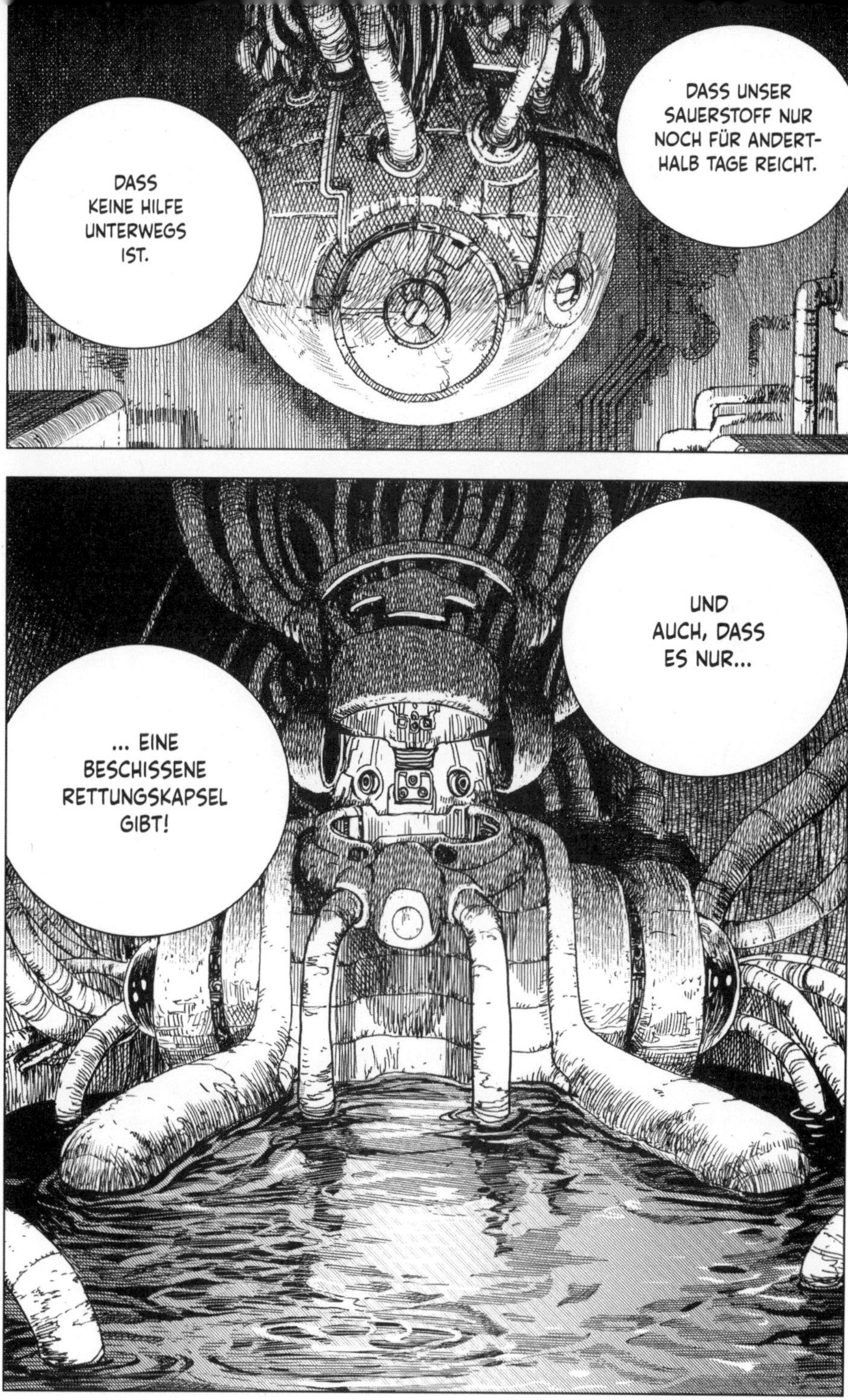
DASS KEINE HILFE UNTERWEGS IST.
DASS UNSER SAUERSTOFF NUR NOCH FÜR ANDERT-HALB TAGE REICHT.
UND AUCH, DASS ES NUR...
... EINE BESCHISSENE RETTUNGSKAPSEL GIBT!

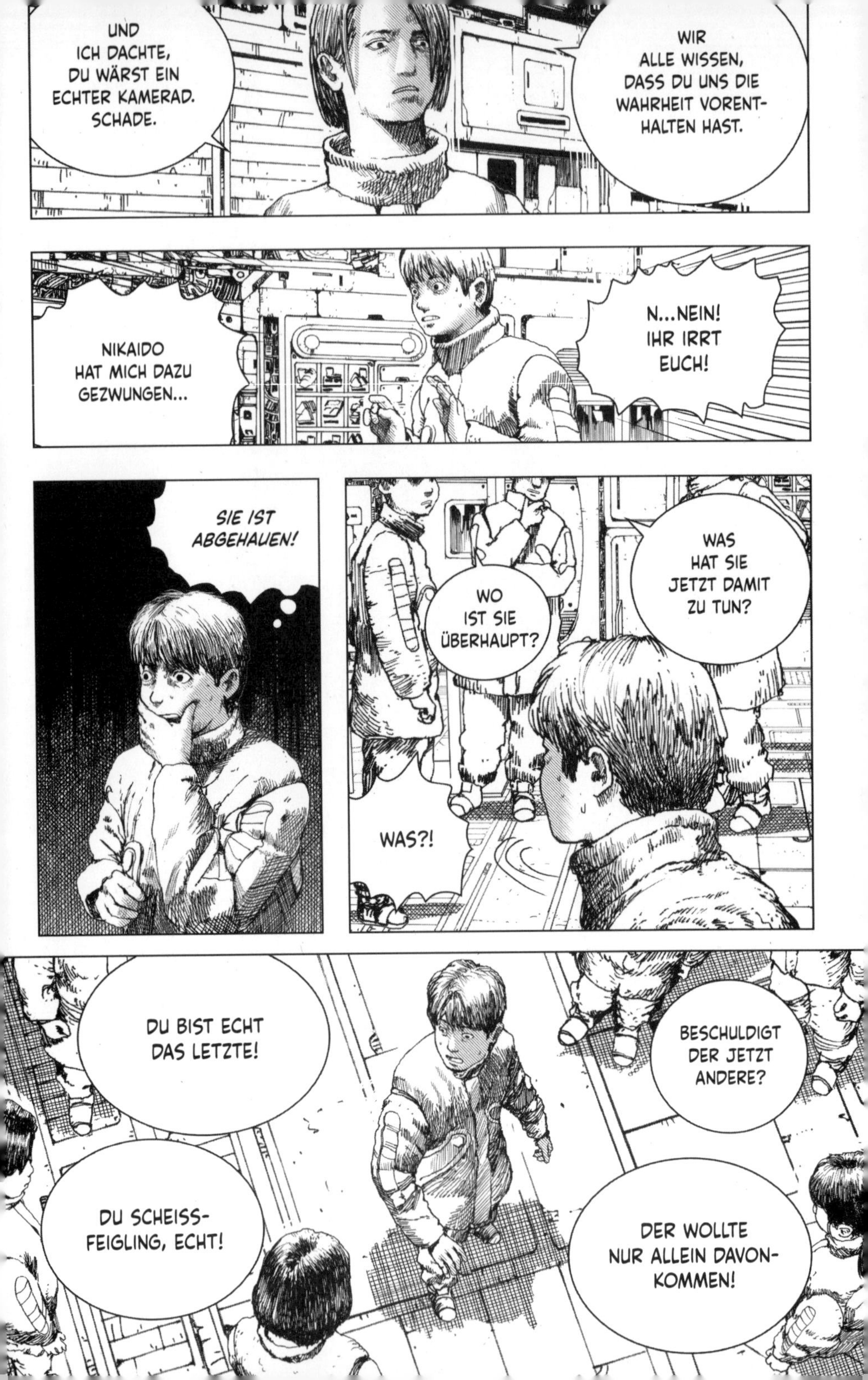
UND ICH DACHTE, DU WÄRST EIN ECHTER KAMERAD. SCHADE.
WIR ALLE WISSEN, DASS DU UNS DIE WAHRHEIT VORENT-HALTEN HAST.
N...NEIN! IHR IRRT EUCH!
NIKAIDO HAT MICH DAZU GEZWUNGEN...
WAS HAT SIE JETZT DAMIT ZU TUN?
WO IST SIE ÜBERHAUPT?
WAS?!
SIE IST ABGEHAUEN!
BESCHULDIGT DER JETZT ANDERE?
DU BIST ECHT DAS LETZTE!
DER WOLLTE NUR ALLEIN DAVON-KOMMEN!
DU SCHEISS-FEIGLING, ECHT!

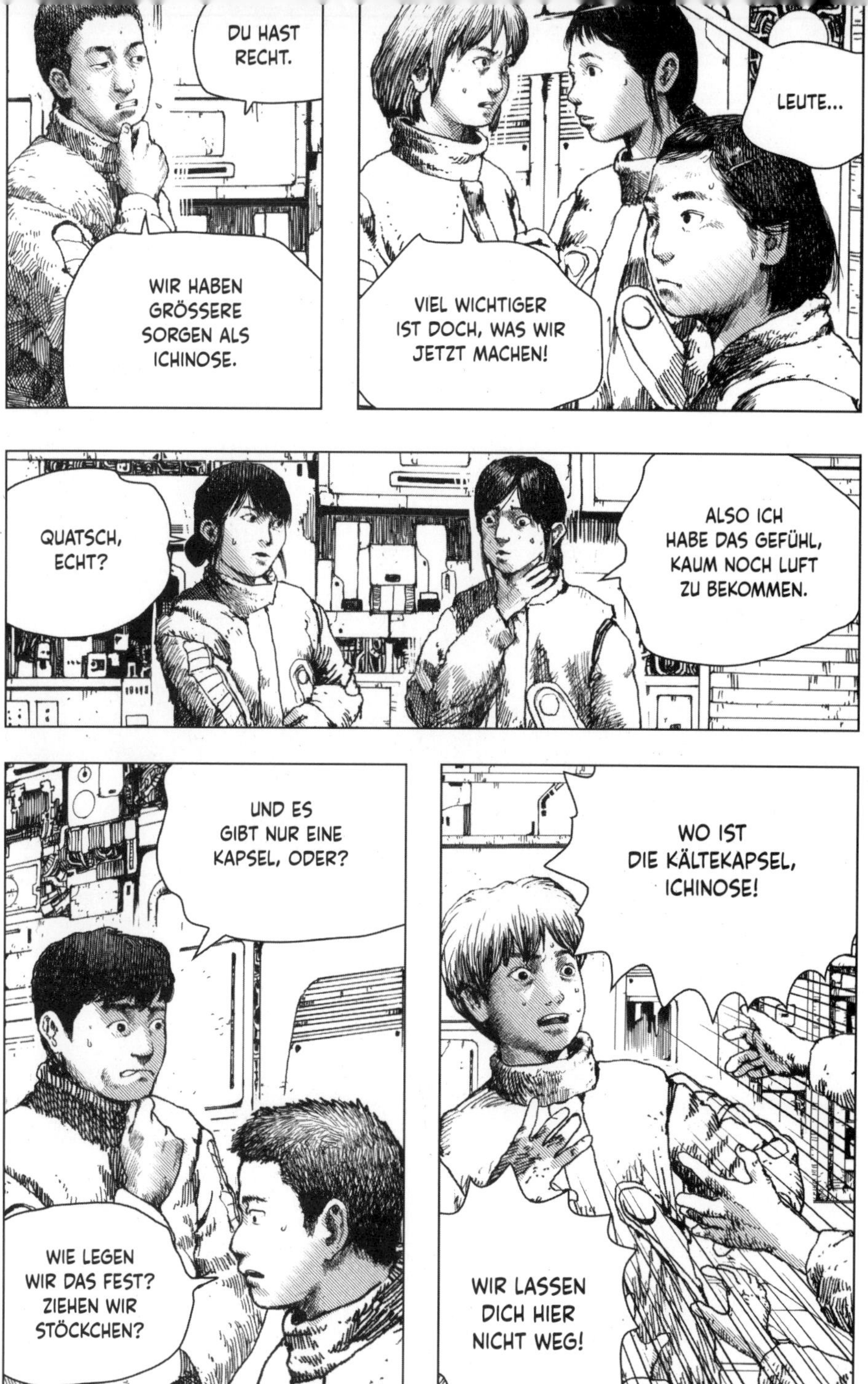
LEUTE...
VIEL WICHTIGER IST DOCH, WAS WIR JETZT MACHEN!
DU HAST RECHT.
WIR HABEN GRÖSSERE SORGEN ALS ICHINOSE.
ALSO ICH HABE DAS GEFÜHL, KAUM NOCH LUFT ZU BEKOMMEN.
QUATSCH, ECHT?
WO IST DIE KÄLTEKAPSEL, ICHINOSE!
WIR LASSEN DICH HIER NICHT WEG!
UND ES GIBT NUR EINE KAPSEL, ODER?
WIE LEGEN WIR DAS FEST? ZIEHEN WIR STÖCKCHEN?

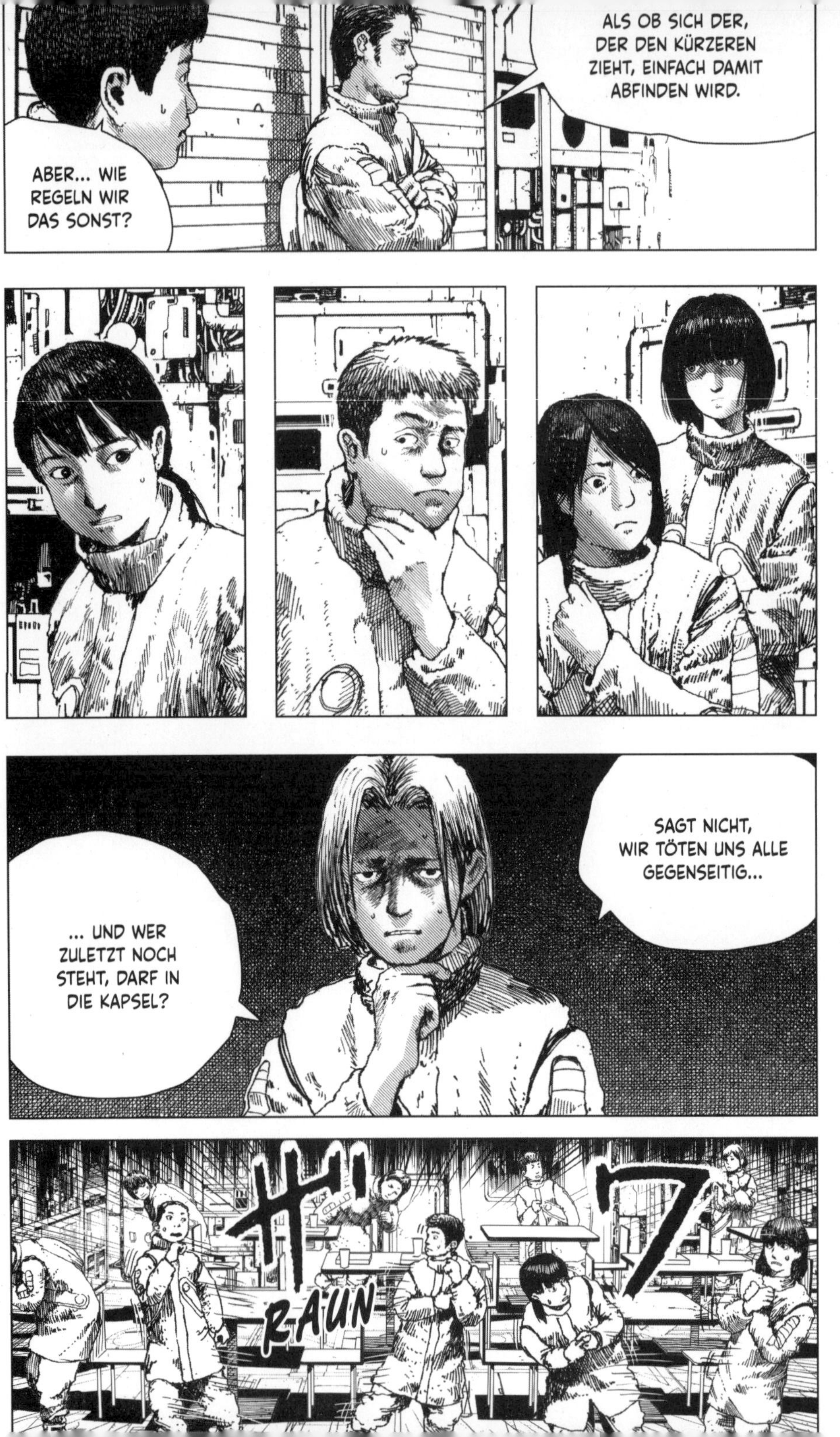
ALS OB SICH DER, DER DEN KÜRZEREN ZIEHT, EINFACH DAMIT ABFINDEN WIRD.
ABER... WIE REGELN WIR DAS SONST?
SAGT NICHT, WIR TÖTEN UNS ALLE GEGENSEITIG...
... UND WER ZULETZT NOCH STEHT, DARF IN DIE KAPSEL?
RAUN

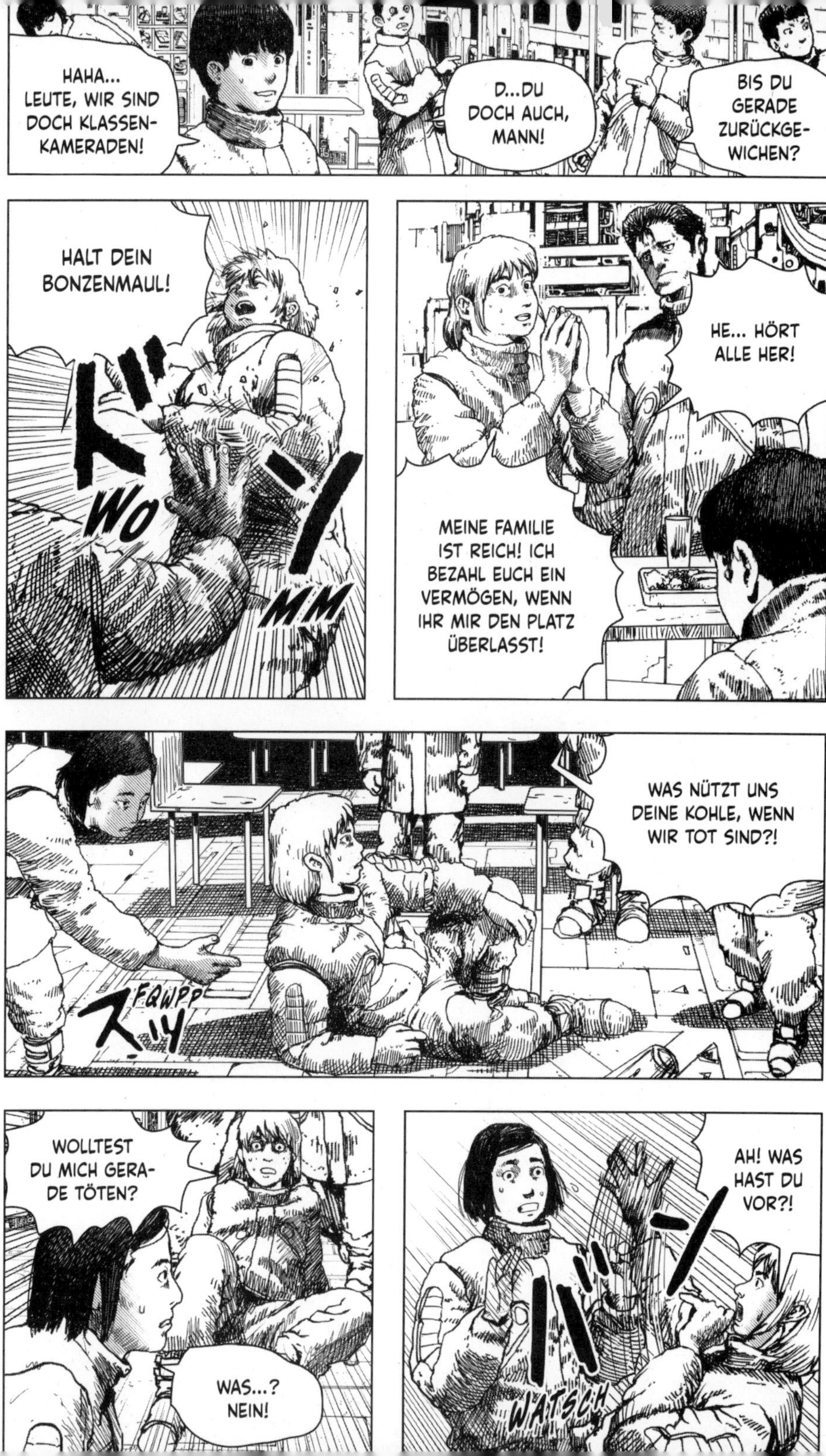
BIS DU GERADE ZURÜCKGEWICHEN?
D...DU DOCH AUCH, MANN!
HAHA... LEUTE, WIR SIND DOCH KLASSENKAMERADEN!
HE... HÖRT ALLE HER!
MEINE FAMILIE IST REICH! ICH BEZAHL EUCH EIN VERMÖGEN, WENN IHR MIR DEN PLATZ ÜBERLASST!
HALT DEIN BONZENMAUL!
WOMM
WAS NÜTZT UNS DEINE KOHLE, WENN WIR TOT SIND?!
FQWPP
AH! WAS HAST DU VOR?!
WATSCH
WOLLTEST DU MICH GERADE TÖTEN?
WAS...? NEIN!

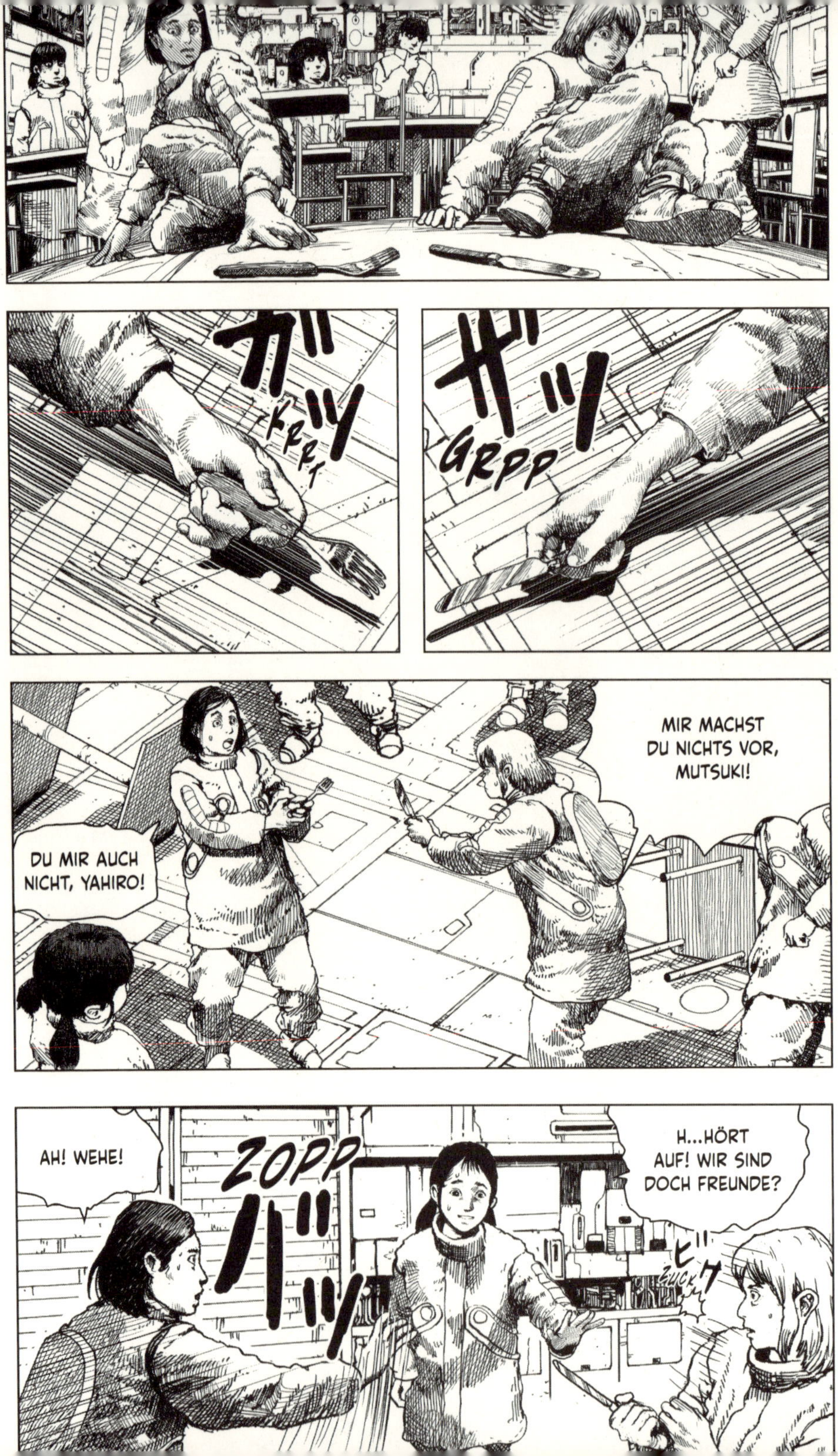
ガッ
KRRT
ザッ
GRPP
MIR MACHST DU NICHTS VOR, MUTSUKI!
DU MIR AUCH NICHT, YAHIRO!
H...HÖRT AUF! WIR SIND DOCH FREUNDE?
ビクッ
ZUCK
ZOPP
バッ
AH! WEHE!

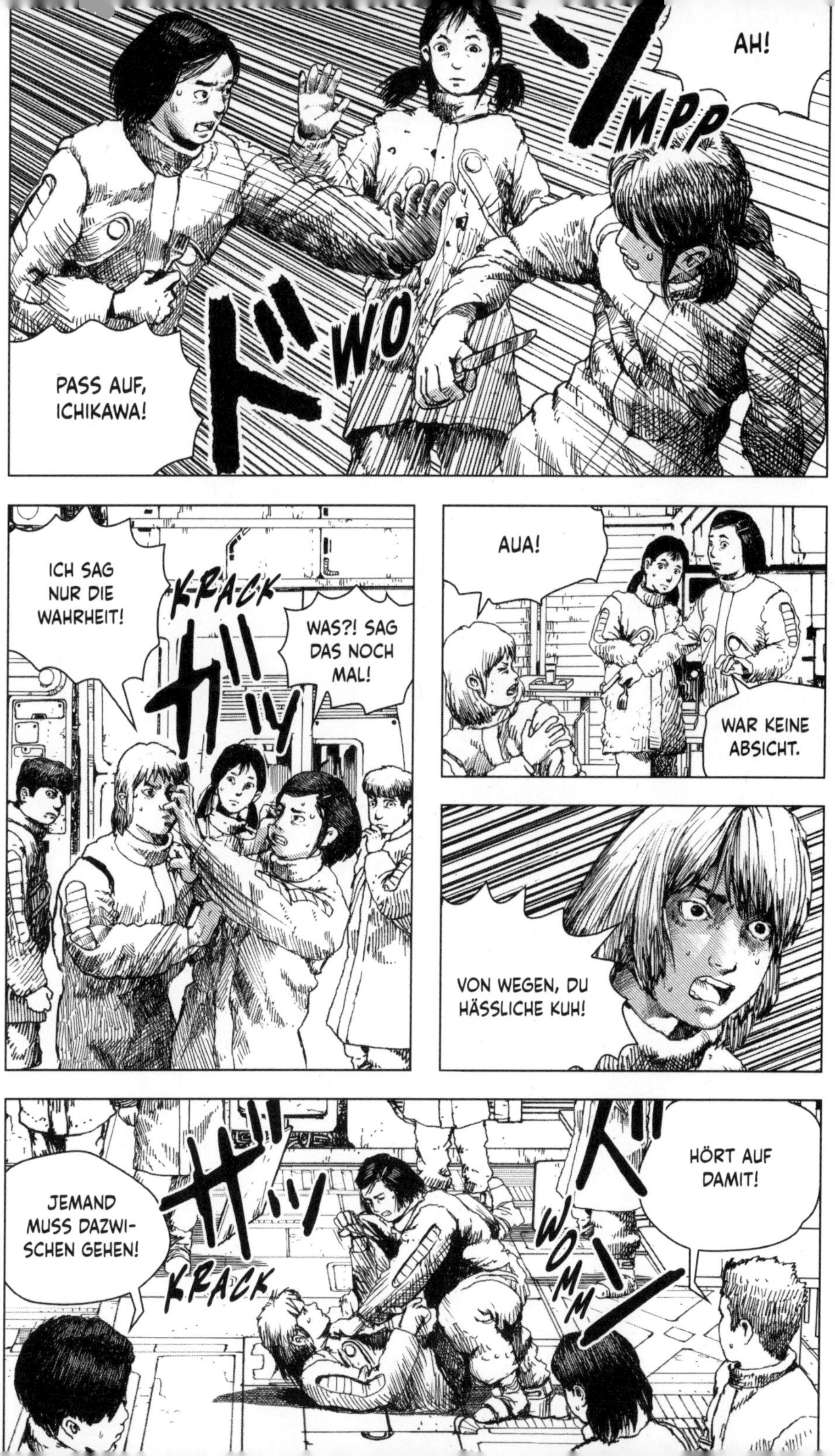
AH!
MPP
WO
PASS AUF, ICHIKAWA!
AUA!
WAR KEINE ABSICHT.
VON WEGEN, DU HÄSSLICHE KUH!
WAS?! SAG DAS NOCH MAL!
KRACK
ICH SAG NUR DIE WAHRHEIT!
HÖRT AUF DAMIT!
WOMM
KRACK
JEMAND MUSS DAZWI-SCHEN GEHEN!

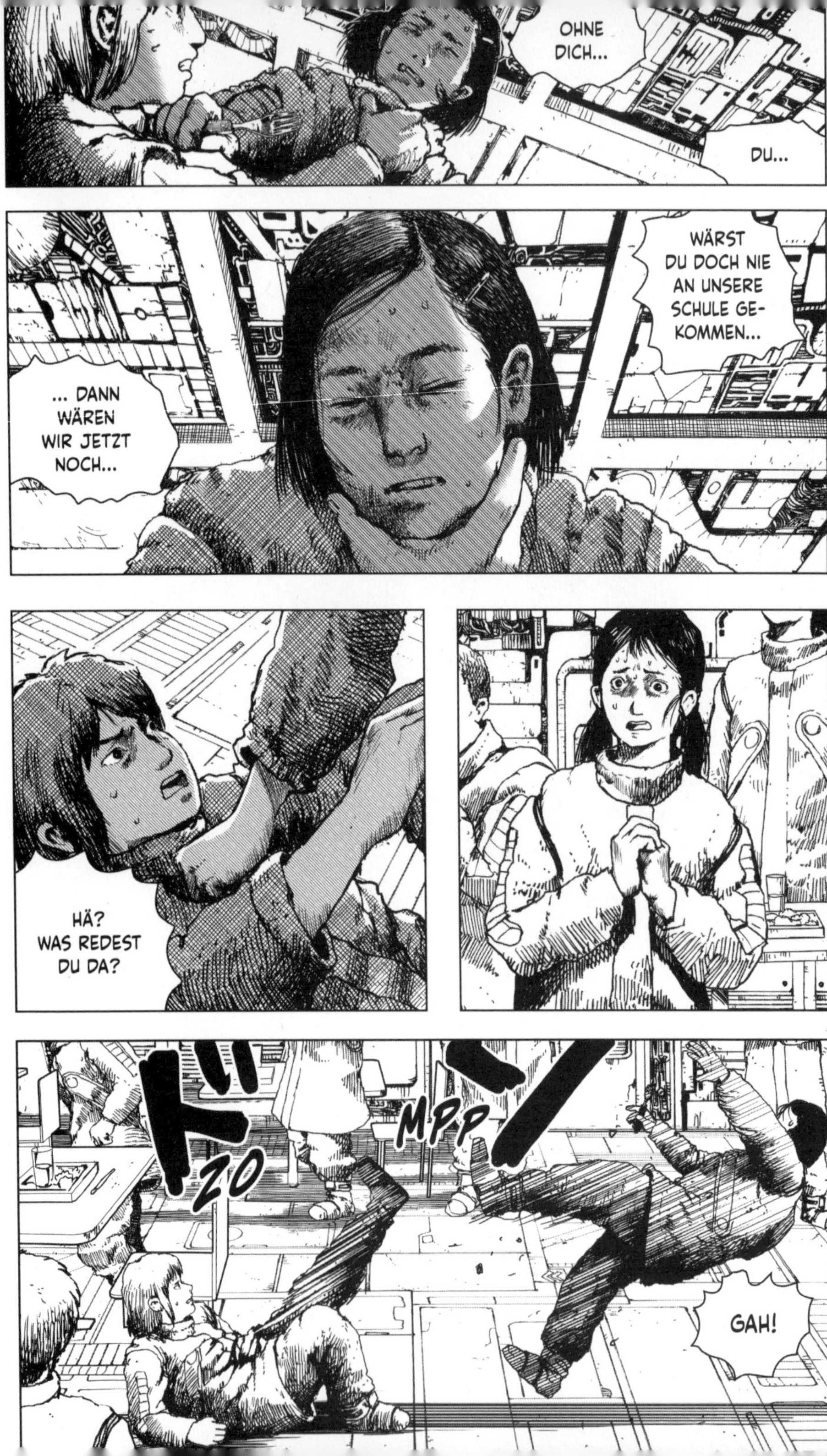
OHNE DICH...
DU...
WÄRST DU DOCH NIE AN UNSERE SCHULE GE-KOMMEN...
... DANN WÄREN WIR JETZT NOCH...
HÄ? WAS REDEST DU DA?
MPP
ZO
GAH!

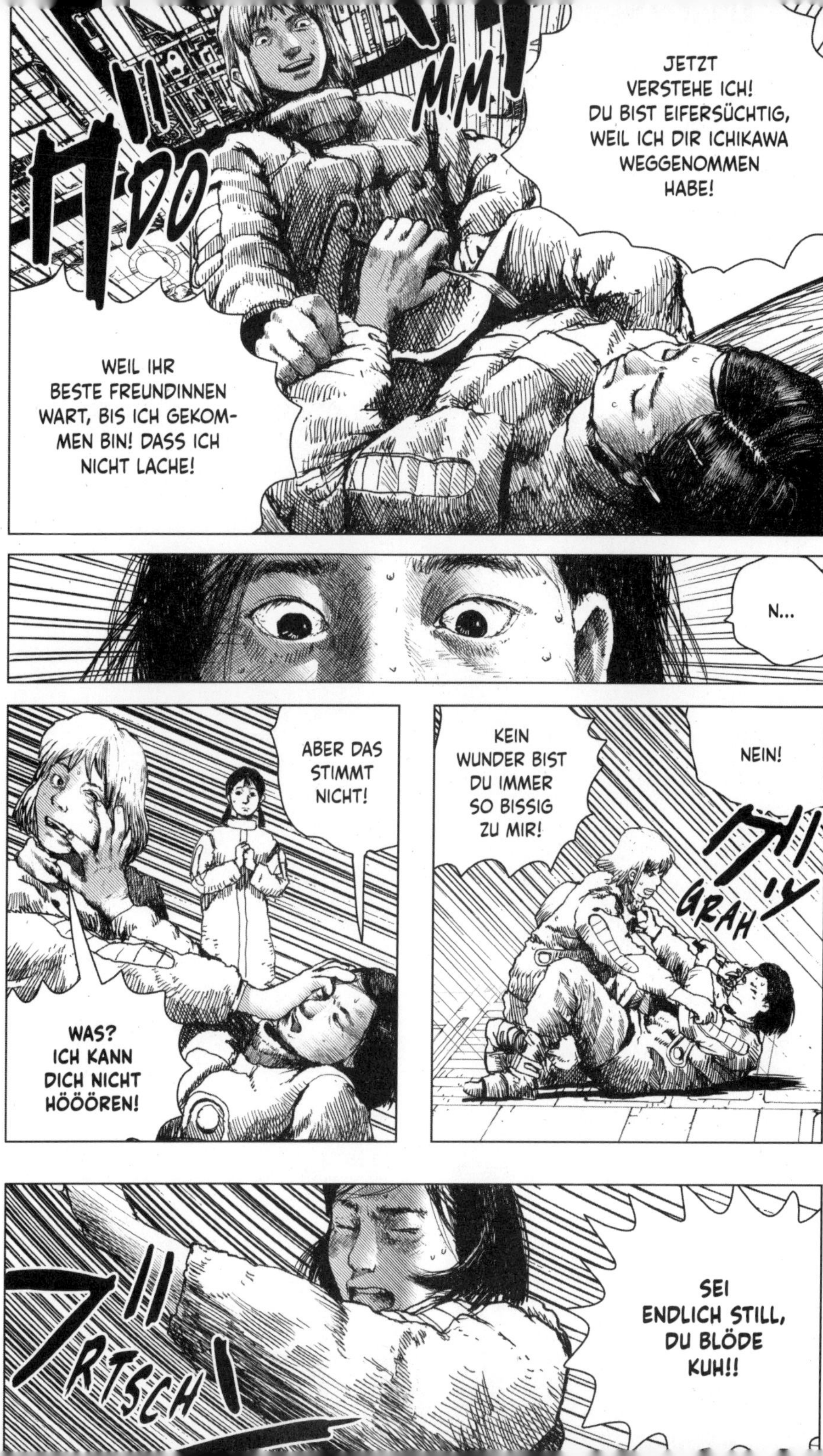
DOMM!
JETZT VERSTEHE ICH! DU BIST EIFERSÜCHTIG, WEIL ICH DIR ICHIKAWA WEGGENOMMEN HABE!
WEIL IHR BESTE FREUNDINNEN WART, BIS ICH GEKOMMEN BIN! DASS ICH NICHT LACHE!
N...
NEIN!
GRAH
KEIN WUNDER BIST DU IMMER SO BISSIG ZU MIR!
ABER DAS STIMMT NICHT!
WAS? ICH KANN DICH NICHT HÖÖREN!
SEI ENDLICH STILL, DU BLÖDE KUH!!
RTSCH

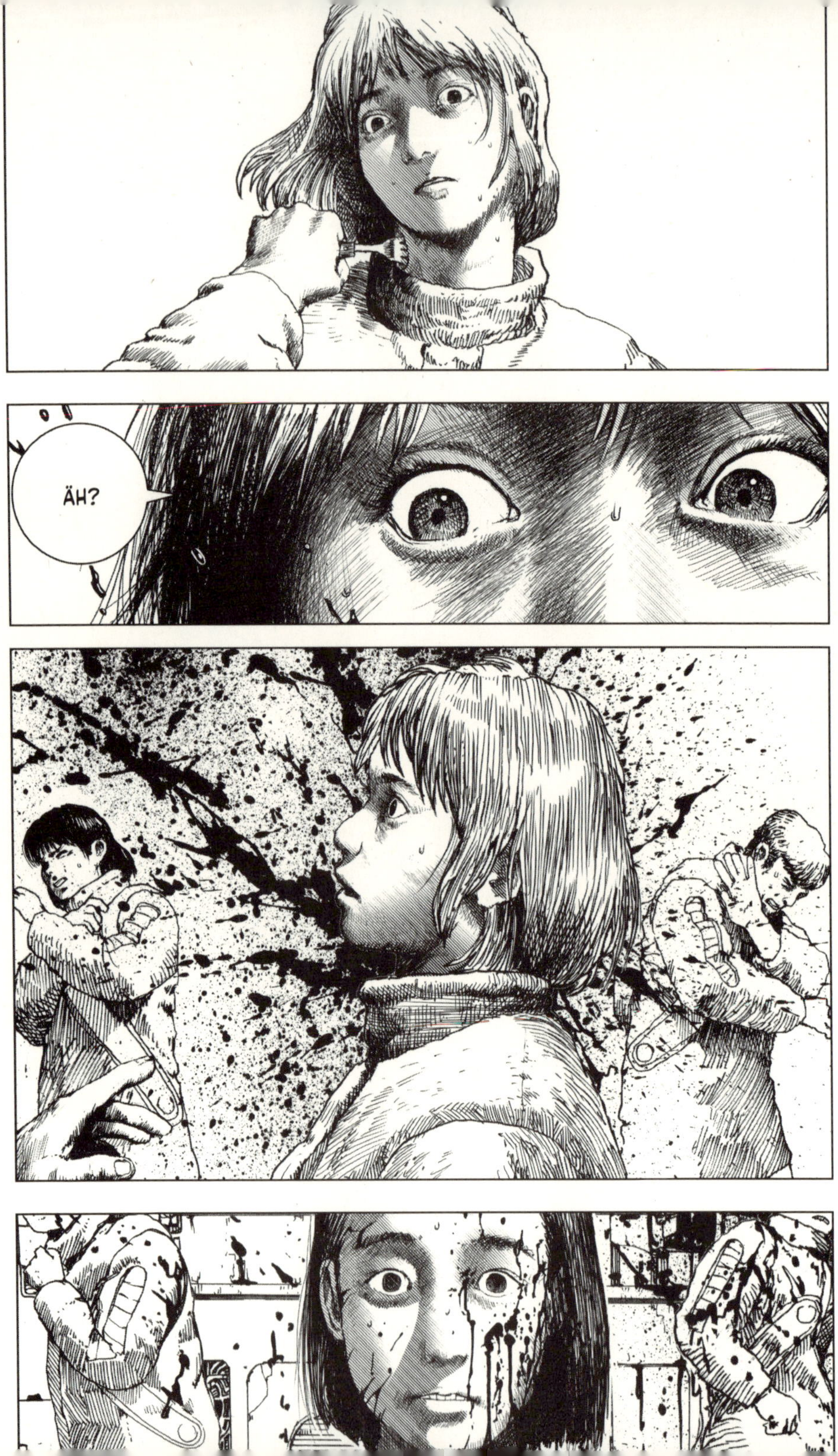
ÄH?

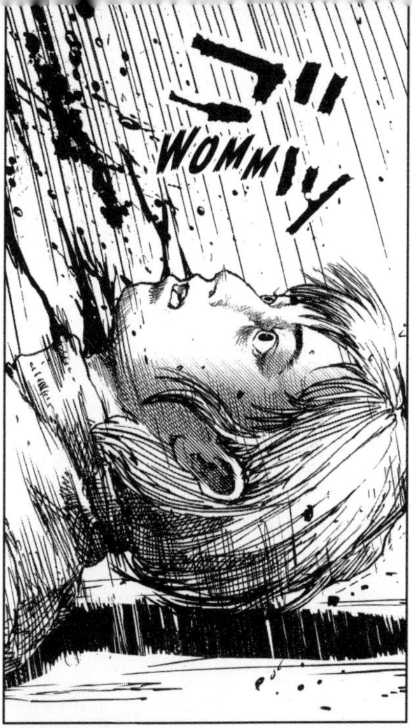
WOMM

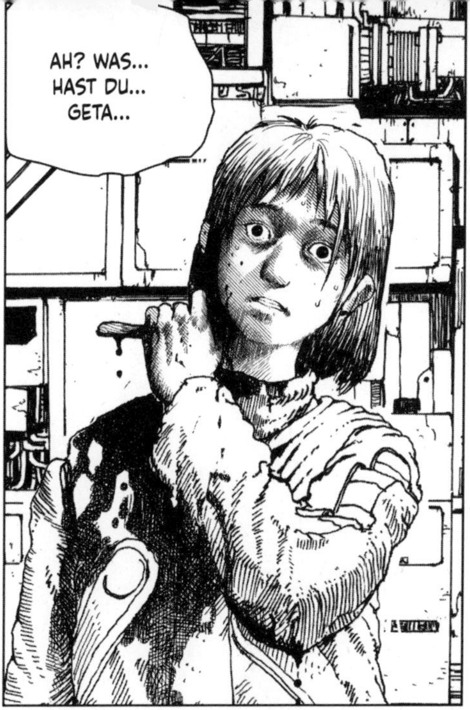
AH? WAS...
HAST DU...
GETA...

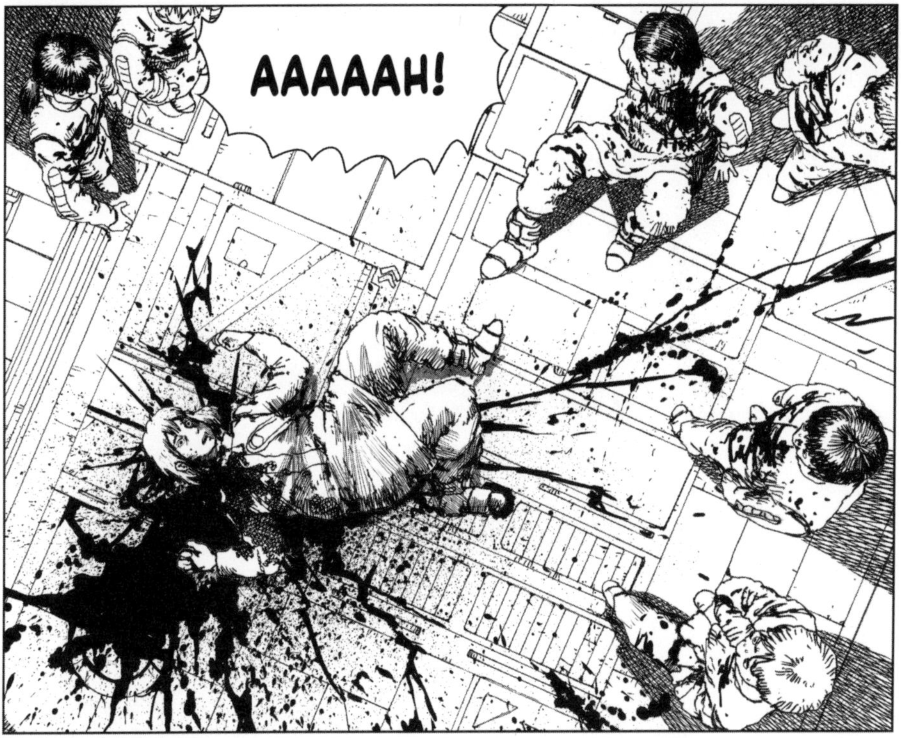
AAAAAH!

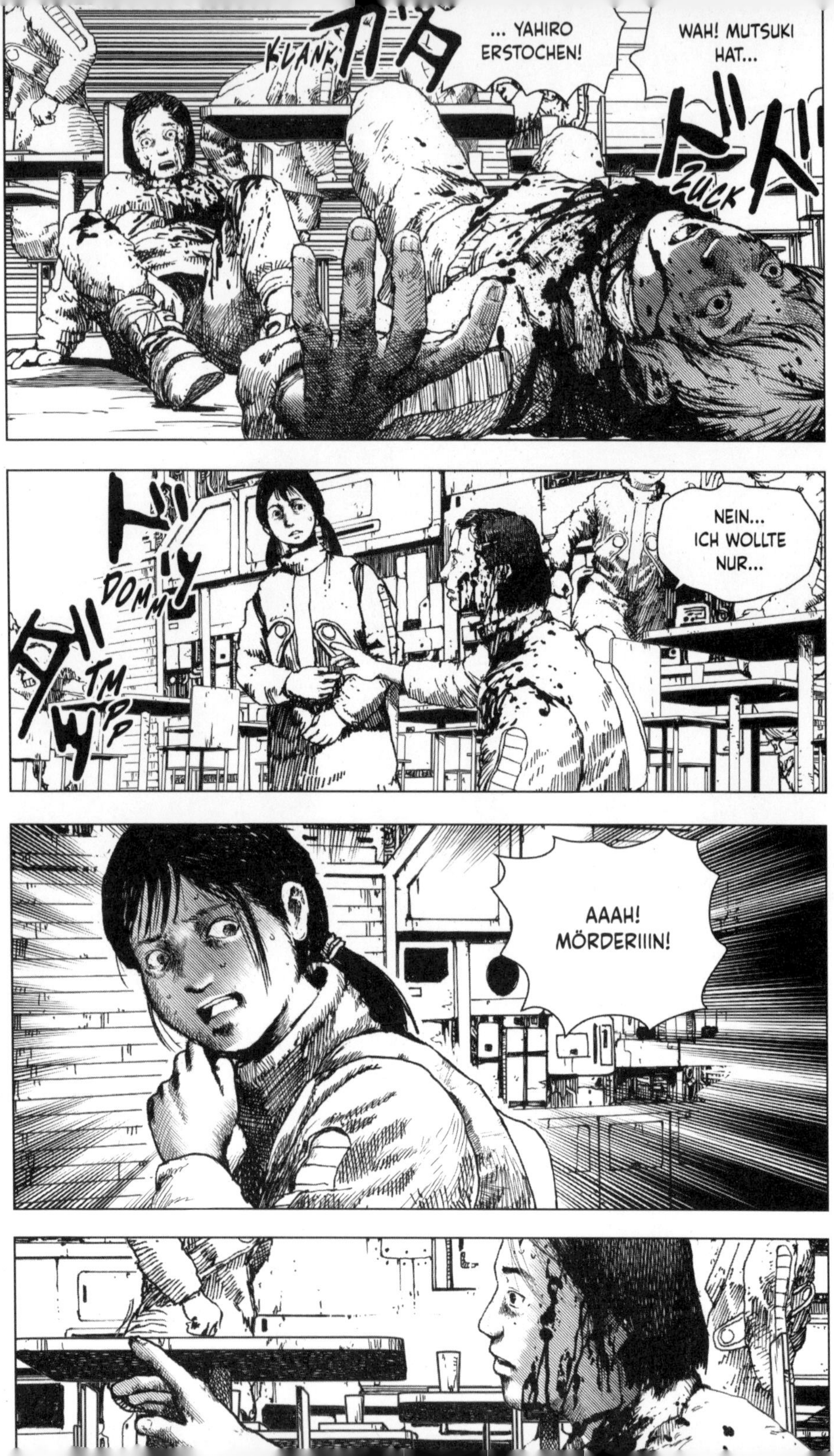
WAH! MUTSUKI HAT...
... YAHIRO ERSTOCHEN!
KLANK
ZUCK
NEIN... ICH WOLLTE NUR...
DOMM
AAAH! MÖRDERIIIN!

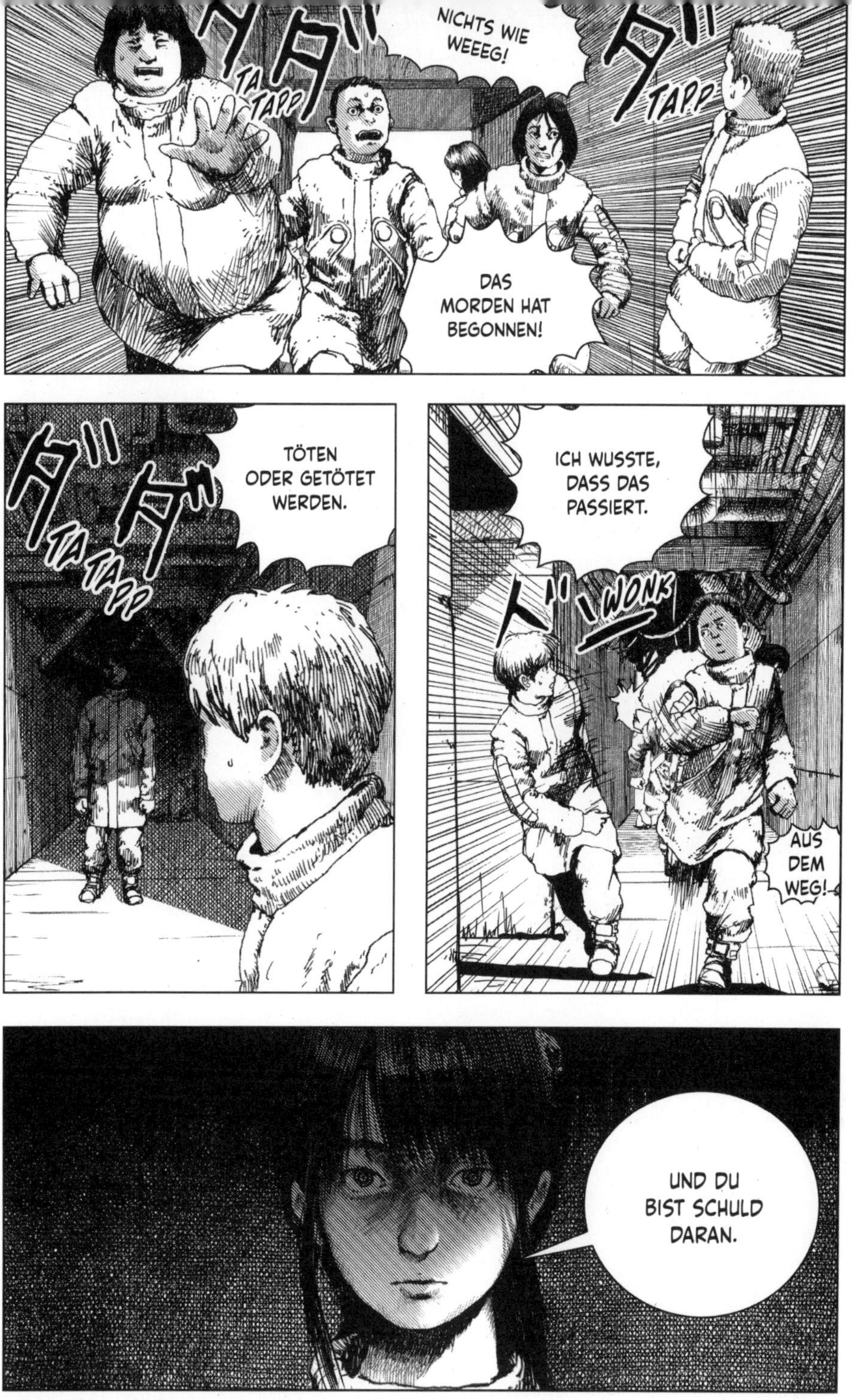
TAPP
NICHTS WIE WEEEG!
TA TAPP
DAS MORDEN HAT BEGONNEN!
ICH WUSSTE, DASS DAS PASSIERT.
WONK
AUS DEM WEG!
TÖTEN ODER GETÖTET WERDEN.
TA TAPP
UND DU BIST SCHULD DARAN.

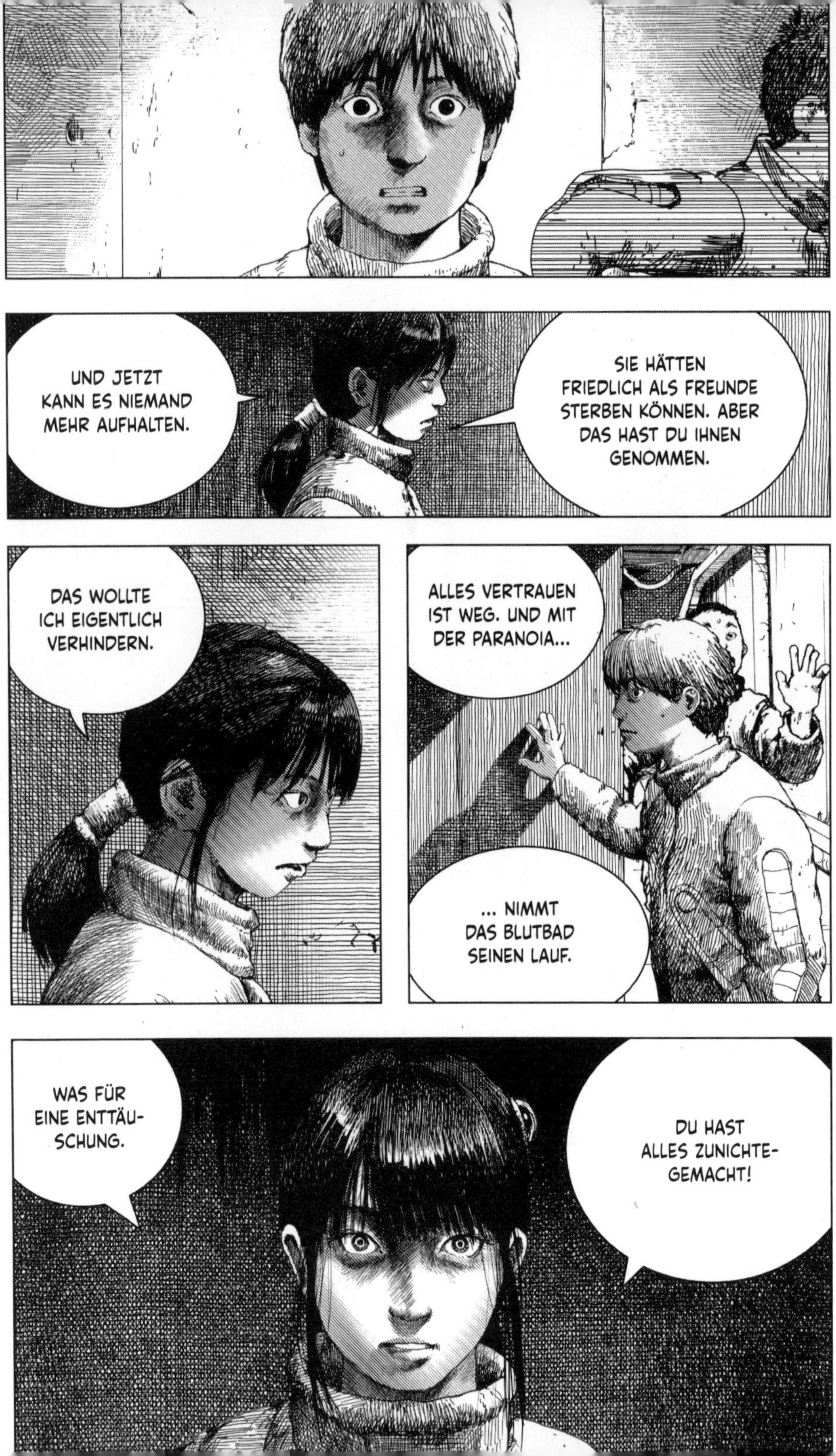

SIE HÄTTEN FRIEDLICH ALS FREUNDE STERBEN KÖNNEN. ABER DAS HAST DU IHNEN GENOMMEN.
UND JETZT KANN ES NIEMAND MEHR AUFHALTEN.
ALLES VERTRAUEN IST WEG. UND MIT DER PARANOIA...
... NIMMT DAS BLUTBAD SEINEN LAUF.
DAS WOLLTE ICH EIGENTLICH VERHINDERN.
DU HAST ALLES ZUNICHTE-GEMACHT!
WAS FÜR EINE ENTTÄU-SCHUNG.

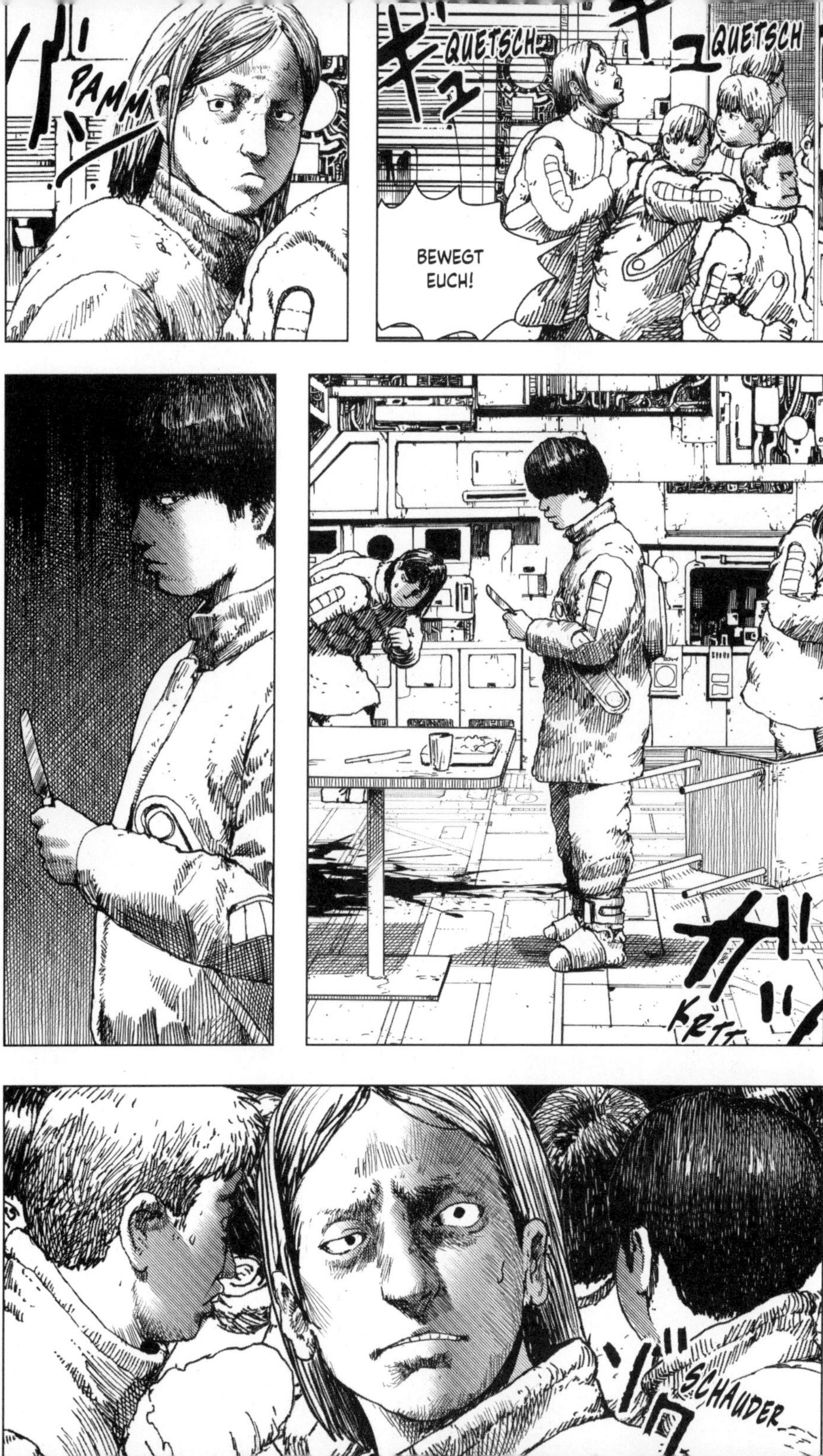
PAMM
QUETSCH
QUETSCH
BEWEGT EUCH!
KRTT
SCHAUDER

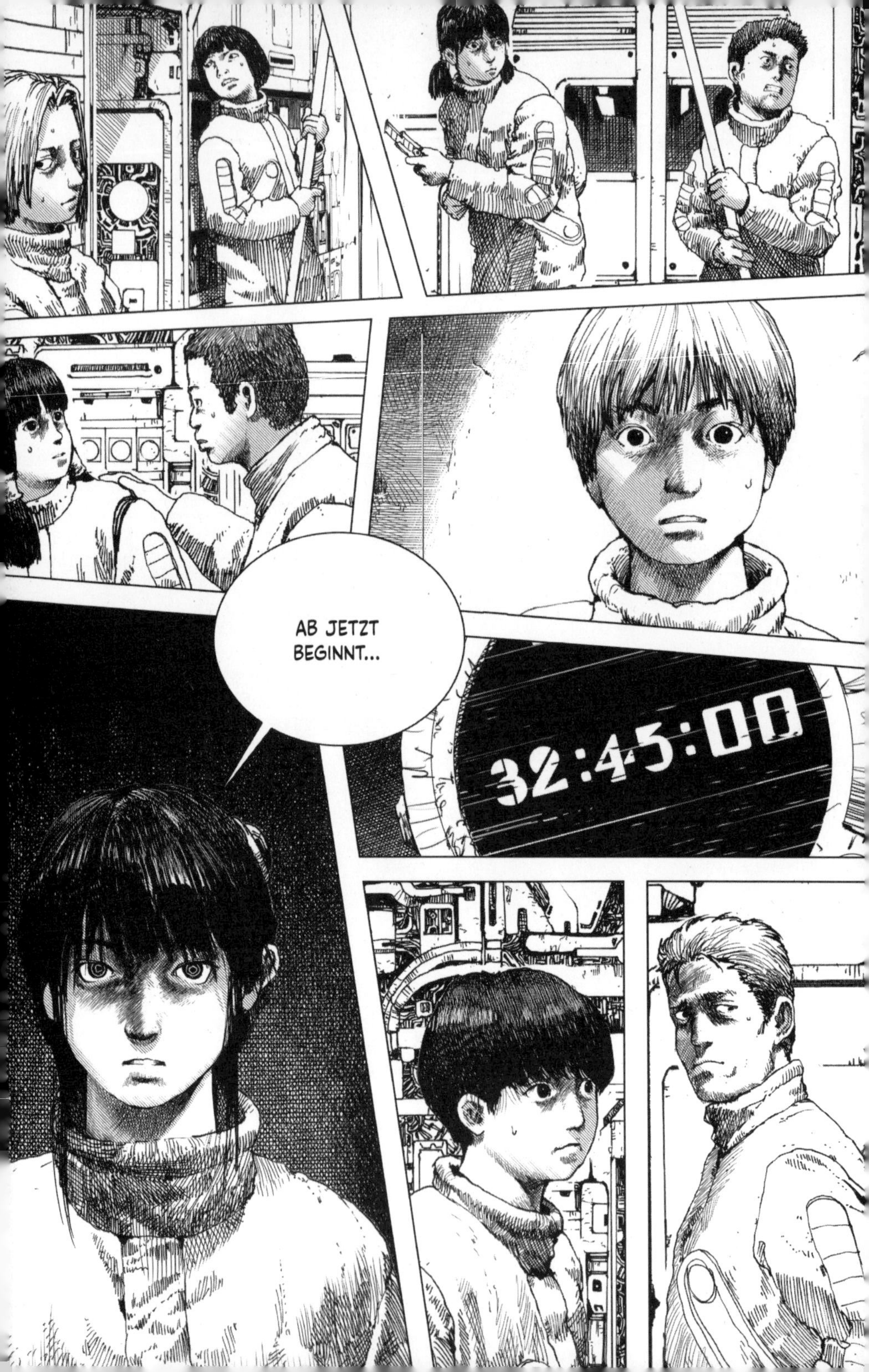
AB JETZT BEGINNT...
32:45:00

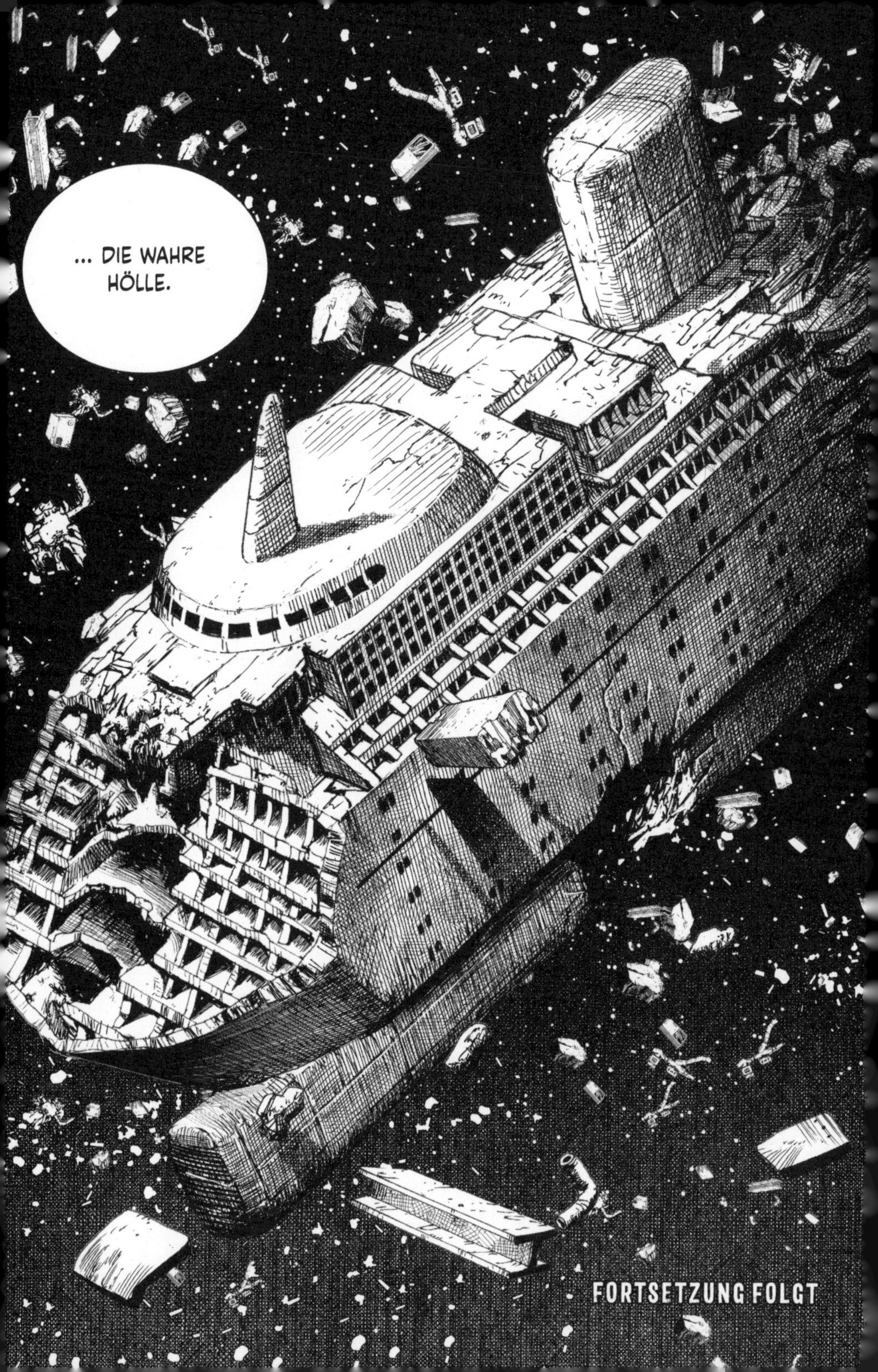
... DIE WAHRE HÖLLE.
FORTSETZUNG FOLGT

# LEVIATHAN

# BONUS

# DIE WRACKRÄUBER

Sie brechen in Schiffswracks ein, um dort nach Wertgegenständen zu suchen. Weder ihre Namen noch ihre Gesichter sind bekannt.

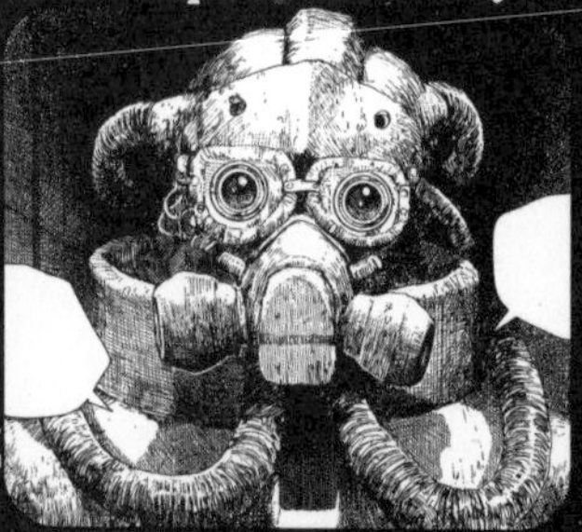

**PLÜNDERER 1**

Er ist der Anführer der Gruppe.

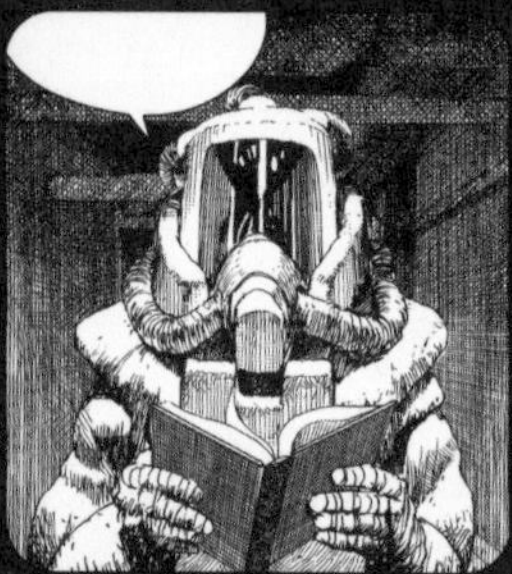

**PLÜNDERER 2**

Er liest mit Interesse das Tagebch von Kazuma Ichinose und hinterfragt dabei die menschliche Natur.

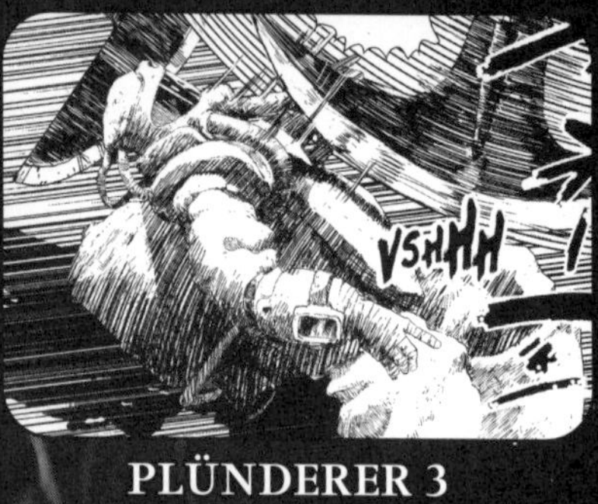


**PLÜNDERER 3**

Er verfügt über ausgezeichnete Reflexe und rettet seinen Kameraden damit oft den Hintern.

# DIE SCHÜLER

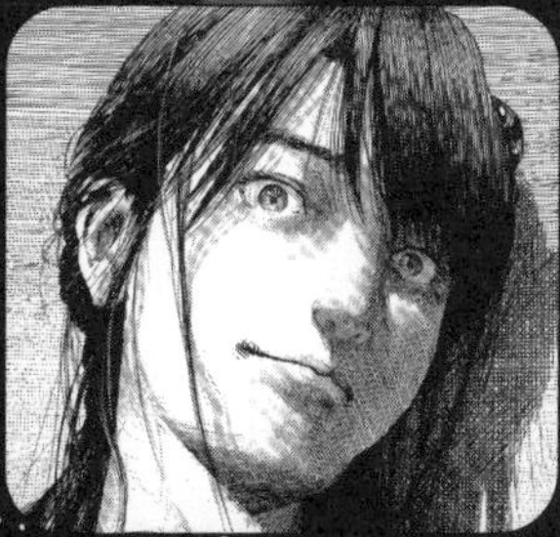

## FUTABA NIKAIDO

Eine Einzelgängerin, die mit ihrer unnahbaren Art alle auf Abstand hält. Kazuma ist der Einzige, der mit ihr spricht...

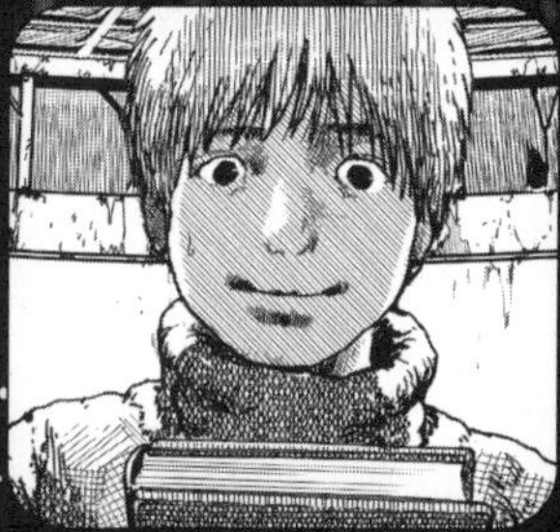

## KAZUMA ICHINOSE

Er ist der Verfasser des Tagebuchs. Von Natur aus eher ängstlich, gerät er leicht in Panik und lässt sich von Futaba unter Druck setzen.

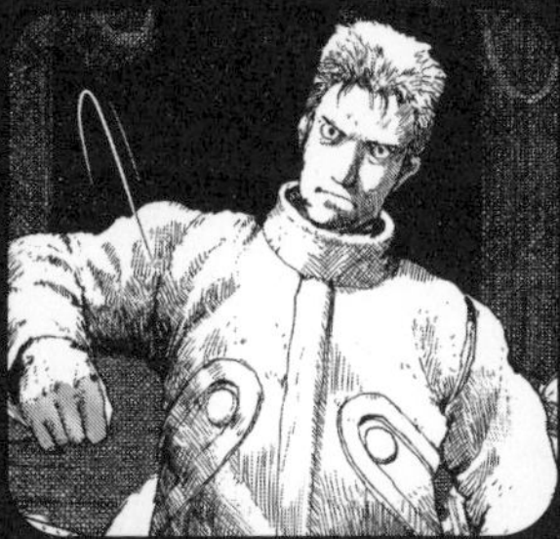

## ROKU MUGURUMA

Der stärkste Schüler der Klasse. Trotz seines imposanten Körperbaus verfügt er über eine gute Seele.

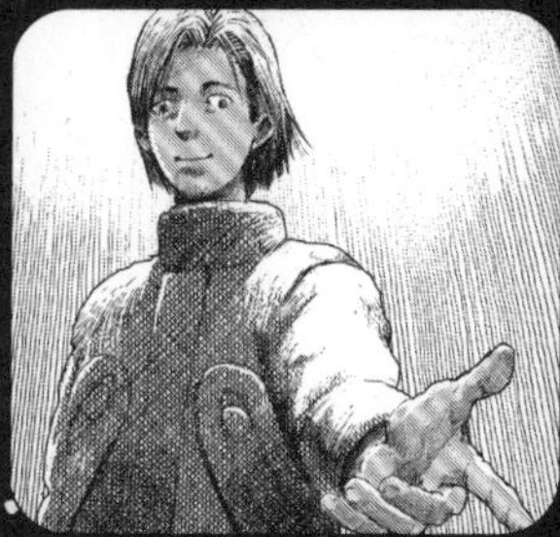

## YO YAHATA

Er ist ein geborener Anführer. Kazuma vertraut ihm.

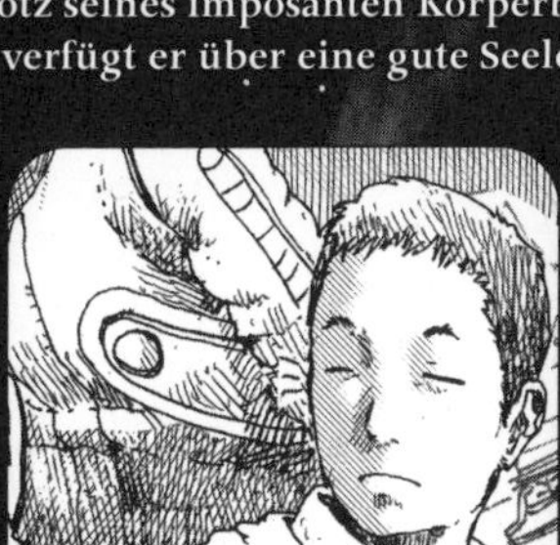

## ITSU GODAI

Kindheitsfreund von Satsuki. Sie scheint ihm sehr zu gefallen.

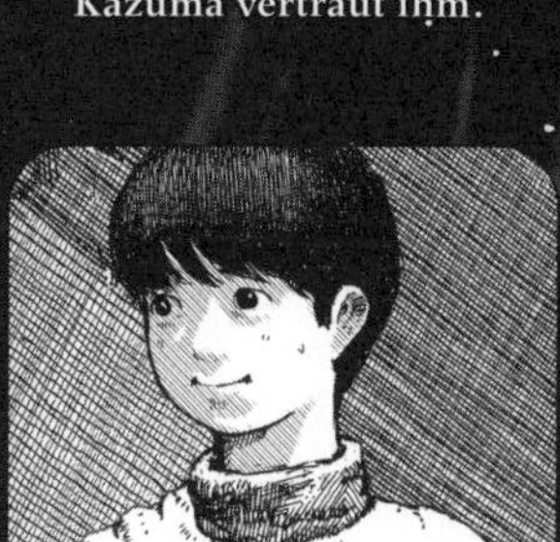

## SAN MIKAMI

Freundlicher Schüler. Er versteht sich gut mit allen.

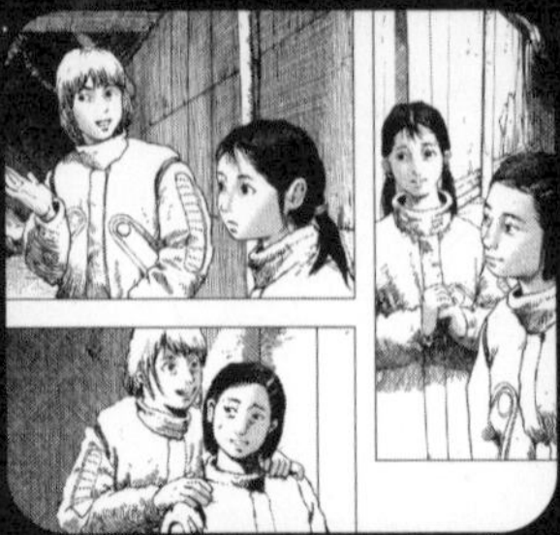

YAYA YAHIRO(†), HINA ICHIKAWA, RIKU MUTSUKI

Yaya hatte helles Haar und vor allem einen starken Charakter, im Gegensatz zur schüchternen Hina (erkennbar an ihren Zöpfen). Riku war Hinas beste Freundin, bis Yaya in die Klasse kam. Seitdem sind die drei unzertrennlich.

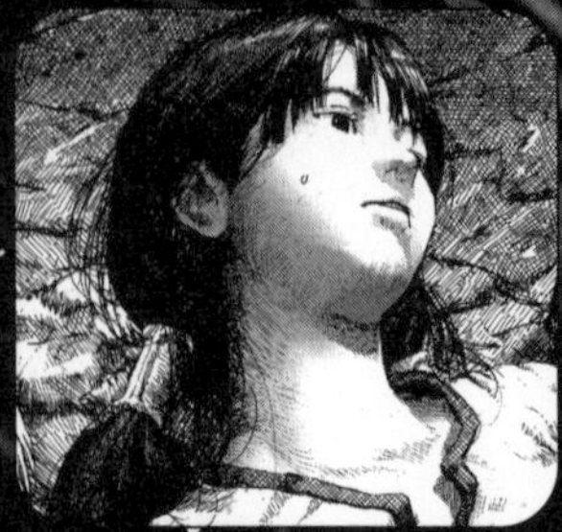

SATSUKI IGARASHI

Itsus Jugendfreundin. Sie scheint Gefühle für ihn zu verbergen.

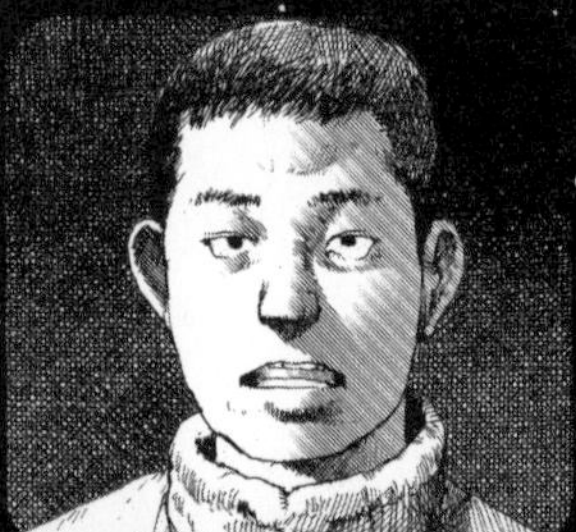

JIRO NIKI

Freund von Nachi. Er verriet das von Kazuma gehütete Geheimnis.

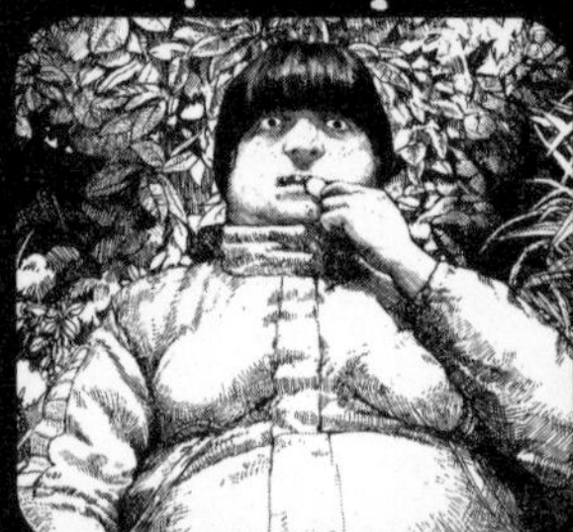

NACHI SHICHIJO(†)

Immer auf der Suche nach Klatsch und Tratsch – wusste nie, wann man besser den Mund hält...

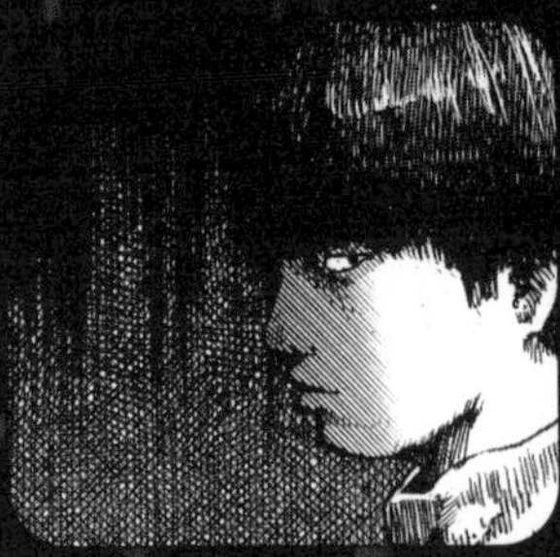

KYU KUKI

Yotsus Prügelknabe. Er spricht fast nie..

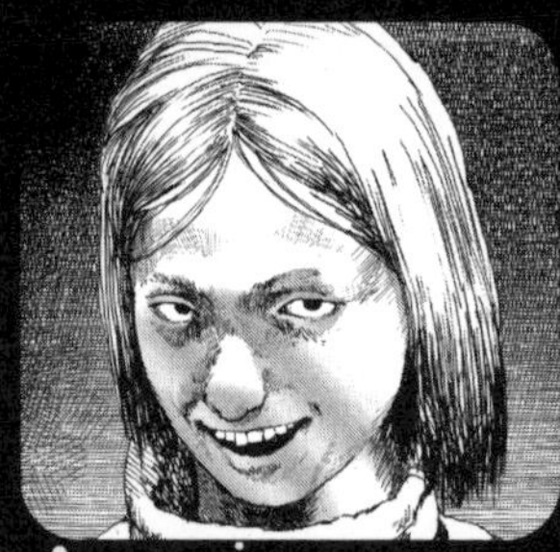

YOTSU SHIKATA

Er vebringt seine Zeit damit, Kyu zu belästigen.

# DIE LEHRER

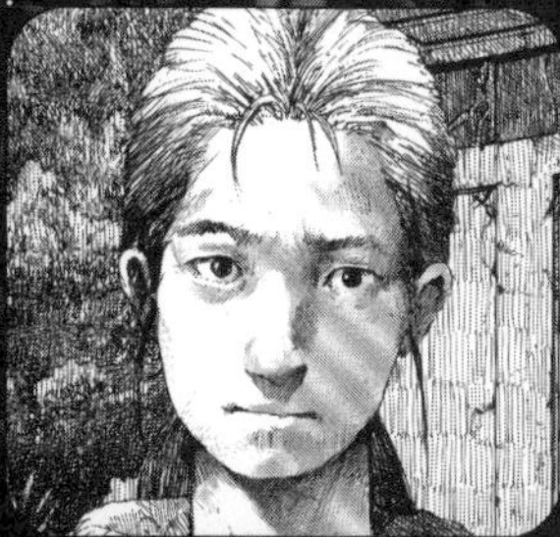

## YURIKO MOMOSE(†)

Als junge Lehrerin mangelte es ihr noch an Selbstvertrauen.

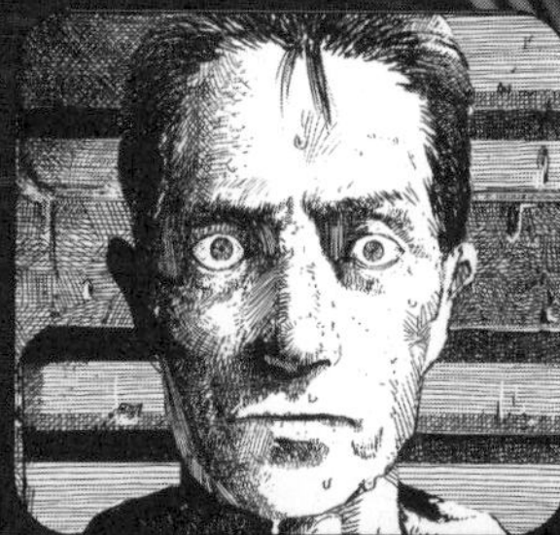

## SENRI SENDA(†)

Klassenlehrer. Trotz seines Auftretens als verantwortungsvoller Erwachsener dachte er nur an sein eigenes Überleben.

LEVIATHAN

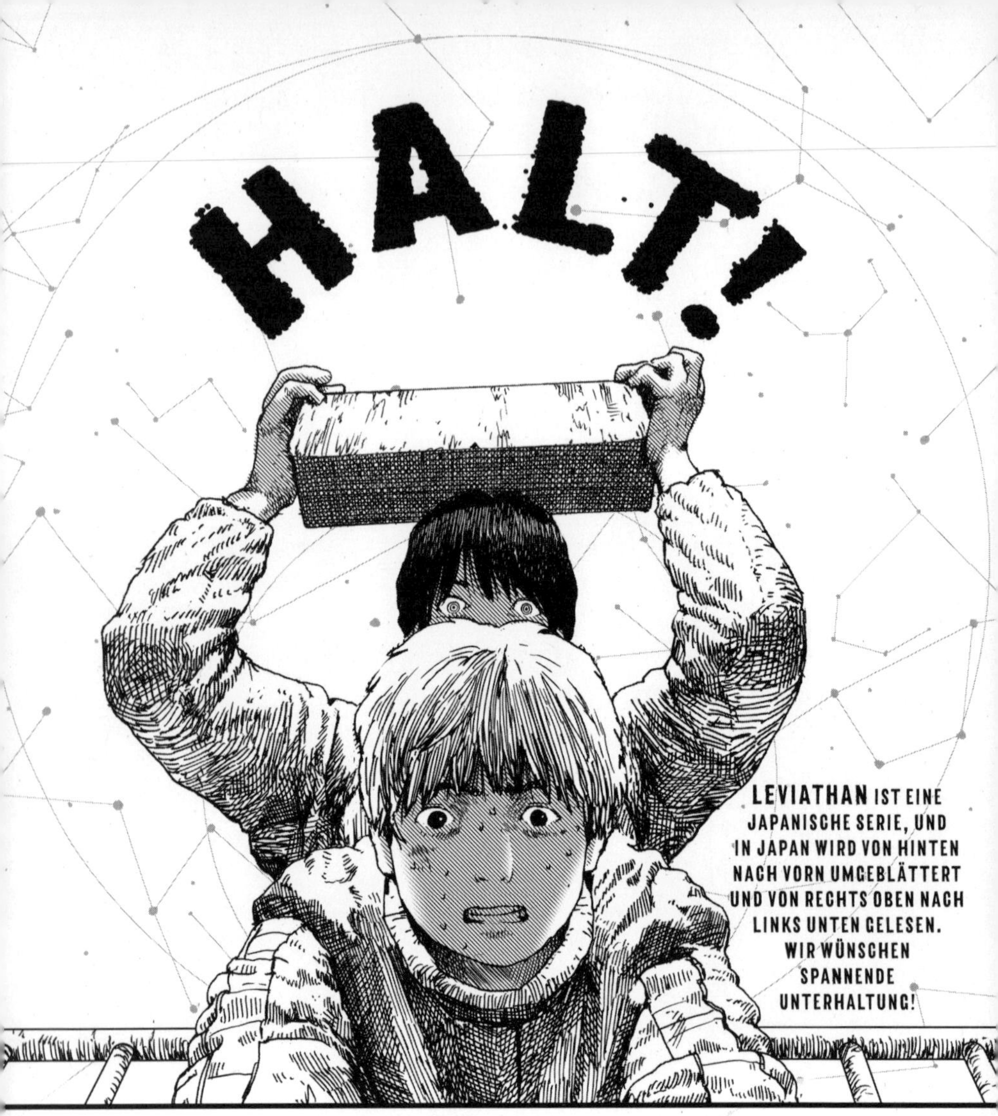


CARLSEN MANGA

Aus dem Japanischen von Gandalf Bartholomäus
LEVIATHAN vol. 1

First published in France in 2022 by Ki-oon, an imprint of AC Media Ltd.
German translation rights arranged with AC Media Ltd. through Tuttle-Mori Agency, Inc., Tokyo.
Redaktion: Petra Lohmann
Produktionsmanagement: Tobias Hametner

ISBN 978-3-551-80372-6


FSC
www.fsc.org
MIX
Papier | Fördert gute Waldnutzung
FSC® C014496



Wir produzieren nachhaltig
- Klimaneutrales Produkt
- Papiere aus nachhaltigen und kontrollierten Quellen
- Hergestellt in Europa